办好百姓事　温暖千万家

南京社区治理典型案例百例

石燕　胡冰清　著

南京出版传媒集团　南京出版社

图书在版编目(CIP)数据

办好百姓事 温暖千万家 / 石燕，胡冰清著.
南京：南京出版社，2024. 12. -- ISBN 978-7-5533
-5120-9

Ⅰ. D669.3

中国国家版本馆 CIP 数据核字第 20245DF599 号

书　　名　办好百姓事　温暖千万家——南京社区治理典型案例百例
作　　者　石　燕　胡冰清
出版发行　南京出版传媒集团
　　　　　　南 京 出 版 社
社　　址　南京市玄武区太平门街 53 号
邮　　编　210016
联系电话　025－83283873、83283864(营销)　025－83112257(编务)

策划统筹　张　龙
责任编辑　张　龙　宋莎丽
装帧设计　赵海玥
责任印制　杨福彬

排　　版　南京新洲印刷有限公司
印　　刷　南京鸿图印务有限公司
开　　本　787 毫米×1092 毫米　1/16
印　　张　25.75
字　　数　360 千字
版　　次　2024 年 12 月第 1 版
印　　次　2024 年 12 月第 1 次印刷
书　　号　ISBN 978-7-5533-5120-9
定　　价　48.00 元

前　言

在现代城市的快速发展中，社区不仅是居民日常生活的重要场所，也是社会治理的基础单元。社区治理的水平不仅直接关系到居民的生活质量和幸福感，更是社会和谐与稳定的重要基石。近年来，随着中国城镇化进程的加速推进，社区管理的内涵和外延不断丰富，传统的管理模式已无法完全适应新时代的社会需求。在此背景下，南京市作为全国经济、文化、科技发展的重要中心，积极探索创新社区治理模式，致力于实现社区的现代化、精细化、智慧化管理，逐步形成了一套具有南京特色的社区治理经验。

本书汇集和梳理了南京市近年来在社区治理方面的成功经验和创新实践。全书从多维度出发，选取了具有代表性和示范性的案例，既有对社会问题的精准把握与综合治理，也有贴近群众需求的社区服务创新与机制探索。这些案例不仅记录了南京社区治理的创新路径，更展现了社区工作人员和志愿者们为构建和谐宜居社区所做的努力和贡献。本书分为社区治理、社区服务和社区发展三大板块，其中社区治理部分又以治理机制为维度，将案例纳入党建引领机制、“三治融合”机制、“五社联动”机制和分类治理机制等四个板块中；社区服务以服务对象为维度，将案例分别纳入为小服务、为老服务、妇女服务、特殊群体服务、矛盾调解和志愿服务等六个板块中；社区发展以目标为分类维度，将案例分别纳入社区营造和效能提升两个板块中。本书收集的百余案例呈现出南京市在社区治理方面的多样化探索：例如在基层党组织引领下推动的社区共建、在现代科技支持下实施的智慧治理、在多元主体参与下实现的协同发展等。这些丰富多彩的实践体现了“共建、共治、共享”的治理理念，为社区居民带来了真实的获得感和安全感。同时，这些创新举措展示了南京的社区治理对社区发展的促进，让居民更融于社区、归属于社区；这些措施还展示了南京市在统筹民生服务与社会治理之间所做的努力和取得的成效，构建了社区居民与政府之间的信任桥梁，提升了城市治理的整体水平。

本案例集的特色在于：一是案例丰富多样，收录了南京市各区县、街道、社区在不同领域、不同阶段的社区治理创新案例，全面展示了南京市社区治理的全貌。二是聚焦基层实践，案例均来自基层一线，真实记录了社区工作者的智慧和汗水，具有很强的可操作性和借鉴意义。三是突出问题导向，案例选择注重体现问题导向，深入分析了社区治理中遇到的挑战和困难，并提出了相应的解决办法。四是强调创新特色，案例呈现了南京市社区治理的创新亮点，如智慧社区建设、多元主体参与、共建共治共享等，为社区治理注入新的活力。

本书可作为社区工作者的案头书，帮助他们了解社区治理的最新动态，拓宽工作思路，提升工作能力，为社区工作者提供宝贵经验；可为学者、研究人员提供丰富的案例素材，推动社区治理理论研究的深入开展，为社区治理研究提供素材；为其他城市社区治理提供有益的借鉴，促进不同地区之间的交流与合作，为其他城市社区治理提供借鉴。

我们希望本书能够成为社区治理领域的一份宝贵资料，为理论研究者提供丰富的实证素材，为政策制定者提供决策参考，为实践工作者提供行动指南。同时，我们也期待通过本书的出版，能够激发更多的讨论和思考，推动社区治理理论与实践的进一步发展。

最后，我们要感谢给我们提供优秀案例的一线社区工作者，他们的无私给予让我们能够看到真实的南京社区治理全貌；我们也要感谢参与案例收集、整理和点评的专家和学者，他们的专业指导让我们看到隐藏在大量案例后的社区治理路径与逻辑，才使得本书得以高质量地呈现在读者面前。我们相信读者能够通过阅读本书，获得启发，为构建更加和谐、美好的社区贡献力量。

石　燕

2024 年 方山

目　录

第一部分
社区治理

【党建引领机制】

党的二十大报告提出，“加强城市社区党建工作，推进以党建引领基层治理，持续整顿软弱涣散基层党组织，把基层党组织建设成为有效实现党的领导的坚强战斗堡垒”。党的二十届三中全会《决定》中再次强调“加强党建引领基层治理”。我们要深刻认识到党建引领基层治理的独特优势，把党的领导贯彻到基层治理全过程和各方面，推进基层治理体系和治理现代化，筑牢国家治理的基层基础。

不论是在革命斗争、经济建设还是在危机应对中，中国共产党和党员均发挥了关键作用；在社会治理变迁的背景下，发挥党与党员在社会治理中的作用成了国家与社会长治久安的保障。近年来，全国各地党员及所在党组织自发“进社区、回小区”，参与社区治理，开展多样的志愿服务活动，这是贯彻落实党中央决策部署、加强并完善基层社会治理体系和治理能力的重要举措和生动实践。

党建引领机制是指中国共产党通过加强党的建设，发挥党组织的领导核心作用，推动各项事业发展的一种机制。它强调党组织在各个领域、各个层面发挥领导作用，确保党中央的决策部署得到全面贯彻落实。党建引领社区治理是指通过加强党的建设，发挥党组织的政治核心作用，引领和推动社区治理的一种工作机制。在社区治理中，基层党组织是社区治理的“神经末梢”，在社区治理中发挥着领导核心作用。将党建工作与社区治理有机结合，能有效实现党建引领、治理创新。

党建引领社区治理的意义在于党建引领能够有效整合社区资源，提高社区治理的效率；通过党建引领，解决社区居民的实际问题，增强居民的获得感、幸福感、安全感，提升居民生活质量；党建引领能够有效化解社会矛盾，维护社会稳定；党建引领更是推动基层治理体系和治理能力现代化的重要抓手。

总之，党建引领社区治理是中国特色社会主义社区治理的重要制度创新，是加强基层治理、提升人民群众幸福感的重要途径。而随着社会的发展，未来的党建引领社区治理将更加注重用大数据、人工智能等技术，提升社区治理的智能化水平；进一步发挥社会组织、企业等多元主体的作用，形成共建共治共享的社区治理新局面。

党员发挥在社会治理中的引领作用

党员引领作用通过党员积极参与并带领非党员行动的组织动员路径实现，这一引领作用显现出与治理模式变迁相关联的双重性和异质性。第一，国家差序动员机制和社会资本赋能机制共同形塑了党员的社会引领作用，二者分别构成党员引领作用的国家和社会面向，共同影响其作用呈现。第二，党员的社会引领作用因不同参与类型而呈现出异质性。在体制性参与和公益性参与中，党员社会引领作用得以充分体现。但对于更具非制度化特征的权益性参与，党员对非党员的社会引领作用存在一定瓶颈。第三，在治理模式变迁中，党员的引领作用既未“失效”，也非“延续”，而是与新型社会格局相关联。基于上述三个特点，党员参与到社区治理发挥引领的路径包括：

一是依据不同类型党员的特性安排不同的参与路径。社区中有不同类型的党员，社区工作人员党员和社区居民党员这两种类型的党员在党建工作中发挥的作用是不同的；而在党员群体中书记的党性更高、影响力更广，能够有更多的能力服务社区。基于此，不同类型不同身份的党员可以不同的路径参与党建服务。

具体措施包括：**首先是挖掘辖区内开展党建服务的书记们，为他们匹配合适的服务工作内容。**通过为社区书记匹配合适的党建服务工作，可以提高其组织能力和领导水平；针对社区的具体情况，制定合适的工作计划和重点；通过实施相匹配的服务工作，开展社区党建服务，解决居民和社区问题，提升其满意度；通过为社区书记匹配合适的服务工作，可以加强党组织在社区的影响力和凝聚力，增强党的组织活力。**其次是社区居民中可提供服务的党员个体，让其承担起党建服务工作。**围绕可提供服务的党员，社区和党员个体可协商构建党建服务体系与品牌；通过社区走访，了解社区党员的兴趣、特长和技能，以及他们为社区做贡献的意愿；通过社区宣传渠道向其宣传党建服务的重要性和意义，鼓励他们积极参与党建服务工作；为有意愿参与党建服务的党员个体提供相关的培训和支持，提高他们的专业能力和服务水平；在安排党建服务工作时，要充分考虑党员个体的工作和生活时间，合理安排活动时间，方便他们参与。

二是结合社区党员面向国家属性，以党建服务走入居民和辖区单位。社区开展特色党建服务不是凭空产生的，而是依据社区资源来设计的。充分挖掘社区已有的红色资源，并进行汇总；在对红色资源充分讨论的基础上，确定社区特色党建服务的方向与内容，为后期的党建服务明确建设方向。具体措施包括：**首先是让社区中有党建服务需求的人有机会从社区中获得党建服务。**围绕需要党建服务的人，社区可以通过社区广播、宣传栏、社交媒体等渠道，宣传党建服务的内容和形式；在社区中设立党建服务站点，提供党建服务的咨询、指导和培训等；组织定期的党建活动，如党员交流会、主题讲座等，让居民有机会参与并获得党建服务。通过以上措施，可以提高社区居民对党建服务的需求和参与意愿，使他们有机会获取党建服务，并提升社区的党建水平和凝聚力。**其次是对辖区内的单位提供党建服务。**对辖区中对党建服务有需求的单位进行情况摸底。社区除了可以为居民提供社区内的党建服务外，还可以将党建服务扩展到有需求的辖区单位和个体，从而覆盖更多的社区居民。通过摸底，可以了解辖区内单位对党建服务的需求与意见，有针对性地制定党建服务方案，提供符合单位实际需求的服务内容和方式；同时可以建立起与单位之间的沟通联系机制，加强党建工作组织与单位之间的合作与交流，增进相互了解和信任，为日后的党建工作打下良好的基础。

三、为民服务保障党员在非党员中的引领作用

在社区党员领袖的带领下，社区逐渐应形成党建品牌，但是党建品牌不能仅仅只开展党建服务，否则会脱离群体而成为党内同志的共享平台。因而，社区党员应以党建为基础、以社区服务为拓展，将社区中的党员与非党员都整合在品牌党建这一平台中，从而参与推动后续的社区治理。具体措施包括：**首先是强化服务功能**。党员应积极参与社区服务，通过提供为民、便民、安民服务，满足群众多样化需求。这包括推动基本公共服务资源向社区下沉，优先发展社区养老、托育等服务，以及参与社区公共事业服务和商业服务事项，确保服务更加精准地适应群众需要。**其次是提升服务质量**。党员应通过提升自身服务能力，确保服务质量，使群众满意。这涉及社区服务项目的创新、活动载体的丰富、服务机制的完善，以及群众满意度的调查评估，推广“好差评”评价激励制度，促使社区服务更精准地适应群众需要。**再者是发挥示范带头作用**：党员应以身作则，积极参与社区志愿服务，如环境整治、文化活动、健康服务等，通过实际行动展现党员的先进性和纯洁性，带动更多居民参与社区建设。**最后是参与社区治理**。党员在社区治理中发挥引领作用，通过参与社区协商、决策和监督，推动社区治理体系和治理能力现代化。这包括建立健全党组织领导的社区协商机制、搭建沟通议事平台、开展美好环境与幸福生活共同缔造活动等。

案例一

“赵大姐工作室”

梅园新村街道北安门社区成立于2003年9月，区域面积1.2平方公里，总户数5 110户，常住人口12 064人。社区党委下设17个楼栋党支部，共有744名党员。“火车跑得快，全靠车头带”，2016年以来梅园新村街道北安门社区依托党委书记赵卫以及一批社区党员骨干，成立“赵大姐工作室”。针对辖区内各类困难群体的不同需求、社区治理中的疑难杂症问题，链接辖区各方资源，凝聚群体智慧。个性化定制推出“党建联动共前行”“服务民生聚人心”“书记沙龙聚智慧”“一家亲薪火相传”等项目，对不同的需求归类细分，针对不同的群体定制服务，并在服务中创新工作思路、紧抓重点、培育亮点、树立典型，努力探索党组织服务群众的新载体、党建社会化的新路径。

一、实施“党建联动共前行”项目。构建区域化大党建模式，“赵大姐工作室”充分发挥北安门社区驻区单位资源优势，以党建为引领，不断积聚力量、整合资源。创建“手拉手”互助社，由社区、共建党组织、驻区单位、到社区报到的在职党员等组成，以“手拉手”为主题，针对整合资源，共驻共建开展系列活动。以“赵大姐工作室”为纽带，形成了群众、社区党委、驻区力量同频共振、聚力前行的良好党建生态圈。

二、实施“服务民生聚人心”项目。工作室坚持“五必访”的工作机制，在线下设立“书记信箱”，线上随时接受群众“@”，全方位听取群众诉求和建议。由党员骨干创建的“邻里话吧”，每周开一次茶话会，楼栋支部书记、热心居民、党员骨干一起畅谈社区中的大事小事，互通信息。由社区副书记和楼栋支部书记骨干牵头组成“亲亲减压团”“求知抱抱团”“跑腿帮帮团”“民声合唱团”等特色组织，分别开展主题式服务。工作室所辖“小草俱乐部”先后组建了残疾人爱心服务社、老妈妈网吧监督队、小草编制社等7个群众性志愿者服务组织，在社区开展了环保宣传、健康义诊、家政服务、法律咨询等便民服务，为居民群众解决了如家电维修、安装扶手等具体问题。

三、实施“书记沙龙聚智慧”项目。多年的社区基层工作经验锻造了一批以赵卫为首的群众工作的行家里手，“赵大姐工作室”是一个智囊团，专解社区党建工作中的疑难杂症。开办“社区书记沙龙”，每季度组织一次主题活动，将各社区党组织书记聚在一起，围绕一个主题或案例进行研讨、会诊，分享经验、交流困惑，形成一个个“金点子”，开出一剂剂“良药”，群策群力解决社区难题，通过讨论，社区书记们在“如何换位思考”“如何沉下心去倾听群众心声”等问题上取得了共识。

四、实施“薪火相传一家亲”项目。“赵大姐工作室”是一个培养党务骨干力量的平台，是一个学习与传承的平台。工作室设置党务助理岗，由年轻社工到岗实习，每次实习2个月，由赵卫书记一对一直接帮带培养，言传身教，为社区积蓄优质党务后备力量。工作室还与江苏省青年干部管理学院合作，一方面由赵卫定期授课、传业解惑，另一方面由该学院的社会学专业学生到社区担任见习社工，通过“解剖麻雀”，在实践中对社区工作进行全面的认知和了解。

“赵大姐工作室”立足于群众需求，切实解决好群众反映强烈的热点难点问题，不断探索社区党建引领基层治理新路径、新方法，通过共建共治共享，打通基层治理的“最后一公里”，不断提高社区及其他社会力量良性互动能力，让社区群众有实实在在的获得感、幸福感、认同感、归属感。“赵大姐工作室”实施了一系列创新项目，如智能手机课堂、好人墙、火凤凰驿站等，这些项目有效解决了居民的需求，赢得了居民的认可和支持。这些项目的影响力不断扩大，将成为社区工作的明星品牌，丰富新时代枫桥经验的内涵。

（供稿者：湛扬，玄武区梅园新村街道北安门社区）

【专家点评】

党建引领作为社区治理的领头羊，发挥着至关重要的作用。然而，如何通过党建引领，寻求社区治理的新路径，却有着不同的答案。多元化的社区与多样化的治理环境，决定了我们很难提炼出统一化、标准化的治理模式，也无法预测某一模式的适用性。不过，党建引领下探索社区治理的新路径，却是有着相通之处。该部分总结的“加强宣传思想工作、开展居民自治、推动社区志愿服务”就可以看作新路径的相通之处，提炼出了治理新路径的精华。梅园新村街道北安门社区的“赵大姐工作室”这一案例，表明新路径的实现方式。“赵大姐工作室”能够对不同的需求归类细分，针对不同的群体定制服务，充分说明它抓住了居民的现实需求。不过，案例中众多丰富的材料并没有完全展现出来，可以再根据案例中的细节部分，进一步完善治理新路径的内容。

案例二

艺苑社区党员“先锋岗”

艺苑社区由于老旧小区多，加之原先社区物业管理并不完善，居民矛盾等问题频发。社区根据居民中党员数量众多的优势，发挥退休老党员的先锋带头作用，启用党员“先锋岗”。由社区党委和退休老党员发起，先后动员 31 名党员、4 名群众参与志愿者队伍。无论风雨或节假日，坚持在社区轮流值班站岗，为社区治理做出重大贡献，被居民誉为“小居委会”。

一是治安巡逻。“先锋岗”每天派 2 名党员轮流值班，发挥社区“守护神”的作用，在小区各个角落巡逻，创建平安社区，提升居民群众的安全感。在一次巡逻中，值班党员发现 2 个陌生人站在一辆摩托车旁东张西望，形迹可疑，遂上前询问，2 人看到戴着红袖标的人靠近，拔腿就跑。值班党员进一步上前检查，发现摩托车未落锁，连忙寻找车主告知情况后方才离开。二是隐患排查。先锋岗的值班党员每天都会对公共区域的各项设施进行安全排查。在一次巡逻中，老梁发现污水分流工程的窨井中有异味，立即向社区模块专管员报告，经查看，是窨井中燃气管道螺丝松动造成泄露。他向港华公司报告后排除了险情。还有一次，老蔡在巡查中发现社区一处外露的电线冒烟，立即报警，同时向社区报告，在公安部门和电力部门介入下，抢修好了老化的电线，避免了一场可能的事故。三是矛盾调解。每当遇到社区中的家庭纠纷、邻里矛盾，“先锋岗”的党员从不作壁上观，而是积极参与矛盾调节。有一次，社区居民因家中煤气管漏气，打电话给煤气公司维修，但维修会破坏二楼装潢，此举引发二楼居民强烈不满，双方发生争执。先锋岗值班的老党员主动上门协调，并请来煤气公司维修人员，从外把煤气管接到家中，避免破坏楼下的装潢。在他的协调下，此事得到了妥善处理，上下邻居一致好评。四是文明劝导。由于部分居民没有养成良好的生活习惯以及社区宠物管理不善，社区到处都能发现不文明的行为，如抛弃废物、乱扔烟头、随地吐痰、宠物随地大小便等行为屡见不鲜。先锋岗的值班党员首先自己带头当好文明的传播者，同时在社区站岗和巡逻时主动劝导他人，社区不文明行为逐渐得到纠正，文明习惯逐渐养成。五是环境监督。在社区环境清洁和维持中，经常能看到老党员辛勤劳动的身影。“先锋岗”内有一套卫生清洁工具，社区公共卫生除保洁员负责外，“先锋岗”的党员还起着拾遗补阙的作用。每到大年初一，小区内烟花爆竹垃圾特别多，不到8点，党员就和保洁一起将卫生清理干净。六是便民服务。“先锋岗”成立以来，在群众中威信越来越高，被称为居民的知心岗、放心岗。社区居民临时有事在岗亭存放物品、托管小孩、托收物品等，党员都乐于帮忙。遇到哪家自行车坏了、电灯不亮了、电风扇不转了、小家电坏了，先锋岗的老党员们能的会的，都会主动帮助维修。

艺苑社区积极发挥老党员先锋带头作用，老党员们积极参与志愿服务活动，以实际行动在社区治理中发挥了重要作用，进一步提升了社区的归属感和凝聚力，党的形象在居民群众中更加高大，党的旗帜在小区高高飘扬。

（供稿者：朱敏、张瑜，建邺区莫愁湖街道艺苑社区）

【专家点评】

新时期以来，社区治理的重要性得到党和政府越来越多的关注，如何提升社区治理的有效性也成为目前基层治理的一个关键议题。在现实中，并不是所有的社区都有足够多的资源和力量投入社区建设中，因而，如何动员以党员为核心的先锋模范并最大限度地发挥其带头作用就显得至关重要，艺苑社区党员“先锋岗”就是其中的代表。考虑到原先社区物业管理并不完善、居民矛盾频发等问题，社区党委和退休老党员组建起了一支由党员带头、群众参与的志愿者队伍，在治理巡逻、隐患排查、矛盾调解、文明引导、环境监督、便民利民服务开展等方面，以实际行动发挥党员在基层社区治理中的带头作用，进一步提升了社区的归属感和凝聚力。整体而言，本项目通过一个个生动活泼的故事清晰而全面地展现了老旧小区的退休老党员身体力行参与社区治理的景象，但是在项目特色和亮点的总结、模式的提炼等方面还可以进一步深入。

案例三

挖掘红色资源，焕发红色活力

挹江门街道察哈尔路社区位于挹江门街道西南侧，始建于2000年，该社区半数以上为老年人口，辖区内均为开放式零散院落，属典型老旧小区。社区的基础设施薄弱，企事业单位资源匮乏，社区整体治理难度大，社区工作的特色不够明显。社区居民孙洪庆是一名党员，他也曾任南京延安精神研究会副会长，并对延安精神有着深入的研究和持续的弘扬热情。借助于这一优势资源，社区从党建工作方向着手进行创新，通过一系列举措，充分唤起了社区的红色活力。2004年，社区依托孙会长的资源，将延安精神引入察哈尔路社区，建立了“延安精神永放光芒”教育基地。社区先后成立了“延安精神教育中心”和“孙洪庆工作室”，并被授予“党员教育实境课堂示范点”和“党员干部教育培训教学点”。社区以此为“聚力点”，积极搭建平台，合理链接多领域的党群志愿者、共建单位和社会组织资源，将延安精神有机融入社区治理，让社区焕发红色活力。

围绕已建设的延安精神和党员教育基地，察哈尔路社区以“延安精神闪耀新时代光芒”为工作主题——通过二级支部认领课题配以社区星河文化艺术团(社区群众自发组建)的主题表演展示，开讲特色党课8堂，创新“支部书记微党课”，增强党员群众思想教育、文化自豪感和社区认同。该党课有三个特色：第一是在社区确定方向的基础上，由二级支部书记认领课题，充分发动支部书记的积极性和主动性。第二是将支部书记微党课和社团文艺演出结合起来，扩展党课的多样性，让党课更具有趣味性。比如有两位党委委员在讲南泥湾精神的时候，巧妙结合了社区舞蹈队编排的舞蹈《南泥湾》。第三是结合社区“三会一课”开展，加强党员居民自身的社区文化自信、文化自豪感，保持对社区红色文化的认同感、认可度，除了党员能正常参与红色党建服务，社团群众也能够参与进来。为了将社区的红色教育传递更广，社区充分利用辖区的校园资源，通过“请进来”和“走出去”，社区邀请孙洪庆会长利用中小学2022年“开学第一课”，为察哈尔路小学和南师附中开展“从首日封，追寻红色记忆”基层党史学习讲座；孙洪庆会长的讲课同时还辐射周边校园，在回龙桥小学开展的“学延安精神，立报国之志”全民国防教育日活动和在古平岗小学开展的主题党日活动中，红色故事生动鲜活、讲课深入浅出，深受师生好评，也为社区丰富了校园资源，加强了校地之间的联系。微党课获得辖区外共建单位的支持，除辖区内江苏中博通信有限公司外，也与其他共建单位保持联系，结合辖区实际情况，将红色党建服务多领域发展，包括与高校、律师事务所以及机关部门等多单位进行链接，达到双赢效果，促进共建单位与社区间的联系，为后续社区服务项目的开展奠定基础。

社区明确了党建特色方向，建立了多个社区党建教育基地并搭建了平台，打造并优化了“支部书记微党课”，将红色教育资源送进小学。社区党建工作特色明显、服务资源整合充分、红色影响力和活力在社区随时可见，社区更是通过“走出去”的方式让社区党建的影响力进一步扩大，最终搭建出了完整的“家校社”，创新了党建工作的形式。社区用好特色品牌，积极搭建平台，让各层面优势工作互补，激励社区党员群众坚定文化自信，在潜移默化中接受教育，做实做深为民服务，焕发红色活力。

（供稿者：孙璐璐，鼓楼区挹江门街道察哈尔路社区）

【专家点评】

社区作为党建服务的重要阵地，近年来全国范围内关于党建服务的社区化探索迅速推进，在体制机制建设、人才队伍培育、活动形式规划等方面取得了诸多突出成就。但归根结底，社区党建服务的核心在于人，其实践过程离不开社区治理者和社区居民的共同参与，而党员同志在其中更是发挥着引领作用。本项目在以社区红色资源为依托的基础上，注重挖掘和培育社区人才资源，特色鲜明。此外，从活动形式来看，既充分发挥社区居民的主体性作用和社区书记的领头羊作用，又充分结合居民需求和社区单位的实际情况，实现了多主体、多层次的联动，以及党建服务需求和供给环节之中的匹配，能够充分发挥党建服务的体制优势、社区优势和主体优势。不过，本项目的制度化、规范化建设有待提高，同时需要加强品牌活动的设计、打造和提炼。

通过红色文化促进社区治理

党的二十大报告指出，坚持理论武装同常态化、长效化开展党史学习教育相结合，引导党员、干部不断学史明理、学史增信、学史崇德、学史力行，传承红色基因，赓续红色血脉。

红色文化是中国革命的重要组成部分，具有崇高的社会价值和伟大的创造力，在社区治理方面发挥着重要的作用。红色文化是指以中国共产党的革命历史和优秀传统为主要内容的文化体系。利用红色文化完善社区治理是一种有效的方式，可以增强社区凝聚力、促进道德建设、传承社会主义核心价值观、激发社区创新活力、强化社区文化氛围。为此，可以采取以下几项措施：

第一，挖掘、整合和利用红色资源。社区挖掘和整合红色资源是一项重要的文化和教育工作，它有助于传承和弘扬革命精神，增强社区成员的历史责任感和爱国情怀。社区可对社区内的红色资源进行全面的调查和登记，建立档案库，对濒临破损的资源进行抢救性保护。可以通过数字化手段，如 3D 扫描、VR 技术等，对红色资源进行数字化保存，建立红色资源数据库，实现信息共享和学术研究。社区还可挖掘红色资源，如红色遗址、革命历史文化等，建立红色文化基地、纪念馆、主题公园等。通过举办红色文化活动、展览和讲座等，使居民接触到红色文化，增强爱国主义精神和社会责任感。深化红色文化研究，找准定位、拓宽视野，营造全民保护的良好氛围。

第二，推动红色文化人才队伍建设。社区可以培养一批红色文化宣讲员，将红色基因融进血液，确保红色江山后继有人、代代相传。通过自我报名和社区推荐的方式，在社区中寻找到合适的宣传员；通过填词撰写、情感传递、礼仪接待等方面进行授课，提升宣讲员的综合素质；通过现场教学和实践训练，让居民接触社区红色历史，培养他们成为红色文化的传播者；通过选拔和考核，选拔社区宣讲员，并通过培训和考核让他们在红色场景中进行专业讲解；利用丰富的红色资源，进行深入研究和讲解，让宣讲员在实际讲解中不断学习和成长；鼓励宣讲员创新讲解方式，结合现代技术如虚拟现实（VR）等，使红色故事更加生动和吸引人。最后社区应建立红色文化人才队伍建设的长效机制，包括人才培养、活动组织、资源利用等方面的制度安排，确保红色文化人才队伍的持续发展。

第三，开展红色文化教育、文旅活动。在社区中设置红色教育基地，开设红色教育课程。通过红色文化教育，向居民普及党的历史、英雄模范事迹，引导居民树立正确的价值观和思想观念。通过寓教于乐的文旅活动，让居民感受红色文化精神，补足精神之“钙”，更好地传承红色精神。通过举办各种红色主题的座谈会、讲座和比赛等，弘扬红色精神，激励居民投身社会事业和公益活动。例如，推动儿童学习红色文化，了解红色英雄故事，增强他们的爱国情怀和社会责任感。

第四，加强社区党建。加强红色教育和培训，以红色资源“壮骨”，把传承红色基因融入基层治理工作中，建立健全红色党建机制，强化党支部的领导作用和党员的示范引领作用。通过定期组织党员学习交流、举办主题活动等方式，增强党员的责任感和使命感，带动社区居民的参与和支持。同时，将红色文化融入社区规划中，引导社区发展方向和建设路径。在建设社区公共设施、布置环境和创建社区标识时，可以采用红色文化元素，营造浓厚的红色氛围。还可以组织和开展各类与红色文化相关的宣传活动，如红色歌曲演唱会、文艺晚会、红色书画展等，激发居民的爱国热情和社区归属感。

通过充分利用红色文化资源，可以完善社区治理，加强社区凝聚力和文化认同感。同时，也要注重适应多样化的社区居民需求，通过整合不同文化元素，打造一个融合和谐的社区文化环境。

案例一

厚植红荷基因种子　盛放社区治理之花

江北新区顶山街道金汤街社区是中国工人运动先驱、中国共产党早期领导人王荷波同志领导工人运动的地方，有着深厚的红色历史文化底蕴。但金汤街社区也是较具代表性的城市社区，呈现“四多”——老年人多、残疾人多、困难人员多、吸毒人员多，居民间信任感相对不高，邻里互助体系缺乏，居民对社区的归属感不强，社会治理模式单一、成效不佳。

社区的党员干部设想，如果能将社区治理与王荷波同志无私为民品格相结合，营造全方位、立体式的红色文化正能量氛围，让红色文化、爱国主义精神成为社区治理的主旋律，并用精神引领凝聚社区群众，会不会为社区带来一些积极的影响？于是社区着力开展红色传承促进社区治理工作。

一、以传承红色基因为土壤，优化社会治理组织根基

弘扬红色文化“铸魂”。依托南京工运纪念馆，创新王荷波故事宣传作品，进一步优化编排王荷波情景剧《品重柱石》；挖掘辖区内文化能人，开展根雕传统工艺创作展示，将树根的默默无闻、无私奉献与王荷波同志无私为民品格相结合，营造全方位、立体式的红色文化正能量氛围，让红色文化、爱国主义精神成为社会治理的主旋律。

建立红色阵地“壮骨”。以南京工运纪念馆红色教育核心区浴堂街主干道为覆盖范围，设置“党史文化墙”“工运故事墙”“金汤街记忆”主题墙体，打造红色文化生活街，把革命传统教育与居民生活有机融合，产生“1+1>2”的叠加效应，引导党员群众同树新风、共促和谐。

强化红色教育“强身”。提升社区原有王荷波故事宣讲团水平，借助社会组织进行宣讲能力的培训，通过寻访王荷波后代和浦镇工厂老工人、老居民，补充王荷波生活、工作以及革命斗争中的小故事，从小微处着眼，巧妙运用实物、实景、实例、实事，把王荷波事迹讲好、讲活。让党员群众不断接受红色文化的洗礼，增强参与社会治理的积极性。

二、以赓续红色血脉为氧分，激发社会治理内生动能

打造红色教育实践路线。串联“南京工运纪念馆+浴堂街红色街巷+江北新区红色广场”——“一馆一街一广场”的红色教育路线，同时从历史、生活、现代三种角度，营造沉浸式学习教育氛围；叠加“社区党群服务中心+网格E家服务站+荷波广场”——“一中心一站点一广场”的红色实践活动路线，进行志愿服务、网格服务、公益服务等多种实践活动，构建起“一核引领、多点联动”的教育服务体系，为社会治理工作积蓄内在潜力。

开展红色服务三级工程。每月5日，在小区、街巷开展网格红色服务日，党员跟随网格员完成网格服务各项工作；每月15日，网格E家服务站开展网格支部轮值日，支部书记带领党员协助完成服务站各项活动开展；每月25日，在党群服务中心开展党总支主题活动日，各支部根据主题开展学习、服务活动，进一步将红色教育落实到社区治理当中，引导党员、群众在新时代有新作为。

塑造“红韵荷音”廉洁文化。坚持“以红育廉”“以廉促红”的理念，以中共中央监察委员会首任主席——王荷波同志的革命斗争历程为切入点，以其“追求真理、坚定信仰、勇于担当、清正廉洁”的“品重柱石”高贵品格为着力点，深入开展廉洁文化建设。积极传诵王荷波红色家风故事《绝不能走与我相反的道路》，积极树立红色先进榜样，开展“党员先锋岗”“身边的榜样”等评选工作。从先进典型中感受信仰力量，让党员群众干有目标、学有榜样。

三、以弘扬红色精神为源泉，打造社会治理新格局

提升“红荷队伍”服务效能。进一步织密“红荷网格”，开展“精网微格”工作。微网格员由党员担任，每名党员联系100户左右群众，着力构建“N+”的组织体系，形成了“以点带线，以线带面”的服务工作格局。同时依托王荷波义工联盟志愿队伍，以党员为主体力量，发动居民群众积极参与，开展治安巡逻、政策宣传、矛盾调解等“我为群众办实事”主题活动；激励党小组、党员认领群众“微心愿”，承接推进志愿服务项目，架起社会治理人人参与、人人共享格局。

巩固“红荷联盟”共建平台。在原有“红荷联盟”党建共建平台基础上，成立“初心如益”党建公益联盟，打造“既红又专”的服务队伍，依托共驻共建、“五社联动”等机制，有效统筹各方资源，常态化开展环境整治、便民服务、矛盾调解等服务提升工作。打造“荷风‘益’路行”红色服务品牌，实施“‘益’起来加油”服务扩容行动，积极寻找“公益服务合伙人”，广泛吸纳社会组织、商铺、企事业单位、学校及热心公益事业的个人组建志愿服务团队，补充家政、医疗、维修等增值服务，完善“10分钟党建民生服务圈”，达到社会治理同心协力、同频共振方式。

优化“红荷议事”协商机制。社区党总支发挥联结纽带作用，牵头建立由社区、网格、共建单位、党员群众代表等共同参加的议事协商制度。议事等级按照重要程度、影响范围，由高到低划分“红黄蓝”三个等次，蓝色为网格议事项目，黄色为党群议事项目，红色为多方协商议事项目。遵循“有事共议、一事一议、少数服从多数”的议事规则，让党员、群众、共建单位主动参与，直观地监督社区重难点问题的解决情况，进一步创新社会治理自我管理、自我监督机制。

金汤街社区两委把红色资源和社会治理相融合，深入挖掘本土红色文化中蕴含的“红荷基因”，以此为种子，在“传承红色基因”“赓续红色血脉”“弘扬红色精神”三方面深入探索，为社会治理的组织根基备以优渥的土壤，给予内生动力充足的养分，为社会治理创新格局引入滋养的源泉。社区治理工作在红色引领、精神传播、文化认同中深入开展，也将社区治理队伍组织化，逐步形成“以传承红色基因为使命”的特色社会治理品牌。

（供稿者：徐余霞、田影，江北新区顶山街道金汤街社区）

【专家点评】

红色文化作为中国共产党人、先进分子和人民群众共同创造并极具中国特色的先进文化，蕴含着丰富的革命精神和厚重的历史文化内涵，不仅是重要的文化资源，同样也是重要的治理资源。该项目以红色文化为支点，探索社区治理的新路径，不仅秉承了红色文化的历史脉络，还为其赋予了新的时代意蕴。同时，该项目在挖掘、利用和传承红色文化的基础上，加强人才队伍建设，开展文旅融合活动，这在促进红色文化当代传承发展的同时，也有助于发挥红色文化的时代价值。不过，需要指出，该项目的目标在于探索红色文化促进社区治理的具体路径，但是从具体内容和方案设计层面来看，红色文化与社区治理之间的结合度有待提升，项目实践与理论总结之间的匹配度也需要加强。例如，实践经验中社区环境建设、社会组织建设、社区服务建设等方面的做法在开头的总结介绍中未得到充分反映。

案例二

红色文化融治理　聚力构建双循环

雨花社区位于雨花台区，紧邻雨花台烈士陵园，辖区内小区比较分散，呈多点分布型。小区类型多样，有高档小区、商品房小区、老旧小区和紫金广场。目前，社区荣获国家级防灾减灾社区、江苏省文明社区、江苏省和谐示范小区等称号。但是，由于小区主体多元，在治理方面出现了许多问题，存在社区居民点分散、小区层次不一、社会主体多元等困难，难以在基层党建的引领下，传承红色文化，赋能社区治理，构建“党、政、社、企、居、校”六位一体的社区联动机制。因此，雨花社区在党建引领下，以“一居一品一特色”为治理方向，构建

“政社企居校”社区联动体制，进行共建、共治、共享社区治理共同体的建设。

首先，社区通过挖掘红色文化，以文化育苗，通过不断地把红色文化的服务资源融入进去，进行组织化发展。在社区中，经常举办红色文化活动，邀请一些相关人物参加，如烈士后人孙以智奶奶、烈士陵园工作人员等。他们作为红色文化带头人，带领儿童参观陵园，带动居民融合和参与。每个小区都有大组长和十几个楼栋长，以网格为单位挖掘有兴趣爱好的群体，组建老年人合唱团和舞蹈队、年轻人瑜伽队以及儿童葫芦娃队。编制了全区第一个社区主导的舞台剧《丁香花开》，由居民策划、主演。构建了红色文化空间，融入了议事功能。此外，建立了“红心亭”议事平台，零距离收集民情民意，促进与居民之间的沟通。

其次，社区还根据辖区每个小区的特点打造了微空间，有的是改造凉亭，有的是增加休憩座椅，并根据居民的需求不断更新空间。如共青团路51号大院的红心亭、花雨南亭小区的微花园都让老旧小区华丽转身。雨花社区对面一个有着30多年历史的老小区，在其公共空间相对较少的情况下，社区根据居民的需求增设了公共座椅。相似的还有机电花园小区，同样存在着公共空间较少的问题，社区利用小区原有的大平台，在上面增设了儿童游戏场，即儿童地面游戏场。还有一个新开发的相对高档的小区选择打造一条蔷薇路，即种植社区花园。除此之外，在兰亭小区里面的小广场增设了木质的共享书箱，让居民把家里的书籍流动起来，打造“一平米交换空间”。“一平米交换空间”是利用户外书箱的形式，让大家把书籍和小玩偶放进去，以供居民进行置换和图书漂流。

另外，社会组织还带领南京林业大学的同学一起开展了大学生创业项目。结合南京林业大学风景园林学生的专业优势，一起建设了社区广场上的花园。社区用花好悦苑小区中废弃的空间打造了社区客厅，引进了专门做养老餐的社会机构，设立了助老餐厅，中午大家一起用餐，用餐之后还可以打牌、打乒乓球。雨花社区打造了微更新、微基金，还将

“五社联动”注入微空间、微更新、微基金、红色文化以及组织化发展里面。

在去年年底，雨花社区还开展了“共享药箱”活动。居民自发把家里的药放进药箱，比如布洛芬、奥司他韦这些当时紧缺的药品。对此，南京发布和南京电视台还做了专门报道，称赞“邻居好，赛金宝”“远亲不如近邻”。

雨花区的社区建设项目从 2016 年启动，在 2017、2018 年初显成效。2019 年之后新冠疫情暴发，成效更加明显。无论是在疫情前期的防守阶段，还是在中期的核酸检测阶段，抑或是在后期寻医问药共享药箱的阶段，每一个板块每一个环节都能体现出居民强烈的共同体意识。今后，雨花社区还要继续打造居民交往的“邻里圈”、公共服务的“志愿圈”、社区共治的“朋友圈”，不断解决社区治理出现的问题，增强居民的归属感与幸福感。

（供稿者：冯伦郁、欧阳宽，雨花台区雨花街道雨花社区）

【专家点评】

红色文化是党建引领社区治理下的特色文化之一，把它作为完善社区治理的路径具有高度的现实可行性。这一部分能够把红色文化与社区治理的经验相结合，并突出了相应的亮点和特色。同时，该部分还能提出弘扬红色文化的具体措施并在典型案例中生动地展现出来，表明此方式能够落地并取得良好效果。从《红色文化融治理　聚力构建双循环》案例中，发掘红色文化资源，打造社区微空间，开展“共享药箱”活动，种种事例都说明了红色文化在社区治理中的应用性。不过，红色文化与完善社区治理的结合，还可以通过典型案例，提炼出更加适切的经验路径。比如，该部分可以把经验升华到可供广泛对话的理论，或者是在既有的研究中找到相应的落脚点，把经验案例拔高一个层次。

以党建促进社会服务发展

各类商圈是城市发展新兴领域，也是基层党建的重要支点。商圈党建与社会服务融合发展对推动商圈繁荣、促进区域发展意义重大。党的二十大报告强调，要完善社会治理体系，健全共建共治共享的社会治理制度，提升社会治理效能。社区在激发红色引擎、推动融合促发展、打造共建共治共享共同体方面，可从三个方面着力提升。

一、通过党建引领整合辖区内的资源。在新时代背景下，社区作为社会治理的基本单元，其治理水平直接关系到居民的生活质量和幸福感。党建引领作为社区治理的重要抓手，对于整合辖区资源、提升治理效能具有不可替代的作用。党建引领是社区治理的“红色引擎”。社区党组织作为基层治理的核心，必须充分发挥战斗堡垒作用，明确治理方向，凝聚各方力量以构建更加和谐、宜居的社区环境。具体路径包括：**首先是以党建为切入点与辖区内的共建单位建立组织联系，引入资源。**社区党组织充分利用自身优势，共同开展党建服务或者送党建服务进共建单位，从而有效对接辖区内的单位；发掘单位的资源，整合各单位力量，通过合同、协议的方式实现资源有效利用。通过党建协调委员会等形式，统筹协调各方资源，形成合力破解基层治理难题。**而后是在党建引领下搭建平台，引入居民群众、社会组织参与服务。**为社区居民、社会组织搭建服务平台，发挥社区居民和社会组织力量开展服务，在服务中发动居民，推动形成共建共治共享的治理格局。**再者是发挥党员的先锋模范作用，通过党员的示范引领，**带动广大居民群众积极参与社区治理。号召社区内党员在社区服务中发挥先锋模范作用，积极参与社区建设，通过志愿服务、结对帮扶等形式，为居民提供贴心服务，解决居民的实际困难和问题。同时，党员要积极参与社区治理，通过参与社区决策、监督和评议，推动社区事务的公开透明，增强居民的参与感和满意度。

二、党建引领服务、服务导向治理的行动路径。该行动路径是实现基层治理现代化的重要方式。这一路径的核心在于强化党组织在基层治理中的领导作用，通过服务群众来提升治理效能。具体路径包括：**首先是以党建统领组织联建。**坚持党建引领基层治理，搭建联盟平台，整合联盟各方资源力量，将党组织资源优势转化为社区治理效能。通过建立联建党组织，可以整合不同组织的资源和力量，形成合力，共同推进社区发展和治理。通过联建，党组织可以更直接地了解群众需求，提供精准服务，增强群众的获得感和满意度。党建统领组织联建还能够促进党组织间的交流与合作，提高党组织的凝聚力和战斗力。通过联建，不同党组织可以相互学习、相互借鉴，共同提高党建工作水平。在实践中，党建联建还需要注重创新和实效，不断探索适应新形势、新任务的工作机制和方法。**其次是服务商圈联动服务。**将商圈联盟党建资源进行分类梳理，制作资源清单；开展全方位调研，走访群众需求，制作服务清单；采用项目化运作，将资源与服务相匹配，回应居民需求同时促进商圈发展。**最后是多元共治双向奔赴。**由社区搭建联合议事平台，成立商户自治联盟、居民互助小组等，围绕诚信、互助、自治等开展活动联办、组织联建、资源共享，不断构建和完善社区治理一体化格局。

打造党群活动、居民协商议事、社区治理、志愿服务等一体化的党建服务与社会服务融合发展之路，促进基层党建更有广度、居民服务更有温度、社区治理更有效度。

案例一

党建引领让商圈发展与社会服务深度融合

桥北社区辖区面积1.71平方公里，建成11个居民小区，常住人口约3.2万人，拥有20家教育资源，3家大型商业综合体，各大品牌连锁店、经营场所4 000余家，12家社会组织。随着江北新区城市化建设快速发展，社区新居民占比超过三分之二，已由过去的农村转变为现在的城市，成为典型的新居民聚集型社区。随之“城市病”问题也逐渐凸显，“12345”热线诉求较高。

面对如此优渥的商圈资源和快速发展带来的困扰，如何将发展问题变成发展优势？桥北社区为满足群众日益增长的需求、促进辖区经济的可持续发展，依托党建引领，按照“集成、融合、为民”的原则，创新探索商圈经济发展与社会服务深度融合的方法新路径，治理重点在新居民、新需求、新社会氛围融合上下功夫，让新居民变成新家人，融入新生活。

一、共融共享构建为民“服务圈”

桥北社区按照“社区服务商户，提升商户归属感；商户服务居民，提升居民幸福感”为宗旨，将商企、学校、物业、社会组织有机融合，以“桥映初心”党建品牌为引领，邀请8家共建单位、40家商户成为8座网格红色驿站的长期合伙人，认领志愿服务岗，助力社区文明城市、关爱帮扶、消防安全等多项社区工作，成立了“桑榆时光”“医养康养”“桥之盟”“蓝天救援”等8支志愿服务队，通过“桥映初心”积分奖励机制，变单向付出为双向循环付出。

社区整合商企资源共同开设“幸福泰山·驿起筑梦”爱心暑托班，解决辖区外来务工、新就业新业态家庭子女暑期“看管难”问题；对接金象城综合商业广场，为新业态群体设置了“宁小蜂”驿站，免费为外卖小哥、快递员等新就业新业态群体提供“冷可取暖、热可纳凉、渴可喝水、累可歇脚、雨雪可避”的休憩之所；以迎江雅居小区金基物业为例，着力打造“红色物业”服务品牌，制定“1+4+N”（即一个核心、四支队伍、多元化服务）红色物业工作机制，着力做好小区为老为小服务，让物业回馈和居民参与同频共振。

二、共商共治搭建社企“公益圈”

为提升社区对商企的服务效能，桥北社区积极打造营商环境聚合型网格管理体系，把社区网格作为提升服务的基层载体，将优化营商环境建设和社区基层网格化管理相结合。社区统筹协调税务、市场监管、卫体等部门将其服务资源“导入”商圈“服务站”，向商户提供惠企政策、便企服务等，实现“足不出圈的零距离服务体验”。社区以桥北商盟网格红色驿站为阵地，通过专业服务项目，利用数字技术，建立面向商户和创业人群的直播带货互动平台，配备专业设施，邀请专业讲师，将直播销售技巧、就业帮扶送到创业群体的身边。同时引导社区社会组织、桥北农贸市场、金象城综合商业体骨干不定期地走访慰问辖区困难人群、参与社区公益活动，形成良好的商业生态和价值观。

三、共建共商打造红色“动力圈”

近年来，桥北地区吸引了许多不同类型的商业体和民营产业的入驻，这使得商企服务需求呈现出多样化、多层次特征。多方主体如何“同台搭戏”，多类资源如何“集聚赋能”，桥北社区以共建促共商，成立 3 支非公企业党支部、12 家共建单位，建立以社区党委为主导，非公企业党支部、共建单位参与的“1+3+N”三级组织架构的“桥北商圈”红色联盟队，签订联盟协议，实行“商圈有约”议事机制。每季度由社区党委牵头，商圈党组织、商圈管理公司、商户、物业公司共同参与“商圈有约”议事会，打造出“以企促社、以社带企、互利共赢”的基层社区发展治理模式，也让原本不相往来的商企从竞争对手变合作伙伴，相互支持、共谋发展。

桥北社区依托党建引领，按照“集成、融合、为民”的原则，将商业综合体与社区治理相融合，在做实商居联动社企“公益圈”、构建为民“服务圈”、共建红色“动力圈”三方面进行有益探索。以社区硬实力促进社区软实力发展，社区软实力彰显硬实力的烟火气，提升居民幸福感和满意度，增强城市韧性。社区还将继续在商业综合体场景集成、服务集成、功能集成方面进一步统筹，共同推动利民、益商、善治等方面互促共赢，打造服务高品质、善治可持续的社区治理共同体，促进辖区经济的可持续发展。

（供稿者：樊樊，江北新区泰山街道桥北社区）

【专家点评】

本项目关注了城市区域中日益增多且规模不断扩大的各类商圈，并以此作为实践平台探索党建促进社区服务发展的具体方式，具有重要的现实意义。从具体做法来看，该项目在坚持党建引领的基础上，坚持多元共治的行动路径，在以商圈为平台整合国家、市场、社会三方力量的基础上，根据实际需求打造集党建共建、协商议事、社区治理和志愿服务等功能于一体的“服务圈”“公益圈”和“动力圈”，为其他地区相关工作的开展提供了良好的实践参照和经验借鉴。以商圈为平台，开展多元共治的做法在整合资源优势的同时，后续工作中需要加强多元主体之间在利益和需求等方面的协商对话，在共同利益最大化的基础上，促进治理主体之间的需求适配和利益转化，从形式上的多元共治走向实质上的多元共生，以此提高项目的实际效用和可持续性。

案例二

党建引领下的便民生活圈

裴家桥社区位于南京市中心城区鼓楼区。东至中央路，南至文云巷、青云巷、云南北路，西至中山北路，北至湖南路。总面积约 0.29 平方公里，现有社区人口 8 084 人。2022 年社区根据南京市商务局关于推进“一刻钟便民生活圈”的建设要求，依托整合生活圈内的大单位（企业）共治，以“整合”为导向，充分利用辖区内现有的资源，并通过打通辖区内的资源壁垒，创建了“裴友圈”和“裴伴”两个社区商业自治组织，积极地为社区居民提供各项服务和社区改造支持，有效地解决了老旧城区空间资源有限、社区人力有限的难题。

首先社区党委通过对本社区内的商业、文化、教育、人力、空间等各类型资源梳理，并根据社区特点与需求，通过党建引领与辖区内的优质资源对接、洽谈，由社区党委号召辖区单位共同签订共建仪式，将项目活动，例如党员活动、为民办实事、党员党建项目等以认领的方式开展。

接着社区党组织引领创建了“裴伴”和“裴友圈”两个社区商业自治组织。2022 年裴家桥社区党委以党建为引领，努力创建符合社区未来治理、发展的党建联盟品牌——“裴伴”。它囊括了江苏省民政厅、南京市老干部局、鼓楼区退役军人事务局、江苏远洋运输有限公司、开元经济开发有限公司、凤凰出版传媒集团等十余家企、事业单位、机关团体党组织，为支持社区共创共建共享制定联盟约定，助力了社区的发展。2022 年 6 月，以裴家桥社区组织牵头，联合了中央城市奥莱、鼓楼吾悦广场、交通银行鼓楼支行、江苏青春老年大学、凤凰云书坊 23 小时书店等十余家商户，自发成立了“裴友圈”商户自治协会，进一步完善了裴家桥社区“一刻钟便民生活圈”的便民措施，逐步整合了辖区内的优质资源、扩大了服务范围，并定期组织便民服务。“裴伴”和“裴友圈”两个社区商业自治组织的成立进一步加强了成员单位的互联互动，社区以此为契机，整合了社区居民微信群、各成员单位微信公众号、微信小程序、微信功能群等多种平台，充分利用社区的宣传阵地和驻区单位的户外广告屏、单位宣传刊物，通过功能联动机制，形成了一张便民生活圈智慧服务信息平台网，极大地方便了居民的信息捕捉。

2022 年，裴家桥社区以片区物业管理为依托，物业公司管理与小区自治管理并存的多种物管形式，因地制宜地引导各小区物业管理委员会推进小区的物业管理水平，改善居民的生活环境。在物业管理方面有意识地选择一些党员，物业管理委员会里面以党员为主，发挥党员的先锋模范作用，带动居民参与社区治理。社区结合已有的小区自治管理经验，继新泉里小区、湖南路片区物业管理委员会成立之后，新成立的乐业村小区物业管理委会和湖北路 87、89 号小区物业管理委员会通过前期大量工作，正式走上了小区的管理岗位。通过社区协商这一让社区业主自我提升和推进社区发展的重要手段，成功地调动了乐业村小区广大居民和沿街店主的社区参与积极性，实现了小区管理经费自筹、自管。新成立的湖北路87、89号小区物业管理委员会在社区党委的带领下，物管会以党员为核心，业主利益为己任，通过社区、物管会代表、物业公司三方协商、谈判，正式引入了银城物业公司进行小区日常管理，一改以往物业夫妻店服务、收费不公平的局面，使小区整体环境发生了翻天覆地的变化。至此，裴家桥社区在党建引领下打造出了“裴伴”“裴友圈”两个商业自治组织，形成党建引领下的便民生活圈。

（供稿者：胡锦冬，鼓楼区湖南路街道裴家桥社区）

【专家点评】

该案例根据社区商业“便民、利民、惠民”需要，充分发挥党建的引领作用，将党建引领作为社区治理的重要抓手，通过党建整合辖区资源，实现辖区资源的充分利用，同时搭建群聊平台以便居民获取资源和信息，在社区自治方面，以党员作为物业管理委员会核心的方式引领示范带动更多居民参与社区治理，探索出了通过党建整合社区资源的可行性路径。特别值得一提的是，裴家桥社区在物业管理方面的大胆尝试与成功实践，充分展现了党建引领下的基层自治力量。通过发挥党员的先锋模范作用，引导居民参与社区治理，不仅提升了小区管理水平，还显著改善了居民的生活环境。此外，裴家桥社区还巧妙运用现代信息技术手段，搭建智慧服务信息平台网，进一步增强了服务的便捷性和实效性。

总体来看，裴家桥社区的探索与实践为其他城市社区提供了宝贵的经验与启示。其成功经验表明，只有坚持党建引领，充分发挥基层党组织的战斗堡垒作用和党员的先锋模范作用，才能有效推动社区治理体系和治理能力现代化，为居民创造更加美好、和谐的居住环境。

打造党建品牌以增强社区自治能力

随着我国经济的迅猛发展，国家和社会关系发生了深刻变革，从控制型向服务型转变。在这一大背景下，社区治理的创新议题逐渐凸显。党的十九大报告明确提出，要加强社区治理体系建设，将治理重心下移至基层，发挥社会组织的作用，促使政府治理与社会调节、居民自治良性互动。虽然多数社区，已经具备一个基础的治理体系架构，但多面临社区制度性设计不足、居民参与积极性低等关键问题，即社区内部缺乏明确的制度性设计，导致社区治理过程缺乏规范性和稳定性，欠缺组织多样化社区活动能力；社区居民参与社区事务的热情普遍不高，缺乏参与治理的相关能力。面对这一现状，可从以下四个方面出发，推动多元共治，增强社区的自治能力。

一、根据社区的具体情况，进行治理架构优化。社区治理架构的优化需充分考虑社区特点，通过深入调研分析，强化基层党组织，加强社区党总支的组织力量和领导能力，建立健全的党群互动机制，完善社区治理的法规和制度体系，并倡导信息化平台和社区自治章程的出台，让原本的单一社区党组织，形成以社区党总支为核心的党群治理新体系，使党组织更好地发挥引领作用，党员更好地履行服务职责，居民更加积极参与社区事务，共同推动社区的和谐发展。

二、适当引入社会组织辅助发展。在社区发展模式中，社会组织的关键角色不可忽视。它们不仅为社区提供专业支持和服务，而且通过引导、组织和培训激发居民的参与热情。社会组织与居民的协作机制为社区问题的解决提供了更为全面和系统的支持。通过与党组织、居民和企业的合作，社会组织能够更好地理解社区的具体情况，并以此为基础制定更精准的治理架构优化方案。社会组织的介入促进了社区内部的协同发展，为建设更具活力和共荣的社区奠定了坚实的基础。这种共同努力不仅提升了社区治理的效能，也为居民提供了更多参与社区建设的机会，推动社区朝着可持续、健康、和谐的方向发展。

三、组建与完善社区志愿者服务队伍。社区志愿服务团队的多样化为社区居民提供了更灵活和个性化的服务。通过培育不同形式的志愿服务团队，能够更好地满足社区居民多样化的需求。从关注儿童教育到关怀老年人健康，志愿服务团队可以广泛涵盖各个领域，使服务更为全面。志愿服务队伍的建设不仅提升了社区服务的广度和深度，还促使居民更加主动地参与社区事务。这种参与不仅仅是接受服务，更是共同建设社区的过程。志愿者们成为社区的桥梁，加强了邻里之间的联系，形成了更为紧密的社区网络。

四、发掘地方文化资源，推进多方联动。社区治理的关键环节在于社区内外资源的共同动员。整合各方资源是为了更好地解决社区面临的各种问题，而社会组织则能够协调各方的合作。通过动员社区内外资源，包括政府、企业、学校等，形成一个协同作战的团队，可以更加有效地应对社区挑战。特别是在传承和发扬红色文化方面，社区能够借助历史文化资源，增强凝聚力，维护共同体信念。这种文化传承不仅为社区居民提供了情感认同，也为社区治理提供了坚实的文化基础。

案例

打造党建红色品牌，助力社区多元共治

金牛湖街道的长山社区，地理环境优越，被誉为“十里长山”。然而，该社区由于历史原因，面积广阔，事务繁多，但居委及相关工作人员相对匮乏。这一状况在乡镇合并后更为显著，长山乡划归新设的六合区金牛湖街道，在原有的长山乡基础上设立了长山社区。社区涵盖 15 平方公里的面积，下辖 48 个居民小组，1 957 户，总人口达 8 010 人，

耕地面积高达 9 612 亩。面对如此广泛而复杂的社区特点，社区治理显得尤为迫切。

六合区民政部门通过购买服务的方式，拓展社会组织参与社区治理的路径。在这一背景下，社会工作团队充分发掘地方特色，尤其是红色文化，党建引领，在社区多元共治的主题下，多方联动，打造地方红色品牌，致力于解决由广泛面积和居委匮乏引起的治理难题，推动社区治理体系向更为健康和可持续的方向发展。

一、优化社区党群架构，协调协调多元参与

社区强化党建引领、统筹多方资源。由社区党支总牵头，基于现有治理架构，依托社区 8 个党支部，精准对接统筹社区内 N 家单位、组织、社团、居民骨干等社区资源，形成“1+8+N”（图一）的社区党群架构，构建了一个更为庞大而有机的治理体系，让原本单一社区党组织形成以社区党总支为核心的党群治理新体系。社区通过开展议事协商和组织志愿者培训，以及“党建红色品牌”计划的制定和落实，将社区治理相关的资源和各方力量逐渐挖掘和调动起来。

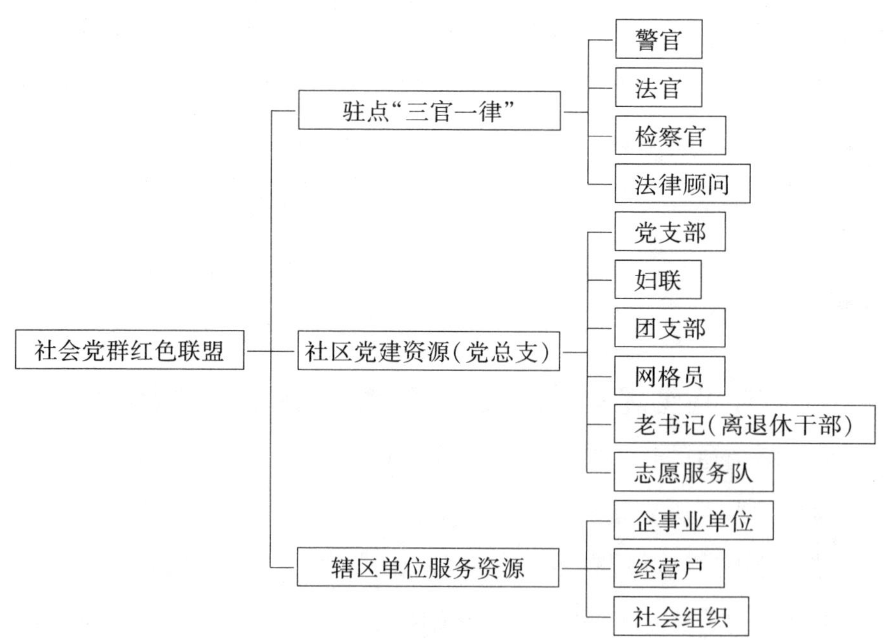

图一

二、积极开展社区议事，组建社区党群志愿服务队

在社区党群新体系中，通过议事活动和赋能培训与社区建立起相互信任的工作关系，建立多种形式的社区“党群志愿服务队”，将社区党员与居民志愿者有机结合。通过社区协调、组织，初步形成了几个不同类别的社区志愿服务队，分别有环保志愿服务队、党员先锋志愿服务队、青年妇女党员志愿服务队、长山小学社会实践志愿服务队等，这些志愿服务队平时在不同场合为居民提供各类志愿服务。例如针对环境问题，社会工作者协助社区开展“社区环境议事协商及环境志愿者慰问交流”活动，总结过去一年社区环境卫生情况及保洁工作，讨论新一年社区环境工作的重点和思路。针对农村社区常住人口中以老年人、家庭妇女为主的现况，社会工作者协助社区组织开展了多项专题活动，对高龄老人进行慰问，对困难妇女家庭进行慰问，开展相关议事等。活动期间就成立社区“党员先锋志愿队”和妇女党员开展社区志愿服务，进行了主题议事及赋能培训，并在活动期间开展志愿服务实践，发挥社区妇女党员和志愿者在社区治理过程中的重要作用。

三、社区红色品牌故事的打造与落实

在开展多次主题议事和志愿者赋能培训后，社会工作者结合建党一百周年主题和社区需求，协助制定了“党建红色品牌”实施方案。包括：(一)对社区红色资源进行盘点。并通过墓园清理和清明祭扫，开展党史学习教育，引导大家感悟历史，传承革命基因，深刻领会初心和使命的内涵。

(二) 通过“社校联动”，对接辖区内学校资源。通过与学校的深度对接，选拔和培养一批红色“小小讲解员”在校内和社区进行红色品牌故事的讲解，从而深入开展红色宣传教育，提升居民的红色意识。通过这种方式，社区历史文化得以传承，为社区发展提供了深厚的文化底蕴。此外，社校联动在帮助下一代社会化的同时，也为退休的老党员、老兵等群体建立社会支持，丰富他们的晚年生活。这种关爱和关注不仅弘扬了社区的人文关怀，也为社区内不同年龄层次的居民提供了多层次的服务。

（三）落实“党建红色品牌”。通过社区党总支牵头，设立“老书记工作室”，于各个网格党支部，组织社区内的退休干部、职工，为社区各类事务出谋划策，及时协调化解社区居民的各种矛盾。社区结合建党 100 周年的历史时刻，围绕社区不同时期、不同身份的红色典型人物，挖掘一系列红色品牌故事，在各党支部增设“红色文化墙”，打造社区“党群红色之家”，以看得见的方式开展“百年党史大学习”活动。

社会治理是一个慢工出细活的过程，从熟悉社区、了解需求、挖掘资源、联系各方等多角度，都需要大量的时间过程。通过党建引领，结合社会组织的协助和支持，挖掘、培育多种形式的社区志愿服务团队，充分调动社区居民互助合作，动员社区内外资源，能够较快地实现社区治理的共同参与，增强群众性自治组织的自治功能，同时也能够进一步提升居民对社区的认同感、归属感，形成一个具有自治能力、富有活力和自我调节能力的社区。

（供稿者：张方友、赵顺利，六合区金牛湖街道长山社区）

【专家点评】

金牛湖街道长山社区在党建引领下，通过打造红色品牌、优化社区党群架构、组建志愿服务队等一系列创新举措，成功探索出一条社区多元共治的新路径。首先，长山社区充分认识到党建在社区治理中的核心作用，通过构建“1+8+N”的党群架构，不仅强化了党组织的领导核心地位，还有效整合了社区内的各类资源，形成了多元主体共同参与的良好局面。这种以党建为引领的治理模式，不仅提升了社区治理的效率，也增强了社区的凝聚力和向心力。其次，社区在志愿服务队的组建和运作上展现了高度的创新性和实效性。通过组建多样化的志愿服务队，如环保志愿服务队、党员先锋志愿服务队等，不仅满足了社区居民的多样化需求，还激发了居民的参与热情和奉献精神。同时，通过社区议事和赋能培训，提升了志愿者的服务能力和水平，为社区治理注入了新的活力。在红色品牌故事的打造与落实方面，长山社区更是别出心裁、亮点纷呈。通过盘点红色资源、开展党史学习教育、选拔培养红色“小小讲解员”等措施，不仅传承了社区的历史文化，还提升了居民的红色意识和爱国情怀。特别是“老书记工作室”和“红色文化墙”等项目的设立，更是将红色文化融入了社区生活的方方面面，让居民在潜移默化中接受了红色教育。希望长山社区能够继续深化探索和实践，为社区治理贡献更多的智慧和力量。

构建党建引领下的“一核多元”社区治理新路径

党建引领下的“一核多元”社区治理是一种以党的建设为统领，通过党组织引领社区居民参与治理、服务和发展的模式。通过建设健全党组织，使党在社区中发挥领导核心的作用，引导社区居民形成正确的思想政治观念，推动社区治理向更为有序、稳定的方向发展，从而促进社区的稳定和谐。通过强化党组织的作用，引导社区居民形成积极向上的社会风尚，推动居民自治和志愿服务，增强社区凝聚力，建设和谐宜居的社区环境。

党建引领下的“一核多元”社区治理新路径有助于建设社会主义先进文化、巩固社会主义制度，是构建和谐社会的一项战略性工程。通过党建引领社区治理的新路径，能够更好地发挥党的领导作用，推动社区治理朝着更加科学、民主、法治、透明的方向发展。具体而言，需要综合运用组织建设、宣传思想、制度建设等手段，提高社区治理的效能和居民参与的积极性。党建引领、多元主体参与的基层治理新格局是中国社会治理的创新之举，对于构建社会主义现代化国家、实现全面建设社会主义现代化国家目标具有重要意义。这一新格局既是对传统治理模式的创新，也是对治理体系的完善，为推动社区的和谐发展、增强社区的可持续发展提供了科学而有效的路径。通过在基层治理中形成更为开放、协商、法治、和谐的治理新格局，中国社会治理体制将迎来更为广阔的发展空间，为构建现代社会治理体系注入新的活力。

一、党建引领在基层治理中扮演着不可替代的核心角色。中国共产党作为执政党，其党组织在基层扎实牢固，具有强大的组织力和领导力。党的领导为基层治理提供了坚实的思想指导和组织保障，确保了治理工作始终沿着正确的方向前进。党建引领不仅是基层治理新格局的重要保障，更是社区稳定、社会和谐发展的重要动力源泉。

二、加强宣传思想工作。加强党的宣传思想工作，宣传和弘扬社会主义核心价值观，提高居民的政治觉悟和思想道德水平。通过举办各类宣传活动，推动社区居民形成正确的社会观念和价值观。建立健全社区治理的组织结构和工作机制，制定相关制度和规定，明确各方责任和权利，确保社区治理有序进行。可以借鉴其他地区的成功经验，结合实际情况进行创新。

三、推动社区志愿服务。建立健全社区志愿服务体系，鼓励党员和社区居民积极参与志愿服务活动，形成良好的社会风尚。可以通过成立志愿者组织、开展志愿服务培训等方式，提高社区居民的服务意识和能力。通过数据分析、社情民意调查等手段，及时了解社区居民的需求和意见，精细化管理社区事务，更好地满足居民的需求。

四、拓展居民参与渠道。建立居民议事会、居委会等居民自治组织，提高居民参与基层治理的途径。创新居民参与形式，如开展居民意见征集活动、邀请居民代表参与决策等。应当定期制定宣传计划，通过各种媒体向社区传递多元参与的重要性和好处。加强社区居民教育，提高居民对多元主体参与的认知和理解，激发居民参与的积极性。通过建立基层治理信息平台，公开治理决策的内容、预算和执行情况，提高信息透明度，使居民更便捷地了解和参与社区事务。

五、开展居民自治。党建引领下的社区治理新路径能够激发居民的参与热情。通过党组织的引领，推动居民参与社区决策、管理和服务，实现居民的自治意识和自治能力的提升，增强社区的活力。引导和支持居民自治，通过居民代表大会、业主大会等形式，让居民参与社区事务决策。倡导居民自我管理、自我服务、自我教育、自我监督的理念，提高居民自治意识。针对党员、社区干部和居民，开展相关培训，提高他们的社区管理和服务水平，增强履职能力。通过建立健全的组织结构、工作机制和制度，明确各方责任，使社区治理工作更加科学、规范，提高治理的效能和居民的满意度。

六、建立多元主体参与的机制。传统治理模式中，主要由政府单一主体负责，但社会治理的复杂性要求更多的主体参与。多元主体包括社区居民、社会组织、企业等，通过广泛参与，不仅使治理工作更加细致入微，也创造了更为开放和创新的治理机制。多元主体参与的新格局为社区居民提供了更多参与决策、表达意见的机会，从而增强了社区的凝聚力和居民的归属感。应当设立社区治理委员会、协商机构等，形成包括政府、党组织、社会组织、居民等在内的多元主体参与机制。同时需要制定机制运行规则，明确各方职责，确保机制有效协调和整合各方资源。鼓励社会组织积极参与基层治理，提供政策和经济支持，加强社会组织的培训和能力建设。建立政府与社会组织的合作机制，推动双方在治理中的协同作用。

这些措施相互配合，政府、社区组织、企业和居民等多元主体可以共同协作，建立更加灵活、包容、协同的基层治理机制，实现治理的多元化参与，推动社区的全面发展。这样的多元主体参与路径有助于更好地满足社区居民的需求，提高治理的效能和社区的发展水平，更能够在党建引领下形成一个有机的社区治理体系，促使社区治理工作更加科学、民主、法治、透明，为社区居民提供更好的服务和管理。

案例一

红色领航携手同行

侯冲社区占地面积 14.8 平方公里，位于永宁街道镇区，下设 8 个片区、11 个网格，常住人口 8 000 人左右。随着侯冲社区城镇化发展进程加快，又受社区所处地理位置影响，社区人口多居住于沿街商铺、小区、村落等，人员流动性强、区域多样化发展等因素给传统基层工作方法带来诸多挑战。结合新时期居民多样化需求，侯冲社区根据加强新型农村社区基层治理工作要求，积极通过网格化治理、打造服务阵地、提升工作人员办事能力等方式，以党建引领加强社区基层管理和服务。通过社区的创新探索和措施落实，社区取得了诸多成效。常态化疫情防控、文明城市创建、安置房居民逐步入住、重点人员走访、行政性工作等基层事务是社区的重点考核内容，社区在进一步推进新型基层治理方面需要有力抓手。

一、红色领航，制定村规民约。村规民约具有先进性、地方性、简约性、群众性、权威性。侯冲社区村规民约的制定在街道党组织领导下，社区两委广泛征集村民意见，充分讨论、集体决定，报街道备案，切实体现侯冲社区本土化原则，用村民听得懂、弄得清、用得着的话语呈现了侯冲社区的村规民约。

二、经济为躯，弘扬文化之魂。侯冲社区在城镇化发展的重要阶段，社区围绕国家乡村振兴发展战略，在产业振兴、文化振兴和人才振兴上都积极开展相关工作，充分发挥社区内红色旅游文化、乡村田园文化等，大力发展文旅经济。在乡村旅游建设的基础上，社区还建设了村史教育馆，陈列了乡村建设过程中的农耕文明发展进程、社区的产业实物、社区乡贤代表等，定期组织社区居民进行参访。

三、多元参与，共建乡村治理。党的十九大报告强调“打造共建共治共享的社会治理格局”，党的十九届四中全会提出“建设人人有责、人人尽责、人人享有的社会治理共同体”，这些都体现出在社会治理工作中需要多方的共同参与。如何实现社区、社会组织、社工、社会资源及社区自治组织的联动是目前基层社区治理中需要重点构建的服务体系。

四、文明倡导，促邻里共互助。村规民约的最终效用是促进社区的邻里和睦，侯冲社区发挥文明家庭、道德模范、先进个人等示范作用。在移风易俗工作中，社区通过红白理事会在日常工作中和清明、冬至、春节等重要时间节点开展文明祭扫活动、杜绝铺张浪费等宣传活动。在文明城市创建过程中，社区开展垃圾分类宣传活动、实践活动，发放积分兑换卡，培育文明新风尚。在和谐社区建设上，社区积极发挥文明家庭、退休党员、新乡贤的作用，在小区广场、网格服务群等做好文明倡导。设置邻里宣传员、建邻里互助小组，引进社会组织开展睦邻友好的社区活动。

经过针对不同居民需求的区域化服务、软实力提升、创新品牌推动、社区参与促进、邻里关系改善以及社区发展推动等方面的努力，侯冲社区在基层治理服务方面取得了显著的成效。这些努力提升了社区的治理能力和服务水平，有效提高了居民的满意度，并为社区的可持续发展提供了强有力的动力。侯冲社区通过发挥红色文化、传统文化等特色资源，创新亮点品牌，提升了社区的软实力。社区通过充分利用自身的地理位置和文化资源，打造文旅经济，促进了产业发展和经济增长。同时，社区还建设了文化展示馆、以红色教育为核心的场馆等，进一步提高了社区的文化软实力和影响力。侯冲社区通过开展各种形式的社区活动，激发了居民的参与热情，提高了居民对社区事务的投入度。这种广泛的社区参与，促进了社区的民主化建设，形成了共建共享的社会治理新格局。

（供稿者：杨伟，浦口区永宁街道侯冲社区）

【专家点评】

“党建引领，多元参与”，或是俗称的“一核多元”，作为中国本土特色的治理创新之举，主要是指政府、社区组织、企业和居民等主体通过共同协作，建立更加灵活、包容、协同的基层治理模式，促进多元力量的共同参与，近年来在全国范围逐渐兴起。但是在具体行动的落实层面，各地的举措与成效却参差不齐。本项目“红色领航、经济为躯、多元参与、文明倡导”的实践机制则具有鲜明的特色，发挥了党建服务的体制优势与制度优势，在社会服务方面取得了显著成效，为其他地区提供了良好的实践参照和经验借鉴。不过，考虑到项目本身的可持续性和推广性，还可以进一步加强治理模式的总结和提炼。

案例二

流动的“学教大篷车”

沿江街道龙山社区是一个2020年5月成立的新城市社区，辖区总面积2.726平方公里，辖区有13个居民小区，人口约4.5万人，新居民占比超过80%。如何应对新社区、新市民、新需求，加强基层党组织在社区治理中的重要作用，社区两委班子带着这个问题问计于民，通过入户走访、召开座谈会等方式寻求群众的智慧。在一次座谈会上，一位年近七旬的老党员李光华建议说：“新中国建设初期，有货郎挑着担子，走村串户，读报纸、讲政策。现在进入了新时代，货郎换上三轮车，带着书籍、音响进小区、进广场，可否一试?”老党员的话给了社区启发，他们招募了志愿者，将三轮车全新改造——书架、货架、音响、充气筒、针线包、小药箱等便民工具一应俱全，大红绸悬挂车前，红飘带舞动，“龙山红流动宣传车”标语格外醒目，居民纷纷驻足围观拍照。党的二十大胜利召开后，宣传内容不断更新，“学教大篷车”真正从里红到外。

一、因地制宜，以车为媒搭建龙之台

社区以“学教大篷车”为平台，搭建协商议事平台、社区客厅平台和龙山家属平台。通过“网格民生日”听取民意、流动的“学教大篷车”收集和体察民情、设置“海棠议事厅”定期会上会办等多种方式，联合共建单位打造500平方米综合减灾宣教馆，举办“听您的声音，解您的诉求”民生桥活动，凝聚多元力量，明确党建资源清单和项目清单。以“车”为媒介、以“桥”为纽带攻克油烟扰民、占道经营等“老大难”问题累计117条，解决居民大小事宜219件。

“学教大篷车”加强互助融合、资源联享，与南大金陵学院、省防灾减灾中心等21家单位深化结对交流，定期召开党建联席会议，健全完善党建联席制度，多元力量握指成拳形成社区治理的合力。

二、薪火相传，以车为阵培育龙之星

在社区推动下，“学教大篷车”凝聚党员骨干、社会组织、共建单位等本土力量，成立“龙山红”巡讲团、文艺社。

社区通过邀请专业老师为老年群体开设音乐课堂、摄影采风课堂，为“百姓名嘴”邀请专业老师加工和编排党史故事并进行培训辅导，将社区网格员、小区物业、社会组织、三官一律、党群志愿者等多方力量纳入一体化办公，不仅壮大服务队伍，也进一步挖掘社区骨干和热心居民参与社区治理。家住时光里花园的居民田蓓经过系统培训，成为沿江街道的“百姓名嘴”，在省防震减灾科普讲解中获得第一名；双目失明、自强不息的残疾青年汪洋渠带领一帮残疾人开设了中医推拿部，他的事迹激励其他居民奋发作为，积极参与社区服务。

三、春风化雨，以车为桥织密龙之网

“学教大篷车”不仅是政策宣传的标识，也是为民办实事的红色地图。每周三龙山社区的“网格民生日”，“学教大篷车”都会亲临现场收集问题和诉求。“学教大篷车”从十几人的志愿者队伍发展为社区志愿者、热心居民、学校老师、专业人员等百人队伍，内容也增设视频快闪秀、流动影音课堂等，看似不起眼的三轮车经过不断升级，成为沿江街道龙山社区基层治理的金招牌，打开了新的宣教和基层治理方式，将最本真的面貌呈现在居民面前，成为社区治理和服务创新的流动阵地。

龙山社区坚持党建引领、始终以社区为主导搭建平台，充分利用“学教大篷车”流动的特性，让服务走近居民身边、倾听民情民意，切实解决居民发现的问题、存在的难题。同时不断延伸“学教大篷车”的服务功能，将政策宣传、诉求表达、回应服务完美结合，通过大篷车让龙山人、事、情、物紧密相连，在服务中建立多方联动的机制，扩大服务队伍、迭代升级服务内容，精准且专业地解决社区治理问题，以居民需求引导服务创新，打开基层治理的新方式。

（供稿者：杨倩，江北新区沿江街道龙山社区）

【专家点评】

党建是近年来的热门话题，如何融入社区治理更是一个被学术界和社会都广泛关注的热点问题。通过党建提升社区治理的水平，使社区更加符合居民的日常生活需求，需要学者们不断从案例中总结宝贵的经验。这就要求加强阵地建设；发挥党员力量，按需开展服务；建立多元力量共治体系，完善多元参与服务机制。这都可以看作是党建与治理融合的可行性措施。党建落到社区治理的实处，靠的是党员的带头作用，党员、居委会、居民等多元主体的共治共建。案例列举了沿江街道龙山社区的“学教大篷车”协商议事平台、社区客厅平台和龙山家属平台，鲜明地呈现出党建引领下的社区治理如何实现。不过，该部分还可以进一步突出党员在其中发挥的引领和带头作用，进一步回应前部分提出的党员力量。

【“三治融合”机制】

“三治融合”是指自治、法治、德治在基层社会治理中相互作用、有机结合，形成一种新的治理方式。这种治理模式强调在党的领导下，充分发挥群众自治主体作用，依法治理，以德治人，实现基层社会治理的良性循环。其中，自治是基层群众性自治组织、社会组织、公民等进行自我管理、自我服务、自我教育，指的是基层群众性自治组织依法自主管理社区事务，通过民主选举、民主决策、民主管理和民主监督等方式，实现自我管理、自我服务、自我教育和自我监督。法治是基层社会治理的保障，通过法律法规来规范和约束社区成员的行为，确保社区治理的规范化和制度化。德治是通过道德教育、弘扬传统美德、培育公民道德等方式，引导人们遵纪守法，形成良好的社会风气，强调道德的引领作用。

“三治融合”的实践机制包括促进国家治理和社会治理的深度融合、推动治理结构整体优化以及治理目标系统转换。具体路径在于推动政府联合社会力量建构制度供给和内生秩序的联通机制、形成现代化治理体系和设计治理民生化为导向的政策。“三治融合”能够有效整合各种治理资源，提高治理效率。通过自治，鼓励群众积极参与社区治理，增强主人翁意识。法治能够保障公民的合法权益，维护社会公平正义。德治能够培育良好的社会风尚，促进社会和谐。

自治在“三治融合”机制中扮演着基础性的角色。它指的是基层群众性自治组织依法自主管理社区事务的过程，包括民主选举、民主决策、民主管理和民主监督。自治的核心在于实现自我管理、自我服务、自我教育和自我监督，是乡村治理的社会基础。自治通过发挥自我管理功能，为法治和德治奠定良好的主体基础。它允许居民直接行使民主权利，更好地参与到社区治理中，从而提升治理的民主性和有效性。自治的实施有助于保障人民群众的知情权、参与权、表达权和监督权，增强基层社会的自我调节和自我修复能力。自治的有效实施，有助于构建和谐有序的社区环境，提升居民的生活质量，实现社区的可持续发展。同时，自治也是法治和德治得以有效实施的基础，三者相互促进，共同构建起一个更加完善的社会治理体系。

推动居民自治

随着社会流动不断增大，原有的生活共同体边界被打破，社区居民日益呈现出原子化、流动化特点，居民与居民之间、居民与社区之间缺乏凝聚力和紧密感。而城市中心的老旧社区在此背景下，还存在着基础设施老化、社区管理弱化、公共服务不完善等问题，从而导致此类小区存在比较严重的治理障碍。解决这个问题，关键在于居民在参与社会发展过程中个人能力、公共意识和社区归属感的培养，而不仅仅是社区物质环境的建设。

一是引导居民参与社区自治。居民参与社区治理能提高居民的主人翁意识，居民自治更能使居民的幸福感得到提升。如何引导居民参与到社区治理中是社区需要思考的问题。居民矛盾、参与意愿低等问题还需要社区工作者以专业的工作技巧，有意识地引导和带领居民积极参与社区治理。具体策略包括：**首先，消除居民矛盾，营造社区文化。**通过居民矛盾摸需求，以服务为切口，搭建活动平台将不同小区的居民融合再分配，组建新群体班级，加深居民之间的了解，消除居民矛盾；开展社区文化建设，增强居民群众的认同感、归属感和责任感。开展丰富多彩的睦邻活动，提升居民群众参与社区活动的比例。**其次，增强居民的参与意识。**通过政策宣传、教育和媒体渠道，提高居民对社区治理重要性的认识。例如，可以通过线上线下媒体宣传，设立社区宣传点，组织普法活动等，让居民了解自己的权利和义务，增强归属感和家园意识。**再者，推动居民社区参与。**推动居民参与社区各项工作，共同制定目标、计划，实施项目。这种参与形式可通过居民会议、座谈会、志愿者活动等方式进行，以便让居民充分参与社区公共事件的讨论。倡导社区的自治和自我管理能力。通过提高居民的参与意识、推动居民组织和社区网络的建立，促进社区自治和自主发展。

二是居民参与能力培养。培养居民参与能力是一个多维度的过程，涉及提升居民的意识、增强组织和协作能力、提供参与渠道和平台以及营造积极的社区文化氛围。具体策略包括：**首先，坚持党的领导和政府主导。**确保社区治理的正确方向，提供政策支持和资源保障。基层党组织和党员应深入居民群众，强化参与意识、掌握协商方法、提高参与能力。**其次，提升普通居民的参与能力。**开展社区治理知识培训，组织居民参与社区规划设计、环境整治等实践活动，让居民在实践中学习治理技能。提高群众议事协商能力，使居民群众领会协商民主的基本内涵、养成民主协商意识、掌握民主协商方法。**再者，社区培养骨干，为居民自治增加人才储备。**社区有意识地培养领头人，并对这些骨干进行培训，同时在骨干的带领下为班级群体布置志愿任务，通过对志愿者评估使居民感受到认可，从而逐步完成从享受社区服务到参与志愿服务的转变。

三是居民自治路径搭建。居民自治路径搭建的意义在于它是实现基层民主和社区治理现代化的重要方式。通过居民自治，可以增强居民的参与意识和能力，使他们成为社区治理的主体，从而提高社区治理的效率和质量。具体策略有：**首先，以模范领袖带动群体。**通过平台搭建，发挥模范领袖的带头作用，带领居民全面参与到服务和治理当中；以社会组织为抓手，推动社会组织以培训的方式帮助居民独立运行自我服务和自我管理的项目。**其次，创新多元化治理平台。**整合基层党组织、居民、社会组织等资源，搭建参与平台。例如，成立楼院临时党支部，引导党员亮身份、当先锋、作表率，带动普通居民融入社区、参与治理。同时，创新网络社区平台，建立社区事务公开、在线听证、民主协商评议等机制，提供多渠道参与路径。**再者，增强自治与共治联动。**完善群众参与共治的制度化建设，促进社区多元协商共治制度化常态化，加强社区治理的整体性设计，提升民主决策和民主管理的水平。

四是居民自治保障机制建设。居民自治保障机制建设对于推动社区治理体系和治理能力现代化具有重要意义，它不仅能够提升居民的参与度和社区治理效能，还有助于构建和谐、有活力的社区环境。具体策略有：**首先，建立意见收集和反馈机制**。通过社区协商审议委员会等组织，收集居民关心的社区事务和建议，保障社区多主体参与渠道畅通。**其次，加强社区指导**。应提升社区工作者的专业能力和服务水平，加强教育培训，提高其依法办事、执行政策和服务居民的能力。社会工作者需在地区一线起到指导和推动作用，协调社区各方的合作，帮助居民制定目标和计划，并提供专业知识和技能的支持。**再者，加强社区资源整合**。应注重将各种社会资源整合起来，包括政府、非营利组织、企业和居民等各方的资源。通过整合，可以最大程度地发挥资源的效能，保障居民自治。

总的来说，应从社区层面出发，通过多方合作和综合干预，实现社区的全面发展和居民的自我提升。它强调社区居民的主体性和自治能力，倡导民主和平等的社区治理方式。另外，还提供一些建设性的途径，如议事会，让居民能够表达意见、反映民意，建立政府与居民的联系及沟通，促进相互了解。在此基础上，倡导团结互助、和谐邻里的社区文化。与此同时，社会工作者也关注了社区居民的参与意愿和参与能力的提升，引导居民规范、有序地参与社区治理，并结合社会组织的力量共同推进社区问题的解决。

案例一

耆睿学堂让居民自治转起来

江东门街道睿城社区是 2015 年新建成的，该社区主要服务苏宁睿城、佳和园小区居民及江东软件园，其中睿城小区为高档商品房住宅小区；佳和园小区为拆迁安置小区，居民素质、需求等均存在较大差异。社区刚建的时候居民矛盾较为突出，为了更好地调解居民矛盾，社区以服务为切入口团结群众、发现群众、动员群众，逐渐形成了社区治理的新气象。

第一阶段，调解居民矛盾。最开始，社区发现不同小区居民之间存在着一些矛盾，如社区综合服务中心的场地使用等，而这些居民以老年居民为主、使用场地的目的主要为开展自娱自乐的活动。于是，社区通过充分调研开设了居民需求度高的 7 个服务课程并形成了耆睿学堂；在学堂内不同小区的老年人被分配到相同的班级中，不同小区的老年人安排在一起上课、学习；在共同学习中，不同小区的老人加深了认识、消除了误解、组建了新的群体。社区还引导居民在班级中通过投票的形式选班长和班干部，建立班级自治。

第二阶段，有意识地培养社区领袖，为后期开展居民自治提供人力基础。耆睿学堂开设后，社区要求每个班级均要指派 1—2 个班级成员参与到每月的社区骨干交流大会，社区会在骨干交流大会上收集大家的意见和建议，并在后期完善；参与到社区骨干大会的居民逐渐具备了主动性和自主性，愿意参与到社区治理中。社区还会给每个班级布置志愿任务，如捡垃圾、参与疫情防控、巡河等工作，让他们从享受社区服务到参与社区志愿服务。社区还会开展志愿者评估，让这批社区骨干感受到社区对他们的认可、让大家都争当社区的优秀志愿者。社区还会对这批骨干分子进行培训，协助他们逐渐成长为能说话、愿意说话、敢说话、愿意奉献的社区人。此外，社区有意识地引导并发挥党员骨干的作用，从一开始的一批人，到培养一批社区领袖，然后发挥社区领袖的模范带头作用，最后慢慢地大家都来争当社区领袖。

第三阶段，引导社区领袖带领居民全面参与到社区服务和治理中。一方面，引导居民以耆睿学堂为基础，成立耆睿学堂委员会、制定《耆睿学堂管理方法》，并明确耆睿学堂的管理方式、路径和内容；居民还在社区的指导下自发筹办课程（从原来的 7 门发展到 15 门），耆睿学堂开始走上了自我管理、自我服务、自我监督的路径，由居民自己管理与开展课程服务。另一方面，社区还以微公益为抓手，协助居民开展微公益项目，开展居民自我服务和自治项目。为了帮助居民更好地开展微公益服务，社区以社会组织为抓手，推动社会组织通过培训的方式帮助居民以项目式的方式来独立运行微公益项目。并在微项目的运行中推动项目负责人成长为独立的项目承接者，乃至社会组织的负责人。

项目实施三年以来，社区、居民代表、社会组织在“汇协商”的平台下，充分发挥居民自治主观能动性，团结基层群众，已成功开展了12期耆睿学堂，召开专题议事会30次，骨干交流会每月2次，汇报演出10场，课程从2016年初的7门课程发展到现在的15门，学员由70多人发展到525人，从开始之初的社工全程带领，到现在居民之间的自我管理、自我教育、自我服务、自我监督，社区在“党建引领社团、社团凝聚群众、建设美好社区”理念的指导下积极创新，不断进步。

（供稿者：翁慧玲，鼓楼区江东街道睿城社区）

【专家点评】

社区作为一个“大家庭”，只有发动居民主动参与到治理事务与公共服务中，才能把日常的“家务事”处理好。通过参与社区治理，居民能够更直接地诉求自身利益、畅通沟通渠道，从而弥补政府服务的不足，达到社区善治的目标。因此，提高社区居民的参与能力和自治水平，对促进社区和社会的整体发展具有重要的作用。该项目以社区领袖为切入口团结群众、发现群众、动员群众，不仅形成了“模范带头、民众参与”的治理格局，还为社区带来了争先赶先的和谐氛围。同时，立足于微公益实践推进政社之间持续互动，激发了居民参与社区治理的热情。不过，该项目的最终目标在于使自治实践“转”起来，让居民“动”起来，所以未来的方案设计与配套的体制机制建设就需要在现有基础上做出进一步延伸，如何规范微公益的体系化运行机制、如何确立审核主体与项目的支持方式、如何维持居民申报公益项目的热情和积极性等，都是今后需要关注的重要实践议题。

案例二

通济“YI”起来：通济街社区互助自治项目

通济街社区位于南京市溧水区老城中心的永阳街道，存在着“新+老”“城+乡”群体，成分复杂，居民需求多元化、异质化，传统的社区治理方式很难适应当前的社区现实。对此，本项目选取了三个小区为试点。这些小区都存在着突出的社区问题：没有物业、停车不方便、进出通道狭窄和无安全通道等。而且由于现代社区改变了过去传统地缘、业缘和血缘关系，人际关系变得松散，居民之间沟通少，归属感低，大多数人“关起门来过日子”。在此背景下，本项目以永阳街道通济街社区宏泰1期和分龙岗46号小区中的难题为核心，因地制宜，激发社区“隐藏资本”和发挥居民自治活力。

在项目开展前期，社区挨家挨户走访居民，耐心详细地询问居民需要什么帮助，遇到了什么问题。了解到他们的实际诉求之后，社区开展多场便民服务，如爱心义诊、便民理发、手机贴膜和广场电影等。在活动开展时，社会工作者与在现场的小区居民进行沟通，拉进了彼此的关系，与居民建立互动信任。

社会工作者在调研居民需求之后，开始着手整合社区资源，倡导居民参与社区建设。首先，召集和组建了安全、医疗和读书方面的志愿者队伍，并且开展了多场志愿者培训，如社区安全巡查、社区医疗工作和图书借阅培训，保证各方面都有志愿者提供服务，为更好地开展各类社区服务和老旧小区安全管理等打好基础。其次，根据两个老旧小区环境改善和安全管理需要，聚焦于如何解决社区实际问题，组织开展涉及各个相关方的居民议事会议，制定并通过符合通济街社区的居民协商议事规则，根据议事讨论结果开展老旧小区服务和管理行动，并不断优化调整。2022年7月15日，宏泰1期召开了第一期居民议事会，参会人员有社区两委、通济街社区党员、网格员和居民代表。议事会提出了如下问题：大家是否愿意众筹安装门禁？业主停车要收费吗？大家同意收取临时停车费用吗？2022 年 8 月 31 日和 2022 年 9 月 17 日，通济街社区还开展了通济街微幸福公益项目和琴音新村议事会等，聆听居民的想法和诉求，通过议事会减少误解达成共识，寻找解决问题的最佳方案。最后，社区还盘活公共资源，依托社区公共服务阵地空间、社区入驻社会组织和志愿者等公益资源，创新公共空间使用内容和形式，提供多样、优质、实惠的公共文化、生活服务，丰富社区居民文化、提升生活质量。具体工作包括开展青少年手工制作活动，设计暑期夏令营，丰富青少年的假期生活；设置户外露天电影场地，在炎热的夏天为居民免费提供矿泉水，吸引他们观看；开设科普公益讲堂等。

在此基础上，通济街社区还重点关注居民参与活动的持续性，力求实现共治共享。一方面，通过加强教育服务，提升社区责任感。通过党史教育激发党员爱国情怀，同时让青少年明白幸福生活来之不易。2022 年 8 月 1 日，在中国人民解放军建军 95 周年之际，对社区青少年进行爱国主义教育，对社区全体党员进行党史教育，促使党员以及干部牢记初心使命，坚持人民至上，把为民造福作为最重要的政绩。另一方面，引导居民深度参与，培育公共精神。社会工作者通过公益项目立项，鼓励居民参与到志愿活动中去，充分发挥社区居民自我服务、自我管理的功能，进一步提升公共服务能力和民生服务水平。从 2022 年 6 月 10 日到 2022 年 12 月，通济街社区开展微幸福公益项目，设立了三支志愿服务团队，再由社会工作者进行成效评估。

最后，社会工作者在项目实施过程中，重视分享治理成果，激发社区内动力。一方面，通过开展成果分享会让社区居民充分了解、认可各项社区治理活动，同时秉持“从群众中来，到群众中去”的工作方法，围绕项目实施整个过程，收集、反思社区居民、社区干部等真实评价，邀请项目主管、督导和社区干部对一年来的工作进行总结，为下一年的工作制定初步计划，共同探讨社区治理可持续路径。另一方面，通济街社区还注重媒体推广宣传，通过 qq、微信等平台，建立社区群聊，保证了非正式信息发布的及时性。并在活动开展过程中，接受社区居民和社会人士的监督。

通济街项目的实施取得了喜人的成果，在志愿服务方面，成功发展了18名社区退休医生、社区退休教师和居民成为志愿者，志愿者队伍正不断壮大；在居民自治方面，共开展了2场大型协商议事会、13场小型议事协商会议，组织社区党员、网格员等参与到协商之中。通过协商，业主们通过了安装小区门禁闸机的提议，初步解决了小区停车困难的问题。在公共资源方面，青少年暑期夏令营的开展、露天电影的播放，让居民走出家门融入社区，这也促进了邻里之间的互动。

总的来说，项目的开展令许多社区问题得到妥善解决，资源利用水平进一步提升，居民参与社区活动的积极性有了提升。但是，通济街社区还未真正形成议事协商机制，目前只是通过上门联系居民沟通交流。今后还需要不断完善议事机制。另外，还要更加关注流动人口的特殊问题，听取居民意见，提升社会治理创新的能力；居民公益项目也仍然有限，社区居民自我服务的领域也需要继续拓展。

（供稿者：郭晓娟、薛晶晶、谢超，溧水区永阳街道通济街社区）

【专家点评】

居民作为社区治理中的重要主体，其自治能力的强弱往往决定着社区的治理效果。本项目敏锐地洞悉了因人口流动化、老龄化所导致的居民凝聚力缺乏以及老旧社区管理弱化等复合问题，并以此作为切入点，探索激发社区居民自治活力的可行策略。从具体做法来看，该项目呈现出鲜明的“需求导向”特征，通过前期的需求评估了解居民的实际诉求，在此基础上针对性地开展便民服务。此外，从召集和组建志愿者队伍、组织开展居民议事会议到依托社区公共服务阵地空间、社会组织和志愿者等公益资源开展具体治理实践，不仅是培育居民互助意识的过程，同时也是居民之间、居民与组织之间、居民与政府之间关系融合、信任互构的环节。当然，后续工作中还需要将例行化的工作凝练形成体系化的服务模式，进一步激发社区居民自我协商、自我服务、自我决策的能力，以提高项目的实际效用。

推进社区全过程民主

社区全过程民主是指在社区治理的各个环节和层面，广泛、深入地实现居民的参与、决策和监督，形成一种基层自治、平等参与的治理模式。通过居民广泛参与社区事务的决策，可以有效解决社区内部的矛盾和纷争，减少社会矛盾的积累。民主决策过程能够形成一种相互尊重、平等协商的文化，增强社区居民的团结感和凝聚力，为社区的和谐发展创造有利条件。可以说，只有居民主动参与并管理好自己的事情，作为城市管理重要平台的社区才有可能在全面建设小康社会的过程中，发挥出应有的作用。在这其中，全过程人民民主实践是指在决策、管理和公共事务处理的各个阶段，充分发挥人民的主体地位和作用，实现人民对事务的参与、表达意见、监督和评估的全程参与模式。为了促进全过程人民民主实践，可采取多项措施。

一、提升群众的民主参与意识。广泛开展、组织各类群众性参与活动，如听证会、座谈会、公民论坛等，让人民能够充分表达自己的意见和诉求，参与政策制定和公共事务的决策过程。加强民主宣传和教育。通过各种渠道和方式，加强对人民民主的宣传和教育，让民众了解民主制度的优势和作用，树立民主意识。提升民众的政治知识和素养。加强政治教育，提高民众的政治意识和参与意愿，培养他们关注公共事务、分析问题和独立思考的能力。

二、建设健全社区自治组织。在社区内建设健全自治组织，形成居民自治的基础，设立居民代表大会、居民委员会等机构，使之成为广泛参与社区治理的平台。通过宣传教育，倡导居民参与社区事务的文化，培养居民的民主参与意识，激发其对社区治理的兴趣和责任感，加强社区内的合作和共谋，促使社区更加团结。

三、建立多元化参与机制。制定并实施多元化的居民参与机制，包括座谈会、听证会、调查研究等，确保各类居民都能有机会表达意见。社区工作者在此过程中更多的是扮演引导和支持的角色，帮助弱势群体更好地表达意见，促使社会决策对他们更具包容性。通过在整个决策过程中提供参与机会，社区群众更有可能感到被尊重和被重视，从而增强社区的凝聚力和认同感。通过参与决策过程，个体能够表达自己的需求和期望，从而确保决策更加公正、全面，代表社会多元利益，使得社区能够更全面地理解问题的本质，有助于在问题诊断和解决方案设计阶段获取更多信息，从而提高问题解决的效率，达到更好的社会效果。

四、设立社区公共平台。建立社区公共平台，提供信息发布、意见征集等功能，增加居民对社区治理的了解和参与。利用信息技术，建设数字平台，提供在线投票、意见反馈等工具，促进居民参与社区事务的便捷性和高效性。通过公共平台，可以确保社区中各阶层、各群体的声音都被平等听取。这有助于推动社会公正，防止一些群体被边缘化。决策过程中的信息共享以及决策过程的透明性，可以促进民众之间以及民众与社区之间信任关系的建立。这有利于培养社区的自主性，使社区更能够自主解决问题，化解矛盾。

五、建立保障机制。加强法治建设，建立健全法律制度和规章，保障公民的权利和自由，同时也提供法律手段来维护公民在民主实践中的权益。建立渠道和机制，加强政府与民众的沟通与互动，定期听取和反馈民众的意见和建议，回应民众的关切和诉求。加强网络和新媒体的利用，建立在线平台和社交网络，便于民众在线参与讨论和决策。

案例一

“城墙根”议事

台城花园社区户籍人口 8 807 人，常住人口 10 074 人，驻区单位和外来人员较多，人口流动较大、“人户分离”现象普遍。因社区地处城墙根下，社区以物寄情、以根传意，依托议事亭搭建百姓议事厅，聚焦群众“急难愁盼”，坚持有事多商量、遇事多商量、做事多商量，精心打造“城墙根”议事品牌，为提升基层治理水平注入“民主”动力。本项目从以下几个方面推进：

一、民心总动员，选好最佳代言人。如何让选出的代表更好地“为民代言”，是开展代表选举的“三个重中之重”。一是“社区的”，依靠网格激活。将辖区所有单位和人员，按照“片—格—组—户”的层级，遵循“就近就便”原则划分 2 个片区、11 个网格、85 个小组，覆盖 3 422 户居民。每位组长对应 100 名左右选民，确保选民登记“不错、不漏、不重”。二是“在外的”，动员回家参选。依托公安户籍数据和人口普查等资料，采取上门走访、电话微信、发动亲友等方式，着力摸清外出选民动向、参选意愿等基本信息。三是“单位的”，主动上门对接。针对辖区省市级企事业单位相对密集的情况，及时派出 3 名专属网格员，上门组织对接联系，逐部门、逐企业摸排和确定参选人员信息，确保应登尽登、参选尽选。

二、民事众人议，找到最大公约数。一是搭建议事平台。以“6+N”模式(居民委员会、“两代表一委员”、业委会、物业公司、驻区单位、“微光行”志愿服务队、社区热心党员、居民代表、统战人士代表)搭建共建共商共治平台，坚持每月召开“台城圆桌会”，汇总居民意见诉求，邀请居民共议解题方案，营造“问题大家议、答案大家找”的浓厚氛围。二是规范议事流程。坚持“商以求同、协以事成”原则，严格按照“居民提事、按需议事、协商参事、跟踪监事、民主评事”五个步骤进行议事决策，有力保障居民在社区治理中的知情权和参与权。三是运用议事成果。建立议事反馈、结果公示等制度，对议而不行、行而无果以及群众不满意的事项，责成回炉再议，限期整改到位，真正让“城墙根”议事成为破解难题的“修理厂”。

三、民意直通车，打通最后一公里。近年来，社区充分发挥基层立法联系点接地气、察民情、聚民智的民意“直通车”作用，坚持民主立法、民生福祉、发展大局、人大职能“四个聚焦”，积极探索实践“333 工作法”，推动居民群众积极参与立法，使为民立法更有温度、基层治理更有精度。一是建好“三大员”。建立“一体两翼”工作架构，在 9 个居民小区和 7 家辖区单位设立基层立法信息采集点，形成以 30 名信息员为主体，3 家顾问单位和 6 名专业人才库为“两翼”的基本架构。二是走好“三步法”。事前，广泛动员、深入普及。通过政务公开平台、微信公众号、社区网格群、电话咨询、问卷调查等渠道，多形式、多渠道、全方位开展宣传宣讲，及时将征求意见的法律草案向社会发布，动员社会各界踊跃参与。事中，搭起平台，充分汇集。在征询意见的基础上，邀请人大代表、行业专家、基层群众等，组织召开座谈会研究讨论，广泛征集群众意见，既拓宽立法意见征集渠道，又畅通社情民意反映渠道。事后，及时反馈、形成闭环。基层立法联系点及时将意见采用情况、法律制定进度、正式颁布情况向公众反馈，让立法工作走进寻常百姓家。三是讲好“三故事”。以讲好人大故事、立法故事、民主故事“三个故事”为切入点，广泛开展法治宣传，定期组织法治论坛，着力将“法言法语”转化为“百姓语言”。

台城花园社区通过“城墙根”议事，围绕提升民主管理效能，最大限度吸纳民意、汇集民智，探索构建共建共治共享新路径。以建立议政代表会制度为契机，对照议政代表履职清单，聚焦城市管理、小区出新、文明创建、疫情防控、帮困解难等民生实事，进一步畅通民主渠道，推进民主管理。通过本项目，台城花园社区坚持“还政于民、还权于民”，健全完善“社区居委会、小区网格长、单元楼栋长”三级自治组织体系，发挥楼栋长“近亲熟”等优势参与社区治理。

（供稿者：钱书荣，玄武区玄武门街道台城花园社区）

【专家点评】

推动社区全过程民主，形成一种基层自治、平等参与的治理模式，增强社区居民的团结感和凝聚力，能够有效解决社区内部的矛盾和纷争，减少社会矛盾的积累。本项目聚焦于社区群众“急难愁盼”的问题，依托社区议事亭搭建百姓议事厅，具有重要的现实意义。从具体做法来看，该项目依托社区网格，激活社区民众治理动能；同时搭建议事平台，邀请居民共议解题方案，以规范化议事流程保障居民在社区治理中的知情权和参与权，真正让“城墙根”议事成为破解难题的“修理厂”。最后，畅通社情民意反映渠道，在社区居民征询意见的基础上，组织召开座谈会研究讨论，打通民意“最后一公里”，着力将“法言法语”转化为“百姓语言”。台城花园社区通过“城墙根”议事项目，最大限度吸纳民意、汇集民智，探索构建了社区共建共治共享的新路径，为其他社区治理提供了良好的实践案例。

案例二

大方社区全过程人民民主实践

大方社区位于南京市雨花台区，由金地自在城、宋都南郡两个商品房小区和五个原始村民小组组成。社区工作者通过走访发现，大方社区存在的主要问题有：第一，社区居民组成复杂，由于小区类型差异，居民们的观念也各不相同，因此容易造成冲突。第二，民主议事参与主体主要为老年人。平常年轻人白天上班，对自己周围环境关心较少，家中事务大多交给老年人打理。但老年人维权意识和议事意识较弱，社区也没有一个正式的议事平台。

因此，社区工作者决定开展全过程人民民主实践。全过程人民民主实践指的是每一个步骤都能体现出民主的意识，从事情发生到事情的商量解决，以及事情产生的一些效果，都能充分地跟老百姓沟通交流，听取他们的意见建议。比如，大方社区开设了一个舞蹈俱乐部，这个建议是由老年人提出来的，但社区考虑到如果由他们自发创办，会缺乏一些专业性的指导和管理。因此，社区工作者向上级反映。之后，文体局参与到舞蹈俱乐部的创办，根据居民的需求安排了几个舞蹈老师。队伍组成后，居民自发制定章程。此后，俱乐部开展文艺汇演，举行几次、在哪举行都由居民自行决定。

居民在遇到矛盾纠纷无法解决时，全过程人民民主也能很好地发挥作用。金地二期曾经发生过一起电梯维修事件，起因是小区的电梯使用年数过长，接近了15年的质保期限，电梯运行慢、卡在某一楼层的情况频发。居民们向社区反映这一情况后，社区首先向物业了解电梯质保的情况，然后邀请物业和居民代表坐下来，沟通解决方法。经过协商，大家讨论出三种解决方案：第一，哪里坏就修哪里，但是这个问题得不到根治。因为电梯运行时间过久，可能会发生今天修完明天还会坏的情况。第二，更换电梯里的大部分备件。即换掉一些容易损坏和老化的电子元器件。第三，更换新的电梯。综合考虑，第一种方案成本最低，因为更换的部件少；第三种方案虽然能够保证电梯的安全性，但是换一个电梯需要20万左右，成本太高，实施起来比较困难。在讨论出三种方案之后，社区找到了维保公司评估方案的可行性，然后在小区微信群里征求居民意见，最终全楼20多户居民参与讨论，大家一致认为，第二种方案最合理。另外，小区的每栋楼都设有楼栋长。社区经常会对楼栋长进行培训，比如垃圾分类方面的知识。在议事的时候，除了楼栋长，还有许多感兴趣或者涉及自身相关利益的居民参与其中。即使不是每一次纠纷都能完全解决，但是也尽可能地减少了一部分矛盾，促进了邻里关系的和谐。

社区还创办了便民为民服务的专项资金，在资金使用前，社区工作者首先走访居民，再举行调研会，了解居民需求。比如某个居民想安一个路灯、修路，或者想解决垃圾运输的问题，通过与居民代表的沟通，最终决定便民资金的使用。此外，社区每年举办跳蚤市场、山区帮扶活动和迎新晚会等十几场大型活动，吸引社区骨干积极参加。

在大方社区党委的带领下，以及在社区委员会和社会组织的共同努力下，现有社区自组织 34 个，每年举行 40 余场大型活动和赛事，常态化社区自组织活动服务达到了每年 350 场，服务人次达到了 82 250 人次，志愿者队伍达到了居民总数的 15%。另外，大方社区还获得了“中国儿童友好社区”“江苏省和谐社区”“江苏省廉政文化示范点”“江苏省民主法治示范社区”“江苏省廉政文化示范点”“江苏省民主法治示范社区”“江苏省优秀志愿服务社区”“南京市基层社会治理创新联系点”等荣誉称号。

（供稿者：戴婧，雨花台古雄街道大方社区）

【专家点评】

把全过程人民民主融入社区治理现代化，构建人人参与、人人负责、人人奉献、人人共享的社区治理共同体，打通服务群众的“最后一公里”。这为深入打造全过程人民民主最佳实践地、探索推进治理现代化提供了前进方向与根本遵循。如果说构建社区治理共同体、服务群众是目标性和功能性要求，那么把全过程人民民主融入社区治理现代化就是结构性、过程性和实践性要求。南京市雨花台区大方社区针对社区居民人员构成复杂、民主议事薄弱的特点，通过全过程人民民主实践的开展，搭建社区居民的集体议事平台，充分发挥人民的主体地位和作用，实现人民对参与事务、表达意见、监督和评估的全程参与模式。在社区全过程民主的实践基础上，本项目可以进一步由个体推进，组织参与，促进社区组织的培育与民主参与。

加强商户的社区归属感

增加商户的社区归属感对于促进商业区域的繁荣和稳定发展至关重要。加强商户与社区的联系对社区来说具有重要的意义，能够有效增进社区的凝聚力和向心力，促进社区的繁荣与发展，同时也有助于提升社区的形象和认可度。社区归属感能够激发商户的积极性，增加他们对社区的投入与责任感。以下是一些提高商户社区归属感的方法：

一、组织定期的社区活动，设立商户表彰奖励制度。组织定期的社区活动，如街头市集、商户联谊活动、文艺演出等，鼓励商户积极参与。这有助于建立商户之间的联系，提升整个社区的凝聚力。定期组织商户会议，倾听他们的意见和建议，促进彼此之间的沟通。定期的沟通有助于减少信息不对称，加深商户对社区的了解。设立商户表彰奖励制度，定期对在社区发展中作出突出贡献的商户进行表彰，提高他们的参与积极性。

二、商业联盟与合作。鼓励商户加入商业自治联盟，共同合作解决行业问题、进行市场推广活动等。联盟的形成有助于商户形成共同体，提高社区归属感。商户自治是指商户自发组织起来，通过合作、共享资源和共同管理，共同解决商业区域内的事务和问题。在筹备商户自治联盟的初期，社区工作者应当进行社区调查，了解商户群体的需求、挑战和潜在的资源。这有助于对社区全面了解，为后续的干预提供基础。社会工作者采用的各种方式，包括组织会议、工作坊或培训等，都能达到促进商户之间沟通和协作的目的。建立合作关系有助于形成商户自治的基础。商户自治联盟可以集中协商、管理商业区域内的共同事务，如活动策划、规章制度制定等。这有助于提高商业区域的整体运营效率，加强内部协作与合作。商户自治联盟需制定一份详细的联盟章程，明确联盟的组织结构、成员权益、决策机制等规范，确保联盟的顺利运作。社会工作者可以提供参与方法学和民主决策的培训，确保商户在组织内部有平等的参与权。通过强调商户在社区中的角色和自主性，推动社区内的自我调节和合作，注重参与决策和权力分享。

三、建立信息共享平台。建立一个信息共享平台，用于商户之间的信息交流、资源分享和合作。通过这样的平台，商户可以更好地了解社区内的动态，加强互动，形成更紧密的社区网络。促进商户之间的合作，建立社区内商户的网络。关注商户群体所需的能力建设培训，包括商业技能、组织管理和决策能力等。对此，社区工作者可以一方面合作建立培训计划，以增强商户的自主性和自我管理能力。另一方面通过成立联盟委员会，由社区党委牵头，各个商户成员参加，负责联盟的日常管理和决策。定期组织商户联盟沟通会议，有助于成员之间的沟通与合作，讨论解决共同问题的方案，推动联盟共同事务的进展。通过共同的市场推广、合作活动等方式，推动联盟成员间的合作项目，提升整体竞争力。

案例

“小而美”商户自治联盟

红山街道曹后社区位于沪宁铁路线以北，由原城中村改建而成，老旧小区集中，基础条件相对薄弱，流动人口多。随着红山新城的建设，社区成为红山新城的“大门口”。辖内红山南路和曹后村路沿街共有67家门面商铺，这些商户便利了周边居民群众的生活，但是存在着不同程度的占道经营、杂物乱堆等不文明现象，整体的环境卫生不佳，车辆无序停放，存在一定的安全隐患等，且与社区之间的融合度也不高。为破解沿街商户的管理难题，探索“商户自治”模式，通过大量的前期摸底和走访了解，“小而美”商户联盟项目于2020年开始实施。通过集结“街道、社区、党员、商户、社会组织”五方力量，探索“商户自治”模式。具体实施路径为：

一、建立线上社群。组建曹后商户微信群，建立常态化联系机制：群内定期发布日常管理、安全生产、恶劣天气、社区活动等信息；商户也可通过微信群反映问题、预约服务。此外，社区与商户一起自制文明商户微视频，内容围绕商品特色以及科普知识，相关视频通过推送网格微信群、社区官方视频账号等，帮助商户吸引客户流。

二、健全议事机制。为变商户“被动管理”为“主动参与”，社区推行“党建引领+议事协商”机制，每年定期召开2次商户代表议事会，其余重要事项根据需要召开。经由议事会，协商制定了商户文明公约，明确商户责任范围，协商统一了商户自治公约，明确了示范商户的评选标准。

三、开展志愿巡逻。社区将门面商户划分成3个小微网格，形成“党员+网格员+城管队员+商户”志愿巡逻队伍，每日开展巡逻，每月评选示范商户。其中，联盟商户作为自治主体，负责门前五包、安全生产等责任；示范商户作为自治带头商户，要起到示范和监督作用；社区作为监督主体，根据自治公约进行月度评选。有了商户的亲身参与，也较好地推动了相邻门店相互监督。

四、投身公益服务。社区搭建多种平台，引导商户投身公益服务。在疫情防控中，社区从商户中招募10名志愿者参与核酸检测。在老年人疫苗接种专场中，商户理发志愿者为老人免费理发。社区还以传统节日为契机，组织开展困境儿童的“爱心义剪”、“暖心文具礼包”、重阳节“敬老一碗面”等服务活动。为了做好新业态、新就业群体服务，社区挖掘商户挂牌“宁小蜂驿站”为新就业群体提供临时歇脚、免费喝水等服务；挖掘2家商户加入“小蜂食堂”，为新就业群体提供优惠食物。

五、优化商户服务。一方面强化硬件环境，利用为民服务资金以及链接爱心企业，对曹后村路进行整体提档升级，划线、门面房统一刷漆等，对红山南路部分商户门前的不平整路面重新铺设；另一方面提升软件服务，依托新时代文明实践所（站）资源，组织商户开展多样暖心互动。

通过“小而美”商户自治联盟项目的开展，商户们的思想发生了转变，商户们参与社区服务活动的积极性得到了激发，也由个体带动整体，促进了整个商业街氛围向更友好、更和谐的方向发展。项目自实施以来，通过红山街道官微、主流媒体等，广泛进行宣传报道。

（供稿者：尹苏畅，玄武区红山街道曹后社区）

【专家点评】

商户参与社区治理是一个难题，其一是因为商户们大多数小本经营，时间非常有限，很难有时间参与社区活动；其二是商户们之间往往有着一定的互相竞争关系，和谐关系难以形成；其三是商户们往往只关心自己的经营和成本控制，一般对公益事业不是很关心，难以形成社区治理的合力。此外，商户又具有一定的资源，在社区中也有一定的利益需求，社区卫生、社区安全、社区和谐等都会对商户的经营产生影响。商户们也有可能转化为社区治理中的社会慈善资源，关键在于如何组织和使用。这就是社区工作者专业能力的体现。

本案例中专业社会工作者采取的方法是可行的，值得其他社会组织借鉴。该方法关键是通过调查了解商户共同关心的问题把商户组织起来，形成自己的社群，帮助社群形成自己解决问题的机制，然后转变社群的关注点，并引导到社区公益事业中。这个过程的关键点是社区社会工作者能够得到社区领袖的支持，达成共同关心的利益问题的共识，才能形成商户社群，这是其参与社区治理的基础。

构建商户联盟“融合共治”共同体

社区商业的核心是便民，商业事关民生，是居民身边的大事。2023年6月南京市出台《南京市公共配套规划标准》和《南京市15分钟社区生活圈规划导则》，助力南京15分钟“生活圈”建设，以居民步行15分钟可满足其物质与生活文化需求为原则，进行服务功能和公共活动空间等公共资源的配置，形成便利安全、舒适宜居、丰富多彩的居民日常生活空间体系。很多社区周边的商户多为分散式零星小型生活商铺，虽服务快速便捷但消费者停留时间短，存在获客难、留客难等现实问题。如何建立商户联盟，在解决商业难题和保障民生福祉的同时也让社区、商户、居民、社会实现多方共赢，需要从以下三个方面有机结合。

一、对居民而言，商户联盟能够更好地获取基本公共服务和其他生活服务。商户联盟在社区提供平台的基础上，通过商家小程序为居民发放优惠券，使居民获得实实在在的优惠。基于居民需求，社区联合商户开展了共计10余场公益服务活动，服务人次超过500人。公益联盟优秀志愿者凭借证书可以享受“公益商圈联盟”商户的特定优惠。此外社区还会评选出20家“公益商圈联盟优质商户”，帮助居民筛选出优质商户，营造更加适宜的营商环境。

二、对政府而言，商户联盟能够提供基本公共服务，支持社区发展。联盟成立后，通过各个平台推送惠企政策和促销促展活动，为商圈提供经济信息和合作机会；定期组织主题沙龙，邀请联盟成员交流分享经营经验和营销策略；引导商圈提供更多的公益性服务活动，进一步增进商居之间的理解与信任，促进商居共融协同发展。

三、对社区而言，商户联盟既要让公共资源便利可达，增强人民群

众的获得感；又要着眼服务需求促进互信融合和可持续自治，形成社区治理发展合力。商户依据自身经营所长，为居民开展公益服务，以服务促治理，推动社区服务品质、治理效能的提升。商户联盟可以使居民积极参与社区志愿者服务，一方面促进社区资源的有效整合和高效利用，另一方面志愿者通过提供服务兑换商户的优惠券，使得志愿服务更加长期有效助力社区治理。居民为社区提供具体公益服务，商户通过惠民反哺社会，商户联盟进一步营造了和谐、友爱、互助、便民的商居共融氛围，商家和居民参与社区自治的动力和兴趣也不断增强。

案例

打造“邻聚力”商户联盟 构筑“融合共治”共同体

临江社区于2018年6月正式成立，总面积约20.37平方公里，人口约1.48万人，包括雅居乐、正荣润江城等6个中高档商品房小区，辖区居民对生活品质要求相对较高。而辖区拥有万汇城、明发财富中心2个商用公寓，辖区覆盖了257家商户，呈现“范围大、经营业态广、小商户多”的基本特征，没有大型商业体、资源散落是商户发展面临的困境。

根据商务部办公厅、民政部办公厅等11部门出台的《城市一刻钟便民生活圈建设指南》和《南京市15分钟社区生活圈规划导则》，社区两委奋力探索“五社联动”促发展的服务机制，满足居民群众对美好生活的追求。社区主要从四个方面层层深入开展社区“商户联盟”的建设工作。

一、着眼服务需求促进互信融合

社区经过充分调研显示，商户对税收政策优惠、抗逆力提升、经营环境优化等方面有较强的需求，而居民的需求主要体现在商户能够提供的公益服务和优惠活动上。于是社区整合辖区资源，以传统文化为主线，开展丰富有趣的便民活动，为商户和居民提供沟通交流的平台，奠定良好的具有针对性、多元性、专业性的社区服务的基础。根据商户、居民的内在需求和双向需求，以“机制优化”为主要着力点，开展政策宣传、能力提升培训、抗逆力训练以及公益服务等活动共计10余场，服务人次超过500人，促进社区、商户、居民三方共融，优化了社区、商户、居民间的信任机制和服务机制。

二、成立公益联盟激发善治活力

为整合商圈资源，实现社区、商圈、商户、物业、居民之间的共建、共商、共享、共融，社区牵头联合商户和居民成立“邻聚力”公益商户联盟，动员江苏省广西商会、卜卜乐、雅生活物业、优贝乐国际教育中心、小银星、茶艺空间、多烘焙、Sweat运动馆等50余家社区商户加入联盟，覆盖了生活服务、美食餐饮、教育培训、物业服务、运动健身、汽车美容等多个领域。

联盟成立后，由社区代表、商铺代表、居民代表共同制定了《商户联盟公约》进行规范管理，通过微信群、QQ群推送惠企政策和促销促展活动；根据需求和建议，每2个月召开一次“邻聚力”商户联盟联席会议，开展社区微业、文明经营、主题市集、典型选树、邻里共治等共同行动；定期组织主题沙龙，邀请联盟成员交流分享经营经验和营销策略，增进商居互信、共融协同发展。

三、优化营商环境构建治理共同体

为提高居民生活品质、促进商居融合共治，“邻聚力”公益商户联盟以社区公益服务、商户经营状况等为依据，通过自荐、互评、共评的形式，以半年为周期，评选出20家“公益商圈联盟优质商户”进行表彰授牌及物质奖励；对居民志愿服务的参与情况进行汇总统计，筛选出24名参与志愿服务超过10次的居民志愿者，为其颁发“邻聚力”公益联盟优秀志愿者证书，凭借证书可享受“公益商圈联盟”商户的特定优惠。在“商户联盟”的模式下，营造了和谐、友爱、互助、便民的商居共融氛围，商户与物业、社区、居民互惠互利的关系也逐渐形成，商家和居民参与社区自治的动力和兴趣增强、幸福生活指数提高。

四、搭建共融平台实现可持续自治

为充分发挥“商户联盟”共建平台作用，临江社区开启“社区+社区商户+居民志愿者”三位一体的服务模式，将社区、商户、居民三方汇于一圈，形成沟通顺畅、反应高效的双向反馈机制。社区为商户提供“网格 E 家”阵地和社区公益市集平台等阵地资源，为商户提供产品特色展示、社会责任履职舞台；为居民提供参与志愿服务的机会。商户依据自身经营所长为居民开展公益服务，居民志愿者积极参与社区志愿服务且能获得商户特定优惠。共建平台为社区自治注入活力，商户和居民逐步从自我服务、自我管理者成为社区治理可持续发展的动力源泉。

通过打造“邻聚力”商户联盟，搭建共建共融服务平台，激发居民参与社区公益服务，带动商户通过惠民反哺社会，不仅助力社区经济发展，而且让商业承载着情感、教育和社会化功能，切实为居民带来了更加便利的“家门口”服务。

“商户联盟”探索了社区治理的多方联姻互利共赢模式，建立了社区与各方主体的新型伙伴关系。以社区服务为主导的平台升级服务不仅提高了居民幸福感、盘活了商圈经济，而且树立了社区服务的品牌，增强了社区凝聚力和向心力，点燃了社区治理可持续发展的新动能。

（供稿者：彭海洋，江北新区顶山街道临江社区）

【专家点评】

小商户为居民日常生活提供不可或缺的便民服务，但也存在着一些商户经营困难、不了解居民需求、居民不信任商户等问题。案例《打造“邻聚力”商户联盟，构筑“融合共治”共同体》针对该社区小商户众多的特点，打造商户联盟，实现“融合共治”。其做法包括：一、抓住商户和居民的各自需求，促进双方互信和互动，形成融洽和谐关系。社区为商户提供所需服务，商户为居民提供公益服务、优惠服务，增强了社区与商户之间、商户与居民之间的联系和信任。二、在商户联盟建设中，社区积极作为，发挥了牵头、引领、组织的作用，搭建平台将众多分散的商户和居民组织起来，使商户成为一支建设社区的社会力量。社区提供服务，制定《商户联盟公约》、召开联席会议、组织主题沙龙、评选表彰“优质商户”等活动，促进了商户规范经营、诚信经营，方便了居民生活。三、将公益互惠理念贯穿于商户联盟建设中。商户发挥自身经营特长，为居民提供公益服务，聚集了人气，树立了自身良好的经营形象。居民积极参与社区志愿服务且能获得商户特定优惠，获得了实惠，增强了持续提供志愿服务的动力。

培育社区自治组织

培育社区自组织是促进社区自治、提高居民参与度、推动社区可持续发展的重要手段。通过激发居民的主动性、建立协同机制，社区将迎来更为积极、健康、有活力的发展，实现全体居民的共同繁荣和社区的全面进步。社区自组织有助于提高社区的凝聚力和稳定性。通过居民自愿组织、参与社区事务，形成社区自治的机制，可以增强居民对社区的认同感和归属感，降低社会矛盾和冲突，维护社区的和谐稳定。此外，社区自组织有助于发挥社区的内生动力和创造力。当居民参与社区事务并发挥自身特长时，社区将充分利用各类资源，从而推动社区内部的创新和发展。社区自组织可以有效整合社区资源，激发居民的积极性，形成更有活力和创造力的社区。培育社区自组织可以从以下三个方面着手：

一、加强社区文化和认同的培育。通过组织多样化的文化活动、庆典和传统节庆，鼓励居民参与，激发对社区的认同感。建立社区历史档案，传承地方文化传统，使居民深刻体验社区的独特魅力。这样的文化认同将成为社区自组织的基础，形成共同价值观和行为准则。

二、建设完善的社区组织平台。为了激发居民自发组织的热情，必须提供一个方便、透明、开放的组织平台。可以建立社区活动中心，提供场地和资源支持，以促进居民举办各类社区活动。同时，建设数字化平台，如社区网站或 APP，方便居民在线交流、协作和组织活动，为社区自组织提供便捷的工具。

三、通过培训和教育提升居民的组织管理能力。组织专业的培训课程，包括社区管理、决策参与、团队协作等方面，帮助居民掌握组织与协调的技能。鼓励居民参与社区治理，通过培训引导居民学会有效沟通、问题解决和决策制定，提高社区自组织的执行力和影响力。

在文化认同、组织平台和居民能力提升的基础上，社区自组织将更容易实现。这种自组织不仅能够促进社区内部的凝聚力和合作力，还能够更好地应对外部挑战，推动社区的发展和进步。通过多方位的努力，社区将成为居民共同参与、共同管理、共同发展的有机共同体，为社区的可持续发展打下坚实基础。

案例

守望幸福、你我共建，友好邻里、你我共享

老虎桥社区作为一个拆迁安置型小区及商品房小区结合的社区，社区居民年龄结构层次完备，包括老中青三代，各个年龄层次形成了不同的需求。城市化进程加快，农转居后居民身份的变化，带来文化、意识、新老居民融合等问题，随着生活条件的不断提升，居民对文化、娱乐、体育、健康等方面的需求越来越多；社区工作者有限，无法满足居民多样化需求，社区管理难、基层治理更难。因此，社区工作者通过问卷调查和随机访谈的形式，挖掘老中青三个年龄层次具备的需求。项目依据老中青三个年龄层次的需求，根据八步工作法，在社区内培育了五支自组织为居民提供服务。服务计划实施过程主要为：

一、“找人”的阶段(自组织培育之初的半个月到一个月内)。在形成社区队伍之前，先组织社区小组活动凝聚人气，在这个过程中，寻找具有相同兴趣爱好或者需求的人进行引导。老虎桥社区的文艺队一开始就是社会工作者通过建立微信群、发布招募令、进小区搜集居民信息等行动寻找该小区的文艺爱好者作为服务对象的。

二、提升意识的阶段(自组织培育阶段的一个月到两个月内)。老虎桥社区的文化队刚开始时，服务对象刚开始都比较羞涩，但是经过社会工作者的“破冰活动”后，服务对象彼此熟悉起来了，开始交流自己

的兴趣，社会工作者又组织了多场不同类型的活动，如经络操、趣味手工、红色电影等。

三、自主行动的阶段。这一阶段，小组出现了带头人，小组领袖开始在小组内发生作用，因此社会工作者需要逐渐退出小组，更多地扮演观察者的角色。

四、扩大与整合阶段。在这一阶段，小组的目标已经实现，小组的任务已经完成，小组到了结束的阶段，小组的人员开始由聚到散。然而为了持续发挥自组织的作用，让小组在目标实现后、任务完成时能够持续地运转，使小组内的服务对象并不是参加了一个“阶段性”小组，而是“持续性”小组，2020 年 10 月 29 日老虎桥社区睦邻空间的社会工作者组织五个自组织团队的负责人及各个自组织重要成员在老虎桥社区睦邻空间开展了一场协商议事会议，在充分征求自组织负责人及重要成员的意见后，成立了益启爱公益队。

五、社区队伍的正式转化阶段。在这个阶段，社区的队伍刚刚成立，大多数人还处于漫无目的和不清楚队伍目的性质的阶段。益启爱公益队成立之后，便进行了第一次全体会议，参会对象是全体益启爱公益队的队员。在这次会议上他们明确了益启爱公益队的性质是邻里互助的志愿服务团队。同时此次会议也采用无记名投票的方式选出了队伍的队长、副队长、后勤等人员名单。

六、社区队伍的正式化。在这个阶段，应当将先前的社区队伍的建构成果固定下来，将第一次全体大会的成果成文，将该公益队的性质、工作内容、人员守则等内容编写进益启爱公益队的规章制度手册，并在有条件的基础上，设立益启爱公益队队服、队徽及队旗。

七、社区服务常态化。益启爱公益队在完成了制度变革后，先后开展活动 7 场，服务小区 3 个，服务居民 300 余人，包含为社区老年朋友的手机消毒清洗、瘦身检测、上门慰问高龄老人、助力创建全国文明城市、光盘行动宣传、高龄老人送饺子等活动。

八、共建共治和谐社区。益启爱公益队在社会工作者的协助下，一同搭建起“邻里间”协商议事平台，完善了协商议事的规则与议题范围的甄选流程，并就议事决策人进行最后的落实。

在益启爱公益队的组建全过程中，社区居民以平等的身份不断参与横向沟通、交流，逐步由陌生到熟悉，慢慢建立了熟人间的彼此认同和信任关系，发展到资源共享和利益互惠，真切地体会到了“社区是居民生活的共同体”。这一横向互动关系会迁移到日常生活中，扩展到社区邻里当中，建立稳定的社区关系网络。构建的社区关系网络越多越紧密、居民间的信任度越高，社区社会资本的存量就越大，社区治理的成本就越低，并且社区关系网络有利于规避社区治理中的风险，在社区协商议事方面更容易达成共识，减少不必要的分歧，营造社区整体和谐积极友爱的氛围。

（供稿者：李樱，浦口区江浦街道老虎桥社区）

【专家点评】

老虎桥社区通过精心策划与细致执行，成功构建了以益启爱公益队为核心的社区自组织体系，展现了卓越的社区治理创新与实践能力。该案例不仅精准对接了老中青三代居民的不同需求，还巧妙运用了八步工作法，有效促进了居民间的相互了解、信任与合作，为社区治理注入了新的活力。在自组织培育过程中，社区工作者通过多样化的活动形式，有效激发了居民的参与热情，提升了居民的自我管理与服务能力。特别是益启爱公益队的成立，不仅实现了自组织的正式化与常态化运作，更通过一系列志愿服务活动，切实解决了居民的实际问题，增强了居民的归属感和幸福感。

此外，该项目还注重搭建协商议事平台，完善了协商议事机制，为居民提供了表达意见、参与决策的渠道，进一步提升了社区治理的民主化、科学化水平。这种共建共治共享的社区治理模式，不仅降低了社区治理成本，还有效规避了治理风险，为构建和谐社区奠定了坚实基础。老虎桥社区的这一实践案例，为其他地区提供了可借鉴的宝贵经验，对于推动社区治理体系和治理能力现代化具有重要意义。

培育协商共治氛围、打造议事新模式

社区协商共治是一种基于平等、协商和共识的治理模式，强调社区成员共同参与、共同协商，通过民主决策和自治的方式解决问题。这一模式在社会治理中具有重要的意义，既能够增强社区居民的参与感和认同感，又能够提高治理的效能和可持续性。社区协商共治强调平等参与，能够激发居民的主动性和责任感。在这种治理模式下，不同的社区成员不再是被动的接受者，而是平等地参与到决策和管理的过程中。这种平等参与能够激发居民的社区责任感，使他们更加关心社区的发展，愿意为社区的繁荣贡献力量。通过协商的方式，居民能够更直接地表达自己的需求和期望，从而增强了社区治理的民主性和合法性。实施社区协商共治的路径包括：

一、制定相关政策，建立协商机制。设立社区协商机构，形成政府、社区组织、企业和居民等多元主体参与的协商平台。社区中存在多样性的利益和观点，通过协商，能够使不同利益主体达成共识。协商过程中的互动与沟通有助于化解矛盾，凝聚社区共同的目标和愿景。倡导和培育居民自治意识，鼓励居民通过居民议事会等方式参与社区事务的决策。这种共识和团结是社区发展的基石，有助于形成稳定的社区治理体系，推动社区朝着共同的方向前进。社区协商能够及时获取社区居民的意见和反馈，有助于政策的及时调整和优化。在复杂多变的社会环境中，能够迅速作出反应，灵活调整的治理模式更能够适应社区的需求，实现治理的精准化和个性化。

二、创新公共参与方式。创新公共参与方式，如征集社区建设意见、组织公民论坛等，增加居民对社区事务的参与度。建设基层治理信息平台实现治理过程的透明化，让居民更容易获取治理信息。加强社区教育，提高居民对社区协商共治的认知和理解，激发居民参与的积极性。定期制定宣传计划，通过各种媒体向居民传递协商共治的重要性和好处。定期为居民、社区组织和政府相关人员提供培训，提高他们在协商过程中的沟通、谈判和协商能力。

三、明确协商议事的新模式。创新社会组织参与社会治理的平台载体，完善社会治理共同体建设机制，建设人人有责、人人尽责、人人享有的社会治理共同体。创新基层治理方式，完善党组织领导的多元共治基层社会治理体系，不断拓展自治法治德治“三治”结合的力度、广度、深度，充分发挥“三治”结合的“乘法效应”，提升社会治理能力，破解社会治理难题，防范社会风险，优化社会生态，促进社会和谐。完善为民服务机制，要以人民满意为目标建立完善政府政务服务系统，以民意为导向建立完善群众诉求表达、利益协调、权益保障通道，在深入开展新时代、为民办实事实践中坚持和发展新时代“枫桥经验”。

案例一

融爱社区，协商共治

原石桥街历史悠久，人文底蕴丰富，地处原石桥镇中心地带，为原石桥镇政府所在地，2012 年浦口区行政区划调整后，原石桥镇合并至星甸街道，伴随着行政中心的搬离，原石桥老街出现了基础设施停滞不前、老街狭窄拥堵、群众精神文化生活匮乏、矛盾纠纷较多等问题。具体的介入过程为：

一、准备阶段：需求调研及调研分析。为了宣传和了解居民、商户需求，项目组通过入户走访开展居民需求调研，对沿街 200 家商户进行逐一拜访，并针对入户调研结果进行分析总结，形成一份调研报告。

二、多次举办居民协商议事会。如围绕社区环境整治开展议事会、停车归位议事会等。石桥老街长约 1 000 米，宽仅 6 米，沿街有商户、银行、医院、学校等单位近两百家，沿街商户居民车辆就停在路边，导致通行困难。群众怨声载道，多次拨打12345投诉，要求拓宽道路或者拆迁。通过调研走访，项目组积极与社区和城管部门联系，清理僵尸车、分路段划好停车位，供附近居民和商户停车使用，并与社区共同选定了2处空地作为公共停车场，可供100辆私家车停放，同时，石桥社区和高庙村也将社区停车场对外开放，可容纳社会车辆近50辆，通过以上举措，有效缓解了停车压力。项目组还举办了两次河道治理议事会。石桥社区辖区内有驷马河、新河以及工业园区的山洪沟穿街而过，在双桥片区，三条河流汇集形成一条近300米的暗河，每年汛期排水不畅都会将沿街的居民住宅和商店淹没，待洪水退却之后垃圾便会留在商店和居民家中，辖区商户和居民年年都遭受一定的经济损失。项目组成员积极与社区联系，明确河道治理责任，在桥梁下口加装拦网拦截垃圾，并安排专人进行清理；同时，依托社区老党员和商户成立巡河志愿服务队，负责巡河和清理河道垃圾。

三、围绕商户诚信公约开展5次议事会。石桥社区主要以商户为主，辖区内拥有商户两百家，主要从事餐饮、销售等行业，由于商户众多，引发的相互竞争、食品安全、商品质量、乱扔垃圾、乱停乱放、私搭乱建等问题层出不穷。为了打造诚信石桥，形成约束商户的共同规则，项目组确定了“诚信石桥”议事主题。项目组社工一方面联合社区包片负责人、党员代表、居民代表、商户代表等，通过“敲门行动”，摸排商户信息，面对面地了解商户、居民不同需求，并以“诚信”为主题征集公约内容；另一方面，社工对征集来的公约内容进行整理，明确各方需求，以便进一步确定不同群体的契约需求。社区两委与商户代表、居民代表、物业代表共同商定诚信商户考核机制，确定诚信商户并进行挂牌，连续获得“诚信商户”称号的，社区会予以一定程度的物质和精神奖励，同时在领取政府贴息贷款、年终诚信商户评比上具有优先权。并研究决定组织经营户签约，引导其自律自治，主打“诚”文化，做好诚信经营和文明服务，维护大家的共同权益，为创造文明和谐诚信街区添砖加瓦。

四、团队管理。邀请街道人居办负责人针对垃圾分类、环境治理等方面，对居民骨干进行了2次增能服务，进一步提升了其自身的决策能力和经验，协助社区开展好相关工作，为社区的发展建言献策。为了充分调动党员、居民骨干、商户、居民群众参与社区事务的热情，项目组通过定期组织联谊交流的形式，现场邀请经验丰富的党员志愿者将他们平时投身志愿服务中的所见、所闻、所感以及成功的经验、做法与大家一起分享，增强社区党员、商户、居民骨干、居民群众的凝聚力。

经过本项目的运作，达成以下成效。第一，初步建立民主协商议事机制。创新“石话星说”协商议事品牌，初步建立了以社区为核心，社会组织牵头，社区居民、物业、商户等多元主体参与的“1+1+X”议事机制。第二，建立多元共治、共建共享的工作模式。在协商议事过程中，充分发挥党总支的引领作用，突出商户主体作用，构建以社区党总支为圆心、辖区商户以及单位为贴心层、广大志愿者和居民为连心层的“同心圆”服务模式，打造了“商户联盟”志愿服务品牌。同时积极探索成立社区治理共建联盟，推行横向联动的社区事务共商与社区资源共享机制，打造社区大党建，扎实推进民主自治。

（供稿者：杜沫，浦口区星甸街道石桥社区）

【专家点评】

新时代我国社会治理强调“共同建设、共同治理、共同享有”的价值理念，协商共治能够更直接地表达居民自己的需求和期望，从而增强了社区治理的民主性和合法性。该案例通过建立民主协商议事机制与多元共治、共建共享的工作模式两种方式，培育石桥社区的协商共治氛围。具体而言，原石桥老街因行政中心的搬离出现了基础设施停滞不前、老街狭窄拥堵、群众精神文化生活匮乏、矛盾纠纷较多等问题，该案例通过调研需求、开展多次居民协商议事会和商户议事会、开展团队建设管理等，进一步协调社区多元主体的利益，探索成立社区治理共建联盟，推行横向联动的社区事务共商与社区资源共享机制，扎实推进民主自治。不过，培育社区协商共治氛围还需要充分关注到特殊个体的特殊需求，及时获取社区居民的意见和反馈，不忽略社区中的边缘人群和居民的个性需求。在复杂多变的社会环境中，需要能够迅速作出反应、灵活调整的治理模式，才能实现治理的精准化和个性化。

案例二

“小”圆桌承载“大民主”

新华社区总面积 5.9 平方公里，耕地面积 3 141 亩，19 个居民小组，常住 1 336 户，共 5 040 人，是典型的半工半农社区。社区位于城郊接合部，因建筑垃圾填埋收益多造成环境差、堆场多、非良田化、农田不可再生，建筑承包商和居民处于博弈状态。党的二十大报告鲜明提出：“协商民主是实践全过程人民民主的重要形式。”“全过程人民民主是社会主义民主政治的本质属性，是最广泛、最真实、最管用的民主。”全面推进协商民主，是贯彻发展全过程人民民主的必然选择。社区两委聚焦此问题，通过走访、调研全面推进协商民主，引导居民共同面对问题、解决问题。

一、明确议事主体，理顺议事流程

社区通过微信、走访、服务热线、“12345”工单、信访等方式扩大意见建议收集渠道，确定议定事项。议事主体主要是所涉及议题直接利益相关方，社区还通过群众举荐、个人自荐、组织推荐等形式推选产生部分议事代表共同组成“圆桌议事”队伍进行一事一议。社区坚持群众的事群众说了算、群众怎么说我们怎么办，少数服从多数等原则。一般性事项直接办理，涉及重大事项由“圆桌议事”提议、社区两委联席会议商议、党员大会审议、居民代表大会决议后方可实施，同时规定限期落实、明确各方责任。“圆桌议事”把环境卫生问题当做大事来办，新建4条1.6公里、“白改黑”5条10.4公里四好农路。累计投入近120万元完成护坡消险、停车位新增、排水沟新建、公共设施维修、广场出新、环境整治提升等一系列民生工程。同时成立一支10人包含瓦工、木工、水电工、保洁员和一台拖拉机的“580”（我帮您）为民服务队开展常态化保洁。社区两新组织综合党支部号召辖区40家企业支持社区整治清理行动，助力社区绿色发展。回购天准岩棉厂，为社区后续发展储备资源。“圆桌议事”项目一一落地，群众的满意度一步步提升。

二、健全议事机制，出台管理办法

初步解决堆场毁坏良田问题后，社区两委总结经验，制定《新华社区圆桌议事意见建议办理办法》《新华社区圆桌议事规则》《新华社区信用信息评价标准》和《新华社区信用信息联合奖惩制度》等一系列社区服务管理规定，促使组内居民参与社区治理的积极性明显提高，主体参与意识逐步增强，各项工作更加民主和顺畅。社区还联合银行、企业、学校、单位、派出所、村组多方力量对失信行为人户口准入、分红、入党、入伍、工作、办企业等方面进行限制，信用体系的反向倒逼机制成功协商解决了24个鱼塘租金过低或欠缴的问题；同时社区对守信行为实行物质和精神上的奖励，营造了和谐、守法、友善的社区氛围。

三、党建引领服务，共建拓展议事内容

如今新华社区议事内容不断拓展，从议居民揪心事、烦心事到议文化、议服务、议产业、议变化。社区与南京信息工程大学马克思主义学院党建共同打造“星火讲堂”学习教育宣讲品牌；与南京林业大学风景园林学院签订党建共建协议，双方商议用学院师生的专业特长共同启动“美丽庭院”创建工作，成功创建五星庭院27个、四星7个、三星26个、二星72个，社区二组率先完成整组创建，正在积极申报省级

“巾帼示范基地”荣誉称号。

社区两委通过“圆桌议事”进行访谈、座谈和走访调研，明确议事主体，理顺议事流程；制定议事规则，健全议事机制解决疑难问题。在社区疑难问题解决路径中提炼工作方法、出台圆桌议事管理办法，将涉及居民切实利益和长久发展的问题以民主协商的方式顺利解决。社区还不断延伸议事内容，从抓住居民共同关心的难题入手，引导居民议文化、议产业、议服务、议变化，参与社区民主决策，汇聚居民自治力量，展现新华新风貌，共筑新华新格局，提高居民幸福感和满意度，助力政府与社会良性互动的现代化基层社会治理体系建设。

（供稿者：韦定国、徐远明，江北新区盘城街道新华社区）

【专家点评】

“枫桥经验”作为党基层治理过程中凝炼出来的基本经验得到越来越多的关注，这一模式也被广泛应用于当前的社区治理过程之中。新华社区坚持以党建为引领，搭建社会组织参与社区治理的平台载体，完善党组织领导的多元共治基层社会治理体系，构建以民意为导向的政府服务系统，全面贯彻了全过程人民民主的原则。具体而言，新华社区通过明确议事主体，理顺议事流程，健全议事机制，出台管理办法，以及党建引领服务，共建拓展议事内容，不仅及时有效地解决了居民日常生活中的各种问题，实现了“矛盾不上交、平安不出事、服务不缺位”的目标，而且极大地激发了他们参与社区公共事务的积极性和主动性，提升了其社区主人翁意识，构建了政府与社会良性互动的现代化基层治理体系。不过，要想更大程度地提升项目的影响力，还需要进一步加强项目的规范化和体系化建设。比如，厘清议事流程、管理办法以及议事内容的逻辑关系，评估和论证“小”圆桌承载“大民主”模式在其他地区推广的可行性。

案例三

“红邻帮”功分云治理创新实践案例

宝塔桥街道位于南京市鼓楼区北端，濒临长江，面积7.2平方公里，其中陆地5.9平方公里，下辖12个社区，常住人口11万余人，属于居住密集型老城区。老年人口的持续增加对基层社会治理和公共服务提出了更高更迫切的要求。社区公共需求呈现日益多样化的特征，社区居民自治意识的增强等对社区服务和社区治理提出了新的要求和挑战。为此，宝塔桥街道自2017年开始探索推行“红邻帮”功分云治理模式，并先后在街道幕府西路、金陵二村、依山郡、金陵新四村等社区进行试点。

一是全域治理，提升社区治理效能。宝塔桥街道对功分制进行了顶层设计和规划，将功分治理体系分为五个维度，将党员、干部、网格员、志愿者、社会组织、居民等多个主体，街道党群、人大、政协、民政、综治、城管等多个部门全部纳入功分治理体系，实现社区上报、问题流转、各部门积极协同、全程功分量化，形成问题处置闭环。街道、社区依托功分治理体系，将功分治理任务标准化、任务处置流程规范化、并实行全程监管动态评估。政府(街道)提供基础的财政预算支持，社区将功分实实在在落到实处，用功分调动各个部门的积极性，增强协同效应，实现功分制与“红邻帮”相结合的社区全域治理。

二是功分赋能，塑造社区善治共同体。功分作为衡量居民参与社区自治、邻里互助、志愿服务等活动成效和多元主体间交换、共享资源价值的产品，具有物质价值，同时也具有荣誉价值。我们把功分划分为五个维度，包括党员干部走访服务群众的亲民分，社工、网格员收集社情民意的知民分，执法队伍秉公执法以及投诉意见办理情况的安民分，居民、志愿者参加文明城市创建、文化服务活动的乐民分以及社区为民办实事的为民分。有效促进功分增能赋能，以小积分撬动大治理，小资金撬动社会大资本；提升党员、干部责任心、荣誉感、使命感，调动网格员、社工工作积极性，激发民众参与基层治理的热情；打通社区、驻区单位、商家、机构的管理服务壁垒。

三是“功分制+社区自治”，以服务传递爱心。宝塔桥街道建立志愿功分制度，用于规范管理居民参与志愿服务活动。项目委托南京市鼓楼区小蓝鲸公益服务社管理“红邻帮”后台，街道每半年为每个社区注入一定金额的功分，推动社区自治，主要用于社区志愿者活动的功分领取和兑换。居民可以通过参与志愿服务活动、分享资源等方式获取一定功分值，功分可在宝塔桥街道红邻帮公益商城的 22 家社会组织、19 家居家养老服务站点兑换服务或日用品。此外，功分也可捐赠给发起“红邻帮”关爱项目的社会组织或需要帮助的居民，社区年底对团队和个人功分值进行排名，对排名靠前的志愿者团队和个人给予相应的表彰。

四是“共享理念+社区治理”，实现资源高效利用。引入共享经济理念，运用互联网技术，在“红邻帮”平台实现功能展示、服务运用、资源对接共享。一方面，社区居委会、社会组织、社区居民可以通过“红邻帮”平台，转让或共享闲置资源，区别于闲鱼等二手平台，“红邻帮”是建立在邻里间有一定互信的基础上，并且都是线下交易，有效避免了物品转让纠纷，并且能够促进邻里间的交流，将目前的生人社区逐步打造成熟人社区。另一方面是提供个人专业技能服务，小区里有很多从事专业技术岗位的人群，无论是在职还是退休，都能够在“红邻帮”平台上发挥一技之长，贡献社会价值，并获得相应积分收益。目前，在红邻帮平台注册认证的律师有 16 人，社区民警 14 人，社会工作师、心理咨询师、教师、电工等其它各类持证者有 80 多人，有效发挥“邻里专家”的作用，让专业的人从事专业的事，能够大大减轻社区管理、服务负担。

社区在党建引领下，功分制体系的良性循环调动了各种社会资源、社会力量共建社区，有效提高了居民参与社区治理的积极性，同时形成多元主体共生共融的良性治理，构建了可操作的社区善治共同体。

（供稿者：俞胜龙，鼓楼区宝塔桥街道）

【专家点评】

宝塔桥街道的“红邻帮”功分云治理模式通过顶层设计与基层实践相结合，巧妙地将功分制融入社区治理的各个环节，不仅调动了居民参与社区治理的积极性，也在很大程度上拓展和延伸了宝塔桥辖区邻里互助、居民自我管理、自我“造血”的空间和途径。首先，全域治理的理念打破了部门壁垒，实现了资源的有效整合与高效利用，为社区治理提供了强有力的支撑。功分制的五个维度设计，既全面覆盖了社区治理的各个方面，又精准对接了居民的实际需求，有效提升了治理的针对性和实效性。其次，功分赋能的机制创新，赋予了居民参与社区治理的荣誉感和获得感，极大地调动了他们的积极性和创造性。通过小积分撬动大治理，小资金撬动大资本，实现了社区治理的良性循环和可持续发展。

此外，该模式还注重引入共享经济理念和互联网技术，搭建了“红邻帮”平台，实现了资源的共享与高效对接。这不仅促进了邻里间的交流与互信，还充分发挥了社区内专业人才的作用，为居民提供了更加便捷、专业的服务。

宝塔桥街道探索“红邻帮”功分云治理路径，引领并开创了城市社区治理的新模式，在南京及其周边地区产生了积极的示范效应。在此基础上可以继续探索功分制、“红邻帮”等策略的发展，进一步扩大影响力，打造更加特色的品牌。

【“五社联动”机制】

“五社联动”是近年来基层社会治理中一个备受关注的概念，它强调的是社区、社会工作者、社区社会组织、社区志愿者、社区公益慈善资源等五方主体在基层治理中的协同合作，共同构建一个共建共治共享的社区治理新格局。“五社联动”机制是一种创新的社区治理模式，它以提升社区治理能力、建设“共治共建共享”的社区治理共同体为目标，坚持党建引领，社区居委会(村委会)发挥组织作用，以社区为平台、以社会工作者为支撑、以社区社会组织为载体、以社区志愿者为辅助、以社区公益慈善资源为补充的现代社区治理行动框架。

作为平台，社区是居民日常生活的主要场所，也是社会治理的基本单元。作为载体，社会组织参与社区服务和治理，提供多样化、专业化的服务。作为支撑，社会工作者运用专业知识和技能，为社区居民提供服务。作为辅助，社区志愿者参与社区服务和治理，贡献个人的时间和技能。作为补充，社会慈善资源提供资金、物资等资源支持社区服务和治理。而“联动”就是强调五方主体之间的相互配合、协同工作，形成合力，最终提升社区治理能力，建设“共建共治共享”的社区治理共同体。

“五社联动”的优势在于能够有效将社区内外的各种资源有效整合，实现优势互补；能够鼓励居民、社会组织、企业等多元主体参与社区治理；可以引入社会工作专业力量，提升服务质量；激发社区居民的参与热情，营造良好的社区氛围；并通过公益慈善资源，精准对接居民需求，解决社区问题，提升居民的生活质量。然而，在实践中，“五社联动”如社会组织卷联型、社区志愿者卷联型可以通过不同的模式进行，例和社会慈善资源卷联型等，这些模式都是基于社区已有的优势要素，逐步带动其他要素参与，形成有效的联动机制。此外，“五社联动”机制的推广和实施需要政府的支持和引导，包括提供政策支持、资金投入、人才培养和平台建设等，以确保机制的有效运行和持续发展。

“五社联动”是社区治理的一项创新实践，具有广阔的发展前景。未来，随着社会的发展和居民需求的变化，“五社联动”将不断完善和创新，更好地服务于社区居民，提升社区治理水平。

“五社联动”推动社区居民服务

党的十九大报告提出“打造共建共治共享的社会治理格局”，不断完善社区治理体系，推动基层成为社会治理的重心，这为新时代基层治理指明了方向。2021 年 7 月 11 日，中共中央、国务院印发的《关于加强基层治理体系和治理能力现代化建设的意见》进一步提出“坚持共建共治共享，建设人人有责、人人尽责、人人享有的基层治理共同体”，并明确要求“创新社区与社会组织、社会工作者、社区志愿者、社会慈善资源的联动机制”，即五社联动机制。表面上看，“五社联动”相比“三社联动”仅仅增加了“社区志愿者”和“社会慈善资源”两个要素，但深层次看“五社联动”是在中共中央专门强调加强基层治理体系和治理能力现代化建设的背景下提出的，是对社区治理和服务机制的又一次重大创新。

构建一个全方位、多层次的治理和服务体系，需要整合社会组织、党员和社区居民多方力量。其中，社会组织在社区服务中具有独特的优势，其专业性和灵活性能够为社区提供更多元化的服务。社区可以积极引导社会组织参与社区建设，通过与社会组织合作，整合各方资源，拓展服务领域，提高服务水平。为了实现多方参与，共建全面、多层次的服务体系的目标，需要注意以下几个方面：

一、充分发挥党员在社区服务中的引领作用。建立党员服务队伍，发挥党员的先锋模范作用，参与社区服务和管理。党员可以通过志愿服务、社区宣传等途径，引导居民树立正确的社区观念，共同维护社区的和谐稳定。社区可以通过党组织的引领，推动党员更深度地参与社区建设，发挥党员的组织协调作用，推动社区事务的有序进行。

二、设定服务体系建设的具体目标，明确各方在服务中的角色和责任。这需要社会组织、党员和居民共同协商，形成共识，以便更好地推动服务体系的建设。通过充分协商，形成共识，各方可明确各自在服务中的角色和责任，从而推动服务体系的有序建设。这种协同决策的方式有助于确保各方的参与度和责任心，为服务体系的全面发展奠定坚实基础。

三、开展多元活动，提高居民参与度。居民的广泛参与不仅能够提高服务的针对性，也有助于提升社区的凝聚力，树立共建共享理念。通过开展社区教育培训、各类文娱活动，一方面提高居民诸如法律意识、环保意识等，增加居民参与议事的积极性；另一方面，为居民提供了交流和互动的机会，加强社区凝聚力。通过共同参与这些活动，居民之间可以建立更紧密的联系，形成更加融洽的社区氛围，进而更加关心社区发展，积极地参与社区事务，有利于形成一个居民自治、自我管理的社区氛围。

四、促进社区合作与共享项目。社区合作与共享项目是实现共建共治共享目标的第三条路径。通过鼓励居民、机构和企业开展合作项目，可以形成共享的社区经济体系。这包括共同投资社区基础设施、共同经营业务、共同推动社区市场推广等。通过这种方式，社区资源得以更加合理利用，不仅提高社区整体的经济效益，也促进了共享社区文化、社区服务等方面的发展。例如，社区共享农场、共享图书馆、共享工作空间等项目都能够在社区内创造共享价值。

五、建立社区共建共治共享。该平台是为了在社区内建立一种有机而共融的社会生态，通过居民、机构和企业的协同努力，实现社区的全面发展和共享繁荣。这一平台的意义在于促进社区居民之间的互动与合作，加强社区凝聚力。**通过共建，**社区可以集结各方资源，共同投入社区事务的建设，推动基础设施建设、文化活动和公共服务等方面的全面发展。**通过共治，**居民参与社区治理，不仅提高社区的治理效率和透明度，还激发居民的社区责任感和归属感。**通过共享，**社区内资源得到充分共享和利用，不仅提升整个社区的生活品质，还鼓励创新和创业，推动社区经济的繁荣。建立这样的平台，社区将成为一个互助、合作和共享的共同体，不仅增进居民的福祉，也助力社区在全球化背景下更好地融入城市发展格局。实现社区共建共治共享的目标需要经过精心规划和有序推进。

六、引入技术手段，建立数字化平台。数字化平台的建设是实现社区共建共治共享的关键路径之一。通过建立一个综合性的社区数字平台，利用网站、移动应用等工具，为居民提供一个方便的参与和合作的环境。这个平台包括社区信息发布、居民互动交流、共同决策机制、资源共享等功能。通过数字平台，居民可以随时随地了解社区动态、参与讨论、提出建议，并共同参与社区事务的治理和建设。

案例一

多方参与，构建幸福金庄社区

程桥街道金庄社区，位于南京市六合西部程桥街道苏皖交界处，地理范围 15.26 平方公里，包括 42 个组，人口总数达 5 510 人，其中党员人数为 113 名。

金庄社区在加强社区服务、满足居民需求方面面临着一系列突出问题。首先，社会组织的微弱运作成为一大制约因素，真正能够发挥作用的社会组织相对匮乏，缺乏自我发展和运作的能力，制约了社区服务的广度和深度。此外，社区存在留守流动现象，居民的流动性增加导致社区问题更加广泛且复杂，不同居民群体的需求多样化，对社区服务的挑战也因此增大。在面对这一多样性需求的情况下，社区志愿服务体系尚未建立健全，缺乏有效的组织结构和运行机制，限制了志愿服务的广泛展开。社区在行政性工作上投入了大量精力，但由于资源有限，难以同时应对各类居民需求，导致社区服务的开展存在严峻的考验。居民需求未能得到充分的回应，社区服务的不足进一步凸显了问题。为了解决这些问题，金庄社区以金庄社会组织、党员、居民为主线，共同推动社区的发展，具体从以下几个方面进行实践：

一、建立党员志愿者队伍服务体系。确定建立居民志愿者队伍，以党员为主体，辅以居民志愿者。制定培训计划，通过招募、培训、筛选，建立具有纪律性和专业素养的志愿者团队。确定服务对象为社区内儿童、老人、特殊人群提供上门慰问和参与社区活动志愿服务。强调党员在其中发挥先锋模范作用。着重关注服务对象的需求，通过实际行动展现关爱和支持。

二、定期进行社区居民需求调研，深入了解居民关切和期望。根据调研结果，制定社区关爱服务计划，包括便民利民服务和主题活动。配合社区组织便民利民服务，解决居民生活实际问题；通过提高生活便利度，提升居民的幸福感和对社区的满意度。设计并实施主题活动，包括敬老、邻里睦邻、留守儿童保护、志愿者公益服务等，通过主题活动，拉近居民距离，促进社区内居民的融合。

三、增加社会工作专业服务，培养高素质社会工作人才。在社会工作人才通过专业技能为社区居民提供全面服务，帮助解决居民各种问题和需求的同时，社区也设定了培养高素质、技能型、应用型社会工作人才的目标，从而更长久地满足社区工作所需的个性化、多样化、系统化服务。

四、以需求为牵引，开展社区服务“微创投”。社区开展了“2020年程桥街道金庄社区微公益创投项目”，以“微公益”助力“微幸福”。微公益创投项目金额共计 1.2 万元，项目类型包含志愿服务、法制宣传、为老服务、为小服务 4 种类型。项目通过将幸福感分解为成就感、价值感和归属感，分别以社会组织、党员、居民为主线，开展了 16 场服务活动，累计服务人次达到 500 人次。在“微公益”创投的框架下，项目成功举办了 7 场服务活动，为约 300 人提供了有针对性的支持和服务。

社区服务不仅仅是为了满足物质需求，更是为了构建一个真正幸福、和谐的社区环境。金庄社区通过多方参与和多元化活动的开展，以机构主导的专业引领、社区配合的紧密协作的模式，成功搭建了一个全面服务社区居民的综合性平台，使社区服务更具深度和广度。

（供稿者：高慧，六合区程桥街道金庄社区）

【专家点评】

案例《多方参与，构建幸福金庄社区》中，金庄社区面对居民服务需求挑战大而社区服务提供不足的形势，动员多元力量参与，建构社区服务体系。其做法的主要特点有：一、服务前开展居民需求调研，根据需求制定服务计划，使社区服务有的放矢，具有针对性。二、发挥党员在志愿服务中的先锋模范作用，建立以党员为主体的志愿服务队伍。并通过筛选、培训等方式，提高志愿队伍的纪律性和专业性。三、在社区及社会组织中培养社会工作人才，为居民提供社会工作专业服务。偏远农村地区本土社工人才的培养有助于社工专业服务的可持续。四、以“社区微公益创投项目”为牵引，用“微公益”助力“微幸福”。“微创投”项目服务类型多样、服务人群广泛，既满足了居民需求，又锻炼提升了社区社会组织能力，用“小”资金撬动了社区服务的“大”效能。

案例二

“五社联动”推动“双龄共养，老幼共融”

菊花里社区位于赛虹桥街道，位于软件大道西段，与建邺区交界。辖区居民共有7 034人，外籍居民36人。下辖5个居民小区，大小企事业单位100余家。2021年12月，赛虹桥街道入选了国家级智慧健康养老示范街道。菊花小区建立于20世纪80年代，是一处有着32栋楼的老小区。其中老年人和儿童占比较多。

菊花里社区围绕工作重心，强化工作落实，紧扣“一老一小”服务，打造“双龄共养，老幼共融”的工作体系，实现社区服务的共建共泽、共学共乐、共享共依。菊花里社区养老服务中心位于社区办公室三楼，总建筑面积为 1 170 平方米。时间银行、智慧云屏养老、康复训练、医疗护理、日间照料功能齐全。在 2022 年底，社区对闲置公共场地进行改造，建设了“数智化老幼共融的共享空间站”，其中包括老人喘息空间和“小雏菊”普惠托育园。喘息空间占地大约 80 平方米，普惠托育园专门针对 0—6 岁幼儿，提供半日托、临托等托育服务。老人早上把小朋友送到 0—3 岁的托育点，小朋友可以上早教课或者在畅玩空间进行活动。在这段时间，老人可以在养老服务中心活动，比如打柔力球、打牌下棋，也可以参加一些老年公益课程。这就相当于养老中心和托儿所的一站式结合。菊花里社区始终重视代际活动的举办，致力于实现“老幼共融、老幼共建、老幼共享”，专注于幼有善育的“完整社区”建设。另外，街道还引进了银行顾问、智慧平台、日间照料、社区便民、上门助老五大服务，打造特色鲜明的认知照护、中医理疗、康护福利和医疗服务为一体的新型养老服务综合体，满足了辖区老年人个性化、多样化的养老需求。

在小区内，悦华安养建立了“万寿菊”享清福中心，配备了 3 名养老工作专职社工，利用好社会组织，拉出服务团队，厚植养老服务人才。每日在中心厨房用餐的老人平均 31 人次，社区内 1 户老人带智力残疾孙子每日在厨房用餐。还设置了 400 平方米的活动场所，由 7 个小房间构成。几个房间具有不同的功能，如家庭医生工作室、便民服务室、书报阅读空间、老支书工作室等。其中最大的房间占地 80 平方米，为红色茶馆。场所提供的课程包括邻里医、邻里治、邻里住、邻里乐等七大板块。比如早上有理发师来社区举办活动，老人把小朋友送去托育点，就可以去理发；早上有一个演出，老人就可以去看一看。社区还举办了许多家庭亲子活动，比如植树节时，爷爷奶奶会带小朋友来参加活动，共同种植一颗家庭树，之后挂牌、合影留念。在举行联欢晚会时，小朋友或者老人都会上台表演节目，其乐融融。

社区还针对 7—18 岁未成年人着力打造了青少年国际嘉年华。社区在暑期招募了一批青少年志愿者参与公益活动。这些十六七岁的青少年，可以更好地带动小朋友去写作业、学习传统文化。

红色物业也是菊花里社区的特色。南京市瀚宇物业是一个托底物业，这家物业现在申请跟社区党建结合，以党员“亮身份、树标准”模式，进行定期的安全排查和改造维修服务。目前，申报的红色物业项目已经获批。另外，社区还积极链接辖区内小学、幼儿园、社区卫生服务中心、律师事务所等资源，建立法务资源库、社工资源库、公益资源库等四库资源。社区在重视养老的基础上还加大了对养老服务质量的跟踪工作，掌握社会组织和社会工作者的服务情况，对老年人的需求表示充分理解。

总的来说，菊花里社区养老服务较为完善，还具有老幼共融的创新特色。我们相信，在社区的不断努力下，定会实现“双龄共养，老幼共融”的目标。

（供稿者：窦珺瑶，雨花台区赛虹桥街道菊花里社区）

【专家点评】

本案例想法很好，通过“建立社区共同体意识”“创建互助机制”“提供便利社区设施”“促进代际交流”“联结社会资源”“提供政策支持”等方式，给社区内的老年人和儿童做了一些事情，增进了“一老一幼”的社会福利。

但本案例也存在如下值得思考的问题：一是需要将社区开展的老人服务、儿童服务与“老幼共养”的概念进行区分。二是社区两委、社会组织及其志愿者需要对其能承担起“老幼共养”的责任进行界定。三是更进一步地说，进入工业化与城市化以后的社区还是一个“共同体”意义上的存在吗？如果社区仍然是一个共同体，我们应秉持社区重建论的理想去做。

案例三

"兰香荟"

兰园社区总面积 0.43 平方公里，户籍人口 7 478 人，常住人口 7 569 人，总户数 3 218 户，其中 60 周岁以上 1 763 人，16 周岁以下 1 216 人。共有 18 个居民小区，均为老旧小区，居民中既有普通企业退休职工，也有退役军人；既有空巢独居老人，也有困难低保家庭。辖区内集聚了南京市教育局、南京外国语学校、玄武区委党校、玄武区特殊教育学校、小营小学、小百灵幼儿园等多家知名学校，具有丰富的科教资源；中国华融资产管理股份有限公司江苏省分公司、珠江路都市经济园等多家企业等国企和园区；还有战区级单位，如东部战区空军部队，辖区居民中有近 3 000 人为部队家属。社区针对上述需求，考虑在日常服务的同时，联合外界的企业、组织、机构等，设计一个志愿服务项目，延伸管理链条，扩展服务广度、深度，提升服务质量。

社区的协调得到了辖区单位以及辖区外南京大学、南京航空航天大学、南京林业大学、南京信息工程大学等高校，苏美达集团，南京市中心医院，玄武区文旅集团，南京栖梧读书会等企事业单位和社会组织的关心支持，于 2023 年 4 月 23 日，正式启动"兰香荟"志愿服务项目。项目包括：

一、各家单位与社区签订共建服务协议，加入项目组。根据各家单位的自身特点，为服务对象提供相应的服务，满足他们的需求：项目组里的四所高校和南京外国语学校、小营小学、小百灵幼儿园、玄武区特殊教育学校，利用教育专业优势，面向社区青少年开设了"零废弃"色彩花园营造、"小小社区旅行家"儿童友好社区运作、南外游学会、民乐足球体验、心理咨询等各类活动和服务，丰富青少年的课余生活，促进青少年的成长。面对居民对小区环境卫生等需求，项目组内的玄武文旅集团成立了"芝兰志愿服务队"，组织专业的志愿者，对各小区破损的楼道墙面、楼梯、院落路面进行修补，对小区树木进行修剪。各家单位成立了“清洁家园”志愿服务队，定期下沉到各个小区，进行卫生死角清除、铲除小招贴、清理楼道杂物等行动，为居民营造干净、整洁的生活环境。针对老年群体，各项目组成员与辖区的独居、空巢老人“一对一”结对，在社区工作人员探访关爱的基础上，志愿者们通过慰问、陪聊等形式，有效减轻老人的孤独感。南京市中心医院、兰园社区卫生院在社区开展义诊活动、设立家庭医生工作室，用专业服务全力满足老年人健康需求。

二、引进文艺团体。社区利用有利的硬件资源，引进了百花艺术团、昆越记昆曲社区、吾乐萨克斯乐团等文艺团体，在社区广场举办露天电影、广场红歌会、诗歌朗诵会、广场音乐会、非遗展演、家门口的历史课等活动，活跃和丰富社区居民的精神文化生活，营造了浓厚的社区文化氛围。该项目经过 4 个月余的运作，共有 500 余名青少年通过项目丰富了假期生活，拓宽了知识面，提高了动手能力，创新了思维拓展，结交了新朋友，获得了成长。对辖区内演武新村、兰园、红旗新村等小区共计 20 个院落、85 个单元进行了破损修复；对北京东路 30 号小区开展了“清洁家园”行动；对 92 名独居空巢老人进行了走访，通过聊天的形式让他们排解孤独感；开展文化类活动 15 场，累计参与近万人次，在社区营造了良好的文化氛围。

自“兰香荟”志愿服务项目运作以来，取得了良好的服务成效，丰富了社区青少年的课余生活，增长了见识，对儿童友好社区有了初步的认知。社区的文化活动次数和质量都得到了显著的提升，服务对象对社区活动的知晓率也有了大幅度提升，老年人健康方面的需求得到满足，独居、空巢老人通过走访得到了一定的心理慰藉。

（供稿者：邱妍，玄武区梅园新村街道兰园社区）

【专家点评】

案例中，兰园社区充分发挥辖区科教资源丰富、社区内外部单位众多的优势，通过“兰香荟”志愿服务项目，链接单位资源，搭建服务平台，使居民享受到高质量的专业志愿服务，提升了社区志愿服务的专业化水平，实现了社区的共建共治共享。其做法的主要特点有：一、单位与社区签订共建协议，加入项目组，将单位提供的志愿服务组织化、制度化、项目化。社区统筹管理单位服务资源，使分散临时的志愿服务活动变为系统规范的志愿服务项目。充分发挥各单位专业能力强的优势，将专业服务转化成适合居民、青少年需要的社区服务项目，为居民提供教育、养老、医疗等专业服务。二、利用社区平台，引进专业文艺团体，开展丰富多彩的文艺活动，为居民带来高品质的精神文化大餐，文化活动频次和品质都得到较大提升，丰富活跃了居民的文化生活。

“五社联动”解决社区问题

社区存在不同人群的利益群体，这些群体之间的利益是对立与共存同在的，因此当社区中出现安全隐患等与社区利益密切相关的民生问题时，仅仅通过行政手段并不能解决社区存在的问题，甚至可能因为工作方式过于行政化、工作态度比较强硬而引发居民的诸多不满，这不仅加重了双方的矛盾和冲突，也直接造成了居民与社区关系的紧张。因此，社区应该通过鼓励居民自助或互助的方式，即便是处在困境中，他们也有自己解决问题的能力和资源，社会工作者要重视并激发服务对象的参与，提高他们解决社区问题的能力，推动社区发展。具体操作包括：

一是利用社区自身资源解决社区矛盾。充分整合社区资源、挖掘服务对象的自身力量。社会工作者通过上门走访、召开座谈会等形式，收集民情民意；发挥居民骨干和党员居民的能动性，激发服务对象的参与感，积极应对困难；借助活动降低居民与居民之间、居民与社区之间的冷漠和疏离感；促进工作小组的成长。**立足根本，确定服务对象的现实需要。**社区民生矛盾的出现是不同居民利益诉求存在差异所导致的，也是居民需求和社区需求不一致的结果。因此，社区需要充分了解不同居民的现实需求，而后有针对性地制定实施方案。**科学谋划，形成比较，选择可行性方案。**在确保方案可行的前提下，以居民、实施单位的利益最大化为考量原则，社会工作者会同与民生问题解决有关的多个利益相关方进行座谈，充分讨论方案、对比方案，并选择最优方案施行充电设施改造工作。**寻求资源，导入社会系统提供间接服务。**通过向居民以外的社会系统寻求协助，如借助街道物管办、社区民警等力量提供间接服务，提供各类支持与帮助。在解决民生问题时，选择优质的民生服务资源的供给者，帮助社区解决其不熟悉领域的问题，协助社区更多地整合资源提供服务，从而实现社区中民生矛盾的妥善解决。

二是寻找多种力量解决社会问题。社区中有需要但难以解决的问题与陋习，如高空抛物等。虽然通过物业协调、居民议事等社区自治方式，能够一时制止此类问题的发生，但由于形成的决议不具备法律效应，效果并不能持续。至于宣传教育，虽然做得也不少，但往往缺少深入每家每户的持续的细致工作。从社会工作宗旨来说，只有真正意义上的“自助”才是解决问题的根本之道。具体措施如下：**首先是迅速摸底社区目前的问题及陋习的实际情况。**通过居民群众走访、聊天等形式收集信息，并与检察院、法警、公安等相关执法部门讨论社区存在的问题及陋习。**其次是要借助法律的强制性和严肃性，将问题防范内化为居民自觉的意识。**通过社区及相关部门多样化的宣传活动激发居民参与热情，提高公众对于社区问题与陋习的认知，达到事半功倍的效果，同时也能兼顾不同类型的社会问题及陋习为居民敲响警钟。同时，**协助居民表达对社区问题的不满，鼓励和协助居民组织起来，协商讨论社区问题；协调当地检察院、法警、公安等执法资源，**与各方联动制定更具体、更有效、更符合居民需求的行动方案，更顺利地解决社区中的社会问题及陋习。同时，**促进其与社区的合作，搭建居民议事平台，改善社区的问题；搭建社区工作者、网格员和执法力量(如公安、司法、检察院等)三方在内的联动保护网，**迅速反应、及时干预，最大限度地减少居民受到的伤害与影响。除此以外，社区还应提高社会监督机制，鼓励公众积极参与社区问题与陋习排查，同时建立举报奖励制度，提高社区对陋习和问题的监督和揭发力度。通过以上措施的综合运用，可以培养正确的公民意识和道德观念，从根源上杜绝社区陋习和问题的发生；对于可能受到影响的重点人群应开展定制化的服务，多方联动关注这部分人群，当发生伤害性事件时第一时间开展工作、降低伤害程度、保护居民安全。同时，也只有通过居民、社区、司法机构等各方的共同努力，才能够有效预防和制止社区陋习，保障公众的安全和利益。

案例一

飞线充电惹争议，六方协同寻方案

夫子庙街道乌衣巷社区位于秦淮河南岸，现实际居住居民总户数3 219户，总人数8 229人；户籍居民2 105户，户籍人数5 826人。社区60岁以上老人有2 001人，社区有党员319名。琵琶小区是该社区中的一个老旧小区，小区内的老年人较多，夏天的时候，由于天气较为炎热，电器使用率大幅增加，电线承载量加重，社区的人口密度大，汽车、电动车等需求量和使用量较大，居民私自接电线来满足充电的需求，因此居民私自拉线充电现象严重，为了改变这种情况，保证居民的用电安全、保障小区的正常运行和管理，社区对飞线充电问题进行了全面整治。为了实现整治的效果、避免前期发生的强行剪断带来的问题，社区邀请居民参与到整治的过程中，通过充分的沟通与协商，妥善解决了飞线问题。

第一阶段是通过实地调研的方式充分了解问题的原因和居民的需求。社会工作者进入小区实地调查，采取入户访谈的形式，对小区内240户居民进行问卷调查，其中对私拉电线的37户居民进行入户访谈，向居民了解乱拉电线的原因。80%的居民反映从高楼层拉电线的主要原因是自家的电瓶车等没有地方充电，充电桩数量少、停车棚环境差以及停车地方被外来用户占用等。社区工作者通过调研，深入了解居民的想法与诉求，并通过入户的机会向居民详细解释乱拉飞线的危害，以及剪掉电线后，就大家关心的停车难、充电难等问题，邀请大家共同商量后续解决方法，积极建言，发表不同的看法。

第二阶段是充分动员群众，为有效开展议事会奠定基础。社区希望通过召开居民议事会来共同解决飞线问题，却有7户居民不愿意参与议事会。为了更广泛听取意见和不同的声音，针对不愿意参加议事会的7户居民，社会工作者多次进行入户沟通，其中有2户最终同意线下参加议事会，还有2户采取线上参加的方式，剩余3户将自己的诉求与方案提交社会工作者上会表达。

第三阶段是召开居民议事会解决问题。社会工作者邀请街道物管办、社区、社区民警、充电桩安装单位、拉线居民与社会组织六方开展“飞线充电惹争议，六方聚集寻方案”民主协商会议，也邀请无“飞线”的社区居民一同参会。通过民主协商会议归纳出以下几点解决办法：社区和建设方沟通，适当拓展充电桩数量，分流充电人群；继续整治，解决外来车辆和长期不使用车辆停车的现象，引进国资物业解决停车安全问题；建立式充电桩，采用刷卡付费的方式；将充电桩向外移一米左右的距离，增设充电桩背面插头，提高充电桩的利用率；充分利用空地，扩大充电桩的分布。

第四阶段是社区对议事会的各项决议执行到位，保障议事效果。社会工作者作为协调方，链接相关资源，为后续解决措施提供物质和设施的保障，监督落实拆除“飞线”的进度，各自主体发挥专业力量，建设停车棚，设置充电桩，采取智能化充电模式。经社会工作者协调，居民错峰使用充电桩的时间：年纪比较大、已经退休的，可以在白天九点以后充电，傍晚时，及时移走已充满电的车辆，给下班的中、青年居民留有充电机会。针对部分年老居民不会使用充电桩的情况，社会工作者采取以下办法：一是设计简单明了的动画，清楚说明充电桩的使用流程，粘贴在每个充电桩上，方便居民直接查询观看；二是设置充电桩使用讲解小课堂，邀请居民参加，针对居民在使用过程中的问题，工作人员一一解答；三是每周四下午的 2 点到 3 点在社区开展智能手机使用的培训活动。

通过社区的协调整改、居民的自主监督，该社区“飞线”情况得到改善。目前西石坝街 18 号、27 号充电桩已安装到位，钞库街 21 号、68 号、70 号，长乐路 63 号，乌衣巷 21 号、27 号作为下一批充电桩安装地已申报审批。整改推动工作得到了居民的一致认可，并表示会大力支持工作开展。社会工作者从专业的角度出发，运用“地区发展模式”理论，通过激励居民主参与公共事务，关注“飞线”安全问题，适时借助专业部门的指导及资源提供，顺利通过居民互助、资源共享、利益整合解决了安全问题。此外，通过这次“飞线”整治工作，社区在推动议事的过程中还推动居民参与、培养民主精神，提高居民的社会意识、尊重案主自决，最终促进社区居民的全面成长和进步。

（供稿者：项丽蓉、夏晓芸、常黛屏、米勒，秦淮区夫子庙街道乌衣巷社区）

【专家点评】

电动车“飞线”充电一直是老旧小区管理的顽疾之一，不规范、不安全的充电行为，极易引发火灾事故。想要彻底解决这个问题，需要大家集思广益、凝聚共识、明确方案、制定计划。

社会工作者邀请街道物管办、社区、社区民警、充电桩安装单位、拉线居民与社会组织六方开展“飞线充电惹争议，六方聚集寻方案”民主协商会议，也邀请无“飞线”的社区居民一同参会。这一做法，从专业的角度出发，运用“地区发展模式”理论，通过激励居民主参与公共事务，关注“飞线”安全问题，适时借助专业部门的指导及资源提供，顺利通过居民互助、资源共享、利益整合解决安全问题。

乌衣巷社区从身边小事入手，从民生小事着眼，从百姓所需着手，凝聚群众力量，搭起各职能部门相互协作、为民服务的平台，高效地为市民找到了解决难题的路径，有借鉴和启发意义。

案例二

守护“头顶上的安全”

——“明礼听证会”助力基层解决高空抛物案例

当事人张伟(化名)，男，75 岁，现居住在明义社区明尚西苑 6 栋

15层，老家安徽，属于流动人口。2023年5月11日中午，同小区居民王某在明尚西苑6栋附近遛狗时，险些被楼上坠落的啤酒瓶砸到。于是，王某报警并向社区和物业反映此事。随后，通过调取监控，锁定了当事人张伟。

通过走访了解，当事人年纪比较大，思想观念比较落后，文化水平较为低下，为人处世习惯于遵从自己的经验和当地风俗，法律知识缺乏，法治意识淡薄，对普法教育的方式存在疲劳心理和距离感。并且，由于家里儿女都出去工作，极少回家，当事人大部分时间都是自己独居家中，极度缺少精神方面的慰藉和关心。

出事当天，当事人喝酒后，随手将酒瓶从15层扔到楼下。幸运的是，酒瓶没有砸到路过的居民。但王某被眼前的景象吓了一跳，赶紧联系了社区物业和民警。社区和物业工作人员赶到明尚西苑6栋时发现，只有当事人一户没有安装防盗窗。他们来到当事人家中询问，但当事人矢口否认，坚决不承认扔过酒瓶。社区和物业联系民警，请求调取当天的监控。在监控录像面前，当事人终于承认了所作所为。他委屈地表示自己不是故意这么做的，只是在老家有这个习惯，而且自己年纪比较大，脑袋也糊涂，并且保证今后再也不会这么做了。民警见状也只是对当事人进行简单的批评教育。

由于当事人所处社区是流动人口聚集社区，居民素质水平普遍不高，因此存在不少违法乱纪行为。高空抛物是其中屡禁不止的不良事件之一。社区和物业十分重视此事，想借助此次事件为社区居民进行一次普法教育。为此，社区召开了听证会，邀请当事人参加。在听证会上，居民们对此事较为愤怒，纷纷谴责当事人，舆论呈一边倒的形势。

在此情景下，当事人向大家诚恳地承认了错误，并且希望居民们能以此为戒，不再发生高空抛物事件。法律专家也向居民们解释了相关的法律规定，即使高空抛物没有伤害到路人，也是十分严重的事件，不是到了伤人的地步才处理。会上，当事人立下了保证书，摁下了手印。社区事后还将此次事件告知当事人的房东，房东承诺如果以后当事人再高空抛物，就拒绝把房子租给他。在听证会之后，高空抛物事件减少了很多。由于明尚西苑是保障房小区，流动人口占比较大，不能完全杜绝高空抛物事件。虽然有时候住在高层的老人也会扔一些剩饭剩汤，但没有人再扔危险的东西了，比如酒瓶、烟头等。

这是非常典型的高空抛物案例。同时，也引发了社会对独居老人精神生活的关注。由以上案例可以看出，明义社区的听证会在其中起到了十分重要的作用，它不仅是法律层面的听证中心，也是社区居民协商和议事的平台。听证会每周都会举行一次，一般由居民、观察者、社区工作者、检察官、法警和专家参加。一开始，居民看到法警感到很害怕，但经过法律知识的科普，许多居民都愿意参加听证会。听证会的观察者均为社区居民，共十人，每次听证会都会更换。听证会处理的问题包括高空抛物、环境污染和养老院选址等。比如小区内有人放置了露天流动KTV，噪声巨大，部分居民深受其扰。为此，社区召开听证会进行讨论，有的居民坚决反对，有的居民认为唱歌是可以的，但是不能在深夜唱，也不能在中高考期间唱。经过讨论，检察官根据参会居民的讨论和相关法律规定，给出最终的意见，并形成社区居民决议。然后，按照听证会的流程，将决议形成专门的文件，参会居民都要在最终决议上签字。最终，通过听证会形成了一份具有法律效力和约束力的关于社区流动 KTV 管理的居民决议。另外，在与司法系统的合作中，明义社区还开创了南京市社区服务的先河。对于醉驾酒驾中情节较轻的犯罪嫌疑人，明义社区会让他们进行社区服务，比如在学校和养老院服务，通过劳动进行改造。

通过与司法系统的合作，搭建听证会制度，明义社区不仅提高了当地社区居民议事协商的积极性，还通过每周邀请法律专业人员和专家参与听证会，极大地推动了社区居民法律知识的自主学习。最终，真正做到了“社区吹哨，部门报到”，共同推动社区环境的改善、社区居民自治能力的提高。

（供稿者：郭浩南，雨花台区西善桥街道明义社区）

【专家点评】

城乡社区治理中，依法治理是非常重要的方法。实际上，社区治理相关的法律很多，如《慈善法》《志愿服务条例》《城市居民委员会组织法》《村民委员会组织法》《物权法》《物业管理条例》《基金会管理条例》《民办非企业登记管理条例》《社会团体登记管理条例》《老年人权益保障法》《妇女权益保障法》《残疾人权益保障法》等。

社会工作者在从事社区治理与服务的过程中，应当学习相关法律法规，了解相关规范要求，开展治理与服务。千万不能出现一方面从事社区治理工作，另一方面从事违法活动。依法治理往往是最有效、最直接，也是最可持续的。

本案例中社区工作者与司法系统合作，搭建听证会制度，动员居民参与，开展相关普法工作，并最终做到了“社区吹哨，部门报到”的实际效果，值得提倡。当然依法治理也不能忘记对服务对象的人情关怀。本案例中社会工作者对服务对象提供的个案服务及心理关爱也值得提倡。个案服务往往能够改变服务对象的认知，彻底解决问题。

案例三

同议“反电诈”宣传　守护居民“钱袋子”

近年来，“电诈”案件频发，小桃园辖区内仅 2021 年下半年就有大学生、中年妇女、退休老人等各类居民被骗数十万。为了帮助群众了解防诈骗知识、提高其防诈骗能力，小桃园社区以“有一说一”工作室为根基，发动辖区内多方力量开展了多种类型的防诈骗工作。

为了有针对性地开展防诈工作，“有一说一”工作室理事会成员充分动员了巾帼志愿者、红色楼栋长力量，通过入户走访、串门聊天等灵活形式广泛搜集了居民的意见建议。通过将入户了解到的信息分类汇总，并与社区民警进行讨论，归纳出辖区内发生的最常见的四类诈骗事件：第一种是刷单诈骗；第二种是针对老年人诈骗，例如投资理财、保险代办、养生保健骗局等；第三种是常见的男性诈骗，例如裸聊、杀猪盘等；第四种是冒充公检法诈骗。居民们多因麻痹大意、存在侥幸心理、贪图小便宜、防诈骗意识不足等原因被骗。

在充分了解情况后，社区整合了街道工作人员、居民代表、驻区单位代表、银行工作人员、社区民警、法院工作人员等力量进行了商讨并给出了行动方案。行动方案的内容包括结合社区“便民公益集市”在各小区轮流开展反诈宣传广场活动、结合真实案例开展反诈讲座、为辖区聋人开展一次手语防诈宣传课、组建“幸福敲敲门”巾帼防诈志愿者队伍关怀辖区老人并帮助注册反电诈“金钟罩”、合理利用全员核酸检测时机向群众普及电信网络诈骗知识等。根据方案内容，2022 年社区开展防诈宣传广场活动 5 场、分发反诈宣传册 5 000 本、针对不同人群开展防诈宣传讲座 4 场。“幸福敲敲门”巾帼防诈志愿者走访 150 名独居、空巢老人，为他们注册反诈 APP。社区联合鼓楼区聋人协会、鼓楼公安分局为辖区内聋人“量身定制”反诈宣传课，获得聋人点赞；鼓楼区法院为居民带来自主拍摄的《漫天‘药’价》《羁绊》《辗转》三部反诈宣传微电影，深受居民好评；在全民核酸检测期间，“小喇叭”循环播放防诈知识，做到人人知晓人人防范；社区民警在网格微信群里不定期分享最新诈骗手段，普及“如何正确分辨流调电话和诈骗电话”等防诈骗知识，进一步提高居民抵制电信网络诈骗的“免疫力”。

社区在开展防诈宣传的同时，为居民搭建了包括社区工作者、网格员和公安民警三方在内的联动保护网，并将三方的联系方式做成名片在社区发放，让居民充分知晓这张保护网的存在；在有案件发生的时候，居民能够第一时间求助保护网，诈骗案件被及时干预，居民的“钱袋子”被充分保护。2022 年，辖区内一对八旬老夫妻在接到冒充公检法诈骗电话时当即找到了网格员，网格员立即将情况反映给了社区工作者和辖区公安民警，公安民警和社区工作者均在第一时间赶到老人家，协助老夫妻成功破解了诈骗案件，有效避免了一次大额诈骗。

（供稿者：陈程，鼓楼区热河南路街道小桃园社区）

【专家点评】

全面开展防诈工作有助于保护社会公众免受经济犯罪的侵害，维护社会安全和公正，为社会经济的健康发展创造有利条件。该案例通过多方合作、深入群众，以有针对性的宣传活动等方式，建立了比较完善的防诈骗工作体系。然而，在效果评估和案例分享方面仍有提升空间，社区可以进一步总结经验，及时分享成功案例，同时加强长期效果的监测，确保居民的防范能力得到持续提升。

联动物业推动社区治理

物业管理机构是社区公共秩序建构与公共服务提供的重要主体之一，直接面对居民日常生活的实际需求，但未能真正融入社区治理体系之中，不仅没能发挥应有的治理功能，反而成为社区矛盾的焦点之一，为城市基层治理带来了挑战。将物业管理作为社区治理的组成部分，具有扎根基层、贴近业主、覆盖全面、响应迅速等特点，是新时期加强和创新基层社会治理的重要内容，对于完善共建共治共享的社会治理制度意义重大。具体措施可包括：

一是多方力量参与构建社区物业治理共同体。街道党工委、社区两委、物业公司、业委会和居民所代表的国家力量、社会力量和市场力量都参与到社区物业治理共同体中。但是这种治理共同体有多重业态，如社区兜底和居民志愿为导的政府代管、政社督导与企业经营共存的市场供给、社企一体与居民自治一体的社会自营、政企联盟与居民自治的多方合作等。每一种模式都是在不同的力量碰撞后形成的符合本地实情的治理格局。

二是社区物业治理共同体中的主体力量与治理状态。社区物业治理是一种基于“国家—市场—社会”三维组合而生的共同体动态关系，这种力量状态取决于利益相关方的互动过程。**党建引领是基层党组织领导物业治理过程中的核心所在。**建立党组织领导机制，确保社区居民委员会、业主委员会、物业服务企业在社区党组织的统一领导下开展工作，将党建工作与物业管理深度融合，形成“红色物业”品牌。同时畅通问题反馈渠道，共商难题破解办法，提高居民服务满意度。**业委会是治理共同体中的主要推动力量。**社区邀请能人业主、热心业主、专家代表参与社区事务共商共建，同时也发现并培育一批积极分子、党员骨干等共同参与社区治理，并在此基础上组建“社区发展智囊团”议事平台，实现社会力量参与。**物业是治理共同体的基础力量。**物业在服务居民的过程中能够有效发挥治理的作用，并可以在市场化运作中实现资源整合和创新服务，实现治理的专业化和现代化；通过组织创新推动物业服务企业经营方式的转型，从重视商业效益转向兼顾社会效益，在提供专业服务的基础上依靠自身优势向社区服务拓展，形成物业服务企业持续参与社区治理的组织模式；通过技术赋能提升物业管理效能，优化组织服务能力，运用数字化技术提升物业服务企业的服务质量与效率。

三是治理模式纳入物业服务，提升物业生存空间。改变居民意识，提升物业费缴纳意愿。在小区中开展服务，改变居民意识，公开选聘、居民投票引进物业后，实行“先投入，先服务，后付费”的策略，使居民先体验环境改善和安全提升带来的积极感受，提升物业费缴纳意愿。**升级管理模式。**党支部介入并挂职，更好地收集居民意见，解决居民反馈的问题；同时发动志愿服务队的力量，雇佣低收入群体，在满足服务质量的同时节约成本。**发动党员楼栋长建立管委会。**与物业公司定期召开联席会，共同商讨解决居民问题，真正发挥管委会的监督与参与作用。以红色楼栋长、网格员等积极分子为中心，增强居民主人翁意识，带动更多居民参与小区自治，降低物业用人成本、提升小区环境安全。

四是建立“社区吹哨，部门报到”机制，开展多元主体参与治理。“社区吹哨，部门报到”机制是一种基层社会治理创新模式，它通过强化社区党组织的领导核心作用，整合政府、市场和社会资源，形成多元主体共同参与的社会治理格局。这一机制的核心在于社区党组织能够及时响应居民需求，通过“吹哨”发出需求信号，相关部门和单位则需迅速“报到”，协同解决问题。由社区牵头，以物业为主体，区房产局、建设方、路政单位、交警大队、区消防等各部门“报到”，共同协商推进社区治理。在实施过程中，该机制通常涉及以下几个关键步骤：

问题发现与收集。社区通过网格化管理，由网格员、联户长等基层工作人员发现问题并进行收集。**问题研判与分类**。社区党组织对收集到的问题进行分析研判，根据问题的紧急程度和处理难度进行分类。**吹哨与响应**。对于社区层面无法解决的问题，社区党组织通过“吹哨”机制向相关部门发出请求，相关部门需及时响应并参与问题的解决。**协同处置**。相关部门根据职责分工，协同社区共同处置问题，形成合力。**反馈与评价**。问题解决后，社区需向居民反馈处理结果，并根据居民满意度对服务质量进行评价。

案例一

物社联动——赋能社区治理服务新格局

紫郡兰园为线路新村社区辖区的新建商品小区，总户数 1 470 户，由南京葛洲坝物业服务中心开展服务。作为新建小区，该小区的公共服务设施更新还不够完善，业主对社区民生服务认可度不高，参与社区共建的能动意识不强，“街社物”三级联动不足。为了提升小区业主归属感、幸福感，2022 年线路新村社区党委将基层治理和小区居民需要融合贯通，调动市场力量参与社区治理，联合葛洲坝物业服务中心开展党建引领、融合共建推动“社区发展智囊团”协商仪式机制，通过红管家“小葛党员工作室”叫响服务品牌，街道社区赋能、物业发展、业主参与联合联动，构建基层治理新格局。

首先，红色物业——赋能联动提升居民满意度。葛洲坝物业成立党支部，将党的工作与物业、业主管理服务工作相融合，发挥党组织引领作用，强化党组织对小区治理工作的领导，把物业企业融入基层社会治理体系，实施“社工+物业”、“城管+物业”、“网格+物业”和“综治+物业”等交叉任职。通过街道赋能、社区为本、轮值交叉物业红管家全科服务，定期召开党群议事会、小区议事会等联席会，把一些退休的、有时间、有意愿的业主，编进兰园“小葛党员工作室”、把能人资源请进“社区发展智囊团”的队伍中，定期按照章程分组组织起来参与进来发挥余热，研究小区管理服务工作，畅通问题反馈渠道，共商难题破解办法。紫郡兰园南北两个小区分别居民满意度测评均达到92%以上。

其次，“智囊团”——赋能联动提升物业治理能力。在推进小区垃圾分类过程中，紫郡兰园因选址、建设用地和设置无法得到业主的认可和支持，造成矛盾面大、工作难以落地、利益相关业主抗拒，物业吃力不讨好。通过“社区发展智囊团”协商议事平台，邀请能人业主、热心业主、专家代表广泛论证选址、建设用地等问题，求同存异拿出三个方案给业主投票选择。通过三个多月线上线下协商和投票，落实最终方案并获得业主的充分认可。在此过程中，通过“协商机制”发现培养了小区协商能决事、会做工作的“领头羊”，社区牵头在小区成立新的网格党支部，组建业主协会和社会团体，让这些党员骨干、业主骨干充分发挥党员作用，提升业主监督物业、参与小区项目的主动性。

此外，社区吹哨——赋能联动凝聚治理合力。兰园小区新成立后几个大门被包围在断头路中，居民出行不便，一期二期周边乱停乱放极大影响小区居民出行，存在消防安全隐患。兰园物业为整体环境和业主利益负责起秩序和保洁，但管理“无法可依”，导致物业在处理乱停乱放问题的时候和居民极易发生冲突。为此，社区牵头多次“吹哨”搭建对话平台，以物业为主体，区房产局、建设方、路政单位、交警大队、区消防等各部门“报到”，共同协商，成功推动“君竹路、君兰路”开通。社区与物业公司在服务内容上进一步开展联动，通过开办小厨房、邻里融合活动、公共空间共管共享等，促进邻里关系，引导业主参与小区治理。

通过“红色物业”引领、“智囊团”搭台、社区“吹哨”等，线路新村社区与物业实现“党建联动、协商联动、机制联动、活动联动”，更多业主愿意走近物业和社区，主动参与家园治理，共享治理成果。2022年，社区与辖区相关物业形成共治协议，推动落实“物业+养老”“物业+助小”等服务项目，引领居民参与共同治理，物业与社区联合

"共生"双向奔赴，助力建设和谐美丽社区。

（供稿者：黄静，鼓楼区小市街道线路新村社区）

【专家点评】

本案例充分展示了社区与物业在推动社区治理中的创新合作模式，体现了"红色物业"的党建引领优势、"智囊团"的专业赋能作用以及"社区吹哨"的高效协同机制。通过党建引领，强化了服务意识，精准对接居民需求，有效提升了居民满意度。同时，组建"物业智囊团"，不仅为物业治理提供了智力支持，还规范了运作流程，提升了治理能力。而"社区吹哨，部门报到"机制则有效凝聚了治理合力，促进了多元主体参与，实现了资源的优化配置和问题的快速解决。这些举措对于推动社区治理现代化、构建和谐宜居社区具有重要意义。

案例二

党建引领下凤凰西街 188 号小区的"物管+自治"模式打造

2020 年之前，凤凰西街 188 号小区一直处于无物业管理的状态，小区没有任何物业公司进行运行与管理，一直都是由社区及街道进行托底服务。随着城镇老旧小区改造工作的不断推进，2020 年初该小区需要进行老房出新；社区借着这一契机，对该小区的管理模式进行重新构建。在构建模式之前，社区进行了全面的情况调研，发现存在以下三个基本情况：一是物业公司不愿意入驻该小区，这主要是由于小区户数少、小区户主物业费缴纳意愿低造成的；二是小区已经有一些志愿服务团队开展相应的小区服务，如志愿巡逻队维持小区治安等；三是小区有一些闲散人员可能被调动参与到物业管理服务中。

基于此，社区采取了四项措施：

一是引进物业，开启“先投入，先服务，后付费”的新模式。社区以面向社会公开选聘物业的方式，推进凤凰西街188号小区物业引进工作，在应聘的3家物业中，通过居民公开投票引进了南京悦好物业管理服务有限公司，采取“先投入+先服务+后付费”的新模式开展物业服务，使居民提前感受物业服务所带来的环境改善和安全提升，改变了旧思维，从而愿意花钱买服务。

二是建立管委会，落实监督、参与的新思维。物业公司进驻后，通过解决停车位的分配矛盾，促使大家主动参与小区管理，寻找小区“话事人”。通过停车位分配的协商议事会，社区党委在协商议事的过程中，在每栋楼推选出表达能力好、组织能力强的楼栋长，组织他们成立了凤凰西街188号小区管委会。管委会成立后，与物业公司制定了相关的管理规定，同时配合物业公司参与小区的环境整治、停车管理、矛盾协调等相关事宜，充分发挥了红色楼栋长与物业公司的协作效应。定期召开双方联席会议，一同探讨解决小区内的各种管理问题，保证小区管理的正常运营。通过管委会，提高居民参与社区治理的意识，搭建自治平台，加深居民对小区管理的认识，增强居民对小区管理的意识。同时，通过管委会工作的落实，为小区协同管理机制树立榜样，使小区管理机制有了更加明确的责任分工，推动小区管理更加高效，发散治理的新思维。

三是支部、网格员的介入，升级管理与服务新力量。为了进一步提升小区管理的水平，社区党委安排支部书记在物业公司挂职经理助理，带领网格员全力以赴为居民提供更为周到、优质的服务。支部书记和网格员不仅可以更好地收集居民的意见和建议，同时也可以及时反馈居民的问题，在物业公司和管委会的指导下，积极开展工作，提高小区管理的效率。

四是组建红色楼栋长队伍，形成自治管理新团队。社区党委发动楼栋党员，以自荐、推荐等方式，鼓励他们担任楼栋长，为本栋楼的居民服务，与其他楼栋长协同参与小区管理工作。以红色楼栋长带动更多的居民意识到小区治理不仅是物业公司的事情，也是居民自己的事情，增强居民积极参与小区治理的主人翁意识，通过搭建社区自治平台，实现居民共同管理的目标，不断营造社区居民参与小区建设和治理的积极氛围。同时红色楼栋长与物业公司、管委会、支部书记以及网格员展开共同协作，通过组建强大的管理团队，使小区的环境整治、停车管理、矛盾协调等工作更加高效、有序地进行。通过协同新团队的参与，让物业公司在管理方面，得到强有力的支持。

通过这四项措施的实施，凤凰西街 188 号小区逐步形成了党建引领下的“物管+自治”的治理模式，以物业公司、社区（支部书记以及网格员）和管委会（红色楼栋长）共同协作，组建全方面的物业管理团队，搭建居民自治的治理平台，及时且妥善解决小区的日常生活问题及矛盾调解，完成了社区居民参与小区建设和治理的新模式。

（供稿者：马超，鼓楼区凤凰街道华阳佳园社区）

【专家点评】

物业管理是现代城市社区治理不可或缺的一部分，但如何让一些处于无物业管理状态、由社区托底居民自发无组织地开展志愿服务的小区融入物业管理是一件有挑战的事。该案例通过改变居民意识、建立管委会、升级管理模式、组建物业管理团队这四项措施的实施，凤凰西街 188 号小区逐步形成了党建引领下的“物管+自治”的治理模式，以物业公司、社区（党支部书记以及网格员）和管委会（红色楼栋长）共同协作，组建全方面的物业管理团队，搭建居民自治的治理平台，及时且妥善解决小区的日常生活问题及矛盾调解，完成了社区居民参与小区建设和治理的新模式。不过，在融入物业管理的过程中，要注重平衡多元主体的利益需求，搭建沟通协商平台；并加强对物业服务进行管理和监督，确保物业工作的认真尽职。

“五社联动”创新模式

随着我国经济社会快速发展，居民收入不断提高，物质生活水平得到极大改善，居民越来越需要个性化、多元化和高质量的公共服务。在传统行政体制下，以政府为公共服务单一供给主体的模式已经难以满足当前居民的需求。因此，将公民从公共服务的接受者转为公共服务的提供者和参与者，实现公共服务主体向基层转移，依靠社区自身的力量和资源提升社区公共服务供给能力成为当前基层治理现代化改革的重要任务。“五社联动”作为一种基层社会治理的创新模式，在近年来得到了广泛的关注和应用。随着社会的发展和居民需求的不断变化，传统的“五社联动”模式也面临着新的挑战和机遇。引入创新元素，对于提升“五社联动”的效能，推动基层社会治理现代化具有重要意义。

一、以社工站建设激发治理内生动力

为发挥社会工作在民生兜底保障、基层社会治理和乡村振兴等方面的积极作用，江苏省发布《关于加快推进乡镇（街道）社会工作服务站建设的通知》，从2021年开始，南京市各级民政结合实际情况推动社工站街道全覆盖。有效利用社工站能够全面保障社区治理工作。根据社工站建设总要求，社工站应以群众社会服务需求为导向，培养本土社会工作人才队伍、提升民生兜底保障服务质量和专业化水平、创新基层社区治理、助力乡村振兴，实现民政服务经办能力和基层社会治理水平双提升，为助力民生事业高质量发展提供强有力的社会工作人才保障。具体措施包括：**以全局视野统筹规划**。坚持党建引领，推动党建与社区民生服务深度融合，引导社工人才融入和服务基层治理工作大局，更好解决人民群众“急难愁盼”问题。**多站合一共建共享**。充分利用现有软硬件资源，开展为民服务工作。**培育专业人才，提供督导支持。**社工站作为社工人才聚集地，应注重专业社工人才业务培训、督导、交流学习、职业发展指导支持等工作。**专业服务示范引领。**社工站引导社工熟悉各类政策、准确识别服务对象、提供精准服务，发挥“五社联动”机制议事，采用专业方法、理念、价值观开展服务工作，起到专业示范引领作用。

二、建设社区基金撬动基层治理

在社区基层治理和公共服务改革中，钱从哪里来一直是社区和社会组织面临的普遍难题之一。2021 年 4 月，中共中央、国务院在《关于加强基层治理体系和治理能力现代化建设的意见》中对社区基金的功能定位给予肯定。社区基金作为基层治理的一种创新方式，是调动全民参与社区治理和公共服务的引擎。具体而言，在社区工作中，通过建立社区基金以推进社区治理，可以从以下几个方面展开：**一是动员居民参与社区基金。**在社区通过线上和线下双重宣传的方式，让居民认识到社区基金的作用并投入社区基金参与和募捐的过程中。同时，通过拉赞助的方式动员社区企业投入社区基金，不断扩大社区基金的资金来源。**二是社区基金优化社区服务。**运用社区基金的“小投入”激发“大活力”，有效动员社会组织、社区居民、物业、企业等多元主体积极参与社区公共服务，切实满足社区不同群体的个性化和多元化需求。**三是社区基金推进社区治理。**在社区基金的支持下，努力实现社区自我管理、自我服务、自我教育、自我监督，在基层社会治理中发挥积极作用。同时，通过社区自下而上的自治调动居民参与社区事务的热情，将居民牢牢团结在一起，提高社区的凝聚力和归属感，从而建构社区本土化治理的内生动力。

三、利用新媒体技术提升治理能力

随着新媒体技术的发展，利用新型媒体技术和平台，为社区居民提供交流、互动和参与议事的场所或成为社区治理模式更新的关键点。为了通过数字化、在线化的方式，促进居民对社区事务的了解、参与和决策，加强居民与社区管理者之间的沟通和合作，具体可以采用以下几个措施：**一是建立电子化管理系统。**利用互联网和移动应用技术，开发或引入电子化的管理系统，用于管理小区的信息、居民数据、报修维修等事务。通过这个系统，可以实现信息的快速传递、数据的实时更新和居民的在线反馈，提高管理效率和服务质量。**二是搭建社交媒体平台。**通过建立社交媒体平台，如微信群、微博、社区论坛等，方便小区居民之间的沟通和信息交流。居民可以在平台上推送重要信息、提出问题、分享经验等，增强居民之间的互动和凝聚力，同时也便于物业公司或社区委员会及时了解居民的需求和意见。**三是推广移动支付和电子服务。**引入移动支付平台，方便居民缴纳物业费、水电费等费用，减少纸质支付的烦琐。同时，也可以推广电子服务，如在线报修、投诉和查询等，提供便捷的服务渠道，减少居民的时间和精力成本。**四是开展在线投票和意见征集。**利用新媒体技术开展在线投票和意见征集，征求居民的意见和建议。可以在重要决策或问题上采用民主投票的方式，让居民直接参与决策过程，增加居民对管理和治理的参与感。**五是加强宣传和信息公开。**通过新媒体渠道，及时发布小区的重要通知、新政策、活动安排等信息，提高居民的知情度和参与度。同时，可以加强物业公司或社区委员会的宣传工作，介绍小区的管理成绩、改进措施和发展规划，增强居民对管理工作的信任和支持。**六是数据分析和智能化管理。**利用大数据分析和智能化管理技术，对小区的运营情况进行监测和分析。通过数据分析，可以发现问题、优化资源配置，提高管理的科学性和精细化程度。

案例一

社工站专业枢纽平台介入　激发社区治理内生动力

葛塘街道作为国家级新区江北新区的后花园，大力推进经济转型升级和各项社会事业工作稳步发展，但葛塘街道社会化服务起步较晚，2020 年初正式开启街道首届公益创投，通过外引内培方式吸引专业社会组织陆续进入村居提供民生服务。村居对社会组织存在磨合期，专业服务理念不强导致社会动员能力较弱，以社区需求为主导的多方服务联动机制尚未形成。

社工站作为基层治理多元主体的参与平台，自2021年10月揭牌运营以来，采取“先有后好”的策略，按照赋能社工、培育组织、专业示范、志愿先行的发展理念深耕葛塘，探索专业枢纽平台介入社区治理模式，助力社区治理体系建立和现代化治理能力提升。

一、赋能社工人才提升社区治理水平

为保障社会服务专业化，“雁阵齐飞”计划邀请资深社工专家和优秀基层书记担任社工导师和社区发展顾问，助力人才分层培养、找准定位、服务创新。

社工站面向社区书记、主任开设领航班，有经验的社工开设精英班，初入社工开设提升班。分别从团队管理、社区治理、职业素养提升等主题帮助社工提升服务专业性和主动性、排解职业倦怠、增加岗位胜任力、激发服务动能和创新意识。“聚合力优服务”计划采用定期督导、专题研讨、外出参访等“专项服务与共同复盘结合”“课堂教学与实地践学结合”等方式，不断促进专业社工服务技能的精炼与升华。

社工站枢纽平台介入形成每月“街道、社区、社会组织”联席会议制度，每季度围绕党建引领、基层治理、社区工作、案例提炼、项目汇报等多维度培训赋能制度。定期邀请高校专家开展专项研讨会，搭建同行共同交流平台，共享专业服务经验，不同领域服务交流与学习让社工学会对标找差、开拓思路、创新社区治理的服务新路径。

二、培育居民自治组织夯实社区民主根基

居民议事会是创建基层民主协商的形式之一，街道社工站助力长城村搭建“党建+居民自治”模式，协助长城村打造“莲心老书记工作室”，依托10位老书记们党性强、经验足、地缘熟、群众基础好等优势和特点，充分发挥“五员”协同作用开展赋能培训、协商议事、扶贫助困服务。因农村社区没有物业，在党员示范服务引领下，由6名骨干村民组建的“莲心”红管家志愿服务队成立，巧妙解锁村居党建工作微模式，激发社区居民民主参与社区治理的新活力。

三、专业服务破解社区治理难题

社工站汇聚社区治理项目中出现的疑难复杂的案例，发挥专业引领作用，联动多部门协商、破解社区治理难题，真正将“五社联动”机制联起来、动起来。在入户探访中，街道未保站社工发现11岁残疾女孩辍学在家并被家暴后，立即汇报街道社工站，社工站采用个案管理模式牵头邀请公安、民政、社区、未保、妇联等十多方力量召开多部门联席会议制定共同服务方案，妥善解决案主人身保护、教育就学、家庭监护等问题。专业服务探索出“民政负责人+高校专家+资深社工”专家团队、“街道—社区—社会组织”联动模式、民政牵头多部门分工负责的个案服务模式，为解决街道困境家庭疑难案例提供可借鉴的服务经验。

四、志愿先行激发社区治理内生动力

志愿服务是创新社会治理的有效途径，志愿者是参与社会治理创新的主体力量。社工站通过“建组织、扩队伍、强服务”三步建设法，以创投项目为抓手，以居民需求为导向，以系列服务为切入点激发居民参与社区服务的积极性。在专业项目、疫情防控、社区活动等服务中挖掘居民骨干和爱心志愿者100多人提供志愿服务，有效解决社区人手不足的困境。社工站还链接多方资源推动志愿服务项目化，制定志愿服务激励办法、开展志愿服务团队建设、宣传表彰志愿服务人物等，将志愿服务组织化和专业化，提升社区治理的内生动力。

通过社工站民生服务综合性协调型服务平台介入，为重点困难群体提供精准化、专业化的服务。聚焦民政主责主业精准识别服务对象，提供专业服务，发挥了社会服务专业优势，促进了社工人才素养提升、自治队伍建设、志愿服务弘扬、社会资源汇聚等“五社”更好地联动。专业枢纽社工站推动民政工作从“兜得住”向“兜得好”转变，提供精神、文化、社会等全方位服务，也探索出专业枢纽平台介入社区治理模式，助力社区治理体系建立和现代化治理能力提升。

（供稿者：赵冬梅、许哲，江北新区葛塘街道）

【专家点评】

社工站建设在社区治理创新中具有多项专业优势，其“助人自助”和赋能服务对象的专业理念以及“人在情境中”的系统化思维，不仅致力于解决社区居民眼前的问题，也着力于长远的能力培育，调适社区多方利益，促进沟通、协调发展。同时，社会工作遵循一套清晰的工作流程，运用专业的方法，在实践中能够较快地动员与整合社区资源、提高社区利益相关方的参与。葛塘街道通过外引内培方式吸引专业社会组织陆续进入村居提供民生服务，社工站作为基层治理多元主体的参与平台，促发了多方主体的联动，以资源性角色升级，积极且合法地进行方式、方法、渠道创新，为社区筹措公益慈善资源，以补充政府在社区服务和治理中物质、资金、技术、服务等社会资源的投入，服务社区居民，提升社区治理水平。不过，需要指出，该项目的目标在于探索社工站促进社区治理的方式方法，这要求社工从链接资源的角色进一步提升，增加开发资源、组织资源、实施项目等功能。

案例二

文体社区慈善“微基金”

文体社区 60 岁以上老人所占比例高达 37.4%，在社区公共事务中，存在着老龄化程度高、困难群体多等诸多困境。如何激发社区治理活力，解决有帮扶需求的人群面临的生活照顾、社会参与、情感帮扶等实际困难和问题，让最优的便民服务为居民带来幸福感，成为社区的关注点。以往，社区服务主要由社会工作者发起，随着服务实践发展，出现了一些亟待解决的问题：一是居民需求回应不够精准，二是居民自治能力需要进一步提升，三是社区发展治理资金来源单一。如何拓宽社区居民参与社区治理的渠道，激发社区自治活力，解决有帮扶需求的人群解决实际困难，是建立社区“微基金”的初衷和目的。

“微基金”是一笔社区专供居民申请与使用的“幸福基金”。2016年社区党委接收到慈善企业汇丰银行的捐助10万元后成立了“微基金”，2020年逐步完善了社区“微基金”平台，规范“微基金”项目的确定和使用规则。2022年，社区党员抗美援朝老战士穆祖跃爱心捐款1万元，特别申请将这笔慈善资金用于开展青少年活动。截至目前已形成微基金提案49个。社区根据服务对象的实际需求进行自主提案，提案范围涵盖困难帮扶、团队建设、社区小微治理等实际需求，并将提案提交“微基金”决议会。三年来，“微基金”项目全年龄层覆盖，针对青少年设立了少儿武术班，“大手拉小手”助学班学业辅导，民族精神和爱国教育等系列活动和课程；针对老年居民开设健身气功队、合唱团、百岁老人生日会、老年手机班、金陵之韵读书会等项目。社区“两委”班子对议案内容设计及财务申报的规范性审查把关。召开“微基金”决议会，开展提案陈述和答疑，居民自主表决，并对项目设计提出改善要求，确定当年“微基金”服务项目。对“微基金”项目公示和执行。每年年底召开评估会，对“微基金”的使用进行打分总结。

文体社区建立社区慈善“微基金”以来，坚持以目标和问题为导向，精准回应群众的诉求。在“收”方面，以建立共治共建共享的社区治理共同体为目标，募集善款和整合各类资源；在“支”方面，助力解决居民群众的急难愁盼的事情，开展富有特色的活动。通过社区“微基金”，文体社区营造出友爱、和谐的氛围，搭建起社会力量参与基层治理的多元平台。

（供稿者：蔡瑛瑛、贾思雨，建邺区莫愁湖街道文体社区）

【专家点评】

当前，我国社会主要矛盾已经转化为人民日益增长的美好生活需要和不平衡不充分的发展之间的矛盾；同时，伴随着人民物质水平的不断提高，如何更加精准地满足居民对个性化、多元化和高质量的公共服务的需要就显得尤其突出。然而，这一点仅凭政府的力量根本难以完成。因而，如何将社区居民从公共服务的单方的接收者转为公共服务的提供者、参与者和享受者就变得至关重要，而这一点对于老年社区来说无疑更为突出。文体社区以社区基金为引擎，坚持以问题为导向，紧紧围绕着助老爱老、青少年教育等主题，通过动员居民参与社区基金、社区基金优化社区服务以及社区基金推进社区治理等方式，不仅解决了有帮扶需求的人群面临的各种难题，而且在这个过程中充分激发了居民参与社区治理的主动性，营造出一股友爱和谐的氛围。与此同时，还可以进一步加强对案例项目本身的评估，探讨这种模式推广的可行性及其推广过程中可能面临的阻碍，提升项目的系统性和可复制性。

案例三

“幸福留声机”

——社区治理服务提升项目

戴家社区位于城南新区，2017 年 5 月永阳街道区划调整，由涉农社区改为城市社区，现辖居民小区 8 个，户籍总人口 3 923 人。随着城镇化的发展，大量农业转移人口集中居住到拆迁安置小区，而在农民市民化的进程中，居民的生活方式、行为习惯、思想观念都在发生转变，对于社区服务的需求日益增加，呈现出复杂多样趋势。戴家社区作为一个安置社区，其社区服务亟需更加完善。

戴家社区在完成由农村社区到城市社区的转型后，成了商品房和安置房混合社区。但商品房小区和安置房小区的居民之间互动不多，关系淡漠。几年前，戴家社区也开设了几个老年人兴趣小组，比如阅读小组、朗诵小组等，但是受疫情影响，许多小组的活动无法在线下举行，转到线上又没有完备的设施，导致这些兴趣小组活动难以为继。但居民仍有强烈的参与意愿。

针对居民需求，戴家社区开展了"幸福留声机"项目。随着移动端的不断普及，依靠其便利性强的优势，该项目分需求、分人群实施，依托微信、qq 和抖音等媒介开设了许多电台和直播间。对于儿童群体，戴家社区开设了童声播报的"戴家娃娃"直播间，邀请儿童走进直播间，促进儿童交流与成长；对于社区党员群体，社区开设了"戴家初心谣"电台，录制线上党课、老党员回忆录和红色文化宣传等。在传统文化方面，"戴家新说""诗书戴家"弘扬文化学习、分享溧水文化探究，结合新时代文明实践站志愿服务精神，开展新时代文化宣讲。此外，还有"最美戴家人"宣传义行善举、优秀人物等。"幸福留声机"让戴家社区居民做新时代戴家文化的"朗读者"、戴家好声音的"代言人"和戴家精神的"传承者"。

社区通过调查发现，安置房居民参与小区活动的积极性很高，但总会出现不文明摆摊和拥堵现象，甚至有时候居民之间会出现冲突，扰乱小区治安；而商品房居民各方面能力较强，"文艺分子"占大多数，但他们对于参加活动没有很大兴趣。在"幸福留声机"项目的开展中，两方居民的特点恰好形成了优势互补：安置房居民可以积极带动商品房居民参与小区活动，而商品房居民向安置房居民传授技能知识，提升他们的能力。

戴家社区电台和直播间内容全由社区居民自主策划，设备也由他们自行购买。一开始，社区电台在喜马拉雅 app 播出，后来又分散到居民各自的抖音。每天晚上，小区里都会有人朗诵，有人唱歌跳舞，还会定期举行百姓大舞台演出。每逢中秋节或重阳节等传统节日，小区还会举行诗会，邀请居民带着儿童参与，其乐融融，也会发一些小礼品。在社区居民直播时，附近零售店和水果店商家也会积极踊跃参加，他们将水果和食品挂到居民直播间的小黄车中，以实惠的价格进行售卖，而作为回报，开直播的居民可以免费品尝商家的水果食品，双方都能获利。因此，“幸福留声机”项目深受居民欢迎，参与的积极性很高。

“幸福留声机”项目不仅能够通过有声服务来精细化、全面化满足居民需求，还能提供一个居民自治的平台。通过直播间和电台，居民能互相交流想法，及时向社区表达需求，如健身设施能否再完善、能否设立残疾人专用厕所等。

通过项目实施，越来越多的居民开设了自己的直播间和电台，收视率也进一步提升，戴家社区文化被更多人所知。安置房和商品房居民变得熟络，小区居民关系融洽，幸福感和归属感逐渐提升。“幸福留声机”不仅成为满足居民需求的平台，还成了一个居民自治的工具。

（供稿者：郭晓娟，溧水区永阳街道戴家社区）

【专家点评】

从治理到数字治理，社区数字化建设推动着社区治理形态的全面转型。在此过程中，数字技术驱动社区治理走向更加整体化、精细化、科学化、预防化的治理实践。该案例充分利用数字技术，不仅是表层地向居民普及数字技术知识，还将数字技术应用到治理的具体实践当中，建立数字化的档案管理系统、智能化的公共设备，开设电台和直播间，提高治理的效率和居民的生活水平。更是将技术应用到协商平台建设上，通过微信群、投票软件、社区论坛等为居民提供表达意见、沟通交流的平台，推动居民自治的意识和能力，“幸福留声机”项目最后也成为有效的居民自治平台。不过在进行数字治理的同时，也要注意技术治理带来的情感风险，不能过于注重数字技术的使用却忽略居民内心情感需求，在进行线上治理的同时也要结合线下活动的开展，将数字治理作为辅助手段而避免陷入技术依赖。

培养联动人才　打造合格楼栋长

社区楼栋长建设服务的重要性不仅体现在社区居民的生活便利和社区治理的高效推进上，更是构建和谐社区的关键一环。楼栋长作为社区的基层管理者，扮演着桥梁和纽带的角色，负责居民之间的沟通与协调。通过楼栋长建设服务，可以培养和选拔具有社区情怀、责任心和组织协调能力的居民，使其成为社区自治的骨干力量。这有助于推动社区内部事务的高效运转，提高居民对社区事务的参与度，形成一个具有自我管理和自治能力的社区。社区楼栋长建设服务有助于解决社区内居民生活的实际问题。楼栋长可以及时了解居民的需求和困扰，推动解决居民面临的实际问题，提高社区服务水平。通过建设楼栋长服务网络，可以建立起一套信息反馈机制，使社区管理者更加及时地了解到社区内的各种问题和反馈，有助于迅速采取措施、改进服务，提升社区居民的生活品质。

社区楼栋长建设服务有助于提升社区居民的归属感和参与感。楼栋长作为社区的代表性人物，负责居民的联系和协调，在日常管理中更好地了解居民的期望和意见。通过这种交流与反馈，居民能够更直接地感受到社区管理的透明度和高效性，从而提升对社区的认同感和参与感。楼栋长建设服务可以通过培训和激励机制，增强楼栋长的服务能力和责任感，进而为社区居民搭建更为紧密和温馨的社区关系。社区楼栋长建设服务对于社区治理体系的完善具有积极作用。通过培养一支素质高、服务热情的楼栋长队伍，可以加强社区基层治理力量，为社区内的各项事务提供更专业和高效的管理。同时，楼栋长服务也有助于形成良性的社区居民自治机制，推动社区治理从上至下的垂直管理模式向基层自治的水平管理模式转变，从而提高社区治理的灵活性和适应性。综合而言，社区楼栋长建设服务的重要性不仅在于解决实际问题，更在于构建一个积极、自治、有温度的社区氛围。通过培养楼栋长服务队伍，社区能够实现更好的居民参与和管理效率，提高社区整体的幸福感和满意度。这种服务模式是社区建设的创新实践，为构建和谐社区提供了有力支持。具体建立路径包括：

一、建立培训体系。通过建立完善的培训体系，为潜在的楼栋长提供专业、系统的培训，使其具备必要的管理、协调和沟通能力。培训内容应包括社区管理知识、法律法规、居民沟通技巧、危机处理等方面的内容。可以邀请专业培训机构或相关领域的专家学者进行授课，同时注重实际操作和案例分析，使培训内容更贴近实际工作场景。定期组织培训班、研讨会，以确保楼栋长保持学习和成长的动力，不断提升其服务水平和管理能力。

二、实践锻炼机制。建立实践锻炼机制，使潜在楼栋长能够在实际工作中逐步提升能力。可以通过设立实习岗位、导师制度，为楼栋长提供实际操作的机会。在实践过程中，着重培养其问题解决能力、协调组织能力和社交沟通能力。鼓励楼栋长参与社区活动、组织居民会议，逐渐熟悉社区事务的运作机制。定期组织经验交流会，让楼栋长分享工作中的成果与挑战，从而形成一个共同学习和成长的社区氛围。

三、社区居民推荐与评选机制。建立由社区居民推荐与评选楼栋长的机制，通过民主选举和居民评价的方式，选拔出具备领导力、公正正直、服务意识的楼栋长。在这个过程中，居民参与楼栋长的选拔，不仅能够激发居民的参与热情，还能够确保楼栋长的合法性，增强其服务的公信力。同时，这种机制也可以建立楼栋长的考核和绩效评估体系，通过居民的实际反馈，对楼栋长的表现进行评估，有助于提高其工作积极性和服务质量。

案例

"小"楼长，大能量

本项目的服务对象聚焦于新河社区的37名楼栋长，在赋权增能的视角下，结合楼栋工作和楼栋长个体优势，关注服务对象内外生态系统。一方面，关注解决服务对象内部的心理、情绪疏导等问题；另一方面，通过提升服务对象在服务技能、团队合作、资源挖掘等方面的能力，增强其参与社区自治的能动性，从而汇聚更多居民，共同参与社区建设，营造和谐、互助的社区氛围。

通过一系列多元主题的活动，旨在帮助服务对象正确理解自身的工作职责，提升工作水平，并学习相关的工作技能。具体活动包括实地走访37名楼栋长，举办一次推介会活动，两期"楼长培训班"主题培训活动，两期"楼长有话说"主题座谈活动，两期"学楼栋知识"主题知识讲座，四期支持性小组活动，一期楼栋长外出参访，两期"爱心楼长"评选活动，以及三期楼栋联谊活动。这些活动的开展有助于提升楼栋长们的团队凝聚力，并进一步提升其工作能力。具体为：

一、楼长"心事"知多少

通过实地走访了解37名服务对象的具体信息，收集楼栋工作过程中的问题和困难。在社区开展一次项目推介会。

二、"小"楼长，大能量

1. 开展2期"楼长培训班"主题培训活动。通过从"情绪调节"和"上门礼仪"等方面开展培训课程，旨在深入了解服务对象在实际工作中所面临的困难，以期提升其工作能力。

2. 开展2期"楼长有话说"主题座谈活动。邀请社区网格员、社区居民、社会组织社工共同参与，以服务对象为主导，根据其实际工作中面临的问题进行集中讨论，引导各方共同合作，协同解决困难。

3. 开展2期"学楼栋知识"主题知识讲座。邀请公安、城管工作人员，根据过往楼栋工作开展过程中的难点以及楼长工作职责进行讲解。

4. 开展4次支持性小组活动。邀请有共同需求的服务对象进行小组活动，根据实际工作遇到的问题进行情景模拟。

5. 开展一次楼长外出团建参访活动，为期一天。带领楼长外出参访，参观学习网格化管理示范社区；通过主题团建活动增强楼长之间的联结，加强团队合作。

三、楼栋帮扶暖民心

1. 37名服务对象根据所在楼栋的实际情况与辖区内困难人群进行结对。每人至少完成一户结对帮扶，服务次数不少于10次。针对实际结对情况，每年进行两次评选，评选出5—10名“爱心楼长”。

2. 结合春节、元宵节、中秋节等主题节庆活动开展三次楼栋联谊活动，由服务对象带领楼栋居民共同参与。

在当今日益多样和复杂的社会背景下，社区楼栋长作为社区中的重要角色，承担着组织、协调和建立联系的责任，以满足居民多样化的需求，强化居民之间的互助关系，增强社区的凝聚力和回应能力，该项目在诸多方面取得了显著成效。

第一，社区凝聚力的增强：通过楼栋长的引领和组织，居民之间的联系和互动增加，社区凝聚力得到加强。居民将更有可能互相认识、合作和支持，形成紧密的社区关系。第二，信息传递和资源共享：楼栋长作为社区的信息中介和协调者，可以促进居民之间的信息流通和资源共享。居民能够获取更丰富的关于社区活动、服务和资源的信息，同时能够分享彼此的经验和资源，从而提高生活质量并满足个体需求。第三，社区参与的促进：楼栋长具备鼓励和引导居民积极参与社区活动与决策的功能。居民有机会参与社区事务的制定和执行，能够充分表达个人的意见和需求。这一实践促进了民主参与和决策的推动，同时增强了居民对社区事务的归属感和责任感。第四，社会支持和帮助：楼栋长具备提供社会支持和帮助的职能，尤其是在居民面临困境、挑战或有需求的情境下，他们能够提供情感支持、实质性帮助以及信息指导，协助居民解决问题、应对挑战，并获取必要的支持资源。第五，社区服务质量的提升：在楼栋长的协调和管理下，社区服务的质量得以提高。楼栋长能够监督和评估社区服务提供者的工作质量，调动资源并改进服务，以更好地满足居民的需求和期望。通过“明星楼长”的评选活动，有效地激发楼栋长的参与热情。在疫情防控的摸排阶段以及调解矛盾和组织志愿活动等各个环节，他们都有效地协助社区提高了工作效率。

（供稿者：刘田田、沈晓琛，浦口区铁心桥街道新河社区）

【专家点评】

案例《“小”楼长，大能量》是一个对楼栋长进行赋能的项目。楼栋长作为管理服务居民小区的末梢，与居民的联系最紧密、最直接，是社区居委会开展各项工作的有力助手。但同时也具有松散性、民间性、志愿性、业余性等特点，常常会出现楼栋长知识能力不足、履职不力、工作积极性不强等现象。该案例运用社会工作的赋能视角，通过系列多元主题活动，关注楼栋长的心理健康、工作难点及职责，增强楼栋长间的连接，提升其工作能力和团体凝聚力。该项目的服务方法和内容多元丰富，服务内容既有心理知识培训、支持小组，又有楼栋长工作职责培训；活动形式既有主题座谈，又有情景模拟、外出团建参访等，较之简单的课堂讲授、开会，更能调动楼栋长的参与积极性。项目还通过楼栋长与困难居民结对帮扶、开展“爱心楼长”评选活动、带领居民开展楼栋节庆联谊活动，形成了对楼栋长的一定激励机制，增强了楼栋长与居民之间、居民与居民之间的联系。建议今后探索更多的楼栋长激励机制，开发形成系统的楼栋长培训系列课程。

【分类治理机制】

分类治理机制是一种针对不同类型社区或治理对象采取差异化管理策略的方法。这种机制认为，由于社区或治理对象在居民特征、基础设施、环境资源等方面存在差异，因此需要根据这些差异来制定和实施不同的治理策略，以实现更加精准和有效的治理。

在城市社区治理中，分类治理通常涉及以下几个步骤，一是社区分类，即根据社区的建筑形态、居民群体特征、社区资源等维度对社区进行分类。二是问题识别，即通过社区分析工具量表，对社区居民的真实需求进行客观、准确的识别和梳理。三是资源匹配，即针对不同类型的社区，匹配相应的治理资源和服务。四是集群发展，即将相同或相似类型的社区聚集在一起，形成集群，以实现资源共享和协同发展。五是清单式治理，即为每个社区或社区群制定问题需求清单、资源清单和治理任务清单，以实现精准治理。六是协同机制，即建立信息互通、项目联动和成果共享的协同机制，以支持集群发展。

分类治理能够根据社区的实际情况和特点，采取更加精准和有效的治理措施，从而提高治理效率。不同社区的居民需求各异，分类治理能够更好地满足居民的个性化需求，提高居民的满意度和幸福感。通过分类治理，可以更加合理地配置社区资源，避免资源浪费，提高资源利用效率。分类治理还有助于激发社区居民的参与热情，增强社区凝聚力和向心力，促进社区和谐稳定；有助于发现和解决社区发展中的问题，推动社区可持续发展；有助于解决不同社区之间的发展不平衡问题，促进社会公平正义。

总结来说，分类治理是一种科学、高效的治理方式，能够提高治理的针对性、有效性和公平性。随着社会的发展，分类治理应在更多的领域得到广泛应用。

推进国际型社区治理

社区是人们进行日常生活实践和建立基本社会关系的主要场所，同时也是中国社会工作专业职业化发展最主要的工作场域。在全球化和科学技术飞速发展的现代化背景下，当代社会呈现出高度的异质性和流动性，传统的地缘型社区和单一的文化体系型社区逐渐被取代，城市社区充满“外来者”以及多元文化群体。随着中国在世界舞台上地位和角色的转变，国内许多经济发达的城市出现了新型国际社区，这些社区具有居民来源多样、文化背景多元的特点，面临社区融合程度低和社区治理难的困境。国际社区的治理关系到迁移人口的社会融合及当地社会整合，因而受到国家和社会的广泛关注。具体而言，从社区的角度出发推进国际型社区治理可以从五个方面着手：

一、加强社区多元文化建设。组织各类文化交流活动，如语言培训、节日庆祝、美食分享等，促进不同文化之间的相互了解和尊重。建立线上或线下的文化交流平台，方便居民进行互动交流。尊重不同文化的习俗和信仰，避免歧视和偏见。

二、完善社区治理机制。吸纳不同文化背景的居民代表参与社区治理，建立多元化的社区治理机构。制定多元文化的社区规章制度，确保决策的公平性和包容性。制定社区规章制度时，充分考虑不同文化背景居民的需求和习惯。提供多语种的法律咨询服务，加强社区法律服务，帮助外籍居民了解并遵守当地法律法规。

三、提升社区服务水平。提供满足不同文化背景居民需求的社区服务，如医疗、教育、养老等。完善社区基础设施，提高居民的生活质量。鼓励居民参与社区志愿服务，建立社区志愿者服务体系，营造互帮互助的社区氛围。

四、加强国际合作与交流。与其他国际社区建立合作关系，学习借鉴其他国际社区的成功经验，共同探索社区治理的新模式。与政府部门密切合作，共同解决社区治理中的问题。鼓励国际组织参与社区治理，提供技术支持和资金援助。

五、注重信息化建设。建立多语种的社区信息平台，发布社区资讯、提供在线服务。利用社交媒体等新媒体工具，加强社区居民之间的互动交流。帮助社区居民提高数字素养，更好地利用信息化手段。

案例

青奥国际“Hui”邻里

青奥社区得名于辖区内的青奥村，于2019年正式批复成立。社区内户籍人口4 530人，常住人口约8 000人，外籍和港台居民常住人口约165人，外籍居民主要来自新加坡、韩国、德国、南非等国家，青奥村人才(博士)居民约340人。社区具有外籍人士较多、高学历人才聚集、各类资源丰富的特点，但也存在中外居民互动融合度低、对社区服务要求高、个性化需求难以满足等问题。青奥社区以国际化服务为理念，以“Hui”融合社区各方力量，坚持党建引领、多方协同、共建共享的理念，逐步形成“青奥国际Hui邻里”的社区治理品牌。

一是党建引领“会”客厅。青奥社区党总支结合党组织和党员实际，坚持把“三会一课”开到基层、开到一线。社区党总支通过社区党群服务客厅、党员教育实境课堂、WORLD融·享空间等社区党建阵地提升党员教育实效；通过主题党日、党员冬训学习等活动不断加强党员理想信念教育。通过党员集中走访、面对面谈心，听取居民“真心话”和“知心话”。通过党建会议将民生事项逐一细化，确保责任到人，落实到位。

二是多方协商“慧”共识。党的二十大报告指出：“发展全过程人民民主，保障人民当家做主。”辖区企事业单位、社会组织、小区物业、党员群众、国际居民等在社区发展的过程中均能参与到社区协商中来，形成具有一定国际特色的社区协商机制，定期召开社区议事会，对涉及居民利益的事务，通过多方协商、集思广益、达成共识，推动社区共治，让居民真正参与到社区各项事务中，形成社区善治的良性循环。

三是定制服务“惠”邻里。青奥社区的服务内容涵盖政府提供的基本公共服务、物业企业提供的市场化便民利民服务、社会组织提供的公益性福利性服务以及社区居民自治互助的志愿服务等。青奥社区注重外籍居民和本土居民融合共享，定期开展的“五洲共享　四季共融”、青奥国际融享生活节等社区文化服务品牌已成为青奥社区的显著标识。社区通过定制服务“惠”邻里计划，创造和谐共治美好的邻里社会环境。

四是多元文化“荟”风采。社区文化是激发社区凝聚力的重要元素，建设好社区文化对社区的发展和居民需要的满足具有十分重要的意义。青奥社区以文化活动为载体，融合国际居民不同的民族文化，传承并发扬青奥精神，开展了丰富多彩的中华民族优秀传统文化节日活动及社区居民喜闻乐见的群众性文化教育服务活动。中华文化体验活动、羽毛球比赛、环保骑行等活动，让中外居民欢聚一堂，居民精神面貌奋发向上，社区充满活力。

五是中外志愿“汇”力量。青奥社区以新时代文明实践站为载体，组建了以外籍志愿者为主要力量的“Team Green 青宁”国际公益志愿服务联盟，以青奥村博士人才为主要力量的“青奥博士大讲堂”，以社区老党员为主要力量的“平安志愿服务队”等一批有活力、有特色、有温度的志愿服务团队，将党员先锋、居民志愿者、外籍志愿者等各类志愿者组织起来，围绕社区治理与服务工作发挥志愿组织及志愿者力量，助推社区治理。

经过各种探索和实践，社区居民对社区服务的满意度不断提升，社区的认同感、自豪感及归属感逐步增强，社区治理成效显著，居民满意度超越同类社区，青奥社区逐渐成为不断向前发展、具有蓬勃生命力的新型现代社区。

（供稿者：包兰英、汪婷，建邺区双闸街道青奥社区）

【专家点评】

随着全球化进程的推进，国际社区的数量和类型与日俱增，因居住人口来源的多样性、文化的多元性而具备与以往城市社区不同的特点，因此需要创新现有社区治理模式，实现国际型社区有效治理，在基层社区形成稳定的多元化与和谐的多样性，从而推动经济、文化、技术等多方面的国际化。青奥社区不仅从体制机制层面完善国际型社区的治理模式，发挥行政的力量有效进行社区治理，还注重多方参与，联结多元行动者形成有效协商网络，有利于照顾多方意见，更是注重居民内生力量，发展社区自组织以提升社区自治能力和文化凝聚力。该项目在主体、形式、内容方面实践了一种具有创新性的符合国际型社区特色的治理方法。在后续实践中，需要注意避免将文化简单理解为表象的文化知识的传递和文化活动的举办，需要将文化融入行动和治理的具体实践当中，发挥文化的治理作用。

化解中高档小区的治理难题

随着我国经济社会快速发展，城市化进程不断加快，中产阶级迅速崛起，在城市社区中林立着越来越多的中高档社区。中高档社区不仅是我国经济社会发展成果的重要展现，同时也是对我国现代化基层治理的重大考验。在中高档社区中，社区工作人员常常面对具有更高要求的社区居民，其在社区中的话语权和主人翁意识较强，在社区互动中经常爆发居民之间以及居民和社区工作者、物业以及施工单位等各个主体之间的矛盾。又因为中高档社区居民自身在文化教育、经济实力和社会背景等方面的特殊性，居民矛盾的调和往往十分棘手。但在中高档小区中若任由居民矛盾堆积则很有可能会演化为损害社区和社会声誉的公共事件。因此，中高档社区治理的路径探索成为地区政府和基层社区工作的重要任务。当前，关于化解中高档小区的治理难题，可以从以下几个方面入手：

一、多元平台吸引居民参加。建立专业委员会。可以设立环境保护、文化艺术、教育、科技创新等多个专业委员会，吸引不同领域的高学历人才。赋予专业委员会一定的决策权，让他们能够直接参与到社区事务的管理中。**培育志愿者组织。**除了传统的志愿服务项目，还可以开展一些创新性的志愿活动，如社区讲座、艺术培训等，吸引不同兴趣爱好的人参与。设立志愿服务积分制度，并与社区荣誉、资源挂钩，增加志愿服务的吸引力。**组建小区智囊团。**通过问卷调查、座谈会等方式，广泛征集社区居民的意见和建议。定期对社区发展进行评估，提出改进建议。鼓励高文化人群将自己的专业知识应用于社区治理中。

二、打造有吸引力的社区。增加绿化面积、打造舒适宜居的社区环境，完善社区公共设施，如健身器材、儿童游乐设施等，**建设优美社区环境**。通过举办书画展、摄影展等艺术展览，组织音乐会、戏剧表演等文化活动，举办读书会，分享读书心得，**营造高品质社区活动文化氛围**。尊重不同文化背景、不同生活方式，鼓励居民提出新的想法，尝试新的路径，**营造多元化价值观**。

三、营造良好的参与氛围。在社区会议上，鼓励大家畅所欲言，并认真对待每一个意见；建立意见反馈机制，及时回应居民的诉求。不论是本地居民还是外来人口，都有平等参与社区治理的权利。降低参与门槛：简化参与流程，降低参与门槛。打破身份壁垒，提供平等参与机会。定期向居民公布社区治理的进展情况和财务状况。建立社区信息发布平台，方便居民随时了解社区动态。

四、提供必要的支持。提供社区治理、沟通技巧、项目管理等方面的多样化培训。为社区活动提供必要的活动经费支持、办公用品和宣传材料等物资支持；完善社区治理相关的法律法规，为志愿者提供法律保障；建立完善的激励机制，鼓励更多人参与社区治理。

案例

吴侯社区“居民会客厅”

吴侯社区存在“三高三多一差”的特点：“三高”即居民文化层次高、经济收入高、社会地位高；“三多”即中高档商品房小区多、品牌物业多、居民对物业服务要求多；“一差”即一些小区居民对物业服务认同感较差。具体而言，吴侯社区管辖范围内的5个商品房小区基本在2016—2019年楼市限价期间入市，一手均价每平方从3.5万至3.7万不等，现二手房价格稳定在6万/m^2左右，属于河西南地区中高档商品房小区层级。受限价房屋“买到即赚到”观念影响，购房人基本都以验资报名、摇号筛选等“重重考验”买到房屋，“来之不易”的购房之路令他们对居住环境、房屋质量和配套落实等有着超高的期待。在小区建设过程中，居民常采取 12345 政务热线投诉、集体到省市区信访等方式提出诉求，除房屋本身建设质量需有关部门加强监管外，超合同外诉求数也常“爆单”，这对社区治理和秩序稳定造成极大困扰。正是因为中高档小区的特殊性，传统“补短板为主”的社区治理模式，在此几乎无用武之地。辖区内存在空间资源紧张与配套需求旺盛、小区公共区域及套内建设质量与“中高档”小区不匹配、物业服务与业主“预期”不匹配等三类主要矛盾。

换言之，居民诉求诸多也是对小区归属感较强烈和小区治理参与度较活跃的体现。但作为有着“三高三多一差”特点的新社区，居民对社区事务往往“议”得多、“管”得少、“做”得更少。当下社区有两个亟待解决的问题：一是如何动员居民参与治理、贡献力量。二是多元诉求下如何引导居民有序参与并解决问题。带着这些疑问，吴侯社区探索出“居民会客厅”社区工作法。

首先，建立居民情感基础。一是开展丰富多彩的社区建设和休闲娱乐活动，如儿童友好社区建设、青少年妇女活动以及全民阅读等。二是组建社区三大志愿服务队：党员志愿队、“小青鸽”青年服务队、“吴侯红哨”治安巡逻队。在社区活动和志愿服务中，社区居民逐渐相识相知，为社区公共话题的讨论构建了深厚的情感基础。

其次，完善协商议事阵地。阵地建设分为线上和线下两个方面。线下阵地建设，社区在办公用房面积紧缺的情况下，仍单独开辟一间作为居民协商议事场所，挂牌居民“会客厅”。另外，凡户外公共活动空间、小区凉亭等皆立牌“会客亭”。线上阵地建设，根据社区在职年轻人多的特点，搭建线上议事平台“会客云”，让更多居民参与进来。

最后，鼓励居民参与议事。在社区党委领导下，居民先后在社区线上线下议事平台商讨了多个社区民生议题，如商铺空调到底该装在哪里、垃圾分类大家谈、垃圾亭房落哪里、文明养犬怎么养、小区公区打牌文明不文明、是否应该成立业委会、怎么成立业委会、家门口的小餐饮店油烟重怎么办、小区外闲置场地能否用于停车、家门口的规划道路何时能通车、公寓停车难、小区公共广告收益能否用来改善公区设施等。其中有的问题得到妥善解决，有的问题几方各让一步达成共识，有的问题暂时搁置等时机成熟再议。

吴侯社区广泛利用公共交流空间，搭建“居民会客厅”这一线上线下同步的公共交流平台，开展形式多样的议事活动，引导社区居民通过参与社区议事达成共识，建立起良好的社区关系，实现“让城市更美好，让生活更温馨，让居民更文明”的美好愿景。

（供稿者：吴悦、高李秀，建邺区双闸街道吴侯社区）

【专家点评】

随着城镇化进程的推进，社会经济的崛起以及民众知识水平、文化程度的提升，中高档小区的数量和比例逐渐攀升，并成为基层社会治理的重要对象。在中高档小区，不仅需要建立健全协商议事平台，打通社区、居民、物业等方面的交流壁垒，还要完善相关体制机制，以适应新的社区人群构成和行事方式，更要想方设法动员中高档小区居民的社区参与力量，这不仅是对居民权益的保护，更是提升社区活力的重要方式。该项目通过多种方式建立社区协商平台，并运用线上结合线下的形式鼓励居民参与社区事务，注重社区居民的情感需求，通过情感培育来鼓励社区居民参与。不过在此过程中，社区也要注意发挥物业公司、驻区单位等方面的作用，形成多元主体参与的社区行动者网络，以实现资源共享、功能互补，真正提升社区治理活力和能力。

增进多民族互嵌型社区的凝聚力

民族交融和民族关系问题历来受到人们的广泛关注，而多民族互嵌型社区正是我国多民族国家的一个缩影。民族互嵌型社区是一个有着多民族相互交错居住、共同生存的社区形态，同时也是一种多元文明和文化共同生存和发展的居住格局。从社区的角度出发，多民族互嵌型社区不单单意味着被组织在一起的人口，更意味着一种可以相互依赖的、具有丰富人情的社会利益共同体。近现代以来，随着地缘关系的瓦解，以业缘关系为主重新组合建立起来的城市社区中出现了很多民族互嵌型社区，相较于其他社区而言，这类社区的人际关系疏远、社交网络断裂等问题异常突出。因此，社区邻里关系融合以及社区凝聚力提升成为社区工作的重要目标。具体而言，可以从以下几个方面入手：

一、宣传动员，增强少数民族参与公共事务的向心力。提升社区居民参与社会事务的意识是社区工作的重点和难点，应该贯穿在民族互嵌型社区凝聚力提升工作的始终。社区工作者可以通过入户、拉横幅、公共号推送、拍摄短视频等方式宣传和动员社区居民参与社区公共事务。

二、加强文化交流与融合。组织多元文化活动，举办各种民族节日庆祝活动、文化交流会、文艺汇演等，让不同民族的居民相互了解，增进友谊。**建立文化交流平台，**如社区文化中心、图书馆等，提供多语种图书、报刊，方便居民了解不同民族的文化。**支持民族传统文化传承，**鼓励和支持各民族传承本民族的传统文化，举办民族传统手工艺展示、民族特色美食节等活动。**开展跨文化教育，**培养居民的跨文化意识和包容心态。**组建一支特定的由多民族共同参与和组成的志愿者服务队，**通过队伍建设强化多民族为社区服务的意识和对社区的认同感。

三、提升公共服务水平。提供满足不同民族需求的公共服务，如多语种的行政服务、医疗服务等。**加强社区基础设施建设，**改善居民的生活条件，满足不同少数民族需求。鼓励各民族参与社区志愿服务，营造多民族互帮互助的社区氛围。

四、加强民族团结宣传社区教育。通过多种形式，如宣传栏、板报、文艺演出等，宣传民族团结的意义和重要性。发掘和宣传民族团结先进典型，营造浓厚的民族团结氛围。加强对青少年的民族团结教育，从小培养青少年的民族团结意识。在平时动员居民相互之间多串门，在国家传统节日开展大型集体活动等，推动社区民族融合。

案例

“同心”
——社区多民族志愿服务队

健园社区有汉族、回族、锡伯族、维吾尔族、苗族、壮族、畲族、土家族、布依族、蒙古族等 14 个民族，共有 3 363 户居民，约 9 100 多人。其中，常住少数民族 303 户，419 多人。健园社区多民族混居，随着生活节奏加快、工作压力增大，人与人之间的距离越来越远，邻里关系变得陌生化。在社区调研中发现，有 29.4%的居民表示他们在本社区“没有一个”来往比较多的朋友，只有 4.4%的居民经常前往隔壁或者对门邻居家串门，“从来不去”邻居家串门的占 41.5%；“生活寂寞”“无人交流”是居民们反映最多的两个问题。另一方面，本次调查数据也显示，“邻居”成为继“朋友”后人们日常最重要的求助对象，当日常生活遇到麻烦时，有 20.7%的人会想到找邻居帮忙，高于找物业(9.4%)、父母(7.6%)、亲戚(11.2%)和同事同学(4.9%)的比例。由此可见，尽管居民的居住格局发生了很大的变化，但仍然存在着对邻里之间守望相助这一日常社会支持功能的期待。

社区工作者通过线上线下合力宣讲的方式，在社区开展志愿者招募活动，引导和鼓励健园社区少数民族居民以及其他热心群众加入志愿者队伍，并对其进行志愿者培训，组建出一支由多民族成员共同组成的“同心”多民族志愿服务队，从而将少数民族居民纳入社区建设中，构建社区邻里互助网络。“同心”志愿服务队成立以来，在社区开展便民利民、治安巡逻、文化宣传、环境保护、防疫宣传、民事调解等形式多样的志愿服务，并对行动不便的居民提供上门服务。具体而言，在便民服务方面，志愿队免费为社区居民理发、测量血糖血压、磨刀、修鞋等。治安巡逻方面主要指志愿服务队成员在小区内开展安全巡视、规整电动车摆放位置、飞线隐患排除和整治、公共秩序维护等。环境保护方面，志愿者在社区内宣传提高居民的垃圾分类意识。在特殊时期，志愿者服务队自觉开展老年人接种疫苗、苏康码更新、身份码生成、核酸检测通知、健康讲座等防疫宣传活动。在文化方面，开办“我为祖国发声——红色文化宣传周”，提升社区各民族的家国情怀。并时刻与少数民族居民保持密切联系，了解其家庭情况，记录台账，及时发现和调解各类纠纷和矛盾，对行动不便的居民提供上门服务。此外，每当传统节假日来临前，“同心”志愿服务队都会举办丰富多彩的多民族文化交流活动。如以民族特色 show 为主题，开展手工和舞蹈等系列活动，增强各民族之间融合。在端午、中秋、春节、元宵节开展中型文化活动，丰富居民的业余生活，架起和谐社区的桥梁，营造快乐的假日氛围。同时，“同心”多民族志愿服务队成员也会带着节日礼品上门慰问社区困难群众，让其感受党和社区的关怀。

“同心”志愿服务队成立以来，共有 10 余人先后加入志愿者服务队伍，开展完成 13 场不同类型的文化活动，对 100 名服务对象展开多类型服务，成功营造了健园社区“民族一家亲，邻里齐参与”的和谐氛围。

（供稿者：范璐、孙越，建邺区南苑街道健园社区）

【专家点评】

多民族社区是大城市社区治理中的一种新型社区，一般说来是因为城市更新过程中老的城市民族社区出现了大量外来人口，或者是民族居民嵌入新的社区后，使得民族成分复杂了。另外一种情况就是少数民族居民的外来流动和部分婚姻关系迁入，但是数量较少。

多民族社区的社会工作要重视两个方面：其一是铸牢中华民族共同体意识的要求，必须促进社区不同民族居民之间的互相了解和融合发展；其二是运用“文化敏感”的思维和工作方法针对不同的民族居民开展个案服务，满足居民的文化需求。这两个方面的工作是一致的，有一定的内在张力，需要社会工作者细心把握。

社区老旧小区治理策略探讨

社区老旧小区作为城市发展的历史见证，承载着丰富的城市记忆与居民情感。然而，随着城市化的不断发展，老旧小区的数量逐年增加，这些小区由于建设年代久远、设施落后，造成了诸多问题，并给居民的正常生活带来很多不便；同时，新南京人和学区新居民对社区的陌生感较强，邻里之间存在冷漠及疏离的现象，严重影响了居民的生活质量和幸福感。针对这些情况，国家开始推进老旧小区改造，旨在保护历史建筑，提升居住环境和生活品质。老旧小区改造能让居民有更加美好的居住环境，给居民带来舒适、便利的生活，还能保护历史建筑文化遗产，促进城市的可持续发展。老旧小区改造不仅是一项技术挑战，更是一个社会协调的大工程。它涉及广泛的社区参与、资金筹措、法律法规遵守以及施工安全等多方面的考量。基于此，在地区发展模式的指导下，如何有效治理老旧小区，成为当前社区治理的重要课题。通过对多个案例的分析，挖掘应对挑战的策略。

一、深入发掘问题，明确改造方向

1. 居民需求调研及全面评估。社区工作者通过下网格、上门入户、电话咨询、接待、微信、张贴宣传通知、调查问卷等方式，摸清社区基本情况、辖区可用资源、居民特长等信息，深入了解居民对小区改造的想法和意见，对居民的需求进行评估；在必要的情况下，对居民住房等方面的改造根据居民需求形成一户一策，做到真正符合居民意愿、满足居民需求，为后续改造提供基础数据。

2. 关注一些重点基础设施改造。重点改造老旧小区的供水、供电、排水、道路等基础设施，改善居住环境。房屋修缮：对老旧房屋进行修缮加固，提升房屋安全性。公共空间优化：优化公共空间布局，增加绿化面积，打造宜居环境。配套设施完善：完善社区养老、医疗、教育等配套设施，提升社区服务水平。

二、政府主导成立工作小组，制定改造规划。

政府应发挥主导作用，制定政策、提供资金支持、协调各方关系。成立专门的工作小组，负责改造项目的组织实施和协调。充分挖掘地区的自然资源、人文资源、产业基础等，确定老旧小区改造的方向和重点。将老旧小区改造与区域发展规划紧密结合，确保改造项目与区域发展目标一致。结合地区发展规划，制定详细的改造方案，包括改造内容、资金来源、施工周期等。通过召开居民大会、发放宣传资料等方式，向居民详细介绍改造方案、政策、流程等，打消居民疑虑，争取支持。建立健全的沟通机制，定期召开居民座谈会和居民议事会，广泛征求居民意见、及时回应居民诉求，解决居民提出的问题。充分尊重居民意愿，通过民主投票等方式，决定改造方案，确保居民的知情权、参与权和监督权。

三、充分动员居民，以参与老旧小区改造的契机推动居民自治

首先是成立业主委员会。建立健全业主委员会，并发挥业主委员会在社区治理中的作用。业委会应建立多样化的沟通渠道，如业主群、业主大会、意见箱等，及时收集业主意见，增强业主对社区事务的参与感。积极组织业主大会，让业主参与到社区重大决策中，提高决策的透明度和公正性。定期组织业主代表培训，提升其在社区事务中的参与能力和决策水平。

其次是鼓励居民参与设计参与路径。鼓励居民参与改造方案的设计、施工监督等环节，提高居民的参与感和获得感。广泛动员居民参与议事会和现场协调会处理矛盾。社区应广泛动员居民参与协商议事，与居民充分沟通和互动，第一时间解决改造中出现的问题与矛盾，保障小区的安全与稳定。号召居民当家作主，积极参与居民议事和现场协调，在沟通互动中将矛盾冲突最小化。

再者是分层协商平衡，推动全面共识达成。在老旧小区改造中，分层协商是平衡不同居民利益的有效策略，这一过程涉及与每一楼层的居民进行个别协商，例如，安装电梯时不同楼层居民的利益不同、老房出新时各家诉求也不相同。通过分层协商，项目负责人能够识别各层居民的具体需求和顾虑，并提供定制化的解决方案，整合资源解决居民改造过程中遇到的各类困难。小区改造过程中的各类困难，召集居民现场想方案、提对策，聚群众合力共同解决难题，将困难及时处理解决，不断为小区改造升级方案。

四、链接资源，筹措资金，全面改造

1. 多方筹措资金。在老旧小区改造项目中，资金筹措是一个核心问题。为了减轻居民的经济负担，可以采取多方资金整合的策略。这一策略的关键是将政府资助、社区基金、企业赞助和居民自筹等多种资金来源进行有效整合。政应加大对老旧小区改造的财政投入，提供资金支持。鼓励社会资本参与改造，通过 PPP 模式、股权投资等方式，引入社会资金。鼓励居民自筹部分资金，提高居民的投入意识。通过多渠道的资金筹措策略，不仅可以动员社会各界的参与，共同促进社区发展，还可以让居民感受到项目带来的积极效果，而不是过重的经济负担，有助于提高项目的可行性和可持续性，确保老旧区改造工作的顺利进行。

2. 资源整合与利用。充分利用辖区内企事业单位多、两新党组织党建引领强、文化商贸资源丰富等优势，整合各类资源参与老旧小区治理。建立社区资源共享机制，鼓励居民和社区组织将闲置资源拿出来共享使用，满足居民多样化的需求。探索创新服务模式，如引入智慧社区建设理念，运用互联网、大数据等现代信息技术手段提高社区治理效率和服务水平。物业公司作为专业的服务提供者，应积极参与改造方案的制定，并承担后续的物业管理服务。政府部门应提供政策支持、资金保障，并负责监督改造工作的开展。社区组织、志愿者等社会力量可以参与社区共建共治，提供专业服务和志愿服务。引入市场机制，鼓励社会资本参与改造，提高改造效率。鼓励社会组织、志愿者等参与社区治理，提供专业服务。

3. 引入专业施工团队并建立调解机制，保障施工质量并及时解决邻里矛盾。为确保老旧小区改造工程的质量与安全，同时维护社区内的和睦氛围，施工挑战与邻里矛盾的处理需同步考虑。首先，选择经验丰富且资质齐全的施工团队和监理是基础。其次，施工过程中不可避免地会对居民日常生活造成一定影响，可能引发邻里间的矛盾。因此，建立一个包括社区管理人员、居民代表和第三方专业调解人员的调解机制，对于及时解决纠纷、缓解紧张关系至关重要。这一机制需要以公正、透明的原则运作，确保所有利益相关方的声音都能被听见并妥善处理。通过这样的融合策略，可以在确保施工质量的同时，也保持了社区的稳定与和谐，从而促进老旧小区改造项目的顺利完成。

五、注重长效管理，实现可持续发展

首先，建立健全物业管理制度。完善物业管理制度，提高物业服务水平。将老旧小区改造和小区物业管理问题整合在一起进行有效解决，保障老小区改造后的维护和运营。老旧小区的改造和物业管理一直是两大难题，通过改造契机，将这两大难题整合解决，既解决了小区物业管理问题，同时也能巩固维护老房改造的成果。

其次，居民参与制度化。提升居民自治能力，形成自我管理、自我服务、自我教育的社区治理模式。通过宣传教育、组织培训等方式，增强居民对社区治理的认识和参与意识，让居民了解自己在社区治理中的主体地位和重要作用，激发他们参与社区事务的热情和积极性。建立居民议事会或居民代表会议等制度性平台，定期召开会议讨论社区治理问题，听取居民意见和建议，通过居民议事平台，促进居民与政府、社会组织等多元主体的沟通与交流，形成共识和合力。鼓励居民成立自助互助小组或志愿服务组织，参与社区环境整治、公共设施维护等活动，通过自助互助模式，培养居民的责任感和奉献精神，增强社区凝聚力。

最后，完善社区居民自治模式。建立健全业主大会和业委会，积极推动业主大会的召开，选举产生有责任心、能力强的业委会成员，使其成为社区治理的主体。制定详细的社区管理规约，明确业委会、物业公司、居民等各方的职责，明确职责分工、形成共治格局。引入第三方评估，定期对小区改造工程质量、物业服务质量进行评估，及时发现问题并加以解决，确保改造成果得到有效维护。

案例一

地区发展模式下的社区老旧小区治理

王府园社区成立于 2000 年，靠近夫子庙商贸区繁华地段，占地面积约 0.3 平方公里，拥有常住人口近 4 400 户，12 700 人，社区面临着老旧小区多、老年人口多、新南京人多等现状，以及基础设施老、服务压力大、群众需求多等难题，特别是新南京人和学区新居民的大量涌入，打破了原有的熟人社区的格局，让社区治理面临新的课题。如何破解治理瓶颈，解决社区治理面临的新问题，这也是社区两委班子成员工作的重中之重。经过充分调研，不断探索，社区结合辖区内企事业单位多、两新党组织党建引领强、文化商贸资源丰富等优势，运用地区发展模式，通过社区工作者协助社区成员分析问题，发挥居民的自主性，又通过社区组织发展志愿服务组织、社区社会组织和小区自治组织，提高居民及组织对社区的认同，鼓励通过自助和互助解决社区问题。

第一阶段是调研访谈和需求评估阶段。社区工作者通过下网格、上门入户、微信、张贴宣传通知、调查问卷等方式，摸清社区基本情况、辖区可用资源、居民特长等信息，对居民的需求进行评估。

第二阶段是计划实施阶段。

1. 健全两个机制，提高社区治理能力

(1) 齐抓共管“微治理”。新时代社区治理模式需要整合多方资源、多元共治，经过探索，社区党委联动五社、五微基层治理模式，结合社区五慧特色、网格化管理组团式服务等模式，在职党员进社区、政法网格员进社区等机制，联动辖区企事业单位、政府微更新项目和社区第一书记、为民服务资金等资源，实现多元共治良好局面。

（2）善治共融“慧协商”。社区积极探索、多元整合人大、政协、民生工作站、为民服务平台，做到有事多商量、有事好商量、有事会商量，营造居民的事大家一起商量的协商议事制度，做到多协商、会协商、善协商，形成“党建引领、社区主导、多元参与、协商自治”的基层社会治理新格局，增强居民自治能力、提升社区治理效能、推进社区队伍建设、实现共建共治共享。

2. 搭建三个平台，提升社区服务水平

（1）搭建党建联盟平台，共建共筑共享。以党建为引领，将辖区内的单位组织起来，以“互动互助、互学互鉴、共建共赢”为原则，开展联席共建活动，通过群策群力、献计献策，加强大党建区域协同与合作。

（2）搭建志愿服务平台，激发社区活力。依托社区新时代文明实践服务队、党员志愿服务队，联合辖区企事业单位党组织、党员志愿者，结合区域化大党建、楼宇党建、网格党建等工作，发动辖区企事业单位党组织、社区党员、辖区社会服务组织、社区15分钟生活圈商户成员，结合志愿者积分等措施，搭建党建志愿服务平台，在社区大党委建设、老旧小区清洁家园志愿服务活动以及帮困救助、助老助残等方面发挥作用。

（3）搭建协商议事平台，营造多元参与。通过制定“慧协商议事规则10条”，每周根据居民的议题，在社区二楼党群会议室或者居民小区，围绕小区议题开展议事协商会议，社区提前发布通知，邀请涉及小区的居民骨干、两代表一委员、利益相关方等参与，听群众说、同居民议、帮大家办，近年来先后解决了新居民公共车棚的使用、门禁的开通、群居住户扰民等事项。

3. 做好四类服务，打造温情社区

（1）慧服务：提升公共服务，加大便民惠民力度。依托社区党群服务中心，在做好基本公共服务的基础上，组织协调居家养老社会组织及其他社会组织，开展助老助困、家政保洁、管道疏通、水电气维修等常规便民服务，指导社会组织及物业服务组织开展代订代购、律师咨询、心理疏导等专业化服务，协助居民开展二手易物交换等个性化服务；做好基本公共服务、便民利民服务、社会组织服务，打造社区便民服务15分钟生活圈。

（2）慧管家：加强物业服务，提升居民幸福指数。在洪武路街道党工委、办事处领导下，在街道物业管理“两站一中心”的指导下，以“党建引领、专业协同、多元整合、居民参与”为原则，在王府园社区党委带领下，联合社区居委会、小区管委会、网格党支部、志愿服务团队、社会服务组织以及街道城管、公安派出所、安城环卫、辖区单位等多方力量，以部门支撑与专业支持相结合、居民自我管理与物业服务相结合、志愿服务与社会组织服务相结合组建“慧管家红色物业服务”，为小区居民提供环境卫生、治安巡查、停车规范、便民利民、志愿者及邻里守望互助；把物业服务的范围从保洁、保安、保修和保绿拓展到与居民共同营造完善、温馨、文明、和谐的社区生活氛围。

（3）慧民生：聚焦老小服务，彰显社区治理温度。以长者老人和青少年儿童为社区服务重点人群，依托社区、社工、社会组织和社区志愿者积极开展各类服务，通过党建阵地提档升级，推行全民阅读“分享慧”、传统手工艺制作、开办老年人文化课堂、家长学校，“探索号”青少年社区融入计划、“垃圾分分类”“小区集市”等儿童公益活动，以及举办丰富多彩的文化娱乐活动宣传发动社区志愿服务，通过为一老一小提供服务平台、吸引小区居民积极参与，提升居民内在素质，以及社区归属感，打造共建共治共享新局面。

（4）慧生活：丰富文娱活动，提供互助化服务。依托社区新时代文明实践站，组建社区幸福邻里团，整合辖区内资源成立社区大讲堂、开通积分兑换助推志愿服务、举办多期“阅读分享慧”等社区特色活动，让社区服务多元化。

（供稿者：张运雷，秦淮区洪武路街道王府园社区）

【专家点评】

地区发展模式强调社区内部资源的挖掘与利用，鼓励居民参与社区事务，通过自助、互助的方式解决社区问题，实现社区的自我发展与提升。该模式注重过程目标的达成，即提高居民民主议事协商的能力，增强社区凝聚力，促进和谐社区关系的建立。本案例通过调动社区中的辖区资源和鼓励居民的参与，能够带动社区多元参与社区治理，但是群团领袖的培养和社区社会组织的培育需要大量的精力和时间才能真正见到成效，后续还需继续努力。

案例二

下“绣花”功夫让树德坊既有“面子”又有“里子”

树德坊1—22号为民国军阀陈调元旧居，始建于1931年，是南京为数不多保留“石库门”风格的民国建筑。历经近百年岁月的侵蚀，树德坊从国民党军事参议院高级职员宿舍变成了破败不堪的C级险房。这里共居住有66户居民，每户仅6—35平方米，是“老”“破”“小”“险”房屋的代表。树德坊集“秦淮区不可移动文物”“C级险房”“密集型小区”等标签于一体，这导致了因“险房”属性使得居民居住安全得不到保障，又因“文物”属性使其不经报备批准，不得擅自加固修缮等问题。

2020年，树德坊抢险加固工程启动，在实施过程中不断融入公众参与危旧房改造理念和公众委员为民发声机制，并不断通过居民协商议事和部门联动服务等方式，最终实现了树德坊小区在“文物保护”和“民生保障”两方面的兼容和平衡。首先是“公众参与+需求满足”。在小区出新前，社区能感知到居民存在的需求和困难，在出新前进行逐户走访，了解需求、满足需求。对于居民家庭改造，社区通过上门入户等方式逐一了解每个家庭的需求、现有房屋存在的问题以及对房屋改造的想法，并形成一房一策的改造方案；在房屋改造方案形成之后再上门一户一户讲解，保证每户人家对改造方案清楚了解。对于社区要开展的违建拆除工作，社区开通了电话咨询充分了解居民需求、耐心接待居民代表听取居民心声，在安抚居民情绪的同时整合一切资源解决居民需求。其次是“公众参与+吹哨报到”。秦淮区探索“两赋两强”街道集成改革和“双做双增”社区治理集成改革新模式，将基层治理重心下移、权力下放。街道乃至社区拥有吹哨集结部门、聚合力解难题的权力。树德坊案例中，五老村街道就方案升级多次吹哨，在施工现场想对策、谋方案，将问题发现在一线、处理在一线、解决在一线。再者是“公众参与+民生工作站”。秦淮区民生工作站通过第一书记下社区，让社区公众委员有了进一步发声的渠道；社区在此基础上与各部门进行协调，解决社区居民面临的各种民生问题。对于小区中居民都关心的小区自身问题以及共性的房屋改造问题进行统一意见收集与方案修改，如每家都存在厨卫缺失的问题。面对这一问题，社区第一时间向街道反映情况。街道工委书记迅速整合房产局资源，提供资金用于社区出新。最后是“公众参与+大党委”。社区将辖区内企事业单位都纳入工作队伍中，形成大党委，并以大党委作为基层社区治理的“中枢神经”；在辖区企事业大单位的群策群力和建言献策下，激发出“树德坊引进物业”的思想火花，在全区老旧小区“物业全覆盖”的大背景下，积极发掘有担当、有能力的宁越物业接管树德坊，走向小区善治之路。

通过两年的时间，树德坊老房改造全部完成。第一，保留了石库门的原始风貌，延续了南京石库门的历史文脉；第二，创新文保非成套房改造新路径，通过开创性使用轻质可逆式防火材料对文保建筑进行厨卫改造，增加生活空间的同时解决了厨卫缺失问题，对全市类似建筑的修缮和改造具有重要指导意义。第三是通过改造过程充分激活公众参与民主自治新动能：通过居民议事会、现场调解会的多次参与，居民主动出主意、想办法、拿主张、共讨论，并形成正向反馈。第四是探索出“建管服”一体化新举措，将建设更新后的后期管理和居民服务统一到一家单位，有助于解决老旧小区管理权责不分家、遇事推诿、办事拖拉问题，让消险出新成果维持长久长效，确立了树立“建管服”一体化思路。

（供稿者：张莉，秦淮区五老村街道新街口商业街区）

【专家点评】

老旧小区改造是城市更新的重要一环，事关千家万户。树德坊集“秦淮区不可移动文物”“C级险房”“密集型小区”等标签于一体，这造成了因“险房”属性使得居民居住安全得不到保障，又因“文物”属性使其不经报备批准不得擅自加固修缮等问题。

办法总比困难多。在具体改造过程中，树德坊狠下“绣花”功夫，不断融入公众参与危旧房改造理念和公众委员为民发声机制，并不断通过居民协商议事和部门联动服务等方式，最终实现了树德坊小区在“文物保护”和“民生保障”两方面的兼容和平衡，让树德坊既有“面子”又有“里子”。

老旧小区改造，想以“新”换“心”，就要坐下来仔细倾听群众意见，解决群众问题。只有听民声、知民意，才能真正改到百姓心坎上、改善人居环境，才能不断促进城市风貌提升、优化城市功能。树德坊这一做法，不仅让群众在家门口有了更多幸福感，同时也形成了一批可推广的好做法、好经验。

案例三

社区共筑幸福直梯

翠林山庄小区于2006年开放入住，小区36栋楼，96个单元，随着时代发展，周边商品房拔地而起，电梯房的需求越来越大，经常有居民到社区咨询经济适用房能否安装电梯。加装电梯环节多、居民意见难统一、涉及多方面的工作主体需交涉等问题需要一一攻克。恰逢小区环境改造的契机，为了应对解决这些难题，社区在成功加装第一部电梯的过程中主要做了以下工作：

一、充分挖掘需求，选择楼栋试点。基于前期网格走访获得的信息，社区明智地选择了27栋二单元作为试点。在网格走访中，社区工作者了解到27栋二单元有老人居住高层，且身体不好，上下楼梯极为不易，安装意愿比较强，于是便在小区改造工程会议上提出，并主动承担起“加装电梯牵头人”的角色。经过前期网格走访，27栋二单元有3—4户安装电梯意向较高，在所有申请楼栋中意向最高，最终确定27栋二单元作为翠林山庄小区电梯加装试点。

二、不同利益群体分开议事，达成利益平衡和共识。首先最重要的困难是要获得楼栋2/3以上业主同意。高低楼层需求不同，利益很难平衡，且居民观念难转变，这给工作带来了不小的难度。考虑高低楼层电梯带来的成本和利益不同，社区首先采取了分开议事的办法，将3—6栋需要出资的业主聚集在一起议事，2楼1楼分开协商，2楼通常可以不出资免费乘坐，而1楼不使用电梯也不需要出资，但通常因为噪声、采光等因素，1楼反对安装电梯的意见最强烈。初步协商结果是3楼和2楼不愿意签字。社区工作人员多次上门沟通，了解到3楼业主并不是不想装，而是因加装电梯所付资金有压力，了解了困难之后“对症下药”，在协商调解中，电梯公司提出先替其垫付资金，3楼业主最终在电梯加装意愿书上签了字。最后仅有2楼一户不愿意签字，但也在后期多次沟通后未明确提出反对意见。

三、引入第三方解决资金难题。电梯加装项目中的资金问题一直是难点，这也是3—6楼业主反对安装电梯的主要原因。安装加电梯本身费用是20多万，政府补贴18万，剩下从高楼层至3楼递减分摊。起初5楼也不愿出资，但最后进入公示环节后，5楼住户补缴了电梯款，最终是电梯公司垫付了一户的资金。

四、及时协调解决施工过程中出现的突发情况和邻里矛盾。在施工过程中，遇到了一些意料之外的问题和矛盾，包括：老旧小区水管迁移过程中的手续比较麻烦，耽误了20多天工期；电梯的地基不稳需要重新灌浆，要额外多花费3万元，出资的居民有意见不愿意追加费用；连续下雨楼栋前变得面目全非，居民担心安全指数，也担忧长时间出门受影响，拨打12345投诉电话。面对这些突发问题，网格员和志愿者积极上门调解，并对目前电梯加装过程中地基不稳注入灌浆等情况进行解释，随即与电梯公司联系，最后通过多方协商由电梯公司垫付了费用，灌浆完成后立即施工，最大程度解决群众“急难愁盼”问题。

历经5个月施工建设，翠林山庄小区首部加装电梯竣工验收，掌上云社区广泛转发着电梯加装成果的短视频，分享着“一键直达”幸福感，同年10月份小区被评为江苏省宜居试点小区。翠林山庄小区电梯加装案例展示了社区在解决老旧小区改造中遇到的利益协调、资金筹措和施工挑战。通过分层次议事、引入电梯公司作为第三方资助、及时沟通协调解决施工问题，社区成功克服了业主之间利益分歧，通过多方努力和协商，确保了项目的顺利进行，提升了居民的生活质量，展现了社区出色的问题解决和协调能力。

（供稿者：沈雅婷，栖霞区尧化街道翠林山庄社区）

【专家点评】

民生无小事，小小电梯解决的是百姓出行的大问题。电梯加装牵涉到居民的切身利益，而且很容易引起邻里矛盾，协调起来非常困难。翠林山庄小区是经济适用房，加装电梯协调难度更大。

社区工作者主动承担起“加装电梯牵头人”的角色，多次上门沟通，不同利益群体分开议事，达成利益平衡和共识的同时，引入第三方解决资金难题，更是及时协调解决施工过程中出现的突发情况和邻里矛盾，最终翠林山庄小区首部加装电梯成功安装，居民享受“一键直达”的幸福。

电梯加装过程是不断探索、创新、突破的过程。老旧小区牵涉众多历史遗留问题，涉及问题复杂多样，无法按部就班，更无法照搬照用，往往是一事一议。翠林山庄小区电梯加装案例展示了社区在解决老旧小区改造中遇到的利益协调、资金筹措和施工挑战等困难，对完善老旧小区住宅使用功能、促进无障碍环境建设、适应老龄化社会需求、提升城市生活品质具有重要意义。

立足本地资源实现乡村振兴

党的二十大报告提出："全面推进乡村振兴，坚持农业农村优先发展，巩固拓展脱贫攻坚成果，加快建设农业强国，扎实推动乡村产业、人才、文化、生态、组织振兴。"乡村振兴是当前中国面临的重大时代任务，也是实现全面建设社会主义现代化国家目标的重要举措。乡村振兴是实现经济全面发展的基础。传统的城乡发展不平衡问题一直是困扰国家社会稳定的一个瓶颈。通过乡村振兴战略，可以加强城乡之间的经济联系，推动资源要素的有效流动，实现城乡共同繁荣。这有助于缩小城乡差距，促进全国各地区的共同富裕。此外，乡村振兴战略的实施可以推动乡村文化的传承和发展，激发农村居民对传统文化的自豪感和认同感，形成更加多元、丰富的文化生态。实现乡村振兴是一项系统工程，需要多方协同合作，包括：

一、落实政策、强化乡村振兴中的党建引领

首先，政策扶持是实现乡村振兴的重要基石。政府应制定和完善一系列支持农村发展的政策，包括土地制度改革、财政资金倾斜、农业科技创新、乡村治理等多方面。建立健全的政策体系，为乡村振兴提供法律和政策保障。政策还应明确乡村振兴的目标和任务，为各级政府和社会力量提供行动指南，应制定可将有限资源导向农村地区的政策、制定激励社会资本和人才向农村流动的机制、制定目标明确且路径合理的乡村振兴战略规划，明确发展目标、重点任务和保障措施。

其次是抓民生工程巩固脱贫成果。实施乡村振兴，必须紧紧抓住农村民生福祉。在完成农村社区服务兜底特惠工作的基础上，面向所有农村人口完善普惠性、发展性服务。社会服务的范围由特殊困难群体向所

有有需要的社会成员扩展，通过设置基层公共管理和社会服务岗位、建设乡镇社工站、引入社会工作专业人才、发展志愿者队伍等方式，为农村有需要的人提供服务，拓宽社会服务的受益范围和惠及程度，丰富社会服务的内容和形式，提高社会服务的水平和质量。

再者是党建引领开发整合农业资源，推动全域发展实现共同富裕。在实现“共同富裕”的路径中，产业发展是根本。要充分发挥党建引领的作用，依靠基层党组织进行属地内资源整合，尤其是农业资源的开发与整合、资源链接、激活社会力量，实现资源利用最大化，建构共富机制。同时，以整治农业既有问题、推进农业产业现代化、推进农旅融合产业发展为主要特征，将集体经济的壮大作为村民经济增长的重要来源。农村社区所具有的特色农业资源，可以加以挖掘、发展，结合外来的科技资源、企业资源，推动农业产业现代化，以高质量的农业产物实现收入升级，实现乡村振兴。此外，发展资金项目，利用政策资金、项目资金推动工作执行，探索共同富裕的路径。

最后是发挥基层党组织的先锋作用，调动广大村民积极性、主动性、创造性，激发脱贫内生动力。社会工作在提供社会服务的过程中，注重人的能力建设，协助个人发展潜能，实现自我价值，激发发展动能，这一点在乡村振兴中尤其重要。要想激发村民的乡村振兴的积极性，需要发挥基层党组织的先锋作用。因为党组织在农村公信力最强，是领导动员和组织协调的“主心骨”，有能力组织引导、统筹协调、推动农村社会服务。在农村基层党建中着重依靠基层党政干部和专业技术人才，重点强化培育新型农业经营主体带头人的农业技术能力，同时又要充分发挥乡村治理能力的党员干部的先锋模范作用。

二、立足本土资源，围绕二十字方针全面启动振兴工作

首先是产业振兴。产业发展是乡村振兴的支柱之一。通过拓展乡村产业，培育特色优势，发展现代农业和农村旅游，促使农村经济多元化发展。发展农产品深加工、乡村特色手工业等新型产业，提高农民的经济收入，推动乡村的经济繁荣。具体路径包括：**一是明确产业定位，因**

地制宜。根据当地自然资源、气候条件、劳动力素质等，确定主导产业和特色产业。紧密结合市场需求，发展具有竞争力的产业。结合国家和地方产业政策，明确产业发展方向。**二是优化产业结构，促进融合发展**。推进农业、工业、服务业融合发展，延长产业链，增加附加值。培育新型农业经营主体，如家庭农场、农民合作社等，提高农业生产效率。加强农业科技创新，推广先进适用技术，提高农业生产水平。**三是培育产业集群，增强竞争力**。建设特色产业园区，集聚产业要素，形成产业集群。培育一批龙头企业，带动中小企业发展，形成产业链。打造区域公用品牌和企业品牌，提升产品附加值。**四是完善基础设施，改善营商环境**。建设农村公路、物流配送中心等，改善交通条件。加强农村水利建设，保障农业生产用水。推动农村信息化建设，促进农业农村现代化。

其次是人才振兴。人才振兴是乡村振兴的重要一环，是实现乡村全面振兴的内在要求和关键支撑。只有培养和吸引足够数量的高素质人才，才能为乡村发展提供智力支持，推动农业农村现代化。只有发掘并充分动用乡村能人、乡镇企业等力量，推进农旅产业落地农村，以带动农村区域的综合性发展。**一方面应优化人才引进机制、大力吸引人才进入乡村**。建立人才招聘平台，发布招聘信息，吸引人才；提供具有竞争力的薪酬待遇、住房保障、子女教育等福利，吸引人才；提供良好的科研条件、创业平台，为人才发展创造条件。**另一方面要加大本地农村的培养**。培育新型职业农民，提高农民的专业化水平和经营能力。开展各类农村实用人才培训，提升农村劳动力素质。**此外，要关注特定领域的人才培养与引进**。培养和引进农业科技人才，推动农业科技创新；培养农村基层干部，提升农村基层治理能力；培养乡村规划设计人才，提升乡村建设水平；培养农村电商人才，促进农村电子商务发展。

再者，文化振兴是乡村振兴的内在要求。文化振兴是实现乡村全面振兴的内在要求和关键支撑。只有通过文化振兴，才能赋予乡村独特的灵魂，提升乡村的吸引力，增强乡村发展的内生动力。开展乡村文化资源普查，摸清家底，建立文化资源数据库，保护和传承乡村传统文化，发展文化创意产业，提高乡村文化软实力。采取多种形式，保护和推广传统文化，激发农村居民对家乡的热爱和认同，并将传统文化元素融入现代生活，创新表达方式，让传统文化焕发新的生机。开发乡村旅游，将文化资源转化为旅游产品，将文化元素融入农产品品牌建设，提高农产品附加值，发展乡村文化创意产业，全面促进乡村经济发展。

最后，生态振兴是乡村振兴的必然选择。生态振兴是实现乡村全面振兴的重要基础。只有通过生态振兴，才能改善农村生态环境，提高农民生活质量，实现人与自然和谐共生。强化农村生态环境保护，实施农田水利工程和生态修复工程，提高农村生态质量。发展绿色产业，推广有机农业、绿色农业，减少化肥农药使用，推动可持续发展。开发乡村生态旅游，促进一、二、三产业融合发展。引进生态工业，实现产业绿色发展，真正确保农村振兴的可持续性和长远发展。

三、创新乡村振兴的保障措施

首先，科技创新是实现乡村振兴的关键推动力。引导农村发展新技术、新业态，推动农业现代化和信息化，提高农业生产效益和质量。通过智慧农业、电商扶贫等科技手段，优化农村产业结构，提高农业附加值，为农民增收创造更多机会。

其次是社会管理创新，以社会治理保障乡村振兴。建立健全乡村自治组织和社会组织，提升农民自治的意识和能力。发展社区协商治理机制，鼓励居民广泛参与乡村事务的决策。通过加强基层党组织建设，引导农村居民更好地参与社会治理，促进农村社会和谐稳定。

再者是加大投入保障。稳定增加对“三农”的财政投入，加大对农村基础设施建设、产业发展、公共服务等的投入力度；优化财政支出结构，将更多的财政资金用于支持乡村振兴的重点领域和薄弱环节；鼓励社会资本参与乡村振兴，拓宽融资渠道，形成多元化的投入格局。

综合利用上述手段，全面推进乡村振兴战略，可以使农村实现经济、社会、文化、环境全面发展，实现城乡全面协调发展，最终达到乡村振兴的目标。这一过程中，政府、企业、农民、社会组织等多方合作，形成强大的合力，为构建富有活力、宜居宜业的现代农村打下坚实基础。

案例一

“小苗木”助力乡村“大振兴”

江苏省南京市浦口区汤泉街道素以“山水”“生态”闻名，境内有“十里温泉带、百亩九龙湖、千年古银杏、万亩苗木林”的独特景观。汤泉街道新金社区居民委员会地处汤泉街道西南部，西邻星甸街道，北与老山毗邻，是2012年8月区划调整后新成立的社区。社区面积8.4平方公里，辖19个自然组，人口696户、2119人。其中耕地4 244亩，山林1 700亩，水面1 160多亩，苗木种植面积3 500余亩。社区成立之初，集体账面资金为0，2016年社区被列为南京市经济薄弱村，当时共有建档立卡低收入户58户106人。汤泉街道新金社区在乡村振兴中面临了苗木产业单一、农业基础设施不完善、当地特色资源缺乏深加工等问题。为了解决这些问题，该项目具体的介入过程为：

一、推动苗木产业转型。汤泉街道围绕现代农业产业规划布局，对标长三角一流苗木基地，突出打造一批精品苗木园，引领科技创新与种苗产业打造、品种调整与高规模苗木标准生产、苗木人才引进与培育等，切实提升汤泉苗木竞争优势，开辟苗木产业新赛道。新金社区建设高品质苗木示范基地约80亩，种植红榉、红玉兰、美国紫薇等彩色苗木产品，推广苗木生产示范，提升苗木种植水平，进一步引导农户实现优质苗木品种的迭代升级，促进农户种植收入增加。探索种植果树，同江苏连恒生物科技有限公司签订合作协议，规划建设85亩小浆果树基地，发展蓝莓、桑葚、树莓等种植，打造集采摘、研学、产品深加工为一体的观光农业示范区，每年实现集体经济年增收15万元。

二、整合集体资产资源。坚持以产业振兴为先导，积极盘活闲置资产资源。利用占卜平衡与增减挂钩项目，复垦土地约352亩，争取补助资金738.62万元；利用宁合高速拓宽项目和上庄、小横山3 300亩项目土地征收，增加集体流动资产3 713.95万元。

三、完善基础设施建设。社区自筹资金800万余元，对接上级及帮扶单位争取资金4 955万元，逐步改善基础设施。新建社区为民服务中心3 354 m^2、公共用房1 938 m^2；新建和改拓建道路23条共约10公里，主干道实现全部硬质化；架设路灯300余盏，实现亮化工程全覆盖；建设休闲广场和健身场所8处，修建组级公厕15处，有效提升公共服务承载力。

四、开展人居环境整治。对12个自然组和1个居民小区内村庄道路、河塘、旱厕、猪圈等进行全面整治，清理河塘及臭水沟30余处、拆除旱厕和猪圈379处，打造一批美丽庭院，极大改善村容村貌，美化群众居住环境。

五、打造特色旅游品牌。依托社区宜居村、提升村建设成果，挖掘文化资源，放大赵湖组、小湖组乡村旅游资源，对自然组进行乡村旅游开发。引入南京艺术学院，到赵湖开展“艺术点亮乡村”活动，记录和描绘建设美丽乡村的生动实践，丰富村民的精神生活。打造文艺爱好者采风基地，展陈书画艺术品，不定期举办参观展览或各种文化活动，让乡村的美丽自然景观和丰富的民间文化资源为乡村增添地气和生命，赋予乡村文化灵魂。

新金社区始终坚持生态优先、绿色发展的发展思路，聚焦“党建+”打好组合拳，挖掘农耕文化，以绿色发展引领产业发展，实现农民增收。以“党支部领办合作社”的模式，摸索出一条“支部有作为、集体有收益、群众得实惠”的增收途径。新金社区依托辖区赵湖组传统村落基底，链接多方资源，通过艺术创作方式，让乡村的美丽景观和丰富的民间文化得以展现，赋予乡村文化灵魂。

（供稿者：曹政，浦口区汤泉街道新金社区）

【专家点评】

乡村振兴是当前中国面临的重大时代任务，也是实现全面建设社会主义现代化国家目标的重要举措。实现乡村振兴是一项系统工程，需要多方协同合作。其中，产业发展是乡村振兴的支柱之一。新金社区清楚地知道，要实现乡村产业振兴，立足特色资源优势，非常重要。

在乡村振兴中，针对苗木产业单一、农业基础设施不完善、当地特色资源缺乏深加工等问题，新金社区进一步引导农户实现优质苗木品种的迭代升级，推动苗木产业转型，积极盘活闲置资产资源，逐步改善基础设施，改善村容村貌。同时，依托社区宜居村、提升村建设成果，挖掘文化资源，放大赵湖组、小湖组乡村旅游资源，对自然组进行乡村旅游开发。

乡村不再是单一从事农业的地方，还有生态涵养、休闲观光、文化体验等功能。新金社区依托农业农村特色资源，开发农业多种功能，挖掘乡村多元价值，走出了一条可持续性发展之路。

案例二

薄弱村成功“逆袭”的故事

和睦涧村从无钱修路到建设美丽乡村，从经济薄弱到全市百强，它是怎样走过“逆袭”的漫漫长路？十年前的和睦涧村还是个经济薄弱村，全村851户农户，贫困户就有70户，人均年收入不足7000元。和睦涧村一没有资源、二没有产业，村集体经济和农民收入长期在镇里垫底，拿什么发展村里的经济？如何帮助村里脱贫？当时“两委”班子也信心不足。

一、“立铁规，带好头”，充分发挥党建引领的作用。村支书魏统田临危受命，上任后第一件事就是抓基层党建。他提振班子精气神，定下“铁规矩”：“两委”班子成员集体戒烟，不吃村民一顿饭，也不允许班子成员插手村里任何一个工程项目。规矩定好了，村干部们的腰杆硬了，威信也高了。村民陈平说：“魏支书以身作则，我们都相信他，愿意和他一起把村庄建设得更好。”

村党委为了带好头，做好示范工作，由魏支书带领村集体先后领办淳和水稻专业合作社、农地股份合作社，结合村庄既临水土地资源又丰富的优势特色，瞄准高端市场需求，集中力量发展有机稻米产业。魏支书说：“也不是没想过放弃。土地整治的时候，田没整平，我们稻子都种不下去，亏损了不少，好多人劝我不要干了。我说，既然我走上这条路就要坚持下去。”后来，因为种出来的大米品质优、口感好，销量不错，村民们的积极性一下子被调动起来，依靠产业支撑，村民纷纷加入合作社，实现“资源变资产，资金变股金，农民变股东”。合作社发展提速增效，建设了粮食加工厂、烘干房、农机库、直营店等，初步建成包括生产、加工、销售、植保、劳务用工等服务功能的综合性农民合作社。一个原先仅 18 名成员的小小合作社，成员增加到 455 名，成员出资总额增加到 550 万元，种植面积扩大到 3 232 亩，年经营收入由 80 多万元增加到 800 多万元，连续四年成为南京市“综合实力百强村”。淳和水稻专业合作社以村党支部为主导，村集体经济组织控股领办，理事长由村党支部书记兼任，是一种“党支部+合作社+农户”多主体联合发展模式。淳和水稻专业合作社的经验做法入选 2019 年全国农民合作社典型案例。

二、用心用情为民办实事，完善乡村的民生服务。“现在农村大多还是空心村，老人小孩多，劳动力弱。村集体现在具备造血功能了，才能给大家托底。合作社每年拿出不低于 20%的红利分配给低收入农户，带动 70 户 103 人全部实现脱贫。”目前全村 81%的农田入股合作社，基本实现村民入社全覆盖。村民们除了每年享受保底收益外，年终还能根据入股土地多少享受“二次分红”。2021 年，农户分红 143.63 万元、户均 3 164 元，初步实现集体增收与农民致富的双丰收。

村民魏冬美和老伴都患过癌症，成了低保户。身体恢复以后村里给他们在合作社安排了两份家门口的工作，两人还凭借 6 亩土地入股，每年领近 3 000 元的分红，加上工资一年收入近 6 万元，年底还能领 20 斤大米。老两口很快达到脱贫的标准，主动到村委提出申请退出低保。有人说魏冬美傻，这“白给”的低保费都不要。他总是笑呵呵地说：“在我最困难的时候，村上帮办理了低保，说是救了我的命都不为过。现在我的经济条件变好了，我想着应该把低保的位置空出来，让需要的人来享受这个政策，让这个政策救更多的人。”

为进一步提升村民的幸福感，村“两委”不断加大村级能力建设，持续推进民生改善。全村先后修缮、浇筑道路共计约 19.6 公里，安装太阳能路灯 280 多盏，建成公厕 26 座，清理 5 个自然村支渠淤积，清挖 36 个村庄水塘，建成 1 座垃圾发酵阳光房，打造了魏家庄特色田园乡村、夏家咀省级美丽乡村、西山坳等 5 个市级美丽乡村特色村和示范村。近几年和睦涧以数字化为驱动力量，进一步夯实乡村治理的技术基础，完成了向数字化治理的转型升级。村里安装了 108 个智能视频监控和 1 个天眼系统，有什么突发事件可以随时处置。同时设置了数字农村治理和数字农民生活两个模块，涵盖村社信息公开、网格员公示、投票发布等功能，开发掌上端口，实现在线议事、在线监督，丰富村民自治。此外，村里还安装了 75 个看家摄像头，用来守护村里孤寡老人和特殊群体，如果长时间看不到老人，网格员就会上门查看情况，让老人和子女都放心。

三、“飞地抱团”+“数字农业”助力共同富裕。“目前我们的运营中心正在装修，今后把我们村和周边 5 个村各具特色的有机大米、萝卜干、鸡、鸡蛋、葡萄等农产品，统一包装、提升品牌、打开销路，带动更多农民致富。”魏支书带领大家开始着手实施一个更大的计划。和睦涧村设立“村支书工作室”，着手推动和睦涧村、青枫村、红松村等 6 个村“飞地抱团”，成立特色农产品销售合作联社，探索形成更加紧密的抱团经营模式，通过生产资料共享，降低生产成本，提高产品销量，实现区域性共同富裕。

随着时代发展，和睦涧村开始探索实施“智慧社区”和“数字农业”工程，多维度开展现代农业物联网建设，整合乡村数据资源，实现数字技术与农业农村的深度融合，推动农业生产数字化。和睦涧村已经与专业电商团达成合作意向，引进了一批在品控、线上运营、文案策划、产品拍摄和在线直播等方面的专业人才。除了销售渠道的线上化，和睦涧还打造了“互联网+农业”应用示范，推动农业向精深加工、品牌化转型，和睦涧村一跃成为当地的网红村。

（供稿者：沈东海，高淳区东坝街道和睦涧社区）

【专家点评】

党建引领是推进乡村振兴的核心保障和优势所在，全面推进乡村振兴的深度、广度、难度都不亚于脱贫攻坚。从无钱修路到建设美丽乡村，从经济薄弱到全市百强，和睦涧村坚持党建引领，发挥集中力量办大事的优势，凝聚乡村振兴最强合力，以高质量党建引领高质量乡村振兴。

和睦涧村党总支书记兼高淳区淳和水稻专业合作社理事长魏统田带领村“两委”一班人立足本村实际，以清晰的发展思路，积极发展特色产业，成立了淳和水稻专业合作社，创建了南京市著名品牌——“和睦涧”有机大米；探索了“以田入股、农户变股东”的发展模式，让村民与合作社实现共赢。

乡村振兴过程，要充分发挥党建引领的作用，依靠基层党组织进行属地内资源整合，尤其是农业资源的开发与整合、资源链接、激活社会力量，实现资源利用最大化，建构共富机制。和睦涧村无疑走在了前列。

优化帮代办服务，以服务推动治理

现代农村社区普遍存在老龄化程度高、村民分布多呈原子状分散形态，彼此关系不紧密，这使得社区的服务工作开展面临挑战。为适应社区群众“零距离面对面”服务的要求，社区党组织需要以党建引领方式带动社区工作方式的转型。可以用“党员+社工”的方式，党建引领社区社会工作者开展社区服务，并实现服务“最后一公里”到“零距离面对面”转变。

在社区社会工作中发挥党建引领的联动机制，有助于建立社会多方力量整合政府多个部门的合作模式，将社区工作实践的各个方面看作一个整体，实现多元化整合的社区服务模式。另一方面社区社会工作成为党员立标杆发挥先锋作用的阵地，能激发党员参与社区治理的积极性和能动性，从而强化党员参与社区治理服务效果。因此，以党建引领实现社区工作中帮代办服务是行之有效的。同时，这样的工作模式既链接了农村志愿服务资源也是对农村志愿服务能力的拓展。

一、把社区服务理念引入党建工作。把服务的理念引入党内，形成党组织为党员服务，党组织和党员为群众服务、为社区服务的新颖关系。社区党组织要“以人民为中心”积极转变职能，改变传统的行政化的管理方式，逐步实现从单向的行政权力嵌入到政党植入的转变，赋予社区内其他组织更多的自主性，加强对惠民政策的宣传强化，以“协作者”“参与者”的身份参与社区治理。通过社区党建，把党的工作渗透到社区各个角落。同时，联合基层党组织，成立由党员为主体的服务团队，成员涉及多个民生服务部门，把具体的服务延伸到每个群众家里，尤其是困难家庭。

二是建立“党建”加“社会工作”的社区服务模式。党建组织引领，社区工作者充分发挥五社联动优势，以街道社工站和社区社工室为平台，以街道党工委和社区党支部为支撑，以下沉党支部、下沉党员、社区志愿组织、党员志愿者为人才补充，搭建社区“零距离”服务平台，带动党员志愿者个人及组织参与社区服务中。通过党建服务引领，社区工作者强化党建服务意识、服务方法及服务实践引领，秉承全心全意为人民服务的根本宗旨，建立党员服务型组织，锻造社区志愿组织服务技能，提升组织资源整合能力。通过党建机制引领，社区工作者通过搭建帮代办平台，激活“五社”资源，对接社区、社区志愿组织、社会工作者、社区志愿者、社区群团组织资源，细化社区志愿组织增能工作，提升社区资源整合能力，探索形成符合社区需求的社区服务体系。

三是党建引领整合社区优势资源，发挥多元主体的力量。基层党组织关注社区主体诉求，坚持群众路线，下沉基层，协助社区工作开展，进行社区弱势群体探访，倾听民意，注重增强与多元主体之间的融合度，而非单纯依靠刚性的管理手段。同时助力社区良好舆论氛围的营造，增强多元主体参与社区治理的积极性。应加强社区内相互不存在隶属关系的党组织、行政组织、社会组织之间的交流联动，化解“各自为政”的局面，根据社区服务对象的需求，明确各自职责，充分利用各自的优势，制定合作计划，链接资源为社区居民提供更丰富高效的服务，整合资源，形成社区多元主体合作的长效机制。

案例

有爱无碍，感谢村里的“急先锋”

下坝村是一个老龄化程度较高的农村社区，人户分离情况比较多，很多老人都不与子女同住，占比约30%。这些老人普遍存在对办事流程不熟、操作不便、身体因病致残又出行不便等情况，一旦出现需要办理低保、领残疾辅助工具等问题时，就需要到多个部门办理，这对他们而言非常困难。

为了方便这些困难群众，增加社区服务的效率与便捷性，下坝村党支部于 2022 年 8 月启动“‘急先锋’帮代办”服务项目，帮代办服务成员有 16 人，其中党员有 8 名。“急先锋”可提供帮代办服务事项共有 39 条，服务内容涉及民政、劳动保障、残联服务、卫健服务多个领域。

一、党建引领“急先锋”多方联动实现一站式帮代办服务。由下坝村党支部帮“急先锋”对接网格员，形成网格—“急先锋”帮代办机制。首先由村网格员上门走访老弱病残者，在此过程中，筛选出无法自己办理 80 岁尊老金、残疾两项补贴、独生子女奖扶、独生子女证补办、城乡居民养老保险退保等业务的村民，网格员帮他们申请帮代办业务，“急先锋”接到申请后上门帮助困难村民办理，审查其现有材料是否齐全，对于材料齐全的帮代办事项，“急先锋”与办理人完成材料交接和签收委托协议后，由“急先锋”代替申请人完成代办事项。对于材料不齐全的，“急先锋”一次性列出缺少的材料以及补齐材料的途径或方法，方便群众方便快捷地补齐材料，如果补齐材料有困难的，“急先锋”进一步帮其补齐。如 83 岁高龄村民，需申请残疾两项补贴，其本人因年龄大行动不便同时残疾无法清楚完整填写补贴申请表，于是先由村网格员为其申请帮代办服务，“急先锋”接到申请后上门为其填写申请表，并将表格送到街道民政救助窗口，帮其顺利领取了残疾两项补贴，截至目前“急先锋”已完成 30 多件帮代办服务。

二、党建引领“急先锋”对接村志愿服务资源实现帮代办服务无障碍。为有效满足村里残疾人和老人的生活和出行需求，改善他们的生活环境，提高生活质量，“急先锋”牵头下坝村文明实践站的志愿者们，开展关心关爱残疾人家庭无障碍改造入户走访工作。

在走访中发现，村里 72 岁的魏爷爷，突然脑出血中风，瘫痪在床，家中女儿患有侏儒症，出行不便，家庭经济来源少，家庭一下子陷入了贫困。魏爷爷想要一辆轮椅，“急先锋”与志愿者了解情况后，不仅帮魏爷爷申请轮椅，还帮他们申请了低保。魏爷爷说；“感谢‘急先锋’

感谢党！现在农村干部真不容易，能上门及时帮我们解决问题，我们这些人享了共产党的福!”

三、“急先锋”链接社会资源提升帮代办的质量。“急先锋”与志愿者上门对辖区残疾人家庭以及有需要的老人家庭进行逐户走访，记录意见、建议及需求，并对屋内外设施需要改造的地方进行拍照和登记，为开展无障碍改造工作提供重要依据。

“急先锋”根据居民残疾程度、活动范围及本人意愿等实际情况，对接政府与社会资源，重点对厨房、厕所、卧室、出入门和庭院等部位的基础设施进行有针对性改造，包括改门、改坡、改灶、改电、平整地面、安装坐便器和扶手等。

（供稿者：王萍，高淳区东坝街道下坝社区）

【专家点评】

群众办事，最怕“麻烦”二字，全程代办，尤需不畏繁难。基层党员、干部越是不怕麻烦，越是精心办事，群众就越能感知为民服务的力度、温度。针对一些基层群众深受“办事远、跑腿累”的困扰，下坝村党总支启动“‘急先锋’帮代办”服务项目。

下坝村帮代办服务成员有16人，其中党员有8名。“急先锋”可提供帮代办服务事项共有39条，服务内容涉及民政、劳动保障、残联服务、卫健服务多个领域。“急先锋”还牵头下坝村文明实践站的志愿者们，开展关心关爱残疾人家庭无障碍改造入户走访工作，深受群众好评。

帮群众代办各类事项，关键在于推动服务事项下沉。下坝村“‘急先锋’帮代办”服务项目坚持问计于民、问需于民，着力解决人民群众急难愁盼问题，把惠民生、暖民心、顺民意的工作做到群众心坎上。

解决“空心化”农村社区治理问题

随着大量农村年轻人进城，许多农村社区呈现“空心化”趋势。这类社区通常人口流失，空巢老人和留守儿童数量增加，社区活力不足；社区设施设备闲置或废弃；医疗、教育、文化娱乐等公共服务不完善；农村社区的经济和社会功能逐渐丧失，社区的组织和管理能力较弱等。为了解决这些问题，完善这类社区的治理方式，满足社区居民的需求，关键在于促进政府、企业、居民、社区组织和公共机构五方面的合作与互动。通过各方共同努力，促进社区的健康发展和改善居民生活。

一是尊重一老一小，发挥其作用。在社区决策过程中，充分听取老人和儿童的意见和建议，尊重他们的选择。充分发挥老年人在农业生产、乡村治理等方面的经验，为社区发展提供宝贵的建议。在全社会营造尊老爱幼的良好氛围，让一老一小感受到社会的关怀和尊重。

二是完善社区管理机制。建立健全农村社区治理机制，确保社区内的权力、责任和利益分配合理，让居民能够积极参与社区事务决策和管理。与此同时，加强农村社区组织的建设，培养和引导社区内的领导干部，发挥其在社区治理中的作用，同时鼓励居民积极参与社区组织和社区事务。除此以外，改善农村社区的公共服务设施，包括学校、医疗设施、文化活动场所等，提高居民生活的便利性和满意度，从而增加居民对社区治理的参与度。

三是建立多层次的合作机制。建立农村社区与政府部门、企业、非政府组织等的合作机制，通过各方协作，共同推动农村社区治理问题的解决。鼓励社会组织和志愿者积极参与农村社区治理，提供各种帮助和支持，共同推动社区治理的发展。

这些措施需要政府、社区居民、社会组织等各方积极参与和共同努力，形成合力，从而有效解决农村社区空心化带来的问题，实现农村社区的可持续发展。

案例

美好青锋，幸福乡邻

——青锋村服务治理路径探索案例

青锋村地处洪蓝街道西部 7 公里，是一个农村社区。共有 34 个村民小组，9 个自然村，人口 4 100 多人，资源丰富但基础设施不完备。附近有一条旅游线路，经常会有游客来采摘水果、捉螃蟹。村里人口以老年人、儿童为主，“空心化”现象严重，全村老年人占全部人口的 23. 3%。由于留守儿童数量多，他们面临着生活失助、安全失保和情感缺失等问题。并且，村中还有许多留守妇女没有正式工作，很少进行社会交往。青锋村公共服务也比较缺失，资源丰富但活动空间利用率和开放率低下。人才资源匮乏，越来越多的劳动力流失出去。村里的发展滞后，亟须解决。

针对以上问题，青锋村开始推行“一核、二引、三整、多联”工作策略。“一核”是坚持党建引领，响应国家号召，挖掘社会工作发展和乡村振兴的契合点。“二引”指的是引入社会组织和社区工作者，挖掘社区问题，并针对性提供便民服务和专业服务。“三整”是整合资源。“多联”指的是联动村里的积极分子和高校资源、企业等。总体来说，青锋村在街道党工委和村党总支的支持下与有高校背景的专业社工机构——南京市溧水区英博社会工作服务中心开展合作，以党建为引领、以村民福祉为根本、以社会组织为抓手、以志愿服务为基础、以专业服务为载体，有效利用“五社联动”机制，深入推进农村社区治理，整合链接辖区内外志愿者和公益慈善资源，着力为辖区内的“一老一小”和残疾人等群体提供精准化、专业化服务，从而有效推进农村社区治理和乡村振兴。

在项目实施之初，社会组织深入调研青锋村，通过问卷调查方法了解居民需求。之后，社区工作者运用个案、小组、社区等社会工作理论方法，走访入户，特别是对重残人员、低保人员、五保户进行走访。另外，社会组织还开展了三留守人群关怀行动，不定期回访困境老人和困境青少年。

在项目实施中，青锋村整合了村内空间资源、人力资源和文化资源。在空间资源方面，青锋村将经久未修的村卫生室和配套用房改造为新时代文明实践站和居家养老服务中心。村委已经连续五年投入百万余元购买社会组织服务，重视程度和积极性很高。在 2022 年，青锋村重建村委会办公室，新增了宽敞明亮的便民服务大厅、乒乓球室等。在人力资源方面，青锋村针对老人开展了“颐养青锋”为老服务，培育了南京市溧水区乐宁居家养老服务中心，运营“社区居家养老服务中心”，打造“青锋夕乐”为老服务品牌，满足社区空巢老人、独居老人、残疾老人等的需求，做好“助餐、助浴、助医、助乐、助洁”等工作，开办“老年学堂”，设立棋牌室、老年人活动室等，使社区老年人“老有所依，老有所学、老有所乐”。同时，开展了“童乐青锋”儿童青少年服务，为村内青少年开展文化传承、安全教育、中外文化、卫生安全和环境保护等各类主题课程，为家庭减少负担，帮助留守儿童健康成长。除此以外，制定全职妈妈增能、提升、成长计划，为留守妇女开展技能培训、安全讲座等，提升她们的知识与技能。在文化资源方面，青锋村本身就拥有一个市级和一个区级非物质文化遗产：何林坊双龙灯和青圩马灯，青锋村以此为基础，定期举办表演活动，让青少年和儿童受到文化熏陶。每逢传统节日，村里还会举行大型文艺晚会、“浓情腊八”活动、重阳节活动等。

青锋村还鼓励居民参与社区活动。对于党员，社区经常开展党建学习和参访活动。如党员冬训大会、“不忘初心、牢记使命”红色基地参访学习活动。青锋村积极号召党员、教师和工人加入志愿者团队，组建了青禾、青林、青苗三支志愿服务队，队伍组成分别以大学生、妇女和青少年为主。在疫情时期，志愿服务队发挥了很大作用。志愿者经常开展团建，外出学习。为了激发居民参与志愿队伍的热情，青锋村还设置了志愿者奖励机制，评选优秀志愿者。

青锋村还注重链接资源。青锋村凭借着自然资源丰富的优势，在政策扶持下，培养了一批批“土专家”“田秀才”，推动了乡村振兴。另外，青锋村不仅吸引了一大批外来企业发展生产，还组织高校专家开展“秋蟹论坛”。在慈善资源方面，青锋村整合了南京市红十字会等资源，为困难家庭、残疾人家庭和留守儿童献出温暖，还提供了免费午餐。

在项目开展之后，青锋村资源利用率显著提升，各类群体的需求得到满足。这不仅得益于青锋村将居民需求精细化，还归功于社区工作者有效利用五社联动模式，链接各方资源。今后，青锋村仍会不断摸索，在促进资源达到合理配置的同时，提升村民幸福指数。

（供稿者：王合涛，溧水区洪蓝街道青锋村）

【专家点评】

乡村治理是国家治理的基石。没有乡村的有效治理，就没有乡村的全面振兴。然而，治理中坚力量流失缺位，大批青壮年外出务工经商，亟须解决“空心化”农村社区治理问题。青锋村立足实际，坚持问题导向，从问题中找办法，精准施策，靶向破难，确保治理有效。

青锋村以党建为引领、以村民福祉为根本、以社会组织为抓手、以志愿服务为基础、以专业服务为载体，有效利用“五社联动”机制，深入推进农村社区治理，整合链接辖区内外志愿者和公益慈善资源，着力为辖区内的“一老一小”和残疾人等群体提供精准化、专业化服务，有效推进了农村社区治理和乡村振兴。

“五社联动”机制有利于建立更畅通、更广泛的参与渠道，形成乡村善治生态圈。青锋村从本村的已发展优势要素出发，撬动社区社会组织—社区志愿者—社会慈善资源接续卷入，前后相继形成“五社联动”的一种实践模式。

促进农村社区居民融合与社区参与

通常来说，农村社区存在基础设施不完善；教育和医疗资源匮乏；人口外流和老龄化；社区文化娱乐设施、体育设施、社区活动中心等公共服务不完善；缺乏社区意识，社区管理松散，居民矛盾严重等问题。为了促进农村社区居民的融合和社区参与，可以采取以下措施：

一是建立社区共识和价值观。通过组织多种形式的座谈会、会议等活动，促使居民就社区发展的目标、价值观和共同利益达成共识。这有助于增强居民的社区认同感和参与意愿。

二是改善公共服务设施。提供良好的教育、卫生、文化等公共服务设施，提高居民的生活品质。这不仅能够吸引更多年轻人参与社区活动，还能够提高居民的凝聚力和参与欲望。

三是加强社区组织建设。建立社区组织，加强组织能力和管理水平，形成有效的居民自治机制。例如，选举居民代表，建立社区委员会等，以便居民能够有更多机会参与社区事务的决策和管理。

四是促进社区交流。组织各种形式的社区活动，如文艺演出、体育比赛、庆祝节日等，提供居民之间交流互动的平台。这有助于居民之间建立相互信任的友好关系，增强社区凝聚力和参与意愿。

五是鼓励居民自治和参与。鼓励居民主动参与决策和管理社区事务。例如，组织居民议事会，邀请居民提出问题和建议，激发居民参与社区事务的积极性。

六是引入外部资源和合作伙伴。与政府、非政府组织、企业等建立合作伙伴关系，引入外部资源和专业知识，提供技术和资金支持，促进农村社区的发展和居民的参与。

这些措施旨在搭建居民参与的平台，增强居民的参与意愿和能力，从而促进农村社区居民的融合和社区参与。

水美定湖　共益邻里

——“1222”服务模式助力建设和谐社区

定湖社区位于溧水东郊，毗邻东屏街道，社区南片位于工业区内且与常乐农业科技园接壤，地理位置优越，交通便利。目前总面积 10.2 平方公里，人口 3 015 人，农户 1 083 户，有 9 个自然村(西湖和汗塘两个自然村已完成拆迁)，26 个村民小组。2019 年，社会组织进入定湖社区，开始开展专业化社区服务，逐渐打造“水美定湖　共益邻里”品牌化社区项目，不断筑牢基层党建基础，致力于社区居民融合与社区参与，深化社区治理成效，营造美美与共的和谐社区氛围。

在社会组织进入之前，定湖社区还是一个完全的农村社区，经济发展落后，资源缺乏，劳动力流失严重，人口主要聚集在丰安村，其他村人烟稀少。并且村里老年人居多，但没有养老服务；邻里关系恶劣且氏族观念强烈，村民经常会因此而出现争端。在社会组织刚进入时，部分村民还会因为鸡蛋和工作人员起冲突，不满意就把鸡蛋往地下一扔，根本不考虑工作人员的感受，有时候甚至闹到了报警的地步。而且许多村民拿到礼物就离开，不参与社区活动。社区管理松散，矛盾很难得到调解，这些社区问题迫切需要得到解决。

对此，社会组织开始走访调查村民需求。他们发现，社区老年人居多，其次是留守儿童群体。对于老年人，他们有强烈的意愿和空闲时间参与文娱活动，丰富自己的精神生活。并且，他们希望拓展自己的社交圈，多与人交流，比如在小区里打打牌、跳跳舞。除此以外，社区里的空巢老人由于孤单感强烈，他们比其他老人更加渴望陪伴。对于留守儿童和青少年，价值观和品格的培育不可缺少，因此要加强爱国主义教育，系好“人生第一颗纽扣”。另外，他们希望在学习之余能有更多机会培育自己的兴趣爱好，德智体美劳全面发展。同时，儿童和青少年也十分渴望社交，从而培养他们的集体意识。除此以外，青少年在整个社会中处于弱势的地位，因此对他们的安全保护显得格外重要，社会及社区需要为青少年建立起社会保护网络，营造安全健康的生活环境，全方位为成长保驾护航。

针对以上问题和需求，社会组织精准化识别、评估以及制定方案，对症下药，采取了输血式、造血式、发展性等有效的措施。定湖社区采取“1222”模式，即坚持一个“党建引领”，利用“社区居家养老服务平台”和“社区新时代文明实践站”两个平台，开展“督导支持工作、协助统筹其他民生工作”两项基础服务，聚焦“社会救助、养老服务”两项特色服务工作。对于老年人的需求，定湖社区开发“智慧养老”app，为需要帮助的老年人提供上门服务。比如每月对社区独居和失独老人群体提供探访服务和精神慰藉，还提供医疗康复和心理咨询等服务，满足老年人生理和精神上的需求；并且在社区中设立了居家养老服务中心，通过“集中供餐服务+送餐服务”两大模式，满足老年人营养均衡的需求。在节假日和传统节日期间，社会组织会带领老人参与各种文化娱乐活动，每年至少举办 8 场，其中超过 100 人的活动不少于一场。这大大提升了老人社区参与的积极性；对于邻里之间的冲突，社区在养老服务中心的基础上衍生出了矛盾调解室，邀请了村里善于调解矛盾的大姐，必要时上门协商村民的冲突，起到了一个缓冲的作用，促进了邻里之间关系的和谐。并且，社区还建设了新时代文明实践站，配备了专职人员和功能室，做好日常工作等。

社区还积极组建“同心湖”志愿者队伍，号召社区居民加入，工作人员进行了人际沟通理论、技巧课程的培训，为他们提供丰厚奖励，比如进行积分兑换。还评选出“最美同心人”，大大地调动了志愿者参与服务的积极性。另外，社区还链接了慈善社会组织、企事业单位和爱心个人，为社区提供慈善资源。在环保方面，社区开展了许多环保宣传活动，比如走访入户、发放传单。社工积极运用地区发展模式，推动居民参与社区环保，培养他们的主人翁意识。

目前，定湖社区在社会组织、社工、志愿者和村民的共同努力下，村民幸福指数不断提高，弱势群体问题得到了妥善解决，邻里关系也变得更加和睦，定湖社区知名度也得到了提升。

（供稿者：王敬高，溧水区东屏街道定湖社区）

【专家点评】

农村社会治理工作任务繁重，涉及人居环境整治、集体资产管理、养老等方方面面。社会组织参与乡村治理既为广大村民提供了切合需求的服务、参与公共事务的机会与平台，又节省了动员村民参与的成本，为健全自治、法治、德治相结合的乡村治理体系提供了新思路。在这方面，定湖社区积极推进。

定湖社区引入社会组织，开展专业化社区服务，打造“水美定湖　共益邻里”品牌化社区项目，不断筑牢基层党建基础，致力于社区居民融合与社区参与，深化社区治理成效，营造美美与共的和谐社区氛围。

农村社区的服务能力水平直接决定了村民在农村生活的获得感和满意度。定湖社区采取“1222”模式，即坚持一个“党建引领”，利用“社区居家养老服务平台”和“社区新时代文明实践站”两个平台，开展“督导支持工作、协助统筹其他民生工作”两项基础服务，聚焦“社会救助、养老服务”两项特色服务工作，促进了农村社区居民融合与社区参与，起到了很好的示范作用。

完善议事机制 实现乡村自治

农村社区的居民在生产与生活方面同质性高，在村落的整体发展建设中，“协商议事”既是能有效解决乡村矛盾，也是推动社区发展的有效机制。然而，随着社会发展和现代化的要求，农村社区治理正在经历一场转型。现代化的乡村社区治理更加强调规则规范的建立和实践的标准化与制度化。在规则规范的制定方面，需要建立适应当代需求的决策机制，以确保社区事务的公正和高效管理。这可以通过村民理事会、村规民约等多种制度的建立来实现，以明确社区居民的权责关系，为社区整体发展提供稳定的基础。在这个过程中，社区治理既要继承传统的亲和力和共同体意识，又要实现更加规范和高效的管理，可以从以下三个方面进行调整与完善：

一、充分了解乡村矛盾，为议事解决矛盾提供基础。乡村社区一直以来都保持着协商议事的传统，但这一过程尚未得到规范化和制度化。在乡村这样的熟人社会中，处理问题的关键通常并非仅在于解决矛盾，更在于化解矛盾，最终达成“虽然矛盾仍在，但村民间彼此理解，各退一步”的局面。有效化解矛盾的关键在于能够提前将问题和矛盾明确，即将矛盾前置。在基层治理中，村民积极参与协商议事显得尤为重要，在这一过程中，需要做到：**首先，深入了解乡村社区内存在的矛盾问题。**其中要明确最主要的利益相关者是谁，以及如何调动相关人员积极、规范、有效地参与到议事中。这就要求在协商议事的初期阶段，进行详尽的社会调查和问题诊断，以明确各方的关切和期望。社会工作组织可通过座谈会、走访等方式，与村民建立信任关系，了解他们的真实需求和矛盾，为协商议事奠定基础。**其次，对问题和方向进行分层分**

类。针对不同类别和层级的问题，应该召集不同人群参与。不同的利益相关群体因其在问题上的直接关联性，能够提出更具建设性的建议。在此过程中，农村社区的“两委”与社会工作组织担当着关键角色。由于工作人员相对熟悉各家各户的情况，建立了较好的信任关系，能够清晰地把握问题方向，实现问题的分层分类。此外，他们非常熟悉邻里关系，有能力召集到更广泛的利益相关人。

二、注重解决问题能力的培养，提升自治意愿。由于在过去乡村中多数社区治理是由政府推进，村民对于参与乡村治理促进乡村发展处于被动状态。但是，农村许多问题是可以依靠村民自生力量进行处理的，尤其与他们日常生活密切相关的问题，例如农村法治教育、农村环境整治、农村道路改造占地等。关键就在于提升村民参与议事的意愿与解决问题的能力。为了培养村民解决问题的能力，可通过开展培训课程，传授问题分析和解决的方法，提高村民的综合素质。同时，不断培养乡村骨干，起到模范带头作用，以激发更广的自治意愿，使村民更主动地参与社区事务，形成自我管理、自我服务、自我监督的良好氛围。

三、完善议事机制，实现乡村自治。首先，完善与优化协商议事过程。这个过程包括“两委与社工组织收集议题——整理议题——问题分层分类——村民选择性参与”等环节。在整个过程中，社会工作组织要充分发挥其专业性，引导并激发村民参与的积极性，确保每个参与者都能够充分表达意见，形成共识。同时，通过记录和整理议题，确保问题得到妥善解决，为村庄的和谐发展提供有效的社会工作支持。这一协商议事的过程不仅有助于解决实际问题，更为乡村社区治理提供了制度化的参与机制。

其次，建立健全“村民理事会”的自治平台。此过程起到了将原本乡土社会中各种具有自治性质的非正式的组织结构制度化的作用，这种制度化作用不仅有助于提高社区治理的效率，也使得农村居民在参与社区事务时更具有秩序性和明确性。非正式组织在制度化过程中得以保留，并赋予了更多的合法性，使得传统文化与现代社会治理相辅相成。另一方面，增强了农村社区治理的科学性和可持续性。通过村民理事会，实现了农村社区自治结构的正式化，确保了自治形式的合法性和可行性，使其能够更好地适应现代化社会治理的需要。

再者，制度化协商议事相关制度。在实现村民自治民主协商过程中需加强村规民约等制度建设，这可以由村民理事会运作，村民共同参与制定。村规民约的修订与完善，是在新形势下促进经济与社会协调发展的最好抓手和切入口，也能促进村民自治能力的提升，其内容既要把党的方针政策、法治法规思想体现进来，又要体现本村实际。只有将乡村的乡风、家风文化同其经济发展、扶贫帮困等实际需求有机结合起来，落实到村规民约里面，才能真正实现有效的协商议事与基层自治。

案例一

村民理事会的培力行动

六合区上马村，一个位于横梁街道西北的纯农村社区，由原上马、安桥、厉仓三村合并而成，地域面积 6.5 平方公里，辖区内有 30 个村民小组，现有村民 975 户、3 800 人，人均土地面积 1.7 亩，外出劳动力占总劳动力的 68%左右。

以习近平新时代中国特色社会主义思想为指导，上马村积极打造村民理事会作为“微自治”创新平台，引导村民自治，已取得一定治理成效。然而，实际运作中仍面临村民自治意识不强、自治水平不足等问题。为解决这些社区自身难题，社区借助高校专家的理论化研究成果与专业社工合作，推动村民理事会向“自我建设、自我管理、自我服务、自我完善、自我教育、自我监督”的农村自治组织转变，制定制度化村规民约，实现村民自治的增能与赋权。

一、高校专家走进社区，助力乡村治理

社区邀请了南京高校社会工作专业学者，走进上马村，对乡村微治

理模式进行调研走访。通过与社区、理事会成员的深入交流，专家提出关于村民理事会结构、志愿服务、邻里帮扶机制等方面的建设性建议，并共同探讨推动村民自治发展的途径。

二、以社区教育为基础，提高村民自治意愿和能力

社区引入专业社工团队，利用社会工作方法，通过专业咨询和指导，组织村民参与社区教育，提高他们的自治意愿。同时举办多场以提高法治素养、宣传垃圾分类等为主题的宣讲和培训活动，以专业知识激发村民的自觉性和内在需求。

三、以社区服务为载体，将三治结合落实到具体

依托村民理事会平台、志愿者队伍，在村民小组“微治理”中，将自治、德治、法治相结合。开展垃圾分类宣传活动，助力美丽乡村建设；宣传法治知识，使法治思想深入人心；弘扬美德，形成优良村组文化，为社区儿童、困难老人提供暖心服务。例如，为满足上马村老人情感需要及生活照料需求，在 2020 年 11 月—2021 年 2 月期间，社会工作者通过组织志愿者入户为社区困难老人提供精神关爱、生活照料服务，共 100 余人次；2021 年 3 月 21 日，志愿者积极参与“巧手绘风筝　童趣舞蓝天”未成年人活动。此次活动在志愿者的协助下，让孩子们充分享受 DIY 制作的乐趣，感受浓浓的春天气息。

四、以村规民约为抓手，推进乡村治理

为加强乡村基层村民小组治理，健全乡村治理体系，提升乡村治理能力，社会工作者根据初期走访调研结果以及专家提出修订完善村规民约建议，在村民理事会成员的宣传倡导下，社会工作者邀请村民共同参与，并重新修订完善了具有上马村当地乡土特色、符合村民共同意愿的村规民约，推动乡村基层治理的可持续发展。

通过制度建设和规范化的途径，结合高校专家的专业助力，不仅有助于传承和发展农村社区的传统文化，也为其适应当代社会发展提供了有效的组织和制度保障。

（供稿者：陶慧君，六合区横梁街道上马村）

【专家点评】

党的二十大报告提出，基层民主是全过程人民民主的重要体现。健全基层党组织领导的基层群众自治机制，需加强基层组织建设，完善基层直接民主制度体系和工作体系。上马村不断落实基层民主的制度、组织体系，提高了村民参与议事的积极性，提高了决策的精准度，赢得了村民的拥护。

上马村积极打造村民理事会作为“微自治”创新平台，引导村民自治。同时，社区借助高校专家的理论化研究成果与专业社工合作，推动村民理事会向“自我建设、自我管理、自我服务、自我完善、自我教育、自我监督”的农村自治组织转变，制定制度化村规民约，实现村民自治的增能与赋权。

有序扩大基层群众对基层治理的参与，增强基层群众自我管理、自我服务、自我监督的能力，是发展全过程人民民主的应有之义。上马村村民理事会的培力行动，仍在有序进行中。

案例二

协商构建和谐社会，共筑和美三友湖村

六合区横梁街道三友湖村位于横梁街道东北部，与金牛湖风景区和仪征枣林湾接壤。三友湖村现有党员 148 名，下设 6 个网格党支部、17 个党小组、49 个村民理事会。在 2020 年 11 月成立村级党委后，村庄不断展现其卓越的党建成果。本着“协商于民、协商为民”的原则，三友湖村积极推动基层协商民主，特别注重在基层群众中展开工作。自从开始实施协商民主试点工作以来，村庄以因地制宜、创新举措的态度，积极推动协商民主化，不断丰富协商内容，扩大参与主体，完善协商机制。通过积极协商产业发展、乡村风貌、人居环境等问题，三友湖村成

功解决了一系列长期存在但一直未能解决的问题，有效推动了乡村治理体系和治理能力的现代化。在这一过程中，物质文明和精神文明都迎来了巨大发展，村容村貌焕然一新，乡风文明得以大改变，协商的成果初显成效。

三友湖村位置较偏，村里留守的老人居多，年轻人大多外出工作，孩子也多数在外求学。在这种情境下，社会组织和社会工作的概念对于村民相对陌生，村民对于参与村民议事所知甚少，缺乏对协商议事的认知。村民们并不了解如何为自己和身边的村民谋福祉，也不清楚协商议事的具体内容及参与方式。在规范三友湖村的协商议事过程中，社区通过协调村委、村民进行议事协商，从基本环节入手，让村民逐步了解什么是议事协商、议事协商的环节和规则以及议事协商成果对于村民的影响等。具体主要有以下六方面措施：

一、凝聚共识，广泛征求村民意见。三友湖村委通过开展形式多样的法制宣传教育和丰富多彩的主题活动，把涉及村民切身利益的重大事项纳入其中，鼓励和支持本村热心公益、威望较高的老党员、退休干部、乡贤能人等积极参与议事协商，引领村民广泛参与。充分利用党员会、村民代表会、村民小组长会等会议之机，宣传村级议事协商试点工作的目的意义及工作任务，动员村民积极参与村级事务协商，以村民小组网格为单元，坚持“我们的事，我们议”，调动村民积极性，组织引导村民在深入推进农村人居环境整治、垃圾分类、农村污水管网建设、农业企业劳务用工、征地拆迁等方面积极献言献策为村务治理和乡村振兴建设谏言出力。

二、加强基层党组织建设，搭建参与平台。议事协商向前一小步是基层社会治理的一大步。将议事协商制度纳入党组织领导，由村党支部、村委会、村民小组等作为协商主体，对拟议定事项、拟定程序、参加人员进行审核把关。例如通过议事协商，圆满解决金家洼水塘外借问题，说明通过村民议事会可以保证和改善村委的领导，无论是贯彻党和政府的方针政策，还是议定村重大事务，村党组织更多地发挥了村民议事会的作用，在充分体现群众民主的基础上由村议事会集体决策，再由村委会贯彻执行，较好地体现了民主集中制原则和从群众中来到群众中去的群众观点，保证和改善了党的领导，得到了群众支持和拥护。

三、创新探索，村民共商美丽乡村建设。群众以往把村“两委”看成是官办的，对村级事务不关心甚至顶着干。村民议事会成立后，农民群众在村级事务自治实践中认识到村民议事会是自己的组织，从而极大地焕发了参与民主政治生活的积极性和主动性。

四、协商于民，协商为民。农村的承包地分到每家每户仅仅几亩，所以大多数村民觉得种这么一点地不足以养家糊口，外出打工的村民更多一些。之前村里的承包地一般都经过村委进行统一流转，通过高标准农田改造，引进种田大户承包。有村民反映，自己的承包地流转后，因为常年不在家，自己的惠农补贴上面也没有土地补贴相关的款项。在承包面积测量及后期费用结算方面有较多的分歧，因经营权转包等流转发生的纠纷也一直不断。

五、健全协商机制，确定协商原则。村民群众一旦意识到自己真正成为村级自治事务的主人，就会以强烈的责任感和聪明才智对村级公共权力进行制约监督。通过“确定协商议事主题、建立议事协商清单、明确协商议事程序、落实协商议事结果”四个流程的确立，健全协商机制。如土地流转，这一多年来矛盾集中且关系村民切身利益的难题，是否流转，怎样流转，就由过去村“两委”包办转到由村“两委”提出议题，村民议事会主持和决策，依靠集中大多数群众意见和智慧来解决。

六、规范协商阵地，让群众有地可议。三友湖村在村委会规范设置议事室，配置基本的办公设备，将议事协商组织机构、议事协商目录、议事协商程序、议事协商过程规范上墙，让试点工作成果有效展示；结合活动中心阵地建设，打造组级议事协商示范点 3 个，让村里组级议事协商理事会有地方说事，有地方议事。

自实施议事协商以来，三友湖村成功将“两委”班子凝聚于为村民办实事的目标，充分体现了群众在自治中的参与权、话语权、选择权和监督权。通过解决实际问题，总结了引导村民进行议事协商的经验：首先，找准利益相关方，构建解决问题缓冲带，使问题解决更为顺畅；其次，规范议事流程，根据不同问题采取相应协商方式，促进问题解决的有效实施；最后，筑牢民意基石，畅通诉求渠道，增强村民的协商意识，引导从“要我协商”向“我要协商”的转变。这些举措不仅解决了多个问题，也推动了议事协商机制的不断完善。

（供稿者：李国庆、张诚，六合区横梁街道三友湖社区上马村）

【专家点评】

开展村民议事协商，是完善基层治理体系和发展全过程人民民主的重要内容。自 2021 年 10 月被民政部确定为“全国村级议事协商创新实验试点村”以来，三友湖村建立了“村民理事会+X”议事协商机制，以“三友·幸福里”为服务品牌支撑社区治理工作，促进了民事民议、民事民办、民事民管，形成了自我管理、自我服务、自我监督、人人参与乡村治理的良好局面。

村里大小事，村民共商议。三友湖村通过积极协商产业发展、乡村风貌、人居环境等问题，成功解决了一系列长期存在但一直未能解决的问题，有效推动了乡村治理体系和治理能力的现代化。

分层分类议事协商，同心共建幸福三友。三友湖村营造了浓厚的“村事民商、村事众议”基层群众自治氛围，优化了村民议事协商公共空间，形成了可复制可推广的经验。

第二部分
社区服务

【为老服务】

近年来，随着我国人口老龄化程度的加深，“为老服务”已成为社会治理中的重要议题。党和国家高度重视老年人福祉，党的二十大报告明确提出：“实施积极应对人口老龄化国家战略，发展养老事业和养老产业，优化孤寡老人服务，推动实现全体老年人享有基本养老服务。”围绕这一政策导向，各地正积极探索为老服务的创新路径，旨在为老年人提供全方位、多层次的服务保障，满足他们在情感、生活及社会参与等方面的多样化需求，推动构建以人为本的老年服务体系。

在具体实践中，社工们开展了形式多样的为老服务项目，聚焦丧亲独居老人、随迁老人、退休老人等特殊群体，提供个性化、针对性的服务。例如，许多社区通过情感关怀和家庭联结，帮助独居、丧亲老人缓解孤独，重拾生活希望；有的则通过定期探访、物质帮扶和社会支持网络的构建，逐步满足老年人的情感和生活需求；此外，针对随迁老人面临的适应挑战，社区开展多样化的活动，增强老年人与社区的互动，提升他们的归属感和参与度。这些举措充分体现了“为老服务”在落实过程中对老年人多层面的综合介入。

社会工作者们在为老服务中扮演着关键角色，通过提供心理支持与情感关怀，帮助独居和丧亲老人应对孤独与哀伤，重建社会支持网络。同时，社会工作者通过组织社区活动和志愿服务，促进老年人融入社区生活，增加社会参与度，拓展社交圈，增强社区凝聚力。基于赋权理论鼓励老年人学习新技能，参与社区服务，帮助他们找到新的生活目标，实现社会角色的转变与自我价值的提升。这些服务充分体现了社会工作在资源链接、情感支持和社区参与等方面的独特优势。

重建希望：帮助丧亲独居老人走出孤独

在社会工作实践中，丧亲独居老人是指失去亲属后独自生活的老年人群体，通常包括失去配偶和“失独”老人。丧亲对他们造成巨大的情感创伤，常伴随孤独感、缺乏家庭支持、健康问题和社会互动不足。由于心理承受能力较弱，丧亲独居老人容易在生活中遭遇多重困难。随着社会结构的变化和老龄化的加剧，这一群体日益增加。基于哀伤辅导、希望理论、创伤知情护理理论和积极心理学等理论，社会工作者可以通过三条路径帮助丧亲独居老人应对生活困境，促进其融入社区生活。

一、建立信任与情感支持。哀伤辅导理论指出，丧亲者需要经历多个阶段的情绪变化（如否认、愤怒、抑郁和接受）。通过及时的情感支持和辅导，社会工作者可以帮助老人度过哀伤期，避免心理问题恶化。创伤知情护理理论强调，服务应以创伤知情为基础，确保老人在安全、支持性的环境中接受关怀。社会工作者可以通过以下方式提供情感支持：**1. 初步联系**：通过社区活动或定期走访，建立信任，了解丧亲独居老人的需求和生活状况。**2. 持续情感支持**：定期探访、电话慰问和心理辅导，帮助老人缓解孤独感，逐步适应失亲后的生活。**3. 心理健康资源**：提供心理健康讲座和辅导，帮助老人掌握情绪管理技巧，增强心理韧性。

二、重建家庭与社会支持网络。根据生态系统理论，个体的适应力受到家庭、社区和社会政策等多层次环境的影响。丧亲独居老人失去了原有的家庭支持，社会工作者应帮助他们通过家庭和社区网络恢复情感联结。希望理论强调，通过重建希望感，可以增强老人对未来的信心和掌控感。具体路径包括：**1. 恢复家庭支持**：通过家庭访谈和调解，促进老人和家人之间的情感修复，恢复家庭支持功能。**2. 发展社区支持网络**：组织社区活动，帮助老人建立新的社会联系，减少孤立感，增强社区归属感。**3. 整合社区资源**：联动社区组织、志愿者和医疗机构，构建综合性支持网络，为老人提供日常生活帮助和情感支持。

三、增强自我效能与促进积极生活方式。赋权理论主张，通过提升个体自我效能感和能力，帮助他们更好地掌控生活。丧亲独居老人往往因失去亲属而感到无力，社会工作者应帮助他们恢复自我效能感，重拾生活的主动权。积极心理学强调，通过促进积极情绪和心理弹性，可以提高个人的生活满意度。具体策略包括：**1. 生活技能培训**：提供家庭清洁和健康管理等技能培训，帮助老人提高独立性和自理能力。**2. 鼓励积极生活方式**：组织社区健身活动、兴趣培养等，改善老人的身体和心理状态，促进积极生活态度。**3. 肯定自我价值**：通过表彰和认可老人对社区的贡献，增强他们的自信心和自我价值感，促使他们积极参与社区建设。

案例一

刘奶奶的思亲之情

刘奶奶今年 65 岁，其老伴早年因为癌症去世，不久后刘奶奶自身也查出患有乳腺癌三期。因为唯一的儿子在监狱服刑，儿媳带着五岁的孙子回了娘家，刘奶奶独居在一间 50 平方米的房子里。街坊邻里都知道刘奶奶的情况，常出于好心赠送各种物品，长此以往，本来宽敞明亮的房间被杂物堆满，来人甚至无法下脚。刘奶奶因为疾病的折磨，以及对儿孙的思念，常独自默默哭泣。社工在社区外展服务中得知了刘奶奶的情况，遂决定主动介入。

第一次去刘奶奶家拜访时，刘奶奶表现得十分局促，每当问及相关情况也总是采取回避的态度。考虑到刘奶奶对社工的戒备心和不信任，社工尝试从老年人比较关心的健康方面入手，为刘奶奶安排免费的健康检查项目，经常问候和关心刘奶奶的身体状况。通过两周的拜访，渐渐地刘奶奶开始主动和社工搭话，倾诉自己的心结。刘奶奶说："这人越老，越思亲呐。我已经老了，又一身病，一身痛，说不准哪天就，唉，不知道那天来之前，我还能不能再亲眼见见我的儿孙……"说至动情处，刘奶奶拉起社工小赵的衣袖泣不成声，涕泗横流，在场社工也被深深打动红了眼角。安抚好刘奶奶的情绪后，社工向刘奶奶承诺，帮助刘奶奶联系她的儿子和孙子。社工随后打听到了刘奶奶的儿媳和孙子居住的小区，得知该地与刘奶奶家离得不远，遂启程去到该社区，和当地社区居委会说明情况后，对方表示愿意一起行动，帮助社工联系到刘奶奶的儿媳。在社区的帮助下，社工约好上门拜访的时间。在和儿媳的访谈中，社工动之以情、晓之以理，诉说了刘奶奶的身体状况及其对孙儿的思念之情。儿媳表示自己身为母亲，也能够理解，但顾及刘奶奶家中脏乱差的环境会对儿子的身体健康和行为习惯产生不好的影响，表示如果刘奶奶能将自己的房屋收拾干净，就同意每周末让儿子去见见刘奶奶。得知此事有转机的社工十分开心，当天就向刘奶奶转达了儿媳的提议。刘奶奶知道自己能够见孙儿后也很激动，当即落下热泪并连连表示自己一定会把屋里的杂物清理干净，把卫生做好等着孙儿来。达成共识后，社工帮助刘奶奶收拾屋里的杂物。经过几周的努力，刘奶奶家里的杂物慢慢被清理出去，刘奶奶也养成了清洁卫生的好习惯。儿媳看到刘奶奶的改变后，遵守承诺每周送孙儿去和刘奶奶见面。另一边，社工也和刘奶奶儿子服刑的监狱取得联系，带刘奶奶去监狱看望儿子，隔着玻璃母子俩对望流泪，刘奶奶嘱咐儿子，儿子也安慰刘奶奶。此后社工还常帮刘奶奶代写书信给监狱的儿子传递思念。

在社工的介入下，刘奶奶重新与家人建立联系，思念和孤独的情绪得到缓解，居住环境得到了改善。有了亲情的支持，刘奶奶更加爱护自己的身体，树立了积极的生活态度，愿意保持卫生并多吃一些营养的食物，说自己要好好活着，要带孙儿游玩，要等到儿子出狱那天。

（供稿者：胡炜、吴雪芹，建邺区莫愁湖街道江东门社区）

【专家点评】

孤独与寂寞是老年人，尤其是独居老年人最常见的心理状态。此案例中社区工作者重点关注了独居老人的家庭情况，通过多方走访和实地访谈建构出独居老人的家庭生态结构图，运用同理心解构服务对象的问题，从问题出发帮助其寻求家庭的支持，并运用沟通技巧促成家庭和亲属关系的恢复，为独居老人重建了精神关爱网络。

但该案例也存在有待改进的地方：一是社工仅仅应儿媳的要求，去转告独居老年人收拾房屋，但未深入探索亲代与子代建立情感链接的多种方式。二是在老年人精神生活方面，不仅要考虑到子代如何更多地去关爱亲代，也存在亲代自我精神关爱的内容，毕竟，精神生活需求的满足除了外界的关心外，最主要的还是当事人自己对自己的关爱，老年人的精神需求主要依靠外界来帮助是不太现实的。三是作为个案如此处理，是完全可能的，但是社区工作也要考虑成本与收益的问题。

案例二

李奶奶的“开门”之旅

李奶奶是一位69岁浙江籍的退休工人，目前居住在南京。她在一个人的生活中度过了丈夫离世的两年。在这两年中，李奶奶的生活主要依靠自己的退休金和子女的赡养。20多岁的外孙女偶尔会来看望她。李奶奶的老母亲独自居住在浙江，已90岁高龄，这使她非常担心母亲的健康和生活状况。尽管她很想与母亲生活在一起，但由于现实的原因，她无法实现这个愿望。这使她在情感上承受了一定的压力。在性格方面，李奶奶以前是一个性格开朗的人，喜欢和社区的朋友一起打扑克牌和唱老歌。然而，丈夫的离世和生活的压力使她的性格发生了一定的变化，她逐渐变得内向和沉闷。

社区工作人员在李奶奶一次参加社区活动时偶然发现了她的情绪状态，通过多次与李奶奶的深入交流，了解了她内心的孤独感受和对老伴离世的不适应，为了帮助她重新适应和融入社会，主要从以下几个方面重点介入：

一、初次接触与建立良好关系。初次接触与建立关系是社会工作介入的重要环节。社会工作者在初次接触李奶奶时，以友善的姿态、丰富的同理心和尊重李奶奶的隐私为基础，与她建立起信任和尊重的关系。这种关系的建立为后续的介入工作提供了良好的基础。通过了解李奶奶的基本情况，社会工作者可以更好地理解她的需求和问题，为制定更有效的介入计划做好准备。

二、有效的资源链接。社会工作者在资源链接方面展现了高度的专业素养。他们积极帮助李奶奶链接到各种可用的资源，包括社区资源、志愿者组织。例如，社会工作者帮助李奶奶联系到一些志愿者组织或社区中心，让她有机会参与到一些社区活动中来，这有助于增强她的社区归属感。

三、改善家庭关系。家庭关系改善是社会工作介入的重要目标之一。社会工作者通过定期的家访、电话沟通等方式，加强与李奶奶及其子女的联系，促进他们之间的理解和沟通。在这个过程中，社会工作者能够倾听各方的需求和困扰，并引导他们积极面对问题。例如，组织一次家庭会议，让李奶奶和她的子女有机会坐下来讨论彼此的困扰和需求。这有助于家庭关系的改善，从而更好地满足李奶奶的情感需求。

四、心理疏导与重建社交生活。心理疏导是社会工作介入中不可或缺的一部分。由于丈夫的离世和生活的压力，李奶奶可能会出现一定的心理问题。社会工作者通过定期的心理咨询服务来帮助她排解内心的压力和困扰。在这个过程中，社会工作者能够倾听李奶奶的心声，理解她的情感和需求，并给予她支持和鼓励。社交生活的重建对于李奶奶的身心健康具有重要意义。社会工作者在这方面也表现出色。他们组织一些社区活动，如歌唱比赛、棋牌比赛等，让李奶奶有机会再次参与到社交生活中来。这些活动不仅有助于增强社区凝聚力和归属感，还可以让李奶奶感受到社区的温暖和支持。此外，社会工作者还鼓励李奶奶参加一些志愿者活动，如社区服务、老年人互助等。这些活动不仅可以让李奶奶感受到自己的价值，还有助于结交新朋友，丰富她的社交生活。

五、持续关怀。社会工作者在介入过程中持续关注李奶奶的生活状况和精神状态，包括定期的家访、电话沟通、心理咨询服务等。同时，社会工作者还与李奶奶的家人保持联系，让他们了解介入计划的进展情况并参与到介入过程中来。这种持续关怀确保了李奶奶的需求得到持续的满足和支持。

在经历长达半年的社区生活的参与以及家庭子女的关心，李奶奶现在每天都会出来活动，参加社区举办的大小活动，每每在社区中看见社区工作人员，都会主动打招呼问好，聊聊最近的身体状况以及和姐妹们锻炼锻炼身体，有效帮助李奶奶摆脱了心理问题的困扰，重新燃起对生活的热爱之火。

（供稿者：陈旻媛，栖霞区仙林街道仙龙湾社区）

【专家点评】

丧偶老人如何摆脱丧偶事件对其带来的在个人生活、家庭生活与社会生活方面的负面影响，是每一个丧偶人可能都会面临的问题。本案例关注到丧偶老年人可能因此与社会脱离问题，通过“初次接触与建立良好关系”“链接资源”“改善家庭关系”“心理疏导与重建社交生活”与“持续关怀”等方式，帮助丧偶的李奶奶重新融入社会。

但该案例也存在一些有待思考的地方：一是社区两委或者社会工作者是否有义务或者责任去帮助丧偶老年人走出丧偶阴影，重新融入社会？二是社区管理与服务都是有成本的，都需要有人为此买单，即便志愿服务其成本也主要由志愿者本人买单。类似的服务究竟是志愿服务还是政府的购买项目？诸如此类的社会工程项目或者社会干预项目均存在类似的理论上的问题需要得到严肃认真的回答。

案例三

“红棉袄”项目

成贤街社区聚焦“一老”，创新“五个一”工作法，打造特色“红棉袄”项目，实行“每周一次沟通、每月一束鲜花、每人一份保险、每年一件棉袄、长期一份关怀”的拓展服务，助力服务对象重塑精神生活，恢复社会功能，增进重新正常生活的能力。在“红棉袄”项目中，社区充分发挥了自身的作用，将社区作为平台，整合社会组织和慈善资源，以满足失独老人的多元需求。同时，社区也调动了居民和志愿者等多方力量，共同帮助失独老人重建信心、重新融入社会生活。具体的介入过程为：

一、一次沟通，建立稳定联系。成贤街社区积极建设社会支持网络，发动社区工作者、楼栋长、志愿者等多方力量，与服务对象“结对子”。每周定期打电话或上门问候，了解服务对象的身体状况、生活烦恼，宣传帮扶政策，协助解决生活难题，让服务对象感受到社会各界浓浓的关怀。

二、一束鲜花，增添生活芬芳。通过咨询专业的心理治疗师，了解到芳香疗法有助于改善服务对象的心态。社区联系合众苏分公司，为

16个失独家庭每半个月提供一束价值20元的鲜花，保证服务对象家里时时有鲜花，呼吸到新鲜气，感受生活中的美好，激发生活的动力。

三、一份保险，解决实际困难。随着服务对象年纪增大，生病就医逐渐成为他们心头的大事。为解决服务对象就医难的问题，社区联系市中心医院及属地卫生院，搭建医疗平台，开通医疗绿色通道，简化就医程序，成立家庭医生服务团队，提供家庭医生签约、免费体检、方便门诊等各类医疗健康服务，提升服务对象就医的便捷性；同步协调合众苏分公司为有需要的23位服务对象，免费办理一份价值1 380元的医疗保险，缓解服务对象就医时的经济压力，减轻服务对象的无助感，促使服务对象重建生活信心。

四、一件棉袄，传递社会温暖。春节是中国的传统节日，服务对象在春节时对比自家的冷清和别人家的热闹，容易产生失落感。社区与合众苏分公司商议，每年年底在社区举办集体跨年文艺活动，为23位服务对象送新年福字，并量身定制价值1 000余元的红棉袄作为新年礼物，温暖服务对象孤独的心，传递社区热切的关怀和温暖，让服务对象感受到社会的善意和对他们的接纳。

五、一份关怀，重建生活支点。在长期关怀帮助下，服务对象逐渐增加了对社区的信任，生活中的困难也愿意主动寻求社区的帮助。遇到服务对象生病住院，社区工作者会贴心帮其办理住院手续，安排住院事宜。服务对象从切实的帮助中感受到了社会支持和帮助，内心的彷徨慢慢减少，生活的信心逐渐增多。

经过社区工作者的介入，服务对象打开心扉，愿意接触社会，逐渐增加参与社区活动的频次，遇到困难时也主动向社区工作者求助。生活中服务对象减少了负能量，重新拥有生活动力，将社区当做新的生活支点，并通过志愿服务等方式，在“授人玫瑰”的过程中，重新获得情感慰藉。许多服务对象参加了社区的“红舞鞋”舞蹈队、成贤合唱团等团体；部分服务对象加入了社区组织的“平安志愿者”服务队，参与日常巡逻，结交巡逻伙伴。“红棉袄”项目通过“五社联动”，以社区为平台，社会组织为载体，社区工作者为支撑，社区志愿者为辅助，社会慈善资源为补充，助力失独老人走出阴霾，重塑生活信心，切实打通了为民服务的“最后一米”，有效提升了社区治理成效。

（供稿者：万六梅，玄武区新街口街道成贤街社区）

【专家点评】

失独本身对父母及其家庭将带来持续的负面影响，对失独夫妇的救助也就成为政府与社会的题中应有之意。成贤街社区通过打造特色“红棉袄”项目，实行“每周一次沟通、每月一束鲜花、每人一份保险、每年一件棉袄、长期一份关怀”的拓展服务，助力失独老人重塑精神生活，恢复社会功能，增进重新正常生活的能力。

本案例需要进一步反思的地方：一是因家庭重大事件各有差异，二是因为失独家庭数量不多且经济、人口与喜好各不相同，建议社区可以采用定制化服务的方式开展日常生活的慰藉。

从孤独到融入：随迁老人社会支持网络的构建路径

第七次人口普查数据显示，中国流动人口规模已达到约3.8亿人，较上一次普查增长了约70%。其中，家庭化流动的比例显著上升，显示出人口流动的家庭化特征日益突出。随着家庭化流动趋势的加剧，随迁老人这一特殊群体逐渐进入公众视野。相较于随迁子女，随迁老人在社会适应能力和社交能力上较为薄弱，易遭受社会边缘化的挑战。迁移引发的生活环境剧变，使得随迁老人面临多层次的适应挑战。因此，如何有效促进随迁老人的社会融入，已成为社区工作的重要议题。以下从多维度探讨社区工作者介入随迁老人社会融入的路径，并在此基础上提出创新性观点。

一、社会参与路径的多样化设计。基于社会整合理论，个体的社会适应能力与其所处的社会网络密切相关。社区工作者通过设计多样化的社区活动，确保随迁老人能够在多层次的社会互动中，重新获得社交支持。例如，社区可以设立跨社区的老年文化节、家庭流动文化展示等活动，帮助随迁老人通过展示自己的文化背景和生活经验，增强自我认同感和社区参与感。此外，线上线下相结合的活动平台也应被广泛应用，打破地理限制，让随迁老人能够便捷地参与到社区活动中。通过这种多维度的活动形式，社区工作者能够为随迁老人搭建一个更为广泛和灵活的社会支持网络。

二、数字化技术赋能下的社会适应。基于赋权理论，提升随迁老人的能力感和掌控感是促进他们社会融入的重要途径。数字化技术的普及为随迁老人提供了一个全新的赋权工具，通过掌握信息技术，随迁老人可以更好地适应现代化的社区生活，并且重新获得自信和自我效能感。社区工作者可以通过组织数字技能培训班，帮助随迁老人学会使用智能设备，参与线上社区活动，获取公共服务信息。这不仅有助于他们在新环境中的生活适应，还能拓宽他们的社交网络，帮助他们通过线上互动与社区保持联系。同时，数字化平台的引入也可以推动社区服务的现代化发展，进一步增强社区的包容性和服务的灵活性。

三、促进代际互动与合作。根据社会支持理论，社会支持系统对于个体的心理健康和社会适应至关重要。而代际互动可以通过不同年龄群体间的互惠互助，增强随迁老人所处的社会支持网络，促进其心理适应和社会融入。社区工作者可以通过设立代际互动项目，促进老年人与年轻一代的交流合作。创新性的代际互动活动可以包括由老年人指导的传统文化工作坊、手工艺品制作等，使年轻一代从老年人的经验中获益，同时让老年人感受到自身的价值，进而增强社区的凝聚力与和谐感。

四、社区共享空间的创新利用。共享空间为随迁老人提供了一个社会互动的平台，这种物理与社交支持系统相结合的方式，能够帮助随迁老人重新构建社会联系。基于生态系统理论，个体与环境的互动对其社会适应起着重要作用，随迁老人通过参与社区共享空间的活动，能够有效适应新的环境。社区工作者应充分利用这些共享空间，如社区菜园、图书馆、咖啡屋等，作为日常社交的场所。同时，社区可以定期举办主题活动，如健康讲座、文化交流等，为随迁老人提供更多与其他社区成员互动的机会。此外，社区共享空间也可以结合虚拟互动平台，打破物理空间的限制，让那些行动不便的随迁老人也能够参与社区活动，进一步扩大他们的社交圈，提升社会参与度。

五、社区归属感的重塑与强化。社区归属感是随迁老人融入社区的核心要素。基于社会支持理论，情感支持（Emotional Support）是社会支持中的一个重要组成部分，情感因素能够有效缓解随迁老人因迁移而产生的不安与孤立感。通过增强社区情感归属感，随迁老人能够更好地融入新环境，建立新的社会联系。社区工作者可以通过定期的家访、电话慰问等方式，提供个性化的情感支持。此外，组织针对随迁老人的社交活动，如社区茶话会、节庆聚会等，帮助他们加强与社区其他成员的情感联系，进一步促进社会融入。通过这种情感支持体系的建立，随迁老人能够逐步适应新的社区生活，减少迁移带来的负面影响。

案例

“他乡似故乡”

——随迁老人的社区融入

新月社区成立于2021年，辖区内有7 200户居民，是一个由高端商品房组成的现代社区。新月社区拥有良好的居民基础和成熟的志愿者队伍。志愿者上门走访发现，辖区居民75%来自周边地区，由于学习、工作、生活等因素在新月买房成家，为减轻生活压力，其父母常搬过来帮忙照顾孙辈。“跟着儿女迁徙的老人”也就被称为“随迁老人”。由于语言、居住环境和生活习惯的差异，原有社会支持体系断裂以及新的社交网络难以开展，随迁老人的社会参与和互动频率低，精神生活匮乏，普遍面临社区融入不足的困境。基于此，社区选取20位随迁老人作为服务对象，并成立一支由社区网格员、党员志愿者、热心居民骨干组成的“爸妈帮帮团”志愿者队伍，与服务对象开展“一对一”结对服务。

传递温暖，建立信任关系。新月社区以“社区居委会+社工+志愿者”的工作模式，建立社群热线，耐心解答随迁老人的问题，并为其链接相关资源。通过“一对一”定期走访或拨打慰问电话的方式，向随迁老人传递关怀和温暖。此外，以社区居家养老中心为支撑，联动口腔医院、社区卫生服务中心等周边资源，为随迁老人开设讲座、义诊或身体检查等活动。通过精神关怀和健康呵护的服务，社区逐渐获得随迁老人群体的信任和支持。

内部互动，建立支持网络。在社区内建立随迁老人互助支持小组。小组初期通过“认识你真好”“方言趣多多”“地区萝卜蹲”“家乡风采汇”等游戏，促进成员间的认识和互动。小组中期，举办“一道拿手菜”“旧衣改造”等活动丰富日常文化生活交流。小组后期，在志愿者的组织下，小组成员绘制社区地图，重构对社区的认同感。在一系列小组活动中，增进随迁老人之间的情感互动，形成随迁老人之间的互助支持网络。

外部参与，建构融入网络。社区工作者鼓励随迁老人在社区内“有事没事多走动”，邀请随迁老人参与社区丰富多彩的文化活动。元宵节、端午节等中国传统节日期间，社区举办大型活动，弘扬传统文化，提升民族自豪感，增进邻里互动和情感交流，让随迁老人感受到“他乡似故乡”的温暖。每周五举办“健康律动　活力社区”健身操训练，鼓励随迁老人和社区其他居民共同加入。在社区公共文体活动中，随迁老人逐渐融入社区大家庭。

服务输出，巩固社交网络。提升随迁老人参与社区公共服务的意识，丰富日常生活的同时拓展和巩固社交网络。如社区随迁老人积极参加核酸检测、疫苗宣传、环境保护等服务，其潜能得到开发，自我效能感得以提升。举办“情暖冬至　爱在邻里”总结会，以茶话会的方式肯定随迁老人的转变并颁发荣誉证书，鼓励随迁老人加入“爸妈帮帮团”志愿者队伍，用自身经历传承社区服务，营造社区和谐友爱的氛围。

如今，在新月社区经常可以看到随迁老人和社区其他老人一起唠家常、一同参加社区丰富多彩的活动。随迁老人对社区的认同感和归属感大大提升，有了“他乡似故乡”的温暖，新月社区已然成为一个越来越温馨的大家庭。

（供稿者：许家凤，建邺区双闸街道新月社区）

【专家点评】

随迁老年人的社会融入特别是社区融入，是一个较为普遍的问题。新月社区居委会组建“社区居委会+社工+志愿者”队伍，通过“传递温暖，建立信任关系”“内部互动，建立支持网络”“外部参与，建构融入网络”“服务输出，巩固社交网络”等方式，积极主动地去消解随迁老人的社区融入方面所遇到的各种问题，大大提升了随迁老人对社区的认同感和归属感。

但该案例也存在有待改进的地方：一是促进随迁老人的社区融入的社区职责需要明确。二是有些老人具备较强的自我适应的能力，会在迁入新环境后迅速适应。因而，我们需要更关注随迁老人中的特殊群体。三是拉近距离感的“唠家常”如同“八卦”，也可能引发一些新的问题与矛盾。

智慧养老的创新路径与服务优化

随着人口老龄化的加剧，传统养老模式难以满足独居和空巢老人的安全、健康及情感需求。智慧养老通过个性化、智能化手段满足老年人的多样化需求，借助数字孪生等技术创新，推动养老服务的精细化管理。这些创新为智慧养老提供了理论基础和实践路径，有效提升了老年人的生活质量和社会参与感，同时减轻了家庭和社会的养老负担。

一、多层次资源整合与协调。智慧养老的核心在于整合多层次资源，确保服务全面覆盖。数字孪生理论通过构建老年人的数字虚拟模型，实时监控其健康状况、生活习惯和环境变化。护理人员与社工合作，利用这些数据及时进行干预，预测健康变化趋势，帮助制定个性化护理方案，预防潜在的健康危机。这种协作体现了多层次资源整合。实际应用包括：**（1）健康预测与管理：**护理人员和社工通过数字孪生技术，动态监测老年人健康，及时预测并干预风险。**（2）个性化护理：**基于虚拟模型，护理人员和社工共同定制养老方案，优化生活环境和健康管理策略，提升生活质量。

此外，生态系统理论强调资源整合的重要性，指出老年人的生活质量受到家庭、社区和医疗系统等多层次环境的影响。在智慧养老中，物联网技术连接这些资源，构建智能养老服务网络，提升服务的协作效率。实际应用包括：**（1）紧急响应机制：**通过实时监控老年人居家状况，自动报警并通知相关人员，确保安全。**（2）跨机构协作：**整合家庭、社区、医疗资源，实现信息共享，确保服务的及时性与协调性。

二、个性化服务设计与支持。智慧养老应注重老年人的自主性与个性化需求。赋权理论强调，通过增强老年人在健康管理中的自主权和决策能力，能提升其对养老服务的参与感与满意度。社工通过提供数字健康平台，帮助老年人掌控自己的健康状况，定制个性化护理方案，增强其对服务的控制权。实际应用包括：**（1）需求评估与定制化服务：**社工通过数字平台评估老年人的生活习惯、健康状况及偏好，鼓励其参与决策，设计个性化的护理方案。**（2）动态护理调整：**根据健康数据变化，社工通过平台调整护理方案，确保及时响应老年人的需求，并增强其自决权。

三、持续评估与服务优化。智慧养老服务的持续评估与优化是确保其长期有效的关键。通过数字孪生和生态系统理论，社工利用智能设备收集的数据，持续监测老年人的健康状况和服务效果。通过数据反馈和问题识别，社工可及时调整与优化服务内容，确保其精准性与适应性。同时，社工应紧跟技术发展，不断引入新技术与服务模式，确保智慧养老服务能够满足老年人的最新需求。实际应用包括：**（1）数据反馈与优化：**社工定期评估老年人对智慧养老服务的满意度，分析智能设备数据，发现潜在健康风险和服务缺口，及时优化服务内容。**（2）技术创新引入：**社工持续关注如人工智能、虚拟现实等新技术的应用，探索新的智慧养老服务模式，进一步提升老年人的生活质量。

案例

“银发无忧　云上守护”智慧养老服务

近年来，玄武门街道针对老龄人口多、工作人员不足等现实问题，统筹整合多方资源，探索推广“银发无忧　云上守护”智慧养老项目，利用互联网、智能化、大数据等信息技术手段，进一步织密织牢独居空巢老人关爱服务网。为此，玄武门街道聚焦老人居家养老风险，创新工作思路，紧急介入，用信息化手段、智能化设备为老人居家安全插上智慧的翅膀。

一、试点先行探索经验。2022 年 10 月，街道从疫情防控居家管控人员使用的“爱心门磁”中找到灵感，积极对接中国电信南京分公司，多次沟通研讨，将门磁功能反向应用，通过门磁检测老人居家活动的情况。如果老人在系统设置的时间内没有开关门动作，门磁就会发送预警短信到社区工作者手机上。经过 2 个月的开发和测试，“爱心门磁”已被改装成了守护老人的“安全管家”。同年 12 月，工作人员走访摸排百子亭社区独居空巢老人情况，了解独居老人安装“爱心门磁”意愿，在百子亭社区率先开展试点工作，并在工作中不断总结、探索，完善服务项目。

二、产品迭代升级。在“爱心门磁”推广使用过程中，发现部分老人关门不规律，会产生误报警的现象。按照介入行动原则中“考虑服务对象的发展阶段和他们的特点”，2023 年 4 月，街道与南京电信深入沟通探讨后，对“爱心门磁”进行迭代升级，开发“智能用水传感器”。该设备原理是通过采集老人日常用水行为信息，将传感器装在厕所马桶上，如果在 24 小时内没有用马桶冲水，后台会向社区工作者和家属进行短信警告，提高探访关爱的效率和质量。按照介入行动原则中“以人为本、服务对象自决和个别化，征求服务对象和其家人的意愿”，先行试点为辖区 8 户重点独居老人进行安装并发挥了作用。

三、全面推广取得实效。在百子亭社区试点推广成功的基础上，将智能设备安装服务覆盖全街道 6 个社区。一是广泛链接共建单位。发挥街道“大工委”、社区“大党委”作用，通过走访交流，精准对接“需求清单”与“资源清单”，获得辖区江苏省海事局后勤管理中心、电信南京分公司、南京汇海交通科技有限公司等 12 家机关企事业单位的技术支撑及物资支持。二是配备多重智能设备。基于“关注人群”特殊需求，依托 5G、物联网、云计算、大数据等新兴信息技术，重点配备“爱心门磁”、“智能用水传感器”、SOS 紧急呼叫器、人体感应探测器、可燃气报警仪、烟感火灾探测报警仪等智慧感知设备，建立“社区+家属”监管服务机制，提高为老服务管理水平。三是打造闭环服务场景。完善后续服务形成协同闭环，对已安装智慧养老设备的老人进行信息化管理，通过定期抽查平台信息、服务对象回访等方式，打造“老人安全、动态监测”智慧养老服务场景。

目前，玄武门街道已为独居空巢老人安装“爱心门磁”20个、“智能用水传感器”133个、“四个一”智能设备92个、毫米雷达波13个，全天候保障老人居家安全。玄武门街道通过试点先行探索和全面推广智慧养老服务取得了实效和较大的社会影响力。在实施过程中，街道广泛链接共建单位，并配备了多重智能设备，打造了闭环服务场景，实现了养老服务的全方位覆盖和全天候保障。通过这些措施，项目成功预防了一些突发疾病和意外事故，同时通过媒体宣传和报道在社会上形成了良好的反响。为了实现智慧养老服务的成功推广，玄武门街道注重社区合作和社会参与，充分发挥了社区的组织和协调作用。这种合作方式有效整合了社会资源，提高了智慧养老服务的覆盖范围和服务质量。通过与共建单位的广泛链接，形成了“五社联动”的养老服务体系，不仅在保障老人居家安全方面取得了成功，还促进了社会资源的充分整合和养老服务质量的提升。通过引入科技创新和社会支持，智慧养老服务为老人提供了更好的居家安全和关爱服务，对于提升老年人的获得感、幸福感和安全感具有积极意义。

（供稿者：秦琼，玄武区玄武门街道）

【专家点评】

现代科技为养老服务提供了技术手段，使得养老服务更精准、更及时与更有效率，进而推动了智慧养老服务的开展。玄武门街道通过先行试点探索经验、产品迭代升级与全面推广取得实效三个阶段，实现了老年人居家安全的全天候检测与应急救援服务，并通过发挥玄武区地理优势和社会资源优势，最终打造出“闭环服务场景”。

同时，建议智慧养老服务项目可以从先行试点阶段、产品迭代升级阶段、全面推广阶段和闭环服务场景四个阶段进行，并强调项目投入与产出，真正让老年人从智慧生活中获益。

老有所为：退休老人的再社会化

在老年社会工作中，再社会化是应对退休老人身份转换、社会孤立及心理适应等问题的关键策略。社工通过专业介入，帮助老年人重新融入社会，提升生活质量与社会参与度。基于此，社工可以结合活跃老龄化理论、延续性理论、角色理论、交换理论、自我效能理论、情感调节理论、社会认知理论及社会创新理论，从多个维度推进退休老人的再社会化。

一、角色赋权与社会定位。社工应帮助退休老人重新确立社会定位，缓解身份认同危机。依据角色理论，为老人赋予新角色（如社区管家或志愿者），有助于其恢复自我认同感。结合持续性理论，延续老人以往的职业经验与技能能确保角色转换顺利，减少心理冲击。同时，情感调节理论强调选择情感上有意义的社会角色有助于老年人的心理健康。实际应用包括：**（1）角色匹配：**根据老人职业背景，匹配新角色以增强适应性。**（2）参与动员：**宣传新角色的社会价值，提升老人的参与意愿。

二、个性化支持与自信提升。自我效能理论指出，老人对自身能力的信念影响其行为表现。社工通过定制化培训增强老人自我效能感，提升他们在新角色中的表现。同时，社会认知理论强调通过观察他人的成功经验，老人能够提升社会参与的自信。实际应用包括：**（1）技能培训：**针对新角色提供相关技能培训，如数字素养课程。**（2）情感支持：**通过心理咨询，帮助老人应对角色转换中的挑战。

三、构建社会支持网络。社工需帮助老人建立稳固的社会支持网络，减少孤独感。根据活跃老龄化理论，持续的社会参与有助于提升老人的生活质量。交换理论强调，合理的社会互动回报机制能够增强老人参与社会活动的积极性。成功老龄化理论进一步指出，健康的社会支持网络是老年人成功老龄化的核心因素。实际应用包括：**（1）社交活动：**定期组织社区活动，促进老人间的互动。**（2）互助小组：**基于共同兴趣设立讨论小组，形成情感支持。

案例

“银龄管家”

随着时代的进步，社区治理的难度、广度、复杂程度进一步凸显，社区面临着居民群众诉求多元化、生活需求多样化、服务要求专业化等诸多挑战。在此背景下，北苑社区积极探索推进社区治理创新，不断提高社区治理工作的效能，不仅是满足人民美好生活需要的基础，更是推动社区治理体系以及治理能力现代化的关键。社区“银龄管家工作室”成立于2013年，由一群乐于奉献、各有技能，又有一定号召力的“领袖”型居民担当工作室的管家，他们平均年龄65岁，队伍中除了党员也有普通的退休居民，有居住在小区外却坚持参与社区服务的老党员，还有克服家庭困难的空巢、独居老人。他们服务党员、帮助群众、协助社区，他们轮流在社区坐班首问接待，通过“话家常”的方式，及时了解、掌握、处理居民的诉求和建议，并开展专业化的自治服务项目，积极帮助居民解决最关心、最直接、最现实的问题，架起了居民与社区的“连心桥”。他们热情地参与到矛盾调解、文明劝导、关爱帮扶、环境保护等服务，发挥着自己的力量，散发着光亮。

一、完善“银龄工作法”，绘就基层治理志愿红。为了形成规范的志愿者服务体系，工作室将管家们逐级分类进行管理，一级领袖管家实行首席接待制。每天到社区，首席接待处理居民反映的各类问题，积极开展各类矛盾调解工作，针对居民提出的热点、难点问题，全力配合社区共同商讨研究制定解决方案。二级管家实行一家四员制。分别以小区、网格、楼栋为单位，通过多方式收集民情民意。立足群众实际，配合社区开展一系列的志愿服务活动，同时每年自主策划、承办、实施网片主题活动、特色服务等，激发群众参与自治服务的积极性。三级管家实行项目召集制，充分发挥社会组织、高校、驻区单位等专业优势资源，以项目化运作的方式丰富自治服务内容，扩大居民自治的知晓率与覆盖率，提高居民群众参与社区建设的能力。

二、汇聚“银龄主人翁”，发挥基层民主自治凝聚力。一是引导银龄管家走出去让群众更认可，比如协调解决群众矛盾纠纷、助教青少年、主办社区文化活动，不断建立银龄管家在群众中的威信；二是主动联系有威望、有经历的“五老人员”，引导吸纳更多有志于老有所为的“银龄主人翁”加入管家队伍；三是定期表彰优秀树典型，建立正向激励机制，形成引导志愿服务示范的良性循环。

三、搭建“银龄服务站”，筑起基层民主自治大舞台。银龄管家工作室一是通过“周碰头、月总结”的工作模式，进行学习、交流和沟通，对服务中遇到的难点痛点问题进行分类、商讨解决方案等，同时重申银龄管家日常管理的规范。二是通过“走出去、学回来”的学习模式，主动走进优秀社区，学习借鉴先进做法和先进经验，对标找差，补短板、增亮点，同时将学习内容转化成拓展创新自治服务的新思路。三是通过“走动式、互助式”的服务模式，结合社区实际，变“被动”服务为“主动”服务，通过“走、看、听、问、办”掌握、解决居民情况，进一步提高居民自治服务水平。

四、展现“银龄新风采”，助力基层治理惠民生。为充实和焕发银龄管家队伍的精神文化，工作室定期组织丰富的文体活动。每逢传统节日，为进一步弘扬邻里友爱、团结亲善、守望相助的传统美德，银龄管家工作室积极组织辖区居民举行“迎新春，邻里节”的活动，让邻里情在传统习俗中不断传递。还有迎端午包粽子比赛活动、趣味运动会等，这一系列活动都由银龄管家们积极开动脑筋，从自我策划、自我宣传再到自我实施，极大地调动了辖区居民的积极性与创造性。

“银龄管家工作室”突破了传统的社区治理模式，激活基层党组织建设的不竭动力，让党员群众由“被动”转向“主动”，真正发挥了党员群众的主人翁作用，让越来越多的党员群众愿意主动参与到社区建设中来，努力为社区居民提供更优质的服务，为提高居民的满意度、幸福指数而奋斗。这一批又一批的优秀“银龄人”扎根于社区，成为社区治理的“合伙人”，多措并举引导辖区居民邻里守望、共建共治，积极参与社区治理工作。

（供稿者：吴小燕，玄武区红山街道北苑社区）

【专家点评】

退休老人的再社会化，是指退休老人在退休后，通过各种途径和方式，重新融入社会，发挥余热，实现自身价值的过程。随着我国人口老龄化的加速，退休老人的再社会化问题日益凸显。为促进退休老人的再社会化，北苑社区各地政府和社会组织进行了积极探索，通过设立社区管家组织、建立激励机制与定期评估和培训方式，在促进退休老人的再社会化方面进行了积极的探索，也取得了较好的成效。

设立社区管家组织，是指由社区工作人员、志愿者等组成团队，负责为退休老人提供生活照料、精神慰藉、社会融入等方面的服务。社区管家组织的设立，可以为退休老人提供一个融入社会、发挥余热的平台。建立激励机制，可以激发退休老人参与再社会化的积极性。常见的激励机制包括提供相应的经济补贴或奖励、给予荣誉称号或表彰、提供优先使用社区公共资源的权利。定期评估和培训，可以帮助退休老人了解社会需求，提升自身能力。定期评估可以了解退休老人的实际需求，并根据需求调整服务内容。培训可以帮助退休老人提升技能，增强参与社会的能力。

【为小服务】

近年来，国家高度重视儿童福利与保护，已将困境儿童的帮扶工作纳入重要议程。《中华人民共和国未成年人保护法》等一系列政策法规明确要求，从家庭、学校、政府和社会多个维度为困境儿童提供保障，促进其健康成长和全面发展。这一政策导向强调多主体协同和多层次介入，通过完善社会救助体系、强化家庭教育、优化社区服务等多种手段，努力提升困境儿童的生活质量和社会参与能力，实现“儿童优先”的发展目标。

在政策推动下，社会工作者们积极探索困境儿童帮扶工作的新模式，开展多样化的实践活动。例如，建立政府、社区与社会组织联动的帮扶网络，深入了解困境儿童的生活状况，提供针对性的服务；采取“社工+志愿者”模式，借助专业社会工作者的服务经验，开展情感关怀、学业辅导、心理咨询等支持活动，帮助困境儿童缓解情感压力，提升社会适应能力。此外，一些社区将政策和资源与困境儿童的实际需求紧密结合，通过设立专项基金、强化家庭支持网络、开展社区活动等措施，保障困境儿童的基本权益，确保政策从理念转化为实际行动，真正惠及儿童。

政策的落实已取得显著成效：首先，通过经济、教育和心理等多方面的支持，全面提升了困境儿童的生活质量，改善了他们的基本生活条件，创造了更稳定的发展环境；其次，社会工作者通过家庭辅导和社区活动等方式，促进了儿童的情感关怀与社会融入，帮助困境儿童建立积极的情感联结，缓解孤独与不安全感，增强了他们的归属感和社会参与度；最后，社会工作者运用生态系统理论和赋权理论等专业知识，推动多方协同，整合社会资源，搭建支持网络，确保困境儿童在政策和社会资源的支持下实现身心健康的全面发展。

构建多维支持体系：社会工作视角下困境儿童的全面介入路径

在儿童社会工作领域，困境儿童作为一个特殊的弱势群体，面临着经济贫困、情感缺失、社会孤立等多重困境，严重影响其健康成长和全面发展。困境儿童通常缺乏稳定的家庭支持和情感联结，容易在成长过程中出现学业困难、心理健康问题和社会适应障碍。面对这些复杂的挑战，社会工作者需要采用系统化和综合性的介入策略，从情感支持、经济支持、社会参与等多个层面入手，为困境儿童提供全方位的帮助和支持，确保他们的基本权益得到保障，促进其身心健康和社会融入。

社会工作者可以结合生态系统理论、附着理论和赋权理论，通过建立和强化家庭支持网络、提升学校和社区的支持作用、促进社会参与和个人发展等路径，为困境儿童构建一个安全、支持和包容的成长环境。这些工作路径不仅有助于缓解困境儿童在成长过程中面临的各种问题，还能有效增强他们的自我效能感和社会适应能力，为他们的未来发展奠定坚实基础。

一、加强情感支持与心理健康服务。根据依附理论(Attachment Theory)，儿童在成长过程中需要稳定的情感支持和安全感。通过加强家庭和社区的情感支持网络，可以显著促进困境儿童的心理健康发展。同时，心理弹性理论(Resilience Theory)中对抗逆力(复原力)的强调，认为尽管困境儿童面临诸多不利因素，但是可通过增强他们应对挑战的能力和培养抗逆力，帮助他们有效地适应逆境，逐步恢复心理平衡并实现正向发展。抗逆力不仅强调个体的内在韧性，还关注外部支持系统在帮助儿童应对压力时的作用。

具体措施包括：（1）**家庭情感支持**：社工应对家庭成员或监护人进行亲职教育，帮助他们理解儿童的情感需求，增强家庭的情感支持功能。例如：组织亲职教育工作坊，教授情感沟通技巧，促进家庭成员之间的积极互动与交流。通过强化家庭情感支持，提升儿童的抗逆力，使其在面临情感困境时能获得稳定的支持来源。（2）**学校心理健康服务**：社工应与学校合作，制定专门针对困境儿童的心理健康支持计划，例如开设心理健康课程、提供心理咨询服务和教师辅导，以帮助儿童在学校建立安全感和归属感。理解困境儿童可能经历的心理创伤，并为他们提供更有针对性的心理支持，从而帮助他们更好地应对成长中的挑战。（3）**社区情感支持网络**：通过社区活动和志愿服务，帮助困境儿童建立积极的同伴关系和社区支持网络，提供情感支持与心理辅导。定期组织手工艺制作、节日庆祝等小组活动，增强儿童的社会联系和情感支持。在一个充满支持的社区环境中，儿童的抗逆力可以得到进一步发展，使他们在面对未来的社会适应问题时具备更强的应对能力。

二、促进社会参与与个人发展。依据生态系统理论和赋权理论，儿童不仅需要情感和物质支持，还需要通过社会参与和个人发展来增强自我效能感和社会适应能力。随着数字技术的迅速发展，数字社会支持概念逐渐兴起，社会工作者可以利用数字化手段为困境儿童提供更多参与社会活动和个人发展的机会，帮助他们提升自信心与社会认同感。

具体措施包括：（1）**社区参与与社会活动**：组织困境儿童参与社区活动，如体育比赛、艺术展览和文化节庆，帮助他们建立积极的社会关系与参与感。制定社区活动年度计划，优先邀请困境儿童参与，并提供交通与安全保障。同时，利用社交媒体平台和虚拟社区，拓展他们的社会参与途径，使他们能够突破地域限制，与更广泛的同伴群体互动，增强社会认同感。（2）**个人兴趣培养与技能发展**：为困境儿童提供参与兴趣班和技能培训的机会，如绘画、编程、音乐等，帮助他们发掘兴趣爱好，提升自我效能感。结合数字教育的概念，社工可以通过在线课程和虚拟活动为儿童提供多样化的学习资源，帮助他们克服资源匮乏的限制，享有更多学习机会。**(3) 制定未来发展计划：**社工应与困境儿童及其家庭共同制定个性化的发展计划，设定学习和生活目标，帮助他们规划未来，增强目标感与自信心。通过定期召开家庭会议，提供持续的支持和反馈，确保儿童在计划实施过程中获得充足的指导与鼓励。

三、提供经济支持与资源链接。根据赋权理论，社会工作的核心任务是通过增强服务对象的自主决策能力和资源获取能力，使其能够有效应对生活中的挑战，实现自我管理。对困境儿童而言，社工不仅应提供必要的经济支持，更应通过赋权帮助他们及其家庭提升应对生活困难的能力，逐步实现自主与独立。赋权的关键在于帮助困境儿童及其家庭的拓展资源获取能力、社会支持网络和决策参与权，以保障他们的生活质量和长远发展。同时，社会工作者可整合多方资源，与科技企业和非营利组织合作，借助创新技术平台，扩大困境儿童的资源获取渠道，提升其社会适应能力和自我效能感。

这三条工作路径可以帮助困境儿童应对生活中的多重挑战，重建经济、情感和社会支持网络，增强心理健康和社会适应能力。

案例一

嘉嘉不再“游荡”

嘉嘉(男)今年 12 岁，小学五年级在读。嘉嘉的父母四年前相继离世，现与姐姐相依为伴。姐姐有一份较为稳定的工作，经济方面基本满足二人目前生活所需。但姐姐忙于工作，精力有限，无法全心照顾嘉嘉，只能任其发展。自从父母去世后，嘉嘉成绩下滑，精神恍惚，沉默寡言，甚至经常逃学，独自在外游荡。姐姐对嘉嘉的状况十分担心，遂找到社工寻求帮助。

社区工作者了解到相关情况后，特意安排有孩子的社工为嘉嘉开展服务。第一次上门时，面对社工的关心和询问，嘉嘉总是保持沉默，仅怯生生地看着。社工根据对自己孩子心理的了解，从小朋友的视角主动寻找小孩感兴趣的话题，逐渐地，嘉嘉开始愿意交流，进一步诉说内心的想法。原来嘉嘉常独自外出游荡是由于自己内心感到很孤独，一方面是父母离世让他觉得无人可依，另一方面姐姐工作忙没时间照顾他，他觉得自己被姐姐抛弃了，姐姐并不在乎他。在学校里跟不上老师讲课的进度，自己因为父母离世变得自卑和内向，也没有同学和他做朋友。

社工决定从家庭、学校和社区三个方面入手，为嘉嘉建立归属感和安全感。家庭方面，嘉嘉唯一的亲人就是姐姐，社工为姐姐讲述了一个孤儿成长的典型案例，让姐姐了解嘉嘉目前心理上处于敏感和脆弱的特殊时期，希望姐姐能在这一特殊时期多关心弟弟，给予其安全感，适当转变家庭角色，在原来的姐姐的单一角色外还能够承担一部分父母的角色：下班后多和嘉嘉说话，多从言语上表达对嘉嘉的爱，并经常用拥抱等肢体动作传递温暖。随着时间推移，嘉嘉开始信任和依赖姐姐。学校方面，社工将嘉嘉的情况和学校老师做了说明。对于嘉嘉因为家庭的影响没能跟上学习进度的情况，班主任表示自己以后会多关注嘉嘉的学习情况，请各科老师共同帮助嘉嘉，还在班上召集学习优秀的同学和嘉嘉成立学习帮扶小组，共同为嘉嘉补习。渐渐地，嘉嘉的学习成绩有所提升，在学习小组中也与同学成为朋友，开始期待上学，逃学游荡的次数减少。社区方面，请社区多关注嘉嘉，在组织和开展系列未成年人公益活动时优先邀请和鼓励嘉嘉参加，为其提供与同辈群体交流的机会。在参与辖区内社会组织举办的儿童成长小组活动中，嘉嘉学到了手工、科普、安全、摄影、绘画等方面知识，认识和结交了许多伙伴。

在社工动员下，各方力量积极参与和努力，嘉嘉重新获得了安全感和归属感，与姐姐的关系紧密起来，在学校和社区内交到了好朋友，外出游荡的频次减少，并能够在每次外出前告知姐姐。当社区工作者与嘉嘉见面时，嘉嘉总是兴奋地谈到自己的梦想，话语中和眼睛里无不闪耀着对未来的希望和向往。

（供稿者：邓雪艳，建邺区兴隆街道）

【专家点评】

对孤儿的关心与照料是国家的责任，也是社区两委的基本责任。当然，政府可以通过购买公共服务的方式，委托社会工作服务机构去承担关心与照料孤儿的基本责任，特别是监护责任。在社区儿童工作中，通过“重构和强化亲属支持网络”“校社联动，拓展人际网络”“挖掘潜力，制定未来计划”等一系列措施让孤儿得到来自国家、社会的关爱，为孤儿搭建起一个安全网，让他们能够安全、健康、快乐地成长。

案例二

困境儿童阳阳的“向阳路”

兴达社区工作者和网格员定期上门走访，了解辖区内特殊人群的基本信息和家庭情况，并将信息归类整理，以制定兴达社区特殊人群帮困手册。在一次走访时他们发现一名困境儿童阳阳，他的父母都是重度视障患者，没有工作能力。为了让阳阳读一个好学校，外婆拿出全部积蓄，在兴达社区买房落户。目前阳阳常年与外婆、妈妈生活在一起。阳阳的外婆十分乐观，热心帮助邻里，积极参与社区各项志愿服务活动，与社区居民相处得十分融洽。阳阳在外婆的感染下健康成长，性格开朗，聪明伶俐，在班级考试中常拔得头筹。但一家人只能依靠外婆微薄的退休金勉强度日，阳阳在学习和生活方面存在经济供养不足的状况。社区工作者了解相关情况后，主动对阳阳一家展开介入。

一是经济支持方面。2021 年 9 月，社工查询到相关救助政策后，将阳阳的情况上报给民政部门，帮助阳阳一家整理和提交相关材料，成功申请到每月 2 320 元“事实无人抚养”困境儿童保障金。2022 年 10 月，社工联系中优关爱儿童之家，通过南京益童基金会项目为阳阳申请到每月 300 元的三木书田阅读打卡助学金，帮助阳阳养成良好的阅读习惯。2023 年春节前夕，社工随同街道民生保障部和社区书记一同上门看望阳阳，并送去 5 000 元节日慰问金。2023 年 8 月开学前，社工在社区内为阳阳募捐爱心助学金 3 600 元，一次性打到阳阳妈妈提供的银行卡上，以补贴新学期的校车费用。2023 年 9 月，社工又通过南京益童基金牵线爱心慈善企业，每月为阳阳发放 500 元帮扶救助金，用于日常学习和生活。在社区工作者的努力下，链接多方支持，阳阳的生活和学习有了充足的经济保障。阳阳在成绩上也取得巨大进步，多次考取班级第一，并在小升初考试中，以优异的成绩考上金陵中学江心洲分校。除学习外，阳阳还培养了绘画、阅读、编程设计等兴趣爱好。在学习成绩和兴趣爱好的加持下，阳阳变得更加自信和快乐。

二是情感支持方面。社工在接触中发现，阳阳虽然表面开朗乐观，但因为特殊的家庭情况，内心深处也有自己的敏感和脆弱。基于此，社区工作者为阳阳建构多方情感支持网络。家庭方面，加强亲职教育，鼓励外婆和妈妈关注阳阳的心理健康，多倾听阳阳的想法，多对阳阳表达关心和理解。学校方面，将阳阳的情况与班主任传达和沟通，加强对阳阳的关注。同时，开展班级心理健康课程，营造健康的学习环境。社区方面，与社区儿童主任联系，为阳阳提供政策照顾、节日慰问、定期探访、学业辅导服务。在丰富多彩的社区儿童小组活动中，阳阳凭借自己的人格魅力交到很多有趣的朋友。

如今，阳阳和社区里其他的小朋友一样过着幸福的生活，并带着全家人的希望走向光明的未来。

（供稿者：赵月皎、刘利华，建邺区南苑街道兴达社区）

【专家点评】

在社区儿童工作中，“重构和强化亲属支持网络”“校社联动，拓展人际网络”“挖掘潜力，制定未来计划”是必要的，但仅仅有这些是不行的，这给社区工作者提出了很多任务与要求，但这里的社区工作者究竟指谁？社区两委人员，还是社会组织成员？在给社区工作者布置任务的同时，相应的责权边界在哪里？只有责任而没有对等的权利的事情也许可以运行一时，但决不能长久。此案例有把孤儿关心照料责任外推的嫌疑，对孤儿的成长既有利也有害。

案例三

我现在已经有了一个玩得好的朋友啦

小茹，一个11岁的小女孩，正在上小学五年级。这个年龄阶段的小女孩大多活泼阳光，与许多小伙伴一起疯闹，甚至有些许叛逆，可是当社工见到小茹时，发现她很内向，与人交流时总低着头，不愿说话。多次与她交谈后，她稍稍打开心扉，吐露心中的烦恼：“别人都讨厌我，没有人跟我玩。”原来她害怕与他人接触，没有同龄的伙伴。

社工：“为什么你会认为别人讨厌你呢？”小茹：“我家比较穷，而且我妈妈有精神疾病……”原来小茹生活的家庭比较特殊，母亲患有精神分裂症，平时靠药物控制病情，家里只有父亲一人打零工维持家庭花销，家庭经济状况比较贫困。父母亲关系也紧张，经常发生争吵甚至暴力冲突。母亲发病时常有暴力举动，常常在小茹面前撕扯、推打父亲。

小茹说：“爸爸还会打我。”由于工作忙碌，其父对于小茹的教养方式简单粗暴，关心孩子的方式仅限于学习方面，不怎么关心小茹的生活，更不用说情感关怀。为了帮助小茹走出家庭的困境，交到朋友，为此社工设定了这次个案工作的服务目标，即帮她交到朋友，满足人际交往方面的需求。社工分析了她人际交往困境的成因：一是家庭原因，二是自我认同出现偏差。为达到这一目标，社工制定了三步走的方案。

第一步，走进小茹的家庭。为了更好地与小茹交流，减少她的戒备心理，社工找到小茹村委会的干部陪同，熟悉之后，就安排了一周一次的入户服务。这样做可以让社工熟悉她的家庭环境，同时培养社工之间的熟悉感。初步接触时社工主要运用同理心，并结合青少年心理的特点，利用绘画、手作等艺术治疗的方式，帮助小茹表达，并鼓励肯定她。

第二步，建立全方位社会支持网络。首先，建立健康的家庭关系。社工与其父亲进行沟通交流，发现父亲态度是很好的，也愿意做出改变，只是他长期在这样的环境中比较压抑，导致在教育孩子的方式上有些不当。社工帮其改变传统的教育观念，使其认识到不良的家庭关系对孩子造成的严重创伤。社工鼓励父亲进行亲子陪伴，可以从陪伴女儿阅读开始，督促亲子交流，并让小茹将每天发生的有趣的事与父亲进行分享。父女之间逐步建立有效的互动交流模式，增强了父女之间的情感联系。

其次，社工联系村委会，将小茹的帮扶工作纳入新时代文明实践站工作中，组织暑期志愿者对其进行课业辅导，丰富学习内容，改善学习方法。同时，链接学校对其进行辅导，并与小茹任课老师沟通，经常了解她的情况，希望他们多给她关心，多给机会，让她感受到集体的温暖、老师的爱心。

另外，建立同伴群体的支持。联系学校，与学校的关工委和班主任对接，与老师们一起找素质较好、与小茹同班的同学进行沟通，让他们多带她参加集体活动，与她交心，主动关心她，帮助她一同进步，同时与他们一起商量帮助小茹的方法、时间、内容等，逐步帮助服务对象建立朋辈支持网络。

第三步，提升自我认同，走出阴影，交到朋友。帮助服务对象在树立学习自信的基础上提升自我认同。前期通过课业辅导等方式帮助小茹改进了学习方法，提高了学习成绩，让她有了学习自信心。紧接着社工到他们班上开展班级活动，帮她搭建人际交往平台，进而巩固前期辅导成果，并促进服务对象逐渐融入朋辈群体中。

社工陪伴小茹陆续有半年之久。这一过程中，社工见证了她的变化。在一次交谈中，小茹兴奋地跟社工说：“我现在已经有了一个玩得好的朋友啦。”社工了解到她的朋友是她同村年龄相仿的小伙伴，平时和她一起上下学，一起坐校车，放学后一起做作业玩耍。

社工也从老师那边得知，小茹在学校里也开始参与一些课余活动，她的学习方式改变了，课程成绩有了提高，学习兴趣也提高了，学习动机更加明确。

后期社工家访时，小茹和父亲的感情也变得更加紧密。父亲的态度得到转变，更加关注孩子多方面的需求，互动交流的次数增多，社工还发现小茹在与父亲互动中出现笑脸的次数明显增加。

（供稿者：陈晨，高淳区东坝街道游子山社区）

【专家点评】

困境家庭儿童的社会交往问题缘于家庭对儿童的影响也源自儿童自身的认知心理状态，从社会支持的广度和心理支持的深度两个方面入手有利于引导困境家庭儿童开展健康的社会交往。本案例最有效的介入是帮助父亲改变家庭教育态度，但是这种改变是如何发生的，并没有详细的交代，可以单独的案例方式展现出来。而且，本案例缺少母女关系的介入，因为母子依赖关系对儿童发展是至关重要的，可继续介入和扩展。

案例四

暖童心护成长

——贫困家庭儿童个案介入服务

服务对象豪豪，男，2018 年生，系单亲、低保贫困家庭儿童。父亲56岁，已经退休。家里还有一个哥哥强强在上小学，家庭十分困难。天保社区的社区工作者在走访时了解到豪豪母亲患癌症晚期，经过研究决定，社区在2020年12月底给予相关补助，但不久豪豪母亲病情恶化，于2021年开春时去世。社区了解到豪豪家庭情况后，为其申请低保。在走访过程中，社区工作者发现了豪豪面临的困境。

第一，豪豪为单亲家庭，因缺乏母亲的关爱，性格内向，不爱与人交流。第二，豪豪家庭经济困难，父亲曾是一名军人，退伍后在钢铁厂工作，退休后在菜市场当保安。每个月2000元的工资很难养活两个孩子，而且现在也辞掉了这份工作。第三，父亲文化程度不高，初中学历。哥哥强强也只是在读小学，他们无法为豪豪提供教育方面的支持。第四，学习环境较差。豪豪家里的房子面积不大，而且和哥哥共用同一个书桌。因为他性格内向，也缺乏朋辈之间的交流。

针对服务对象豪豪面临的问题，社区工作者首先邀请他来社区服务中心见面，发现豪豪体格瘦小，面向苍白，一副营养不良的样子。社区工作者耐心地向豪豪询问生活方面的问题，但他沉默不语，也不愿意用眼神交流，认为社区工作者是一个陌生人，不想与他们过多交流。在这之后，社区工作者邀请了社会组织里的专业老师，向豪豪传授知识，并且进行一对一交流。

同时，社区工作者通过走访、面谈、电话和微信等方式与服务对象豪豪的亲人进行沟通。首先，社区工作者找到了豪豪的哥哥强强。强强虽然和豪豪生活在同一家庭，但是他性格开朗，爱交朋友，甚至有些顽皮。强强对于社区工作者的询问表现得十分配合，有问有答。社区工作者通过强强了解到了服务对象的一些情况。

豪豪父亲一开始表现出抗拒的情绪，认为家里还有一个生病的爷爷需要照顾，如果还要接送孩子们去社区活动，他忙不过来。后来，社区工作者承诺会负责孩子们去社区的接送，还会给他们发小奖品，父亲最终愿意接受社区工作者的服务。他虽然文化水平不高，但也愿意尽自己最大的努力帮助豪豪健康成长，只是不知道该如何关心孩子。而且母亲去世之前是家庭的“大管家”，在母亲离开之后，父亲才承担起照顾家庭的重任。不过，通过几次走访，父亲对于社区工作者的工作也变得越来越配合。

在了解服务对象豪豪基本情况后，社区工作者决定从几个方面介入：第一，社区工作者邀请豪豪和哥哥参与社区活动，有时也会参加南京市妇联、民政方面举行的活动，来丰富他们的家庭生活。第二，解决豪豪上幼儿园的问题。锦华新城小区附近有一个私立幼儿园，教育资源丰富，但是学费昂贵。社区工作者积极联系街道，实现了对豪豪幼儿园学费的减免。第三，向豪豪的家庭提供救助，减轻他们的经济负担。

经过几次介入，服务对象豪豪从沉默不语变得愿意交流，不再冷漠和畏惧，最多只是表现出害羞。父亲和哥哥也变得更加关心豪豪的学习和生活，愿意在周末带豪豪出去郊游、逛商场。在幼儿园里，豪豪也交了许多新朋友，不再封闭自己的内心。目前唯一存在的问题就是豪豪的学习成绩不算优秀，在班里有些跟不上老师的节奏。但是相信在社区工作者的帮助下，豪豪的学习情况一定也会有所改善。社区工作者还会继续对豪豪的个案进行跟踪，出现问题时，以便及时解决。

（供稿者：郑天，雨花台区雨花经济开发区天保社区）

【专家点评】

儿童的成长关系社会未来，贫困家庭儿童的成长是社会关注的重点，也是社会保障的一环。本案例中，社区对服务对象豪豪的关注和帮助可谓是细致周到，但需要反思的是：对豪豪的帮助是否有为其赋能？参加的社区活动与经济救助都只是一时，帮助贫困家庭“儿童社会支持关系的建立和扩展”需要基于社区自身的有限资源，也需要着眼服务对象的能力提升。而豪豪免费进入私立幼儿园的经验，推广到其他案例的可能性不高，豪豪入园后的适应问题也在案例中有所体现，需要考虑资源链接的适配性。

案例五

小小少年

——破茧成蝶

服务对象今年11岁，正在读小学。他的父母均为听力一级残疾人，没有监护能力和劳动能力，因此，服务对象自小缺少父母的关爱，他跟老人一起生活，爷爷和奶奶因此担任起父亲和母亲的角色。60岁的爷爷承担起整个家庭的责任，负责家庭日常起居。每天起早贪黑做饭、干家务。而且服务对象自小就由爷爷带大，爷爷对其十分疼爱，力所能及地满足他所有要求，让他过着衣来伸手、饭来张口的“幸福”生活。

由案例可知，角色缺位、隔代教育以及爷爷奶奶的溺爱导致服务对象出现了许多问题。在教育方面，虽然爷爷奶奶知道该教育孩子，但是由于他们文化水平不高、观念老旧等原因，还没有找到正确的教育方式，因此导致了服务对象没有形成良好的学习习惯。在性格方面，爷爷奶奶的溺爱导致服务对象产生了逆反和叛逆的心理，一言不合就和老人顶嘴。在经济方面，由于整个家庭的收入都来源于爷爷的退休金、父母的补助以及亲戚的接济，因此经济压力较大，只能勉强维持生活。但案例也存在一些优势，比如他们的邻里关系很好，服务对象家庭待人友善，因此邻居经常会帮助他们一家；亲戚在他们遇到困难的时候，会给予帮助，使他们渡过难关；服务对象的外公外婆在离南京不远的镇江，放假时服务对象经常去镇江生活，也减轻了他们的家庭负担；并且，社区也会为服务对象家庭提供帮助。

社会工作者针对服务对象存在的问题，结合他的优势，运用结构家庭治疗模式进行介入：即以家庭作为治疗的单位，以改变家庭的交往方式为目标，运用系统理论、学习理论和沟通理论了解服务对象家庭组织结构和互动方式；运用心理分析理论了解他个人的心理状态。首先，在个人层面，社会工作者运用不批判、接纳等支持性技巧以及“爱·疗愈”服务理念，通过谈话与游戏的方式了解服务对象，初步与服务对象建立了良好关系。这个过程有利于社会工作者发现服务对象的兴趣点以及基本情况，以便更准确地评估问题。之后，社区工作者带领服务对象参与活动，比如和其他小朋友做游戏、做手工、参与志愿者活动等，鼓励服务对象记录开心的事情，还约定好每次见面的时候与社区工作者进行分享，并在此过程中给予支持与鼓励。社会工作者带领服务对象与辖区内亲子志愿者进行爱心结对，与服务对象建立友好关系。在入户探访时，社会工作者发现服务对象家中较为凌乱。父母平时打零工，没时间打扫卫生，基本都是由爷爷奶奶打扫，但他们年老，也不能完全顾及。社会工作者带着志愿者引导服务对象自己学会干一些扫地、叠被子之类的家务。并且，社会工作者还邀请了专业的心理辅导老师对服务对象进行心理辅导，解决他的心理问题。在家庭层面，鼓励服务对象父母与孩子经常沟通，向他的父母和爷爷奶奶传授正确的亲子教育技巧，避免过度溺爱，制造机会带动服务对象与家庭成员的良性互动，让服务对象感受到亲人的关爱和呵护以及家庭的温暖。在社会支持层面，社会工作者还帮助服务对象家庭链接爱心企业。

经过社会工作者一段时间的介入，服务对象的学习和生活渐渐步入正轨：他的学习成绩有所提升，学习能力也得到了增强；还交到了许多朋友，扩大了交际圈，提升了交往能力；情绪方面不再表现出叛逆，更加听爷爷奶奶的话，家庭氛围更加和睦。并且，服务对象表现得十分积极，主动提出希望社会工作者能经常来家里做客，自己也会继续向社会工作者分享快乐的事情。总而言之，服务对象在各个方面都有了明显的进步和成长，爷爷奶奶对此感到满意，给予了社会工作者肯定。

（供稿者：徐秋立，雨花台区板桥街道板桥社区）

【专家点评】

父母教育缺位造成家庭中亲子子系统缺失，结构式家庭治疗的目标是在于家庭结构的改变，即重建家庭的正常结构，其最大的特点就是通过行动的改变带动理解。而在本案例中，父母教育缺位主要由于其自身残疾与家庭经济困难的问题，重建亲子子系统的难度非常大。因此，结构式家庭治疗的介入方法在本案例中更着眼于家庭沟通、教育方法的改善，可进一步讨论使用方法，让服务技巧恰到好处，行之有效。

案例六

一米书桌

——撑起困境儿童一片天

南京市六合区竹程社区目前共有7名困境儿童，其中小刘是一位特殊的服务对象。小刘出生于2009年，是一名孤儿。父亲系上门女婿，而母亲和小姨则患有重度精神病。父亲在小刘出生后不久便离世，外公外婆年老体弱，健康状况欠佳，监护能力有限，家庭主要依靠务农为生，生活贫困，仅仅依赖低保维持。小刘因缺乏关爱和呵护，身体状况较弱，性格内向。他目前在当地小学就读，但同学间的交流相对较少。

依据社会支持理论的观点，一个人所拥有的社会支持网络越强大，就能够越好地应对各种来自环境的挑战。以社会支持理论取向的社会工作，强调通过干预个人的社会网络来改变其在个人生活中的作用。特别是那些网络资源不足或者利用社会网络的能力不足的个体，社会工作者致力于给他们提供必要的帮助，帮助他们扩大社会网络资源，提高其利用社会网络的能力。

服务对象母亲系精神病患者，外公外婆年迈且体弱多病，家庭支持网络薄弱，抗风险能力差，而且服务对象身处农村社会系统，各方面社会资源匮乏。社区工作者在服务过程中着力整合政府、学校、媒体、亲友等资源，搭建社会网络，以期解决服务对象的心理问题和学业问题。

一、建立良好的专业关系，收集服务对象的家庭资料，明确需求及问题。社区工作者首先向社区了解基本情况，通过家访，大致了解服务对象及其家庭基本情况。服务对象家庭共五口人：服务对象、外公、外婆、母亲、小姨。服务对象 10 岁，就读当地小学，外公外婆年老体弱，母亲和小姨系重度精神病患者，每月家庭医药费上千元。通过家访明确以下需求：提供学业和生活帮助。

二、与服务对象建立信任关系，引导服务对象健康成长。在制定服务计划后，社区工作者与先期组建的社区妈妈志愿团的志愿者多次去家中、学校看望并积极与服务对象交流，进行心理疏导。妈妈志愿者辅导服务对象的学习并教服务对象一些青春期的生理知识，引导其与同龄人一同参与社区活动，增加交流。随着服务次数的增多，服务对象从开始的沉默寡言及害怕疏远转变为接纳信任，服务对象的老师与外公外婆形成了良好的沟通机制，通过一段时间的跟进，服务对象和社区工作者形成了良好的信任关系，为今后的持续服务打好了基础。

三、链接资源，解决服务对象心理问题和学业问题。了解到服务对象没有一张可以看书学习的书桌，平时都是在椅子或者是餐桌上看书，机构决定向当地木匠定做一套学习的桌椅，为服务对象打造属于自己的一小片天地，解决服务对象学习环境问题。链接社区妈妈志愿者，经常上门看望服务对象，了解服务对象最近的生活和学习情况，辅导服务对象功课、讲解青春期知识等，让服务对象感受到了来自社区大家庭的关爱，经过一段时间的接触，服务对象和妈妈志愿者的关系十分融洽，时常会有一些亲昵的小动作。目前，妈妈志愿者仍经常上门探望，在项目结束以后，表示依旧会关心服务对象的成长和生活。

四、搭建起“爱心人士—志愿者—村委—学校—乡镇—社工”的社会支持网络体系。爱心人士通过资金、物资和经验分享等方式为社区提供支持，成为社区发展的重要动力。志愿者作为社区服务的骨干力量，可以参与各类服务项目，满足居民多样化需求，同时发挥信息传递的作用，将社区的声音传达给其他参与方。

与此同时，村委和学校作为社区组织的核心，承担着社区建设和教育的责任。通过与爱心人士和志愿者的合作，共同推动社区事务的发展。乡镇作为社区服务的协调者和政策执行者，可以提供更广泛的资源支持，推动整个社区服务平台的运作。社工作为专业的社会服务提供者，可以为社区居民提供更专业的支持和咨询服务，发挥专业技能的优势，促进社区的健康发展。

（供稿者：魏雪，六合区程桥街道竹程社区）

【专家点评】

针对农村孤儿的介入具有深远的社会意义，有针对性的支持措施可以帮助他们克服困境，实现更好的发展，同时促进农村社区的整体繁荣。本案例不仅注意到服务对象眼前的困境，也发动社会资源、注重了服务对象的长期全面发展，是具有社会工作取向、基于社会支持理论完成的一个个案。同时，案例中的“爱心人士—志愿者—村委—学校—乡镇—社工”的社会支持网络体系各环节对农村孤儿的帮助存在志愿性，能够有效拓展社会支持网络，但是其成本负担主体分散不明确，还需要社工进一步培养其拓展社会网络的能力。此外，对于全体农村孤儿，社工更需要关注的是社会保障制度对困境儿童的保护。

案例七

家庭亲子关系助力困境青少年重启学习之路

小明，男，16 周岁，初三学生，家住南京市江宁区某小区。因处于青春期，性格强势、激进，好奇心重，学习成绩一般，常与母亲争吵。2021 年 3 月，因结交社会不良青年，被送去湖南一所封闭式管理学校进行教育。2021 年 9 月再次入学，因环境改变、身旁无同辈支持、学习压力大等因素，学习与生活陷入了极度困境，一度不去上学。经过半年休学，跟不上初三的学习节奏，表现出上课睡觉、下课串班、作业不写的现象；而其父亲无法与他进行正常沟通，母亲文化水平不高，便用争吵、冷战等方式与之相处。

小明其实性格开朗，对人热情，但一谈起母亲的话题则态度骤然改变，所以工作人员能感觉到他与母亲的关系紧张。小明的问题聚焦于厌学行为与家庭关系。社会工作者和心理咨询师介入，根据认知行为理论和家庭系统理论分析问题产生的原因，帮助其修正不理性的观念，端正学习态度；使用萨提亚家庭治疗模式，协助其父母调整亲子沟通方式，改善家庭关系和亲子关系。

第一阶段：①初步了解服务对象家庭成员及其背景等基本信息，服务对象的生态系统图和家庭照顾模式；②向服务对象及其母亲介绍个案服务领域、机构个案服务的范围以及机构愿意提供的服务；③确认服务对象是否愿意接受服务，告知服务流程，签订服务协议书；④与服务对象建立信任关系，沟通了解其心情与状态；⑤与服务对象及其母亲单独沟通了解心情与状态。

第二阶段：①重新梳理服务对象及其母亲的需求，量化指标，比如减少晚自习与周六补课时间，暂定先减少一个月。②与服务对象母亲沟通，让其了解家庭生命周期的变化：服务对象是独立的个体，而不是没有自我意识与想法的小孩子。③帮助服务对象母亲认清服务效果，使其懂得并不能仅通过几次服务就实现彻底改变；同时初三课业量大、作业难度大，服务对象进入初中以来，学习成绩一般，并不能通过补课一蹴而就；并且考虑家庭经济条件的因素，结合服务对象不擅长学习的自述，强行补课与约束只会适得其反。④确认服务目标：减少晚自习与补课的次数，增加自己做饭、打水洗澡的次数，不强行干涉服务对象交友的自由，提高管理情绪的能力，教授亲子沟通技巧、链接资源，寻找继续学习的可能。

第三阶段：①通过理性情绪行为疗法，协助服务对象认识到自己不合理的信念，协助其正常上学。同时，让服务对象母亲学会关注自身的安全、情绪与状态，在保证自身安全的前提下，提高遇到棘手事情解决问题的能力，比如辨是非、学会站在儿子角度思考问题等。②协助服务对象的母亲认识到该阶段青少年的特点，如爱好攀比，需要尊重、自由与空间等，做到少批评、多鼓励，发表意见之后尊重服务对象的想法，让青少年正向成长。③每次访谈结束后，让服务对象的母亲自主练习，在线上与社会工作者保持沟通与思考。

第四阶段：①肯定服务对象自我照顾的能力；②赞扬服务对象的母亲提高正向沟通表达的能力。

第五阶段：①服务对象回顾服务的目标是否已经完成，是否可以结案。②服务对象的兴趣与服务对象母亲的思想转变、家庭教养职能的提高密不可分。③本案结案一个月之后，服务对象与服务对象的母亲关系缓和。

基于生态系统理论，通过服务对象真实需求，从服务对象的家庭系统着手，促进家庭成员角色的转变，提高家庭成员的职亲能力，满足了服务对象的需求。服务对象及其母亲在社会工作者的引导和资源链接下，通过自己的努力，家庭关系缓和，服务对象继续求学，顺利融入学校生活，与老师同学建立一定的社会交往关系。服务对象在沟通中，表达了对未来的想法与看法，而服务对象的母亲在与服务对象产生冲突时，也有了一定的应对思路与措施，在工作之余，也会把精力关注在自己身上，学会照顾自己、取悦自己，拥有自己的时间。

（供稿者：张令萍、吕婷，江宁区东山街道）

【专家点评】

优化亲子关系对社会有着积极的影响，建立稳固的家庭基础有助于培养更加健康、积极的个体，为社会创造更加和谐、稳定的发展环境。该案例运用认知行为理论和生态系统理论，细致分析评估，合理方法介入，恰当制定目标，是一个在改善亲子关系方面值得学习借鉴的案例。

助力贫困学生，推动教育公平

在社会工作领域，促进教育公平是一个重要的工作目标，尤其在支持社区贫困学生的教育方面更显得尤为紧迫。社区中的贫困学生常常因家庭经济困难、社会资源匮乏而面临重重障碍，难以获得平等的教育机会。社会工作者通过构建多维支持体系，整合社区资源、发动社会力量、提供个性化支持，以促进贫困学生的全面发展。这种支持体系不仅涵盖经济援助，还包括心理支持、教育辅导、文化熏陶和社会责任感的培养。

社会工作者结合赋权理论、生态系统理论、可持续发展理论等，通过建立多元化资金支持网络、党建引领教育支持、丰富社区教育活动以及推动品牌化助学项目等路径，为社区贫困学生提供全面的教育支持。通过这些策略的实施，社会工作者可以有效地帮助贫困学生克服教育障碍，实现他们的学业梦想，同时推动社区的和谐与发展，促进社会的教育公平。

一、建立多元化的资金支持网络。依据赋权理论为弱势群体提供资源和机会，能够增强他们的自主性和自我效能感。通过多元化资金支持网络，可以为贫困学生提供经济上的支持，消除他们的教育障碍，使他们有平等的机会接受教育。具体措施包括：**多方合作与资金募集。**社区应与企业、慈善机构、社会组织和个人慈善家合作，建立多元化的资金募集渠道。通过成立助学基金会或专项基金，募集奖学金和助学金，为贫困学生提供长期稳定的经济支持。**专项基金和助学金设置。**设立针对贫困学生的专项基金和奖学金计划，根据学生的学习成绩和家庭经济状况，提供不同层次的经济资助，激励学生努力学习。根据社区学生的不同需求，制定具体的资助标准和发放程序，确保公平透明。

二、建立党建引领的教育支持体系。结合社区组织理论（Community Organization Theory），党建工作通过动员社区资源和力量，为贫困学生提供全方位的教育支持。通过社区的动员与集体行动，社会工作者不仅提升了贫困学生的学业表现，还通过情感支持和心理辅导，增强他们的社会责任感和归属感。具体措施包括：**党员志愿者一对一帮扶。**社区党组织动员党员与贫困学生结成"一对一"帮扶对子，提供学业辅导、生活照顾和心理支持。党员可以在学业上帮助学生提高成绩，在生活中提供情感支持，帮助他们树立正确的价值观和人生观。**组织红色教育和社会实践活动。**结合党建工作，组织学生参与红色教育和社会实践活动，培养他们的爱国主义精神和社会责任感。

三、提供丰富的社区教育活动，促进资源共享。根据生态系统理论强调个体的发展是不同环境系统相互作用的结果。通过丰富的社区教育活动和资源共享，社工可以为贫困学生提供多样化的学习和成长机会，增强他们的知识面和社会适应能力，帮助他们在多元环境中全面发展。具体措施包括：**社区教育与文化活动。**社区应利用本地文化和教育资源，举办丰富多彩的教育活动，为学生提供学习和发展的平台。这些活动可以包括文化节、科普讲座、艺术展览等，帮助学生扩展视野和培养兴趣。例如策划社区教育活动计划，邀请本地专家、学者和志愿者参与，确保活动内容的多样性和教育性。**高校合作与教育资源共享。**与周边高校建立合作关系，开展联合教育项目和志愿服务，帮助贫困学生提升学业水平和综合素质。例如定期组织高校学生到社区开展教育辅导和兴趣课程，促进学生之间的交流和学习。

四、推动品牌化助学项目与可持续发展。依据可持续发展理论，社会项目的长期可持续性是关键目标。通过品牌化助学项目，不仅能够增强项目的影响力和吸引力，还能确保助学工作的长期性和稳定性。具体措施包括：**打造助学品牌项目。**通过创建社区助学品牌，形成独特的文化氛围和品牌形象，吸引更多社会资源和关注，提升项目的可持续性。

具体行动包括每年举办品牌活动，宣传助学成果，吸引更多社会力量参与。**巩固社区支持体系**。通过品牌化项目的运营，增强社区凝聚力和社会责任感，营造良好的助学与育人氛围，确保助学工作的长效发展。具体行动包括建立项目评估与反馈机制，定期评估项目成效，调整策略，确保助学活动持续改进。

案例一

助学兴社区，感恩成长路

栖霞区栖霞街道五福家园社区建于 2003 年，下辖 72 幢居民楼，2 579 户居民，常住人口近 8 000 人，18 周岁以下未成年人达 962 人，占总人口数 12%。社区主要用于安置仙林大学城失地农民，也是全区较早的经适房小区，拆迁安置时间较早，困难弱势群体较多。2009 年一位女学生以优异的成绩考入南京大学商学院，但因家境贫寒，家庭难以支撑她继续求学，社区经多方协调，为她申请到希望工程“圆梦行动”的资助，帮助她顺利走入大学殿堂。以此案例为出发点，五福社区的社区工作者从搭建助学平台、党建引领社区助学、红色教育为切入点，助力社区内的学子顺利升学，主要的手段包括：

一、建立独立的社区助学机构。在五福家园社区成立一个专门的助学机构，负责协调和组织社区内的助学活动。该机构由社区工作人员、志愿者和社会工作者组成，确保有足够的人手来开展工作。通过深入调查和定期更新，建立一份详细的助学档案，这份档案包括社区内所有需要资助的学生的个人信息、家庭状况、学业成绩以及助学需求等。

二、充分发挥仙林大学城高校资源丰富的优势，与高校协同育人。2019 年 8 月联合南大马院、南师大公管院、南师大生科院、南中医校团委、南工院计算机与软件学院等 7 家院校共同成立“学子联盟”，开展学子系列教育活动，在志愿服务、助教助学、关爱成长等方面为学子搭建了全新的平台，先后开展了健康卫生讲座、保护生物安全的环保行动、急救知识培训、亲子阅读等活动。

三、建立多元的资金和支持渠道。通过与企业、社会组织和个人的合作，争取更多的资助资源，为困难学生提供更多的帮助。对接各级党委政府、爱心企业，凝聚慈善资源。自2009年举办第一届学子论坛以来，在各级党委政府、社会企业、爱心人士关心支持下成立爱心助学协会，募集爱心善款，对优秀学子和困难学生发放奖学金、助学金。2011年在举办第三届学子论坛之际成立了学子基金会，各级政府部门和众多企业深受感动，南京高科置业公司、江苏巨星路桥公司、南京路奇电子科技有限公司等一大批爱心企业纷纷加入赞助队伍。值得一提的是，个人捐助代表丁戈是五福家园第一届受助学子，经过十年的成长，如今反哺社区，感恩社会，在第十届“学子论坛”上以个人名义捐赠价值万余元的钢琴一架。2023年成功举办第十五届学子论坛活动，学子基金会累计募集爱心善款136万元，今后将不断提高奖学助学标准，加大帮扶力度，营造尚学氛围，助力困难学生成长，打造幸福家园。

四、党建引领学子求学，感恩家国社会教育培养。在社区党组织的领导下，开展各项助学活动，确保党的优良传统和作风贯穿到助学工作中去。鼓励社区党员与困难学生结对子，进行定期的帮扶活动。党员可以为学生提供学习辅导、生活照顾、心理疏导等方面的帮助。通过党课、座谈会等方式，加强对困难学生的思想引领，引导他们树立正确的世界观、人生观和价值观。

在助学活动中融入红色教育元素，弘扬革命传统和爱国主义精神。组织学生参观革命遗址、纪念馆等，让学生了解党的历史和优良传统。邀请老党员、革命先辈为学生讲述革命故事和先进事迹，让学生了解党的奋斗历程和伟大成就。通过学习先进事迹，激发学生的学习热情和进取心。组织学生参加一些红色实践活动，如义务劳动、环保行动等，这些活动可以培养学生的爱国情怀和社会责任感，同时也可以提高他们的实际操作能力。

2016年8月成立“祥泰敬老”“助力成长”“文明先锋”三支志愿

服务队，组织学子开展志愿服务，从身边点滴小事做起，弘扬尊老助小传统美德，培育回馈社会、回报社会的感恩之心。值得一提的是新冠疫情防控期间，学子响应号召，积极主动参与社区疫情防控工作，增强感恩社会、回馈社区的志愿服务精神。在第十二届“学子故事”分享会上，现场访谈了一位往届学子，作为一名90后的年轻党员，她讲述了抗疫一线的经历和感悟，表达了在党和政府领导下全社会共同抗疫的坚定信念，并向所有守护家园的社区卫士致敬。

2009年至2023年，五福家园社区“学子论坛”奖学助学项目共成功举办15届学子论坛，累计向370名优秀学子和214名困难学生发放奖学助学金达百万元，其中博士生2人、研究生32人、本科生212人。如今，“学子论坛”已成为展示五福学子风采、弘扬五福社区文明、促进五福家园和谐的亮丽名片，喜获“栖霞区十大党建品牌”“南京市终身学习品牌”“江苏省优秀校外教育辅导站”等荣誉，得到了各级党委和政府充分认可与肯定，成为在全区、全市有较高影响力的社区党建创优、社会建设创新的典型品牌。

（供稿者：秦明珠、李玉霞、谢锦元，栖霞区栖霞街道五福家园社区）

【专家点评】

贫困学生的社会救助是政府的基本责任。构建多元化资金支持网络是本案例最大的亮点，通过构建多元化资金支持网络，能够在最大程度上使贫困学生获得学业支持上的帮助，也为他们在政府的社会救助基本责任之外寻求到一条更有效的救助路径，让更多的社会资源进入到贫困学生的帮扶中。同时，志愿服务的加入让贫困学生的生活和心理获得很多帮助，也为贫困学生全面健康成长提供可能。

打造儿童友好社区 推动儿童参与

在社会工作领域，打造儿童友好社区是促进儿童全面发展的重要举措。儿童友好社区不仅关注儿童的生存与发展，还重视其参与权的实现和保护。这种社区建设理念强调从儿童的视角出发，通过提供安全的环境、丰富的教育资源，以及鼓励儿童参与社区事务，帮助他们在健康、包容的环境中成长。社会工作者结合生态系统理论、赋权理论和社区参与理论，通过以下四个综合路径，构建一个有利于儿童健康成长的社区生态系统。这些路径旨在整合社区资源，激发社区参与，提升社区整体的儿童友好水平，为儿童创造一个安全、健康、和谐的生活和学习环境。

一、构建儿童友好的社区安全生态系统。根据生态系统理论儿童的成长和发展深受其物理和社会环境的影响。一个安全的社区环境不仅能减少儿童面临的潜在风险，还能为其提供探索和学习的空间。具体措施包括：**改善社区基础设施和安全设施。**确保社区的基础设施如路面、街道、照明等设备的安全和维护。特别是在儿童常活动的区域，如学校周边、游乐场和公园，需定期检查和维护。例如：制定社区安全设施检查计划，组织志愿者定期检查路灯、监控摄像头、交通标识等设施的完好性；与社区警务人员合作，加强社区巡逻和儿童活动场所的安全监督。**建设儿童友好的公共空间。**创建安全的儿童活动区域，如儿童公园、游乐场、运动场等，配备符合儿童年龄和发展需要的设备和设施。具体行动包括与儿童和家长共同设计和规划儿童友好空间，确保设备符合安全标准；建立社区儿童娱乐区，增设如软地板、护栏等安全设施，并定期维护和更新设备。

二、建立儿童在社区治理中的主体参与机制。根据参与理论强调儿童作为社区成员，有权参与决策过程。通过参与，儿童可以发展出更强的自主性、责任感和公民意识，增强他们对社区事务的参与度和影响力。具体措施包括：**建立儿童议事会和参与平台**。设立专门的儿童议事会或儿童代表团，让儿童有机会参与社区决策和治理，表达他们的想法和建议。具体行动包括定期组织儿童议事会议，讨论与社区建设相关的儿童议题，如安全、环境、教育等；通过民主选举或志愿报名的方式选出儿童代表，参与社区决策过程。**组织多样化的社区活动**。策划和组织丰富的社区活动，如节日庆祝、艺术展览、环保行动等，鼓励儿童积极参与，增强他们的社区认同感和归属感。具体行动包括每月定期策划儿童参与的社区活动，如绘画比赛、环境保护日、亲子运动会等；通过活动增强儿童对社区的归属感和认同感。

三、发展多元文化资本与教育资源的赋权路径。根据赋权理论，提供丰富的教育和文化资源有助于提升儿童的文化资本和社会适应能力，并增强其自我效能感。为实现这一目标，可采取以下具体措施：**提升社区教育资源**。通过与当地学校、图书馆、博物馆等教育和文化机构的合作，提供多样化的教育资源和活动，满足儿童多样化的学习需求。具体行动包括与学校合作，邀请社区内外的专家和志愿者为儿童开设各类兴趣班和技能培训班，如绘画、音乐、科学实验等；组织参观博物馆和文化遗址，帮助儿童提升文化认知和历史认同感。**建设儿童文化设施与教育基地**。在社区内建立如历史文化馆、家风家训馆等场所，为儿童提供了解社区历史文化的机会。具体行动包括建设社区文化场馆，如古雄记忆馆、侨史纪念馆等，组织儿童参与文化活动和讲解培训，增强他们的文化认同和归属感。

四、构建基于社区和家庭的综合支持网络体系。根据社会支持理论，家庭和社区的支持系统对儿童的发展具有重要影响。通过构建全面的家庭服务体系，社会工作者能够增强家庭对儿童的支持与关爱，促进儿童的健康成长。具体措施包括：**提供家庭教育和心理支持服务**。设立家庭教育资源中心，提供家庭教育培训、心理辅导以及亲子互动等服务，帮助家长提升育儿能力，优化家庭教育环境。如举办家庭教育讲座、亲子沟通工作坊等活动，传授科学育儿方法与技巧；提供家庭心理咨询服务，帮助家长处理家庭关系与育儿中的挑战。**促进家庭与社区的互动合作**。通过组织家庭参与社区服务和活动，增强家庭与社区的联系与合作，共同促进儿童健康成长。如组建家庭志愿者队伍，鼓励家庭成员参与社区建设活动，如环保行动、安全检查等；通过家庭志愿者联盟，进一步促进家庭与社区的协作与互动。

案例

传承古雄文化　赋能儿童成长

古雄社区原名古雄村，清初建村，拥有悠久的历史。辖区内常住人口 2 980 多户，总共 10 000 多人，其中未成年 1 500 余人。近年来，随着城市化快速发展，地区人口不断涌入，新老居民利益诉求交织，价值观念逐渐多元，对品质生活的向往与地区发展不平衡不充分的矛盾日益凸显。同时，“双减”政策也对基层社会治理现代化提出了新的要求。为此，古雄社区立足儿童和家庭实际需求，将儿童友好理念融入整体发展规划，从建设、保障、服务等方面关注关心关爱儿童成长，聚焦“七个友好”，推进友好型空间升级，改善儿童出行体验，拓展儿童人文参与平台，不断提升儿童的获得感、幸福感、安全感，探索出一条以儿童视角助力基层治理、传承家国文化的“儿童友好”社区建设发展新路径。

社区工作者通过走访发现，社区内缺少供儿童使用的设施，更多的是聚焦于成年人。并且，社区空间较大，交通状况复杂，儿童在过马路的时候存在危险性，社区空间缺乏安全感。另外，社区儿童参与议事的机会少。虽然社区设立了议事会和居民委员会，但儿童并不具备话语权。而对于社区基层治理来说，全年龄参与是未来社区治理的趋势，儿童的意见和建议对社区治理同样重要。再者，社区文化建设不足，虽然古雄社区历史悠久，但并未将其文化优势很好地发挥。而且社区与周围的医院、学校和街道等具有教育意义或历史文化的场地、机构缺少合作，周边文化开发严重不足。

针对以上问题，古雄社区以儿童为核心进行社区建设。首先，社区工作者从小朋友们喜欢的 Logo 入手，带领他们走进社区场馆。久而久之，儿童就产生了兴趣。社区工作者通过实地考察、问卷调研和访谈等方式，收集了 407 份儿童及其亲属和其他居民对于儿童友好型社区的看法。之后，社区工作者从“一米高度看世界”的角度出发，建设“三馆四片区”。其中，“三馆”指的是家风家训馆、古雄记忆馆和华兴村侨史纪念馆。“四片区”指的是按照地域划分一些未拆迁片区的村组。

针对社区空间缺乏安全感、交通复杂等问题，社区工作者在空间规划和设计时充分考虑到儿童的安全性，通过议事会的形式，规划了安全出行路线。这条路径从商品房小区通往社区，周边都是商铺，每家店都安装了监控，更好地保障了儿童的安全。在保障安全的同时，这条路径链接了家风家训馆等社区场馆，能够让儿童在安全回家的同时，还能一路感受社区文化的熏陶。在路径规划完毕后，社区安全员带领小朋友们探索这条安全路径，并邀请小朋友们对其进行装饰。小朋友们在安全路径上画了彩虹斑马线等元素，使其成为古雄社区一道靓丽的风景线。

此外，在社区的支持下，小朋友们还成立了“咕咕鸡议事会”，定期召开儿童议事会。儿童议事会又名小小民生观察团，由 5—6 名核心成员组成，他们的年龄相对较大，在举行活动时可以引导年纪小的儿童参与。议事会成员通过社区专门的儿童微信群自主报名。为了提升儿童议事水平，“咕咕鸡议事会”还由儿童自发制定了议事小礼仪。到目前为止，“咕咕鸡议事会”的核心成员带领小伙伴从儿童视角出发，选择适宜的议题，发出自己的声音，补足社区治理中的“盲区”。通过“咕咕鸡议事会”，围绕氛围营造、适龄服务、安全出行等核心议题，共开展 12 次儿童议事活动。推动儿童议事会卡通形象、儿童户外友好空间美化与改造、儿童安全出行路径、儿童友好地图等多项行动落地见效。例如，小朋友们自主设计了议事会的 Logo、古雄社区的行政拼图。其中，Logo 中的色彩使用具有特别的意义，热忱——中国红、仁爱——大地黄、德善——青莲紫、奋发——碧穹蓝。古雄社区的行政拼图上也都标注了儿童友好元素。这些文化周边产品的开发既体现了古雄社区儿童议事的能力，也展示了古雄社区的儿童友好文化。

社区还规划了“YI 平米交换”空间。交换规则是小朋友把家里闲置的玩偶放到交换空间去，再把交换空间里自己喜爱的玩偶带回家。这是由一名热心的妈妈提出的建议，在社区的支持下，这位妈妈组建了 20 人的青少年家长志愿者联盟。“YI 平米交换”空间位于富力二期门岗处，空间内的封面字体均由小小民生观察团的成员们探讨决定。在启动仪式当天，孩子们严格遵守规则，将带来的物品登记在册，再贴上标签，放到交换空间里。仅一天时间便登记了 116 件物品。

社区还成立了儿童志愿者联盟，由儿童带动家庭，让父母参与社区活动发挥力量，比如链接外部资源来促进社区建设，这体现了“五社联动”的概念。一些律师也加入志愿者联盟之中，对儿童进行引导。社区还考虑到一些儿童年龄较小，组织 0—3 岁的儿童定期到社区场馆阅读亲子绘本，同时引导他们的亲人加入志愿者队伍。另外，社区还与学校进行“校社共建”，招募了侨史馆小小讲解员，作为家风传承的文化小使者，弘扬家乡文化。

在社区、儿童以及家属和其他居民的不断努力下，古雄社区的儿童娱乐空间成功打造，空间安全性得到保障，儿童参与平台已建立，社区文化得到传承；氛围营造提档升级，全域儿童友好建设得到助力；“小公民大思考”，培养了社区治理共同体意识；通过传承家国情怀，倡导文明和谐新风尚。由此，古雄社区被评为南京市第一批儿童友好社区。

（供稿者：白玲、华玉勤，雨花台区古雄街道古雄社区）

【专家点评】

本案例中社区为儿童友好社区的建设做出了诸多举措，但场馆、出行路线等称之为“儿童友好社区建设发展新路径”欠妥，这些举措只是弥补了社区在适儿化建设上的不足，出行安全是一个和谐、安全的社区的基本保障责任。但“YI平米交换”空间等服务很有特色。同时，儿童参与社区事务的目的是培养其参政议政能力，通过正确的引导与教育能够为后期的服务工作提供基础，也能为未来中国社区治理提供良好的居民基础。

青少年高危群体干预策略：从家庭支持到社会资源整合的路径探索

对青少年高危群体的干预与支持是社会工作领域中的重要议题。青少年处于生理与心理发展的关键时期，易受到家庭、学校和社会多重因素的影响，呈现出较高的脆弱性与风险行为，特别是在网络成瘾、单亲家庭适应问题、情绪障碍及自杀风险等方面。社会工作者在介入过程中，需要全面评估青少年的需求，可结合危机干预理论、家庭系统理论、依恋理论及赋权理论，从多维度展开介入，包括家庭支持、心理健康干预、社会参与促进及社区资源整合。此类综合性干预不仅能够有效改善青少年的心理健康状态与社会适应能力，还能增强其自我效能感与生活积极性，从而预防高危行为的发生。

一、家庭支持与关系重建。通过改善家庭沟通和增加家庭支持，帮助青少年建立情感安全感和归属感，减少行为问题和心理困扰，促进家庭关系的重建和功能恢复。依附理论（Attachment Theory）和家庭系统理论（Family Systems Theory）指出，家庭是青少年社会化的主要场所，稳定的情感纽带和支持系统对青少年的心理健康与行为发展至关重要。青少年的高危行为（如网络成瘾、自杀倾向、离家出走）往往与家庭关系紧张、亲子沟通不畅等密切相关。具体措施包括：**家庭沟通与亲职教育**。社工可以通过家庭辅导和教育，帮助家长理解青少年的心理需求和情感变化，促进开放的亲子沟通。通过亲职教育培训，教授家长积极的教养技巧和有效的沟通方法。可以组织家庭教育工作坊，进行亲子沟通技巧培训，使用案例分析和角色扮演等方式，帮助家长提升与青少年的沟通能力。**家庭辅导与系统治疗**。对于家庭关系失调的青少年，社工应提供家庭辅导和系统治疗，帮助家庭成员识别并改变负面的互动模式，改善家庭功能。可以开展结构式家庭治疗或功能性家庭治疗，重点关注家庭内部关系修复与功能改善。**危机干预与支持网络建设。**针对有自杀或离家出走等倾向的青少年，社工需快速介入，建立家庭与社会支持网络，提供紧急心理辅导和情感支持，防止危机恶化。可以建立紧急干预小组，与家庭、学校、警察及医疗机构合作，制定并实施危机干预计划，确保青少年的安全与心理稳定。

二、心理健康支持与行为干预。认知行为理论（Cognitive Behavioral Theory）和危机干预理论（Crisis Intervention Theory）表明，青少年的行为和心理问题常与认知失调及情绪失控相关。为应对这些问题，及时的心理干预和行为矫正能够有效促进青少年恢复心理健康和正常生活功能。具体措施包括：**个体心理辅导与治疗。**针对青少年的心理困扰和行为问题，社会工作者应提供个性化的心理辅导和治疗，采用认知行为疗法、情绪管理技术等手段，帮助青少年调节负面情绪、修正认知偏差、改变不良行为。具体行动包括建立心理咨询服务站，提供一对一的心理辅导课程，并用标准化心理评估工具行评估和干预。**安全协议与危机处理计划。**在应对自杀倾向及其他高危行为时，应与青少年及其家庭共同制定安全协议，明确防范自我伤害和应对危机行为的措施及策略。具体行动包括签订安全协议，制定危机干预计划，明确当青少年出现自杀念头或其他危机行为时应采取的应急步骤，如立即联系社工或心理咨询师。**情感支持与行为矫正小组。**组织青少年参与情感支持或行为矫正小组，通过同伴支持和经验分享，提升其情绪管理能力和社会适应性，纠正不良行为。具体行动包括定期举办小组活动，运用团体讨论、情感表达练习和社交技能训练等方式，帮助青少年改善情绪和行为。

三、社会支持与社区资源整合。生态系统理论（Ecological Systems Theory）和赋权理论（Empowerment Theory）指出，个体的发展不仅依赖于家庭和学校，还需要广泛的社会支持与资源。通过整合社区资源和社会支持网络，能够为青少年提供全方位的成长支持。具体措施包括：**链接社区资源与社会服务**。通过与社区组织、政府部门及社会服务机构合作，为青少年提供经济援助、教育支持、心理健康服务等，确保其基本需求得到满足。具体行动包括建立社区资源地图，定期与各类服务机构进行沟通与合作，为青少年及其家庭量身制定个性化服务计划，确保社会服务的有效衔接。**促进社会参与与积极活动**。鼓励青少年参与社区活动、志愿服务和兴趣小组，提供社会互动及自我发展的机会，增强其社会适应力与归属感。具体行动包括策划社区活动，创办兴趣小组和志愿服务机会，安排社工或志愿者引导青少年积极参与，提供社交互动和个人成长的平台。**建立跨部门联动机制**。在应对青少年复杂问题时，整合教育、公安、司法、民政等部门资源，建立跨部门联动机制，提供全方位的支持和干预。具体行动包括成立跨部门工作组，定期召开联席会议，制定并实施联合干预计划，确保资源的有效整合与利用。

案例一

构建爱的三角形：单亲家庭青少年离家出走的危机干预

南京市江宁区东山街道的张女士在孩子们一岁时离婚，独自抚养双胞胎，成了一位单亲妈妈。她的孩子小宝在 3 岁时被确诊为孤独症，初中辍学在家，需要全天的生活照料；大宝则考入了南京市文枢中学读高中。离婚后，张女士的前夫一直未曾露面，且已有两年未支付赡养费。为了维持生计，张女士靠打零工生活。由于小宝需要照顾，张女士大部分时间和精力都花在了小宝身上，导致大宝在家庭中缺乏存在感，表现出严重的叛逆行为，学习成绩下降，母子关系也降至冰点。2020 年 10 月，大宝在学校因情绪崩溃试图跳楼，在老师和民警的及时干预下，被成功解救。经南京市脑科医院诊断，大宝患有中度抑郁和轻度焦虑，随后休学一年。

两个孩子的情况使得张女士不得不投入更多时间在家庭中，导致经济压力和精神压力双重增加。11 月的一天，大宝与张女士因家庭琐事发生争执，情绪失控，临时决定离家出走。他没有带现金，微信钱包中只有 16 元，手机电量不足且未带充电设备，花了近 7 个小时步行到南京火车站。张女士起初不相信大宝离家出走，且不愿主动联系他劝其回家，谎称会和孩子外婆去接大宝，延误了最佳处理时机，并拒绝外界的帮助。同时，大宝已乘坐当天中午 12 点的列车前往山东济南。

危机介入要求在有限的时间内快速、有效地帮助服务对象摆脱危机的影响，重新恢复稳定的生活状态。运用危机干预模式，需要在短时间内迅速解决服务对象的困扰，满足其紧急需求。

一、迅速了解服务对象的主要问题

大宝在与张女士争执后情绪失控，选择离家出走，未携带足够的现金和充电设备。在早晨 7 点，他在朋友圈发了一条消息，引起了志愿者小兰的关注。通过与大宝的互动，小兰得知他向朋友借了 93 元购买了去山东济南的火车票。购票后大宝身上不足 10 元，对未来几天如何生存感到迷茫。

社会工作者在早上 9 点得知大宝的情况后，迅速与志愿者小兰联系，确认大宝乘坐当天 12 点的列车前往济南的计划，并联系了张女士。张女士起初不承认大宝离家出走，并敷衍说会去火车站接他。在多次沟通后，社工发现张女士并未行动，且拒绝外界的帮助，同时大宝已进站上车。

社会工作者通过小兰了解大宝的生活状况，采用开放式提问，引导大宝表达自己的想法和感受，了解到大宝与张女士之间缺乏情感交流，亲子关系疏远，缺少共同话题。大宝表现出叛逆和逃避的心理，且已确诊中度抑郁。

在与张女士的多次交流中，社会工作者分析了她因家庭支持系统不足和收入微薄而引发的挫败感、自卑和无助的心理困扰，她对问题无所适从，甚至不愿接受他人帮助。

二、快速做出危险性判断

（一）评估

情感活动：大宝表现为回避危机情境，情感反应不符合逻辑，情绪状态冲动，缺乏理性，极力逃避家庭和亲子矛盾。张女士在确认大宝离家出走后情绪崩溃，陷入自我封闭的状态，拒绝与大宝联系和提供支持，并情绪激动地抱怨命运不公。

行为功能：大宝行为冲动，午夜步行七小时至南京火车站，提到在济南有朋友，但又表示无法联系朋友。手机没电且未带充电设备，社会工作者鼓励他向旁人求助，但他多次拒绝。最终在再三劝说下，大宝才答应继续沟通。张女士拒绝外界的帮助，不愿主动与大宝取得联系。

认知状态：大宝认为无法与母亲沟通，生活无目标和希望，沉迷于二次元空间以逃避现实。张女士对大宝的状态表示不理解和不支持。

（二）诊察可利用的资源及应对方案

首先，情境的支持包括志愿者小兰、社会工作者、大宝朋友、街道民政、社区和公安部门。其次，考虑应对机制，即当事人可以利用各种行为方式和周边资源摆脱当前危机困境，如志愿者、社会工作者及当地民警以保障其安全生存需求。再次，促进大宝建立积极、建设性的思维方式。

三、有效稳定服务对象情绪

社会工作者联合志愿者小兰，采用倾听与应急处理方式，一方面通过微信稳定大宝的情绪，跟踪他的位置信息和心理状态，并联络高铁工作人员确认大宝的安全；另一方面，多次与张女士沟通，为稳定其情绪进行了数小时的面谈。

首先，明确问题。从大宝的角度理解其所面临的问题在于亲子沟通障碍，他认为母亲“厌恶”自己，总是反对他的意见，打乱他的生活节奏。其次，确保人身安全，确认大宝的实时位置、身体情况、情绪状况、生存物资（如食物、水、手机）及安全情况。再次，提供资金帮助、物质支持和心理支持。

四、积极协助服务对象解决当前问题

首先，要获得行动许可和承诺。一方面，社会工作者与大宝的监护人张女士进行长达两小时的会谈，将大宝的实时情况和危机干预计划如实告知，获得她的许可；另一方面，向街道和民政部门报备，协调社会工作团队、大宝所乘列车及所在城市的民警等社会资源，为下一步行动做好准备。

其次，制定计划。第一步，确认有效的个人及组织团体，随时请求帮助，如民政部门、社会组织、社会工作者、民警、心理咨询师等。第二步，提供应对机制，指导当事人立即采取行动步骤。

在长达60小时的持续跟进中，大宝坐上了返回南京的列车，张女士将其接回家。通过此次危机的顺利解决，社工与案主的专业关系得到了进一步巩固，同时加深了大宝对社会工作者的信任。在后续服务中，社工积极链接社会资源，为家庭增加经济收入，缓解心理焦虑。通过资源链接为张女士提供就业岗位，探索成果转化和项目联动，将“爱的三角形”单亲家庭综合服务项目与“爱晚晴”东山街道特困老人服务项目对接。为张女士及其他单亲妈妈提供养老服务岗位，通过劳动获得报酬缓解经济压力。同时，开展培训，通过社会参与为她们赋能。此外，积极鼓励单亲青少年参与或组织社区的亲子活动和老年志愿服务，落实“助人自助再助人”的社会工作理念。

（供稿者：翟秀芳，江宁区东山街道）

【专家点评】

有效的青少年危机干预不仅有助于拯救个体生命，更有助于预防社会问题的进一步蔓延，为社会创造更安全、稳定的环境。该案例对于服务对象的危机干预快速及时、沟通耐心细致，较好地把握了危机干预时机，链接多方资源，非常成功地处理了一次危机事件。值得肯定的是，在危机干预结束后的后续服务中，又通

过链接资源为张女士提供岗位，探索成果转化和项目联动，解决了这次危机发生的原因之一。但是，对于亲子子系统与手足子系统的问题没有关注，后续可以在这方面改善服务对象家庭关系，防患于未然。

案例二

家校社合一 守护青涩

2022年3月7日，某区妇联接到辖区派出所电话，通报了辖区有1名未成年人有自杀倾向且需要帮助的事项，随即在辖区派出所会议室，街道司法所、关工委、妇联等单位工作人员与当事人学校老师等共同参加了现场调解后，决定将此案件转给某区民政负责。服务对象名为小A（化名），女，16周岁，目前在读初三，家庭情况为重组家庭，小A系非婚生子，亲生母亲在其出生后不久离开，一直未联系。小A与父亲和继母关系不好，继母曾对其有肢体及语言暴力，父亲处于对其情感关心不到位状态。父亲因小A与继母冲突不断升级，因此将其送往奶奶家居住。小A在学校成绩差，且受到同学的排挤，喜欢交男朋友，与社会人士有交往。小A存在焦虑和抑郁情绪，曾经有过自残行为，感到自我无价值和生活没有意义，认为自己不重要，食欲不振，失眠。项目具体的介入过程为：

一、应急处理，成立紧急介入小组。由于服务对象已经表现出自杀意念和行为，并且抑郁情绪严重，存在较高的自杀风险，社区工作者采取了先让心理咨询师进行心理疏导的措施。心理咨询师运用认知行为疗法和情绪中心疗法，协助服务对象及时宣泄情绪，同时调整其错误认知，帮助其摒弃非理性的想法。社区工作者借助心理咨询服务成功构建了与服务对象之间牢固的专业关系，并共同制定了安全约定。心理咨询师通过多种沟通方式，包括微信和电话，持续关注小 A 的状况。此外，心理咨询师再三强调，一旦小 A 产生自杀念头，务必迅速与心理咨询师或社区工作者联系，以便及时缓解消极情绪。在紧急处理后，小 A 的情绪逐渐平稳，并表示自己的自杀行为是由情绪冲动而导致失控的结果，随后她也对此行为感到懊悔。

其次促使联席会议的开展，成立了紧急介入小组，对服务对象进行紧急介入。紧急介入小组成员包括区检察院、区教育局、区公安局、区民政局、区司法局、区妇联多家单位的工作人员。针对服务对象情况，紧急介入小组进行了联席会议，制定介入目标及具体分工：确定了由区教育局保证小 A 在学校的人身安全，牵头部署联合家访的相关工作。学校与小 A 沟通寻找生母的意愿以及引导小 A 父亲带小 A 去脑科医院进行专业鉴定，确定后期的跟进方向和措施。由辖区各相关部门进行属地保护，链接资源为小 A 提供专业心理咨询服务和关爱服务，全力配合各单位进行相关工作。

二、开展联合家访，引起其家庭成员重视。由紧急介入小组共同去小 A 家开展联合家访，促使小 A 的家庭成员重视小 A 的情况，最终小 A 的父亲同意小 A 在学校的心理工作室先进行评估，根据评估结果讨论是否去脑科医院进行抑郁症鉴定。随后小 A 在学校的心理咨询室进行评估，评估结果良好，目前在学校情绪稳定。经过多方协商，小 A 同意去学校上学，完成中考，先平稳度过人生重大时刻。

三、社区工作者及时引导，协助小 A 面对自己。干预非理性认知，鼓励其宣泄负面情绪，共同探讨情绪管理的方法和技巧。加强亲职辅导，改善父女关系。社区工作者与小 A 共同分析梳理家庭当前面临的问题及重要关系，通过搭建沟通桥梁，反馈小 A 的状态以及心理需求，引导其父亲反思自身教育方式，促进小 A 与父亲之间的沟通，使得双方可以更加顺畅地表达自己的需求和感受。

四、联动资源，建立社会关爱的氛围。联动小 A 家属、民政、妇联、团委、司法所、派出所、教育局多方介入救助帮扶。司法所提供经济支持，派出所加强监护指导，妇联团委进行精神关爱等，教育局加强学校对小 A 的重视。

五、巩固服务效果，做好结案准备，处理结案情绪及后期跟进工作。该阶段社区工作者主要是与服务对象回顾整个服务过程，对服务对象的成长与改变给予肯定和支持，总结服务开展的成效。同时社区工作者也定期进行回访，跟进服务对象的后续发展问题。

在本案中，社区工作者的价值体现在多重角色结合和资源的整合当中，例如在心理层面充当辅导者和教育者的角色，在资源链接上扮演提供者的角色等，在处理复杂个案时，社区工作者不仅需要调动自身的资源，更要调动服务对象身边的资源，使得个案的成效更加持久和巩固。社区工作者担任不同角色提供服务时，最重要的角色是“使能者”，相信服务对象虽然暂时处于困境当中，但他们自身仍然具有优势和潜能面对困境，社区工作者需要引导服务对象及其家庭多思考、多赋能，增强服务对象克服困难的信心和技能，最终达到助人自助的目的。

（供稿者：刘梦瑶、胡先青，浦口区桥林街道社工站）

【专家点评】

对自杀倾向青少年的干预具有深刻的社会意义，挽救年轻生命不仅关乎个体，也关系到社会整体的心理健康和社会稳定。在案例中，社区工作者通过联动小 A 家属、民政、妇联、团委、司法所、派出所、教育局等多方力量，提供了全方位的支持和帮助。不过，案例中虽然进行了联合家访，但没有详细涉及对小 A 家庭问题的深层解决，对于家庭关系的调整和解决仍需进一步关注。案例中虽然有了初步的介入和紧急处理，但对小 A 长期发展的具体规划较少，可在后期介入中加强。

案例三

Z同学的“退网之路”

Z同学今年初二，父亲是保安，白夜班颠倒，没有足够的时间与Z同学相处，彼此缺乏沟通；母亲由于身体欠佳，待业家中并且由于孩子来之不易对孩子比较溺爱。Z同学初一时成绩很好，由于沉迷于网络游戏，无心学习，导致学习成绩下降；又由于处在青春期，平时和父母交流甚少，对父母的说教产生逆反心理，会与父亲产生言语和行为上的冲突，并且经常向母亲要钱出去玩。随着时间的推移，其父母意识到了亲子关系出现问题并影响了孩子的学习和身心健康状态，母亲在社工走访的时候进行求助，希望社工可以帮助孩子戒掉游戏瘾，改善亲子关系，重回正轨。

社工的目标是帮助Z同学戒掉游戏瘾，提高学习成绩，改善亲子关系。目标人群是Z同学及其家庭成员以及学校系统，介入过程主要需要把握以下几个方面：

一、全面评估与定制干预计划。社会工作者对Z同学的情况进行了全面评估，充分了解Z同学的学习问题、家庭环境、亲子关系等情况。根据评估结果，社会工作者与Z同学及其家长共同制定了干预计划，包括设定目标，制定学习计划、家庭支持计划和学校资源利用等。

二、多元化介入策略。在介入过程中，社会工作者采用了多元化的介入策略，包括定期跟进、学习辅导、家庭治疗和学校活动参与等。这些介入策略不仅关注Z同学的个体问题，还重视家庭和学校环境对Z同学的影响。通过多元化的介入策略，社会工作者能够更全面地解决Z同学的问题。

三、注重家庭与学校的参与。社会工作者在介入过程中注重家庭和学校的参与，鼓励Z同学及其家长共同参与到解决问题的过程中。这种参与能够增强Z同学及其家庭的投入感和归属感，提高干预措施的实施效果。

四、专业知识与技能运用。社会工作者在介入过程中展现出了扎实的专业知识和技能。他们运用个案管理技巧，全面评估 Z 同学的问题并制定相应的干预计划；运用家庭治疗理论和方法解决家庭关系问题；提供学习辅导，帮助 Z 同学提高学习成绩；并积极联系学校资源为 Z 同学提供多元化的活动和兴趣班。

Z 同学最终成功戒除了游戏瘾，学业成绩有明显提高，在学习上投入更多的时间和精力，他与家长之间的沟通更加顺畅，家庭氛围更加和谐，家长对 Z 同学的理解和支持程度有所提高。

（供稿者：夏欢，栖霞区仙林街道文澜社区）

【专家点评】

青少年网络成瘾带来的问题值得关注，其成瘾原因往往非常复杂，该案例中社工注意到父母与 Z 同学的相处问题，引入学校系统的支持是值得肯定的。以学习辅导为切入口获得家庭、学校和学生对社工的认可，为进一步开展青少年网瘾治疗提供了信任基础。而后通过协助亲子关系成长、开展家庭教育服务等工作，改善了家庭的生态系统、提升了青少年的生存环境，以人在情境中为指引，通过系统来改变系统中的人。这种介入方法是值得借鉴的。

【妇女服务】

党的十八大以来，以习近平同志为核心的党中央从国家发展的全局出发，对维护妇女权益、促进妇女全面发展提出了更高要求，作出重要部署。习近平总书记强调，“妇女权益是基本人权”，要将保障妇女权益系统纳入法律法规、上升为国家意志，内化为社会行为规范，为妇女权益保障工作指明方向。基于这一指导思想，广大社会工作者在妇女服务领域的角色日益凸显，积极参与多样化干预路径，为提升妇女社会地位和生活质量做出努力。

以乡村地区为例，社会经济发展带来了新的机遇和挑战，推动乡村妇女创业成为实现乡村振兴和性别平等的重要举措。在政策层面，《农村妇女发展纲要》《乡村振兴战略》等针对乡村妇女创业的政策为其提供了资金、技术和培训支持，增强了她们的经济自主能力和社会参与度。这一举措与社会工作增能赋权理论相契合，强调挖掘妇女的资源、能力和潜力，帮助其迈出创业的第一步，实现自我发展并为社区经济做出贡献。社会工作者在此过程中扮演资源链接者和倡导者的角色，提供创业咨询、技能培训、心理辅导等服务，将政策落到实处，助力乡村妇女实现经济独立和社会赋权。

与此同时，社会工作者在服务其他特殊女性群体时，也发挥着重要作用。年轻妈妈在家庭与社会中承担多重压力，平衡工作与育儿、应对多重社会和家庭角色成为主要挑战。社会工作者通过育儿知识讲座、心理辅导和支持小组，强化她们的支持网络，提升育儿技能与自我效能感，并鼓励参与社区活动，增强社会融入与自我价值感。此外，针对残疾女性，社会工作者基于生态系统理论，提供情绪疏导、资源整合和增能赋权等多层次服务，帮助其重建自信，提升社会参与度，实现身心健康与社会融合。政策的实施与社会工作者的专业介入相辅相成，共同推动妇女权益保障和社会地位提升，促进社会公平与文明进步。

助力乡村妇女创业发展的路径探索

从社会工作专业的角度出发，助力乡村妇女创业不仅有助于提升地方经济发展，更关乎社会公正、性别平等和社区整体福祉的实现。乡村妇女在创业过程中往往面临多重挑战，如资金短缺、技能不足、缺乏市场资源等，社会工作者作为变革的推动者和支持系统的提供者，扮演着至关重要的角色。通过系统性的介入策略和多层次的资源整合，社会工作者可以为乡村妇女提供必要的支持和帮助，促进她们经济独立、自我赋权以及社会参与。以下将详细介绍社会工作者助力乡村妇女创业的四个主要路径及其理论依据，以期为乡村发展和社会工作实践提供更深刻的洞见和指导。

一、基于赋权理论的创业技能提升与能力建设。社会工作者通过组织系统的教育和培训活动，提升乡村妇女在创业中的专业技能和知识水平。这些培训包括但不限于农业生产技术、旅游服务技巧、客户管理、市场营销以及财务管理等方面的知识。比如社会工作者可以邀请农业和旅游专家为妇女提供创业所需的技能培训，并教授她们传统面点制作等生活技能，这些技能有助于她们在农家乐和民宿的运营中增加服务种类和质量。实际操作方法如下：**制定培训计划。**根据当地妇女的需求和兴趣，制定有针对性的培训课程。培训内容可以包括基础农业知识、旅游管理、客户服务、传统手工艺等。**引入专业资源。**邀请相关领域的专家（如农业专家、旅游管理顾问等）来社区授课或进行在线培训，确保培训内容的专业性和实用性。**实地操作和模拟演练。**结合理论培训，组织实地操作和模拟演练，让妇女亲身实践，如庭院设计、农家乐实际操作等，以确保她们能够将所学知识应用于实际创业中。

二、资金支持与政策扶持的资源动员路径。资金是创业过程中的重要资源，社会工作者通过提供资金支持和政策扶持，帮助乡村妇女克服创业初期的经济障碍。比如：社会工作者可以协助妇女了解并申请创业基金和小额贷款，提供免租政策和装修期优惠政策，这样能有效减轻了创业妇女的经济压力；社会工作者也可以指导妇女们进行财务管理和商业计划书的编制，确保创业项目的可持续性。实际操作方法如下：**提供资金申请指导。**帮助妇女了解政府和非政府组织提供的创业资金支持政策，如小额贷款、创业补助等，指导她们准备申请材料。**协助财务管理。**提供财务管理培训，帮助妇女学习如何进行预算编制、成本控制、现金流管理等，确保她们能够合理使用资金。**政策扶持对接。**利用政策优势（如免租、补贴等），协助妇女减轻创业初期的租金和基础设施建设压力，为她们的创业提供更有利的政策环境。

三、合作网络与资源链接的社会资本构建。社会工作者通过搭建合作网络和资源链接，增强乡村妇女的社会资本，提供更多的创业机会和支持。比如，社会工作者可以组织座谈会和研讨会，促进村民之间的经验分享和合作，同时链接外部资源（如地方政府、旅游公司、媒体等）支持妇女创业。实际操作方法如下：**组织社区交流活动。**定期举办座谈会、经验分享会等，邀请成功创业的村民分享经验，促进社区成员之间的合作与交流。**拓展外部资源。**与地方政府、妇联、旅游公司等建立合作关系，引入更多外部资源，如市场推广、技术支持、政策优惠等，为妇女创业提供多方位支持。**发展社区内外合作项目。**与周边社区或组织合作开展联合项目，如农产品销售、旅游线路推广等，共同扩大市场覆盖面。

四、市场营销与品牌推广的创新扩散机制。为了提升乡村妇女的创业项目（如农家乐和民宿）的知名度和市场竞争力，社会工作者协助她们进行市场营销和品牌推广。比如，社会工作者可利用社交媒体和自媒体平台进行市场推广，采用“直播+民宿”带货等方式提升项目知名度，并组织专家培训，提高妇女的拍照和视频剪辑技能，增强她们的市场营销能力。实际操作方法如下：**制定营销策略。**帮助妇女制定详细的市场营销计划，包括目标市场定位、品牌塑造、宣传渠道选择等，确保她们的产品和服务能够有效进入目标市场。**运用新媒体工具。**培训妇女使用社交媒体、自媒体等新兴平台进行推广，通过内容创作（如视频、直播）吸引更多潜在客户，增加项目曝光率。**开展线上线下活动。**结合当地节庆活动、文化活动等，策划线上线下推广活动，如特价促销、体验活动等，增加客户参与度和项目知名度。

案例一

“大课堂”助力“小庭院”

近年来，张塘角村越来越多的妇女有创办民宿、农家乐的需求，创业积极性大大提高，旅游业发展迅速。张塘角村对接的“乡村种子”项目与流动茶馆项目是打造“大课堂”助力“小庭院”的契机。其中，“乡村种子”项目旨在挖掘和培育乡村种子，促进妇女就业创业。在张塘角村开展该项目的东鸿社工机构社工发现，该地倚靠无想山，山清水秀，环境优美，有妇女在此经营农家乐，效益良好。洪蓝街道为开展流动茶馆项目，街道工作人员到村里举办活动，听取居民需求。通过流动茶馆项目的摸排，发现张塘角村妇女对于创办农家乐和民宿项目意愿强烈。没有工作的妇女也会种植蔬菜瓜果，供应到农家乐中，保证了食物的有机性。并且社区、文旅办等主动帮助村民办理营业执照，街道的旅游公司也会协助村民安装自来水管道与消防栓，这些都为其创办农家乐奠定了基础。于是，越来越多的村民抓住契机创业就业。截止到2022年底，张塘角村的民宿已经有8家正在经营，3家正在改进。在春节、中秋节等大型节日时，社区向民宿主人、志愿者传授传统面点制作知识，组织他们将面点送到村里孤寡、高龄、失独老人的家中。这不仅提升了妇女面点制作的技能，还提高了民宿的知名度与口碑，让社区变得更加团结、温暖。

虽然近几年受疫情影响，旅游业发展不算景气。但由于洪蓝街道收储了张塘角村的房屋，没有破坏原住居民特色，且规定了两年免租期加半年的装修期，缓解了村民房租压力，因此村民收益并未受到严重影响。近年来，随着自媒体平台的发展，社区邀请专家教授民宿老板拍照与视频剪辑知识，进一步提高张塘角村知名度，街道也积极链接南京市妇联、南京报业集团资源，通过“直播+民宿”带货，为其“吆喝”。另外，张塘角村村民家风家训良好，家庭和睦，待人热情，客人对民宿好评如潮，有许多回头客。社区也经常会开展一些民宿方面的座谈会，大家一起探讨经营过程中遇到的困难和客人的共同需求。而街道负责答疑解惑，为民宿老板出谋划策。今年，在无想山附近经常会举办一些马拉松、音乐节等活动，游客络绎不绝，民宿生意火爆。现在提起无想山，很多人都会想到张塘角村。

在张塘角村的周边，街道还建设了半山花田，邀请具有30年花艺种植经验的吴师傅讲解植物修剪、位置选取以及庭院设计布局的知识，并让妇女现场实操。半山花田占地空间大，总共56亩，打造了爱丽丝花园和音乐农村，也经常接待一些公司团建、会议、婚宴、生日宴等，客人在游玩和宴会之后可以到村里的民宿和农家乐就餐休息。两两促进，更带动了周边旅游业的发展。

截至目前，张塘角村共完成无事山居、反正咖啡屋、喜乐客栈、拾光无想、米塘民宿、陌上人家等数十家民宿餐饮企业的签约。据统计，民宿农家乐的开办为30余名妇女提供了就业机会，90%为农村女性。还有10多户村民跃跃欲试，正在将闲置住宅改造成民宿，为对外经营做准备。同时，在张塘角村的辐射和带动下，附近其他村民的积极性也逐渐提高。我们相信，在“大课堂”助力“小庭院”经济项目的开展下，洪蓝街道越来越多的村庄会像张塘角村一样，重现生机与活力。

（供稿者：王亚娟，溧水区洪蓝街道无想寺社区）

【专家点评】

促进妇女创业不仅能够增强妇女家庭经济独立性，还有助于推动社会性别平等，为社会创造更加包容和繁荣的发展环境。而案例中依托旅游资源兴办民宿的创业项目可复制性不强，即使是在同一个街道的村落，因为市场饱和、专业程度不高、地缘优势不同等，也不一定能够复制张塘角村的成功。旅游业创业只是妇女创业的一条路径而已，而农村妇女的亲和力与服务意识，在城市化进程中进城打工创业也同样具有优势。案例中，在地社工机构链接了大量优质资源助力妇女创业，这些能力是社区工作者不具备的，所以还需要进一步链接资源或扩展社区工作者的专业能力。

案例二

“胜家巧嫂”：云田创“薪”

南京市江宁区秣陵街道胜家桥社区在乡村振兴的时代背景下，结合纯农社区的特点，关注社区留守妇女、困境妇女、无业妇女等群体的需求与优势，从2021年开始，广泛动员成立近20名留守妇女组成的“胜家巧嫂”团队，围绕嫂子们村门口就业进行协商议事，汇集嫂子们的智慧，通过“巧嫂议事”“巧嫂手作”“巧嫂益行”“巧嫂助农”创新“胜家巧嫂”品牌，链接政府、企业、社会和乡村本土资源组成共建同盟，创新打造蔬菜实验基地，促进巧嫂们精神层面增益、经济层面增收，谱写“议治共融”的乡村振兴新篇章。

一、巧嫂议事赢天时。社区组织“胜家巧嫂”开展协商议事会，通过网上问卷、上门走访、庭院议事等相结合的方式，收集完成200多份需求调研，深入了解到社区留守妇女、困境妇女、无业妇女等女性群体在家庭照顾之外，个人发展、技能提升、社区参与、增加收入、参加社交等方面的需求，为服务开展奠定了基础。围绕如何链接资源创造就业机会、如何打开巧嫂文创产品和蔬菜的销路、如何撬动更多女性力量参与社区等方面确定议事内容，多方以“嫂子们村门口就业”为议事方向开展议事会。

二、云田创“薪”聚地利。巧嫂议事会共分为5个环节：确认议事主题及目标(5 min)、明确议事规则及参与成员介绍(10 min)、团队共创(20 min)、头脑风暴(15 min)、投票及成果总结(10 min)。围绕“云田创‘薪’‘蔬’心共议”主题，邀请了社区两委班子、社区妇联主席、江苏省农业科学院专家、企业食堂负责人、高校专家、社会组织工作人员、巧嫂议事会成员代表以及居民代表等各方参会人员，共同探讨蔬菜种植、土地认领的创与收。土地认领和蔬菜种植可以展现出巧嫂的服务面貌，将云田的创收实效展现出来。巧嫂议事会成员代表认为，生活一下子因为云田的认领热闹起来，眼看着马上就可以种上种子了，要提前对接好销路，根据市场需求计划种植内容。居民代表们表示，社区将荒地农田改造出来为大家创收，不单是巧嫂们收益了，他们也感受到了社区的邻里氛围越来越好。巧嫂们组织志愿活动他们愿意经常参加，希望有更多的人可以参与进来……议事代表纷纷表达出自己的观点，并提出建议。最后，以民主表决形式通过“农业+体验+电商”模式土地认领方案，将土地划分为100份，每份面积约33平方米，通过三种认领托管方式定级，为巧嫂增收。

三、蔬菜基地展人和。社区“胜家巧嫂”议事团队成员联合讨论制定协商议事规则，搭建“议事—实践—展示”平台，从巧嫂选题、巧嫂共议、两委再议、结果公示、结果落实等流程，通过“农业+体验+电商”模式，充分利用闲置耕地，打造“胜家巧嫂”近10亩蔬菜实验基地，为巧嫂们提供村门口就业的机会。依托蔬菜实验基地，将蔬菜售卖与蔬菜委托种植服务、蔬菜采摘体验活动等相结合，鼓励巧嫂们参与助力社区农业发展，实现经济增收。通过蔬菜基地的建立和推广，成立社区小集市，与村企合作，对接周边企业及政府部门食堂，为巧嫂的种植产品疏通销路，扩大蔬菜种植面积，并由巧嫂定期将所产出的产品配送给对接的企事业单位食堂，年均增加妇女收入超过 5 000 元。引导留守妇女由自益向互益转化，鼓励乡村女性参与社区治理，慰问社区内的老年人及青少年，实现了精神层面的增益和物质层面的增收，展现出胜家桥社区政通人和的美好景象。

（供稿者：杨阳、孔静婷，江宁区宁小星社会工作服务中心）

【专家点评】

发挥农村留守妇女的价值对于促进农村社区的全面发展至关重要，有助于构建更加健康、有活力的农村社会。该案例培养了农村留守、困境、无业妇女的在地就业能力，通过集体行为降低个人创业风险，集体决策、集体支持，充分发挥了土地资源的价值。社工为当地妇女链接创业所需资源，有效帮助其提升创业能力，集体议事和“农业+体验+电商”模式都值得其他村镇街道学习，组织在地力量，借助互联网挖掘在地潜力。

拆迁安置小区妇女的社会融入机制

从社会工作专业的角度出发，帮助拆迁安置小区的妇女实现社会融入是消除社会边缘化现象和促进社区和谐发展的关键任务。随着城镇化进程的加快，许多妇女因为迁居，失去原有社交网络和就业岗位，从而面临融入新社区的挑战。社会工作者作为社区中的重要支持力量，可以通过多维度的介入策略，有效帮助这些妇女克服社会融入的障碍，提升她们的自我效能感和社区归属感。以下将详细分析这四个路径及其理论依据，解释社会工作者如何通过这些路径促进拆迁安置小区妇女的社会融入和全面发展。

一、职业培训与技能提升的实践路径。社会工作者通过组织多样化的职业培训和技能提升课程，帮助拆迁安置小区的妇女适应新的就业市场，提高她们的就业能力和经济独立性。由于拆迁导致了原有职业生活的中断，许多妇女需要重新学习适应新的职业要求。培训内容应针对当地市场需求和妇女的兴趣，包括手工艺制作（如虎头鞋、盘扣）、家政服务、育婴护理、绿植修剪等。这些培训不仅能帮助她们获得新的技能，还能增强她们在市场中的竞争力，减少经济压力。实际操作方法如下：**需求评估。**开展调研，了解拆迁安置妇女的背景、兴趣和职业需求，以设计针对性的培训课程。**技能培训。**组织定期的职业技能培训班，涵盖广泛的就业领域，并聘请专业讲师或与职业培训机构合作。**职业指导。**提供职业规划和就业指导，帮助妇女识别适合的就业机会，制定个人职业发展计划。

二、创造就业与创业机会的支持机制。社会工作者通过创造就业机会和提供创业支持，帮助拆迁安置小区的妇女实现经济独立和自我价值的实现。就业支持可以通过与当地企业、政府和非营利组织合作，为妇女提供优先就业机会；而创业支持则包括鼓励和引导妇女开展小型创业项目，如手工艺品制作、家庭服务等。这些措施有助于缓解她们因失去原有职业而带来的经济和心理压力，促进她们在新的环境中稳定下来。实际操作方法如下：**建立就业平台**。与当地企业和组织合作，优先为妇女提供就业岗位，尤其是在服务业、手工业等领域。**创业支持**。为有创业意愿的妇女提供创业培训、创业资金支持、创业指导等，帮助她们开设家庭作坊、手工艺品销售小店等小型创业项目。**项目孵化**。与高校、社会组织合作，利用社区资源为妇女创业项目提供孵化支持，包括场地、技术和市场对接等。

三、社交网络与社区归属感的增强策略。为了增强妇女的社会联系和社区归属感，社会工作者通过建立社交平台和社区组织，提供更多的交流和互动机会。这些平台和组织可以包括社区活动、文化节、妇女自助会、兴趣小组等，帮助妇女建立新的社交网络，增强她们的社区参与感和归属感。通过这些社交活动，妇女不仅能扩大社交圈，还能获得更多的支持和资源，缓解因迁居带来的社交孤立感。实际操作方法如下：**设立社区组织**。建立妇女自助会、兴趣小组等，为妇女提供一个相互支持和分享的平台。**举办社区活动**。定期组织社区文化节、邻里交流会、手工艺展示展览等活动，促进妇女之间的互动和联系。**促进邻里互助**。鼓励妇女参与社区志愿服务，帮助她们在服务中建立社会联系，增强社区认同感。

四、个别化辅导与心理支持的介入方法。针对妇女在迁居过程中面临的心理挑战，社会工作者提供心理支持和个别化辅导，帮助她们克服因环境变化带来的无力感和社交孤立感。心理支持包括个别辅导、小组心理支持会、压力管理工作坊等，以帮助妇女调整心态，增强适应能力。通过这些支持，社会工作者帮助妇女应对生活变化，提升她们的心理健康和社会适应能力。实际操作方法如下：**个别化辅导**。针对有特殊需要的妇女，提供个别化心理辅导，帮助她们应对特定的心理困扰和生活挑战。**小组支持会**。组织小组支持会或压力管理工作坊，帮助妇女在群体中分享经验和情感支持，增强她们的心理适应能力。**心理健康教育**。开展心理健康教育活动，提高妇女的自我认知和心理健康管理能力，帮助她们建立积极的生活态度。

案例

“凤还巢”仪凤社区安置房小区妇女增能促融计划

仪凤社区位于溧水城南新城区，其中有两个安置房小区，分别来自13个自然村，目前安置拆迁户大约500户，实际入住率80%。在城镇化的背景下，居民从平房来到楼房，许多人无法适应，存在心理上的无力感和陌生感。并且，由于传统性别角色分工方面的原因，相较于男性，在适应能力和社区融入方面女性面临着更大挑战。

社区工作人员对小区妇女开展了需求调研工作。通过调研发现，仪凤社区虽然地理位置优越，但由于其安置房小区周围都为高档小区，居民总会觉得自己住的地方匹配不上附近的房价，获得感很低。该社区妇女的社区融入需求很高。60%以上的女性非主动“进城”生活，表现为两个方面：第一相对于农村生活心理上排斥城市生活；第二，对于社区归属感较低，社区事务参与不积极。

与此同时，该社区的妇女存在很高的社会交往需求。仪凤的两个安置房小区拆迁居民原先主要以农作物种植为生，现在离开土地首先面临着职业类别的转变。由于就业环境很差，许多妇女在家游手好闲，不能顺利完成职业过渡，面临着家庭压力而产生无力感。同时，这些妇女还存在着交往圈转换的问题，原有的社交圈子被打破，由平面社交圈转变为立体社交圈，与新邻居又缺乏沟通交流，导致社交圈子更加狭窄，产生怀旧、孤单的想法与行为。

除此以外，该社区的妇女存在个人能力提升的需求。调研走访发现，小区里的妇女防诈意识薄弱，电信诈骗和网络赌博现象经常出现，她们的钱常常被人骗走。这种现象在2018—2019年尤其严重。妇女自治观念较弱，在社区议事过程中，不具备自治能力。比如，在关于垃圾桶放置问题的商议中，有的妇女会纠缠于邻里往事“以前分田的时候你家少我三分地，你家少了一棵树，你为什么今天还要把垃圾桶放在我家门口？”而忽略议事主题。

针对这些问题和需求，仪凤社区制定了“凤还巢”计划。该计划的契机是仪凤社区的安置房小区在高校的帮助下，成功孵化了晓庄学院女性未来城的第一批项目。社工通过个案工作、小组工作和社区工作介入，多维度构建了适合的服务体系，构建“家庭+朋辈+社区+社会”四位一体的全方位支持网络，促进妇女增能促融。

首先，社区工作者邀请专家对居家妇女进行家庭服务、家务技能和亲子教育方面的培训，教她们修剪绿植及处理亲子关系。同时，在调查过程中，社工也发现了她们的就业需求。以此为契机，社区开展了手工培训课程，如“花针匠——虎头鞋制作打包”“陶玉梅来料加工——盘扣加工”“东方爱婴育儿园——育婴培训”等，带领妇女们在仪凤广场开设手工摊点。另外，社区还邀请了骨干妇女开展民俗文化活动，如青团和乌饭制作；开展了2场社区邻里文化节，让妇女拥有展示自我的机会。社区也十分注重妇女参与社区自治，让妇女参与场地选择的协商之中，经过讨论，最终将议事场地安排在仪凤社区党群服务中心，开展妇女议事工作坊5场，打造“凤还巢”妇女议事平台，开展妇女议事活动4场等。由于安置房小区的居民是由农村搬迁而来，所以在议事方面还结合了乡村治理的特征，比如选出居民代表签字画押。并且形成了稳定的妇女志愿者队伍，全队伍共有20余人。同时，社工还为3名妇女提供个别化辅导，在就业方面起到了积极作用，帮助妇女增能。

在项目实施后，90%以上的服务对象认为学会了技能，交到了朋友，活动参与率达到了80%以上，满意度也非常高。通过“凤舞学堂”，3名女性成功就业。还有许多女性在为就业做准备。总体来说，仪凤社区满意度提高了28%。社工谈到，一个很明显的改变就是“农具变得越来越少，绿植鲜花变得越来越多”。大多数妇女不再游手好闲，也不会天天在家中无所事事，而是从家庭走向社区。并且，妇女们的封建迷信观念也在逐渐减弱。而在此之前，如果小区同时有两个老人去世，这家请 3 个戏班，那家请 5 个戏班，互相攀比，从而导致社区治安混乱。现在，妇女们渐渐摒弃旧有观念，逐步融入城市生活中，不再和邻居相互攀比，而是建立友好关系。许多居民认为，小区房价相较于周围高档小区的差距逐渐减小。通过“你我她”妇女议事平台，仪凤社区女性自治也正在一步步走向成熟，主人翁意识和话语权增强。总的来说，“凤还巢”项目实现了为女性增能的目标，让女性拥有更多归属感和同心力。

（供稿者：孙应、赖学刚，溧水区永阳街道仪凤社区）

【专家点评】

促进拆迁安置小区妇女的融入，有助于消除社会边缘化现象，构建更加和谐的社区，为每个成员提供平等的社会机会。但与随迁老人的社区融入类似，该案例也存在有待改进的地方：一是促进拆迁安置小区妇女的社会融入究竟是谁的责任？本案例实际上是社区两委的主动行为，属于自加压力，体现了社区工作者的能动性；二是要更加关注那些经过一段时间后也无法适应社区生活的迁入女性群体。因此，促进拆迁安置小区妇女的社会融入，更多应该聚焦于自就业有困难的群体，减少组织成本负担。

年轻妈妈家庭养育水平提升

在当前快速变化的社会环境中，年轻妈妈在家庭养育过程中面临着日益复杂的挑战。她们不仅需要在工作与育儿之间找到平衡，还要应对来自社会和家庭的多重压力。这些挑战不仅影响到她们自身的身心健康和家庭生活质量，也对儿童的健康成长和社区的整体福祉产生深远的影响。因此，如何提升年轻妈妈的家庭养育水平，已成为社会工作实践中的一个重要议题。社会工作者作为社会支持系统的关键推动者，能够通过专业的介入策略和多层次的资源整合，为年轻妈妈提供有针对性的支持和帮助。通过系统性的干预和综合性的服务，社会工作者帮助年轻妈妈提升育儿能力、增强自我效能感，并促使她们更积极地参与社区活动，从而在更广泛的社会环境中实现自我价值。具体路径可以包括：

一、通过学习与教育机会提升育儿能力与自我发展水平。社会工作者通过提供多种形式的学习和教育机会，帮助年轻妈妈提升育儿知识、家庭管理技能和个人发展能力。许多年轻妈妈在育儿过程中缺乏经验和科学指导，尤其是面对各种育儿理念和信息时感到困惑。社会工作者可以组织系统化的教育活动，如育儿知识讲座、家庭管理工作坊、生活技能培训班、心理健康课程等，帮助年轻妈妈建立科学的育儿观念和有效的家庭管理方法。这些学习机会不仅可以提高她们的知识储备，还能促进她们的自我成长和能力提升。实际操作方法如下：**育儿知识讲座。**邀请育儿专家和心理学家举办系列讲座，讲解儿童发展各阶段的不同需求、育儿方法、常见育儿误区和解决办法等，提供科学的育儿指导。**家庭管理和生活技能培训。**组织家庭管理工作坊，涵盖家庭理财、时间管理、健康饮食规划等，帮助年轻妈妈更好地平衡工作与家庭生活。**在线学习**

平台。利用互联网和新媒体技术，创建育儿和家庭管理的在线学习平台，提供灵活的学习方式和丰富的资源，方便年轻妈妈随时学习和咨询。

二、搭建交流支持平台，建立社交网络与情感支持。社会工作者通过建立专门的交流和支持平台，帮助年轻妈妈在社区中建立社交网络，获得情感支持和经验分享。面对育儿和家庭生活的双重压力，许多年轻妈妈感到孤立无助。通过创建妈妈互助小组、社区支持小组、育儿沙龙等平台，社会工作者可以为她们提供一个开放、互助的交流空间，帮助她们分享育儿经验、互相支持，并在情感上得到满足和安慰。实际操作方法如下：**妈妈互助小组**。成立妈妈互助小组或俱乐部，定期组织聚会和活动，提供一个交流育儿经验、分享育儿困惑的平台。**社区支持小组**。创建社区支持小组，邀请专业人士（如心理咨询师、营养师）参与，帮助年轻妈妈应对育儿和生活中的挑战。**育儿沙龙和活动**。定期举办育儿沙龙、读书会、手工艺工作坊等，结合年轻妈妈的兴趣和需求，提供丰富多样的互动活动。

三、整合社区资源，提供多层次的综合性支持服务。社会工作者通过整合和利用社区内外的各种资源，为年轻妈妈提供综合性的支持服务。现代社会中，年轻妈妈在养育子女时面临着经济、时间等问题。社会工作者可以通过与社区资源（如公共卫生服务、教育机构等）以及外部资源（如 NGO、企业赞助等）合作，为其提供全方位、多层次的服务和支持，满足她们的需求。实际操作方法如下：**资源链接和整合**。与社区内外的各类服务机构和组织（如幼儿园、妇女健康中心、家庭教育机构等）建立合作关系，提供一站式服务和资源链接。**多功能社区中心**。建设多功能社区中心，提供育儿支持、家庭咨询、健康检查、心理辅导等综合性服务，帮助年轻妈妈解决生活中的多重需求。**公益项目合作**。与非营利组织和企业合作，开展公益项目，为有需要的年轻妈妈提供经济支持、育儿用品、职业培训等。

四、心理支持与个别化辅导，增强心理适应能力与韧性。社会工作者通过提供心理支持和个别化辅导，帮助年轻妈妈应对育儿和家庭生活中的心理压力和困惑。面对育儿的挑战和社会角色的转变，许多年轻妈妈可能会感到焦虑、抑郁或无助。社会工作者可以提供个别化的心理辅导、心理健康教育、压力管理帮助等服务，帮助她们调整心态、增强心理韧性，提升应对育儿和家庭生活的能力。实际操作方法如下：**个别化心理辅导**。为有特定心理需求的年轻妈妈提供个别化的心理咨询服务，帮助她们处理育儿和家庭生活中的压力和困惑。**压力管理和心理健康工作坊**。组织压力管理和心理健康教育工作坊，教授应对压力和情绪管理的方法，增强年轻妈妈的心理适应能力。**建立心理支持网络**。创建心理支持小组或互助会，鼓励年轻妈妈分享经验和感受，互相支持，形成一个温暖的支持网络。

案例

骆村社区妈妈客厅

南京市江宁区东山街道骆村社区总面积 2.67 平方公里，户籍人口 20 776 人，总户数 12 133 户，总人口 32 000 人，女性约 15 000 人，其中二胎妈妈 639 人，三胎妈妈 20 人。为丰富妈妈们的精神文化生活，缓解育儿焦虑问题，更好地服务周边群众，骆村社区通过摸排走访，联合相关部门进行实地勘察，开展调研，为开设妈妈客厅提出最佳方案。

2020 年提出妈妈客厅服务模式：**一是妈妈阅读客厅**。通过一年共同阅读 12 本个人成长和亲子养育类书籍，带来新的人生视角，产生新的生活自驱力，助力育儿和终身成长，让妈妈们在书香中相遇、相伴、成长。**二是妈妈电影客厅**。借观电影、说电影、演电影的时间，反观生活，以轻松愉悦的方式缓解女性压力，帮助妈妈学会处理亲密关系和育儿冲突。**三是妈妈形象客厅**。学会识别自己的色彩群和风格，学习家居生活整理、衣橱整理等，帮助妈妈们从外在形象到家居生活，都活出自己的模样，焕新生活。**第四是妈妈解忧客厅**。鼓励妈妈在遇到育儿、生活矛盾等各种问题时预约妈妈解忧客厅一对一访谈，卸下疲惫，重新出发。**第五是妈妈议事客厅。**鼓励妈妈们参与社区议事，参与社区建设和发展，参与社区治理。

骆村社区创建妈妈友好空间，保障女性幸福生活。骆村妈妈会客室打造出了一个共享空间，窗明几净的客厅、种类丰富的书籍、香气四溢的咖啡，让社区里忙于家庭和工作的妈妈们在这里相遇、相伴，成为更多妈妈的充电站、加油站。

骆村社区搭建现代城市社区客厅，探索居民服务新模式。推门可达的客厅以生活点滴融入各项服务，以小家的幸福带动整个社区的治理。通过持续化的服务支持，让妈妈客厅成为一个集文化宣传、家庭服务、社区议事等多功能为一体的现代城市社区客厅。

骆村社区因地制宜盘活资源，多维助力女性成长。在有限的资金支持下，通过整合辖区内各项资源，以常态化阅读服务为联结基础，设计出生活化课程，通过自治化服务加强社区女性的归属感和成就感，最终促进妈妈客厅社群的成长风气养成。

目前妈妈客厅已拥有了 10 名“女主人”。她们根据自己的时间到客厅当家做主，使用客厅开展各项活动，例如与朋友小聚、为孩子举办生日派对、处理工作等。骆村妈妈会客室打造出一个独具一格的女性共享活动空间并被学习强国、《南京晨报》、《江南时报》等媒体刊登报道。同时，探索出一套守护女性幸福生活系列课程，结合女性需要探索出了阅读成长、形象设计、居家收纳、心理辅导、观影疗愈等多类型的幸福生活课程。2023 年，妈妈客厅运营 3 年，累计开展 46 次活动，累计服务约 500 人次。

（供稿者：姜晨雨、刘梦雅，江宁区东山街道骆村社区）

【专家点评】

增强年轻妈妈的育儿能力对于培养健康、积极的下一代具有重要的社会价值，为社会打造更具活力和潜力的未来。案例从加强学习、搭建平台、盘活资源等方面覆盖了女性生活，满足了多样化的需求。但案例未明确提到妈妈客厅的经济支持来源，如是否有政府资助、赞助商支持等，其责任主体是谁，运营成本和可持续性需要进一步思考。

残疾女性服务的干预路径

在社会工作领域中，残疾女性被视为一个需要特别关注的弱势群体。她们往往在日常生活中面临着诸多挑战和障碍，不仅包括身体上的限制，还涉及心理、经济、社会支持等多个层面的困难。残疾女性常常因缺乏信心和勇气而感到孤立无援，同时也面临失业和家庭经济困难的双重压力。在这样的背景下，如何有效帮助残疾女性重拾生活的信心，增强她们的社会参与感，成为社会工作者的重要使命。社会工作者通过专业的介入和系统的支持措施，能够为残疾女性提供情绪疏导、资源整合、增能赋权等多方面的服务，帮助她们克服生活中的种种困难，实现自我价值和社会融入。以下将深入分析社会工作者在帮助残疾女性服务中的四个主要干预措施及其理论依据，为社会工作实践提供有力的指导和支持。

一、心理疏导与信心重建的多维支持路径。社会工作者通过情绪疏导和心理支持，帮助残疾女性正确面对生活中的挑战，增强她们对生活的信心。许多残疾女性因身体限制和社会偏见而丧失信心，甚至产生消极情绪。社会工作者可以通过个别化的心理辅导、小组支持会、压力管理工作坊等，为她们提供心理支持，帮助她们释放负面情绪，重建积极的生活态度。实际操作方法如下：**个别化心理辅导。**针对残疾女性在生活中遇到的具体心理困扰，提供个别化的心理咨询和辅导，帮助她们有效处理情绪和压力。**情感支持小组。**组织情感支持小组，鼓励残疾女性在安全、支持性的环境中分享她们的感受和经历，获得情感支持和心理安慰。**压力管理和心理健康教育。**举办压力管理和心理健康工作坊，教授应对压力和情绪管理的技巧，帮助残疾女性提升心理适应能力。

二、倾听与接纳中的人际关系建设。社会工作者在服务过程中运用倾听、尊重和接纳的方法，深入了解残疾女性的真实需求，让她们感受到被尊重和接纳。残疾女性往往面临社会歧视和偏见，这可能导致她们自我认同感低下和社交孤立。通过建立信任关系和积极的支持系统，社会工作者可以帮助残疾女性感受到社会的包容和支持，激发她们自我解决问题的潜能。实际操作方法如下：**倾听与共情。**在与残疾女性互动时，社会工作者应主动倾听她们的需求和困惑，表达共情和理解，建立信任关系。**尊重个体差异。**尊重残疾女性的个体差异和选择，在服务过程中尊重她们的自主权和决策权，增强她们的自尊心和自信心。**提供支持性环境。**创造一个包容、无偏见的环境，让残疾女性能够自由表达自己，感受到社会的接纳和尊重。

三、资源整合与增能赋权的服务策略。社会工作者通过整合社区资源和提供康复知识，为残疾女性增能赋权，提升她们的自我管理能力和社会参与度。许多残疾女性因身体限制而难以获得经济独立和社会参与的机会。社会工作者可以链接康复服务、职业培训、辅助性就业项目等资源，为残疾女性提供增能的机会和自我实现的平台，帮助她们在经济和心理上获得双重增能。实际操作方法如下：**康复知识和技能培训。**提供专业的康复知识和技能培训，帮助残疾女性改善身体机能，提高日常生活自理能力。**辅助性就业和职业培训。**链接职业培训和辅助性就业项目，帮助残疾女性获得经济收入和自信心，促进她们的社会融入和经济独立。**社区活动参与。**鼓励和支持残疾女性参与社区活动和志愿服务，通过实际行动增强她们的社会参与感和归属感。

四、通过社会参与实现自我价值与社区反哺。社会工作者鼓励和支持残疾女性通过参与社区服务和志愿活动，发挥自我价值，实现助人自助。许多残疾女性在获得帮助后，能够更深刻地理解他人的困难和需求，愿意通过自身的经历和技能反哺社区。社会工作者可以创造机会，让残疾女性成为社区活动的参与者和贡献者，进一步增强她们的自信心和社会责任感。实际操作方法如下：**志愿服务参与。**鼓励残疾女性参与社区志愿服务和公益活动，利用自身特长和经验帮助他人，实现自我价值。**社区角色转变。**支持残疾女性在社区中承担更积极的角色，如志愿者、活动组织者等，增强她们的社会责任感和归属感。**培养服务对象成为骨干。**通过培训和支持，帮助部分残疾女性成为项目的骨干力量，带动更多残疾人参与社区活动。

案例

指尖有光　点亮希望：助力残疾女性服务

南京市江宁区东山街道上坊社区有持证残疾人 257 位，其中女性残疾人 126 位，她们的需求主要集中为上门照护、社区融入、职业培训等，其中辅助性就业需求最为突出。为了满足社区内残疾人的需求，在社区支持下，依托上坊社区残疾人之家设立了残疾女性服务项目“指尖有光　点亮希望”。目前项目累计服务 20 多位女性残疾人，帮助 10 多人完成辅助性就业，不少服务对象实现服务反哺，成为项目骨干志愿者，与社工一起开展项目服务。

2021 年过年前夕，聚心残疾人之家入户访谈了社区内一户残疾人家庭。这是一个夫妻双方都是残疾人的家庭，主要的服务对象为女性残疾人张姐。其丈夫因为疫情原因下岗失业，使原本不太宽裕的家庭雪上之霜。张姐一下子就觉得生活无望，她责怪上天给她带来的苦难生活，情绪十分低落。社区希望可以为张姐提供一些帮助和服务，以助其和家庭走出困境。

一、社区转介，社工上门。接到社区反馈，社会工作者立马行动，初次来到张姐家，社工看到冷清的家中只有一些简单家具和生活必需品，她和丈夫分别坐在客厅的轮椅上，低头不语，他们 10 岁的女儿则在一旁乖巧地自行玩耍。面对社会工作者，张姐一开始不愿多谈，还有一点抵触情绪。

二、用心陪伴，叩开心门。为了打开张姐的心门，社会工作者并没有着急，而是从话家常开始，与其初步建立专业关系。随着上门次数的增加，张姐逐渐有了一些变化，开始接受一些健康数据监测的服务，也愿意跟社会工作者聊天。多次入户后，社会工作者得知张姐是个 80 后，她并不是先天残疾，是小时候家里发生火灾导致的双腿残疾；乖巧的女儿也不是亲生的，是其与丈夫一起领养的；丈夫的下岗给原本就不太宽裕的家庭带来了雪上之霜……通过情绪疏导，服务对象能够正确面对生活，重新燃起对生活的希望。

三、多重支持，走出困境。临近春节，社工邀请张姐一起参加联欢活动。一开始，张姐总是以不想出门、不方便出门等多种理由拒绝，功夫不负有心人，最终张姐终于同意去试试看。2021 年上坊社区的春节联欢活动是张姐第一次参加的社区活动，而这一次也将是彻底打开张姐心门的尝试。社区居民没有因为张姐是残疾人就瞧不起她，反而对她更加关心。精彩的舞蹈表演让张姐看到社区老大妈的风采；社区自编自导的工作段子让张姐看到了社区工作的不易；孩子们的歌声让她觉得活力满满；社区各种无障碍设施让她觉得出门很方便……这时，她才知道，她所生活的“家”不只是有四面墙，也有欢声和笑语……自那以后，张姐开始主动联系社工，想要获得一些康复知识和康复训练的机会。用张姐的话来说：要先走出门，才能获得自己想要的生活。经过近 2 个月的康复训练，张姐终于可以依靠自己的上肢力量独自上下楼。那以后，她主动要求参与社区的一些活动和项目。经过对张姐的评估，社工给她推荐了女性残疾人辅助性就业项目“指尖有光　点亮希望”。在经过 2 次简单的培训后，张姐基本掌握了钻石贴画的技巧。随后她不停地练习，让自己的钻石贴画更加精致。在 2021 年的江宁区慈善总会大手牵小手分会成立五周年活动上，由她制作的《海纳百川》钻石贴画被爱心人士以 30 800 元高价拍下，这更加鼓舞了张姐参加辅助性就业项目的信心。随后，她在继续坚持钻石贴画的基础上，还积极尝试其他辅助性就业项目。

四、服务反哺，点亮希望。张姐在家里挑起了生活的重担，悉心照顾乖巧听话的女儿，用自己学到的康复知识帮助丈夫。在社区帮助下，其丈夫找到了临时工作，暂时缓解了家庭的经济危机，张姐制作的钻石画也开启了其辅助性就业之路，成为家里经济收入的有力支撑，增强了家庭的生活信心。在社区，张姐是钻石贴画的指导老师之一，课上她给女性残疾人教授贴画技巧，课后她开始跟随社会工作者走进千家万户，用自己的切身经历去鼓舞那些还在彷徨、走在低谷中的人。

（供稿者：周冬玲，江宁区东山街道上坊社区）

【专家点评】

为残疾女性提供专业服务和支持，有助于缩小社会服务差距，推动社会对残疾人的包容和尊重，实现社会平等和共融。案例中，社工采用细致入微的方式，进行情绪疏导，帮助服务对象正确面对生活，同时提供康复训练，使服务对象逐渐获得更多自主能力，这值得学习借鉴，服务对象张姐找到了适合自身的辅助性就业项目是本案例成功的关键，需要更多关注。

【特殊群体服务】

基层治理是社会工作的重要内容，而基层社会治理效能是衡量基层社会治理成果的重要尺度，具体体现在多方面，其中为特殊人群得到有效管理和服务具有战略意义。一些特殊困难群体，如农村残疾人、重病低保人员、精神残疾者及事实无人抚养青少年等，他们的生活质量、社会融入与自我发展能力直接关系到国家社会保障体系的完善与和谐社会的构建。结合增能理论和社会支持网络理论，社会工作者们积极开展切实有效的干预与服务，帮助特殊群体缓解困境，实现全面发展。

在政策的指导下，社工们深入基层，因地制宜地为各类特殊群体提供服务。在农村残疾人帮扶中，社会工作者通过拓展社会支持网络和开展社区活动，提升残疾人的社会参与和自我发展能力；针对重病低保人员，社会工作者积极构建心理、家庭、社区等多层次的支持体系，缓解他们的情感压力、促进社会适应；在服务精神残疾者及其家庭的过程中，社会工作者多方着力，开展家庭教育、情感支持和服务体系完善，帮助家庭减轻照护负担，促进患者康复；对于事实无人抚养青少年，社会工作者发挥教育引导和情感关怀的作用，协助青少年缓解心理创伤，构建积极的生活和学习环境，确保其健康成长。

在特殊群体服务中，社会工作者能够灵活运用专业理论，结合实践制定具体有效的干预策略，帮助服务对象改善生活困境，提升自我发展能力与社会适应力。其服务覆盖面广、介入手段多样，能在不同层面上协调资源、提供支持，最大程度地回应特殊群体的多元需求，推动政策落地，促进社会公平与进步。这种多维度的干预服务不仅体现了社会工作的专业价值，也为基层治理的完善和社会和谐的发展注入了持久的动力。

帮扶农村残疾人的助人自助之路

在农村地区，残疾人由于地理位置、资源分布和社会支持网络的局限，往往面临着更多的生活困难和社会排斥。为了帮助农村残疾人更好地融入社会，实现经济自立和生活质量的提升，社会工作者需要制定一套切实可行的帮扶路径。以下路径基于增能理论和社会支持网络理论，旨在通过提供综合性支持，提升残疾人的社会参与度和自我发展能力。

一、综合支持网络的构建与生活质量提升。通过建立多层次的支持网络，为残疾人提供全方位的生活帮助和心理支持，确保他们在日常生活中获得足够的照护和情感关怀。具体操作方法如下：**建立社区支持团队。**社会工作者应组织由社工、志愿者、心理咨询师和医务人员组成的综合支持团队。这个团队可以定期拜访残疾人家庭，了解他们的生活状况和需求，提供针对性的支持服务。**开展心理支持与辅导。**针对有心理需求的残疾人，社会工作者可以安排专业的心理咨询师进行定期的心理辅导，帮助他们应对生活中的压力和情绪问题，提升心理健康水平。**提供喘息服务和生活照料。**为重度残疾人家庭提供喘息服务，安排志愿者或临时护理员进行短期照护，让主要照顾者获得休息和自我调整的时间。对于生活不能自理的残疾人，可组织上门生活照料服务，协助他们完成日常生活任务。**提升社区无障碍环境。**协调社区和地方政府，改善社区的无障碍设施（如坡道、无障碍厕所等），确保残疾人能够安全、便捷地出入社区公共场所和参与社区活动。

二、职业培训与就业支持，助力经济自立。通过提供职业技能培训和就业支持，帮助残疾人掌握实用技能，提升就业能力，实现经济自立。具体操作方法如下：**组织职业技能培训。**根据当地产业特点和残疾人的身体条件，社会工作者应组织多种形式的职业技能培训班，如农业技术、手工艺制作、电子商务、电脑操作等，帮助残疾人掌握实用的职业技能。**开展职业规划与就业指导。**为残疾人提供一对一的职业规划和就业指导，帮助他们发现自身优势和兴趣，制定个性化的职业发展计划。社工可以联合地方企业和职业学校，提供实习和就业机会。**创建辅助型就业平台。**搭建残疾人辅助型就业平台，组织社区企业或合作社与残疾人合作，提供简单易操作的就业岗位，如包装、装配、手工制作等，帮助他们实现经济自立。**建立创业支持机制。**对于有创业意愿和能力的残疾人，社工可以提供创业咨询、资金支持和市场对接服务，帮助他们创办小型企业或合作社，增加收入来源。

三、推动社区参与，增强社会融入。通过组织多样化的社区活动和教育宣传，促进残疾人参与社区生活，增强他们的社会归属感和自信心。具体操作方法如下：**组织多样化的社区活动。**社会工作者应定期组织各种文化、体育和社会活动，如运动会、文化节、手工艺展示会等，邀请残疾人和其他社区居民共同参与，促进彼此之间的交流和理解，增强社区凝聚力。**促进残疾人参与社区治理。**鼓励和支持残疾人参与社区委员会、议事小组或居民代表大会等社区治理活动，增加他们的社会参与度和话语权，培养其主人翁意识和社会责任感。**开展公共意识教育。**通过社区宣传、讲座、培训等方式，提高社区居民对残疾人权利和需求的认识，消除社会偏见，营造包容、友善的社区氛围。

四、优化评估与反馈机制，确保项目可持续性。通过建立评估与反馈机制，持续改进和优化帮扶策略，确保项目能够长期有效地运行，满足残疾人和社区的实际需求。具体操作方法如下：**制定评估标准和流程。**社会工作者应制定详细的项目评估标准和流程，对帮扶项目的实施效果进行定期评估，包括服务覆盖率、残疾人参与度、就业率、生活满意度等关键指标。**收集多方反馈。**通过问卷调查、座谈会、个别访谈等方式，收集残疾人、家属、社区居民和合作机构的反馈意见，了解项目实施中的问题和改进需求。**调整和优化项目策略。**根据评估结果和反馈意见，及时调整项目策略和服务内容，确保项目更好地满足残疾人和社区的需求。同时，探索多元化的资金来源，如政府补贴、企业赞助、慈善基金等，确保项目的可持续发展。

云善农场

——社会支持视角下农村残疾人能力发展及社区融入项目

塘窦村位于南京市溧水区石湫街道，是一个民风淳朴、环境优美的纯农村社区。辖区内共有 14 个自然村。社工在社区走访时发现，该村残疾人较多，共有 185 名，分别患有精神残疾、智力残疾、视力残疾和肢体残疾等。其中肢体残疾人数最多。在此之前，塘窦村为残疾人群体提供了许多生活救助和节日慰问，比如送鸡蛋牛奶等生活用品。但也仅仅局限在物质方面，忽略了他们精神上的需求。后来，泰康残疾人之家的建设为塘窦村提供残疾人服务提供了契机。以辅助型就业为切入，塘窦村引入了专业社会组织，开始提供残疾人支持服务，探索打造云善农场项目。

云善农场是一个爱心智慧数字农场，它结合了养殖业和互联网业来助残。年初，每个人或每个家庭认养鸡或山羊，在此期间，这些家禽以及蔬菜和水果由残疾人打理，年底时鸡或山羊归认领者所有。通过这种云养殖的方式，来促进残疾人的就业。

社工首先通过问卷调查，了解到街道领导和村民对于残疾人就业的期望；又邀请南京邮电大学、南京晓庄学院教师作为督导，保证了队伍的专业性；街道工作人员作为顾问和志愿者组建队伍；通过举办各种类型活动，发挥自媒体平台的作用，结合外展和入户宣传，提高云善农场项目的知名度，增强村民认可。

社工以“支持—发展—融合”为目标，在增能理论和社会支持网络理论的指导下，促进残疾人先走出家门，再走出基地，最后走进社区。在走出家门方面，社工挨家挨户走访辖区残疾人，为他们提供喘息服务和上门照料，增加紧急呼叫设备，还在社区内增加无障碍厕所等措施，提高了残疾人出行的便利性。打通了政府、企业和社会组织的合作通道，更好地为残疾人提供服务。在走进基地方面，社工组建了一个残疾人互助支持小组，为80名残疾人提供了就业咨询，为30名残疾人进行职业规划和评估。另外，依靠社区内鱼灯文化和虾子灯文化的优势，加上非遗文化传承人的帮助，培育了2名鱼灯匠人。在走向社区方面，汇聚各方慈善资源，让残疾人“看到”世界，世界同样“看到”残疾人。在云善农场项目中，塘窦村邀请了南京农业大学的专家开展种植知识和技术的培训。在专业指导下，已经有6名残疾人在合作社成功就业，4名残疾人在自家土地种植蔬菜瓜果，获得了收益。还有几名残疾人在云善农场学习技能后，前往了其他地区就业。

另外，塘窦村还举办了许多喜闻乐见的活动，如夏季采摘节、秋季露营季、冬季粉丝文化节等，邀请社会爱心人士和村里残疾人参与，展现残疾人风采，也增强了他们和外界的联系。并且，塘窦村在全国助残日、全国残疾预防日时，积极开展助残系列主题活动，举办了许多趣味运动会和辩论赛等，加强残疾人和其他社区居民的交流。塘窦村还积极推动残疾人参与社区议事，让残疾人更有话语权，增强了他们的自尊自信和主人翁意识。

在项目实施之后，成果显著。社区接待残疾人政策咨询提高了200%，残疾人群体服务覆盖率达到了100%，除了一些中度和重度残障人士，大多数轻度残障人士积极参与社区活动，活动的参与率也达到了60%以上。在云善农场项目的帮助下，成功就业的残疾人有34名，发展了农村匠人9名，1期无障碍设施得到升级。另外，通过项目宣传，学习强国、南京日报和电视台等媒体给予塘窦村更多的关注。云善农场项目的喜人成果，离不开社工、街道，更离不开每一位残疾人的努力。相信在今后，更多的残疾人会走向工作岗位，收获幸福。

（供稿者：罗润，溧水区石湫街道塘窦村）

【专家点评】

通过有效的扶持措施，帮扶农村残疾人既能够改善他们的生活状况，也有助于促进农村社会的包容性和可持续性发展。案例以辅助型就业为切入，引入了专业社会组织，开始提供残疾人支持服务，探索打造云善农场项目，其运营成本如何负担有待考量，该项目的收益与责任如何分配？此外，案例中残疾人辅助性就业有赖于高校与相关专业人员的支持，其资源稀缺且需要大量资金扶持培训，对于其他社区来说可借鉴性不高。

案例二

探索花田助残新模式，推动公益帮扶可持续

柿子树社区位于雨花台区，占地面积约 3.5 平方公里，为涉农社区，共有 658 户居民，常住人口 5 149 人，残疾人 97 人，其中重度残疾 26 人，普通残疾 71 人(包括精神残疾 7 人，智力残疾 11 人)。

社区工作者走访调查发现，辖区内残疾人群体面临着就业、生活、社交等方面的困难，而仅仅靠物质帮助这种传统的救助方式只能暂时缓解他们的困境，无法对症下药，不能解决根本问题(如融入社会)。而且辖区内残疾人大多数文化水平不高，素质较低，经济条件紧张，家庭支持方面也存在局限性。柿子树社区曾经尝试开展过一些辅助性的就业项目，比如鼓励残疾人制作抽纸盒、编织手工艺品等。但由于市场小、经济成本高、残疾人就业意愿不强等因素，项目无法继续开展。社区意识到，要想真正帮助残疾人，个性化、多元化的帮扶方式是必不可少的。自 2014 年开始，柿子树社区先后探索实施了“黄丝带”助残关爱行动、“喘息服务”等助残项目，一定程度上调动了残疾人群体的积极性，能基本满足其需求。但是随着项目的推进，单纯靠财政收入维持的

助残模式举步维艰，对于残疾人的服务也并未完全做到个性化和精准化。

于是，自2020年起，社区打造了“一手清香，一手公益”鲜花工坊，共有1.0和2.0两个版本。主要内容是从花卉市场批发花卉，然后社区以残疾人公益助残的方式对外进行宣传及销售鲜花。但是因为是市场采购，加上鲜花产量小、成本高，因此收益还未达到预期。2022年社区又结合辖区农用地资源的优势，积极寻求省市区残联的支持，打造了“一亩花田”助残升级版。即通过社区供地专业指导部门扶持残疾人劳动分红，来开展花卉生产的工作。主要内容包括以下几点：首先建设助残基地，包括单体大棚和连栋大棚。单体大棚用于生产时令花草，预计每年可生产3批，共计45万盆；连栋大棚用于生产花卉，在花卉市场和社区中销售，社区还完善了花田基地的内部灌溉和排水设施，改造了花田入口大门。建好基地之后，由于之前开展鲜花工坊项目时，社区发现残疾人群体对花草比较感兴趣，所以顺利地招募了辖区内残疾人，邀请专业机构为他们提供花草种植的指导；在宣传方面，社区联合街道部门、党员干部以及社区居民，组织植树活动、清明祭扫鲜花售卖活动、全国助残日活动等，利用社区微信公众号进行宣传。社区还邀请了余姚市人大代表、金陵科技学院、南京市农科教讲师团、南京市残疾人福利基金会等进行实地考察，加强与其他单位交流学习，推动扶贫助残从“单打独斗”转向“联动作战”。项目的购买者主要分为两个主体，分别为市政府和家庭。另外残疾人还会栽种一些盆栽月季和盆栽菊花，然后向周边的居民进行出售。

在项目实施之后，目前已经培养了9名可以长期参加生产的残疾人，每周二、四固定参与花卉生产种植工作，还带动了11名周边村民就业，实现了从救济式助残到开发式助残的转变，提高了残疾人群体的就业能力以及社会认可度和自我价值感；开展活动10余场，共计150组家庭报名参加了“一亩花田”项目组织的线下体验活动，越来越多的居民开始关注残疾人群体，增加了残疾人的社会关注度；与其他单位和社会力量合作，拓宽了残疾人的就业渠道。项目取得喜人成效，离不开残疾人群体自身，更离不开社区、社会工作者、政府、热心居民以及合作单位的努力。

（供稿者：韩明慧、蒋雨涵，雨花台区古里街道柿子树社区）

【专家点评】

开发式助残有助于提高残疾人的自主发展能力，理念非常好，但个性化、多元化的帮扶方式必然意味着工作量的提升、资金资源的消耗提升，其责任主体是社区两委还是其他社会组织？由谁来承担个性化、多元化帮扶带来的成本？“一手清香，一手公益”鲜花工坊实质上是由社区和政府帮扶的一家小型社会企业，可以实现小规模就业和自给自足，因而存在着一定推广难度，建成类似社会企业需要相当专业的运营能力支持。

构建重病低保人员社会支持网络

在协助重病低保人员重新融入社会的过程中，社会工作者必须建立一个有效的社会支持网络，采取综合性的干预策略。这些人员由于健康和经济方面的挑战，常常面临社会隔离、心理困扰和家庭矛盾等多重问题。为了改善他们的生活质量，提升社会适应能力，社会工作者应结合增能理论和社会支持网络理论，通过心理支持、家庭关系修复、社区支持网络的构建以及持续评估机制的建立等多种途径，提供全方位的帮助。以下是具体的路径和方法介绍。

一、提供心理支持与心态引导。社会工作者可以通过心理支持与心态引导帮助重病低保人员减轻心理负担，重新认识自我，发现自身的价值，树立积极的生活态度，增强他们的社会参与感和自我价值感。具体操作方法如下：**引入专业心理辅导**。社会工作者应联系专业心理咨询师为重病低保人员提供心理辅导，通过“一对一”咨询和小组心理治疗，帮助他们进行情感表达和心理宣泄，减轻焦虑和抑郁情绪。辅导过程应注重使用探索、描述和宣泄等直接治疗技巧，帮助服务对象重新认识自我和提升自尊。**开展社区志愿活动**。组织重病低保人员在其能力范围内参与社区志愿服务活动，如帮助邻里高龄老人或参与社区公益项目。这些活动不仅可以帮助他们发现自身价值，还能获得社会的尊重和认可，提升他们的社会参与感和归属感。

二、改善家庭关系与重建家庭支持系统。家庭是重病低保人员最重要的社会支持来源之一。社会工作者可以通过家庭治疗、家庭教育和社区资源链接，来改善家庭成员关系和重建家庭支持系统，帮助家庭成员重新认识各自的角色和责任，共同为重病低保人员创造一个和谐、支持的家庭环境。具体操作方法如下：**实施结构式家庭治疗**。社会工作者应组织家庭治疗会，帮助重病低保人员的家庭成员重新审视家庭角色和责任，重建家庭支持系统。通过家庭治疗，改善家庭沟通模式，增进理解和支持，帮助家庭成员更好地支持重病患者。**调解家庭矛盾**。联系社区家庭调解员和法律顾问，介入家庭矛盾调解，尤其是对于涉及家庭暴力或不良行为的情况，应及时进行法律干预和思想教育，确保家庭成员能在法律框架内合理表达和解决矛盾。**加强家庭成员责任意识**。通过家庭教育和指导，强调每个家庭成员在家庭中的责任和作用，特别是对于重病低保人员的照护和支持，鼓励家庭成员共同努力，营造一个和谐、互助的家庭环境。

三、构建社区支持网络与增强社会支持。社会工作者通过建立社区支持网络和就业支持不仅可以增强重病低保人员的经济独立性，还能帮助他们获得社会的尊重和认可。具体操作方法如下：**促进社区融合和参与**。社会工作者应积极引导重病低保人员加入社区活动和组织，如社区志愿服务队、技能培训班等。这些活动可以帮助他们扩展社交圈，增强与邻里和社区成员的互动，提升社会参与度和自信心。**链接就业培训和资源**。联系当地的职业培训机构或社会组织，为重病低保人员提供就业技能培训，帮助他们提升职业能力，增强就业竞争力。同时，社会工作者应积极为他们寻找就业机会，协助他们顺利重返工作岗位，实现经济自立。**强化社区宣传和倡导**。利用社区公告栏、微信公众号等平台宣传重病低保人员的积极变化事例，提升公众对他们的关注和支持，营造包容和互助的社区氛围。

四、建立持续评估与反馈机制。通过定期评估和反馈，社会工作者可以了解服务对象的需求变化和帮扶效果，及时调整服务内容和策略，确保帮扶措施的针对性和有效性。具体操作方法如下：**定期进行需求评估**。社会工作者应定期评估重病低保人员的需求变化和帮扶效果，特别是在心理状态、家庭关系和社会适应方面，确保服务能及时响应他们的实际需要。**建立反馈和改进机制**。通过访谈、问卷调查等方式收集重病低保人员及其家庭的反馈意见，了解服务中的问题和改进空间。根据反馈意见，及时调整服务内容和策略，确保帮扶措施更有针对性和有效性。**探索多元化资金和资源支持。**为了确保项目的持续性，社会工作者应积极探索多元化的资金和资源支持渠道，如政府补贴、慈善捐助、社会组织合作等，确保帮扶项目能够长期、稳定地运行。

案例

情系冷暖，向阳而生

——社会支持网络帮助重病低保人员重返社会

南京市江宁区东山街道的张姐 59 岁，2017 年 3 月因宫颈细胞癌住院手术治疗，后期药物化疗，不能正常工作，没有经济收入，丈夫打零工，收入微薄，昂贵的医药费给家庭带来巨大的经济压力。其儿子无稳定工作，已离婚 6 年，孙子正在上小学。2017 年 10 月份张姐申请了最低生活保障，靠社区低保金救助维持生活。张姐因其儿子家庭破裂，需要照顾年幼的孙子，家庭照料负担重，加上生病，身心疲惫，心理焦虑。在行为上，张姐自从生病享受政府低保福利后，经常无故发脾气，家人对她避而远之，且很少与邻里往来，不参加社区活动，对身边的事务不闻不问，沉浸在自我封闭中。在认知上，张姐自认命运极差，劳苦一辈子，还得了重病，家人不关心，家庭不和睦，自己没有能力改变现状，生活无望无力，自卑自弃，只能随波逐流。

通过聚焦其生态系统，从家庭、邻里及社区三个层面进行需求剖析，深入分析其家庭功能缺失、邻里环境影响及社区关爱氛围不够所带来的负面影响、存在的问题与改变策略。

一、树立积极的心态。项目组建立社会支持网络，链接专业心理咨询师介入，采用直接治疗技巧，引导服务对象通过“探索—描述—宣泄”等方式减轻心理焦虑，给予张姐必要的肯定和认可。通过心理疏导和社区志愿服务，帮助服务对象重新认识自我，并积极主动帮助邻里高龄老人，体现自身价值，得到社会的尊重和认可，开始情绪稳定，以乐观心态对待生活，自己帮助自己走出困境，内心充满阳光。

二、改善家庭关系。通过结构式家庭治疗法加上社区专业支持，帮助服务对象的家庭进行结构和角色重建，使每个家庭成员重新认识了各自的家庭角色、责任和作用。同时帮助服务对象重建了家庭支持系统，家庭成员对服务对象更加关心与支持。链接社区专业家庭矛盾调解资源、社区妇联资源，介入张姐家庭矛盾。从法律层面对其丈夫进行思想教育和法制干预，引导其适当控制打麻将的频次，让其了解夫妻沟通不当对张姐造成肢体伤害，属于违法行为，侵犯了张姐的妇女权益。从家庭照顾层面强调家庭角色的重要性，每个家庭成员需要共同维护好环境，帮助儿子重组家庭，一家人携手同心为孙子建立良好的生长环境。

三、构建社会支持网络。通过链接社区资源，引导张姐加入社区志愿帮扶服务，同时链接技能上岗培训资源，帮助其参与就业培训，提升自身能力，经过资源链接成功就业，引导张姐参加就业技能培训，成功就业回归社会。通过志愿帮扶活动，让其在社区和家庭氛围中感受到被尊重和接纳，增强了自信，激发了服务对象自身改变的内在动力。在培训过程中，增强与同辈和邻里的沟通交流，拓宽其社交面，并提升上岗能力。最终张姐的勤劳肯干也获得面点饭店认可，正式上岗就职，月收入有 3 500 元，自食其力，缓解了家庭的经济负担。

社会支持网络对张姐取得了预期成效。在社会支持下，张姐提出退出低保福利保障，在面点饭店试用期结束后正式上岗，经济收入也有了保障，张姐表示自己可以自食其力，退出低保，把政府的托底保障让给更有需要的人。张姐的家庭关系也得到改善，在回访中，张姐信心满满地说：“现在给儿子张罗婚事，一家人齐心合力，要把日子过好。”现在的张姐已经一扫阴霾，对未来充满信心，脸上洋溢着笑容，一路向阳而生。

（供稿者：赵莹，江宁区东山街道）

【专家点评】

构建社会支持网络有助于为困难群体提供更广泛、有力的支持，案例中社工通过对张姐的生态系统（家庭、邻里、社区）进行分析，提出了多层次、多方面的介入策略，通过结构式家庭治疗法和社区专业支持，帮助张姐的家庭进行结构和角色重建，改善家庭关系，使家庭成员更关心和支持张姐。为其链接资源找到工作，解决低保心结，也是案例中的一个亮点。

以家庭为介入点的精神残疾人群干预策略

关爱精神残疾家庭是社会责任的重要体现，对精神残疾者及其家庭的有效支持与干预能够提升其生活质量和社会适应能力。精神残疾不仅会对患者的心理健康和社会功能产生显著影响，同时也会对家庭系统带来持续的压力和挑战。家庭成员在长期的照护过程中，往往面临情感负担和心理困境，可能导致抑郁、焦虑等心理问题。社会工作者可以采取多维度的干预措施，从宣传教育、政策支持、服务体系建设等方面入手，从而提升家庭的支持能力，促进精神残疾者的康复与社会融入。以下是路径的详细描述：

一、提升精神健康宣传与教育，助力社会认知与接纳。精神健康的认知和理解是帮助精神残疾者及其家庭的重要基础。通过加大宣传和教育力度，可以帮助社会大众建立正确的精神健康观念，消除对精神残疾者的歧视和偏见。宣传和教育的目的是提升公众对精神健康问题的认知水平，鼓励社会更加包容地接纳精神残疾者及其家庭，促进精神残疾家庭融入社区生活。具体操作方法如下：**组织社区座谈会和讲座。**定期举办有关精神健康的座谈会和讲座，邀请精神卫生专家、社会工作者和康复专业人士为社区成员讲解精神健康知识和照护技能。**开展社区宣传活动。**通过社区宣传栏、微信公众号、网络平台等渠道，发布精神健康科普文章和宣传资料，增强公众对精神健康问题的了解，消除对精神残疾者的误解和偏见。**推进社区融合活动。**组织精神残疾者及其家庭参与社区活动，增加他们的社会接触和互动，帮助他们融入社区生活，提升他们的社会参与感和归属感。

二、强化经济与政策支持，增强家庭应对能力。经济和政策支持是帮助精神残疾者及其家庭应对日常挑战的重要保障。政府和社区组织应加大对精神残疾家庭的经济援助和政策支持力度，提供多样化的服务和福利，帮助他们减轻经济压力和心理负担。通过建立完善的社会福利体系和支持网络，能够为精神残疾家庭提供全面的帮助，增强社区的凝聚力。具体操作方法如下：**完善社会福利体系**。政府应提供针对精神残疾家庭的专项福利政策，包括财政援助、住房支持、医疗保障和康复服务等，确保精神残疾者及其家庭能够获得必要的经济支持。**建立社区支持网络**。社工和志愿者应定期开展家访、康复培训、心理支持等关爱活动，为精神残疾家庭提供全方位的帮助和支持。**推动社会倡导和价值观弘扬**。倡导社会大众尊重和关心精神残疾者及其家庭，弘扬尊重个体差异和多样性的社会价值观，营造一个更加包容和理解的社会环境。

三、健全精神健康服务体系，促进康复与社会融入。健全的精神健康服务体系是精神残疾者康复和社会融入的关键保障。通过建设更多的精神卫生机构，提供专业的心理咨询、治疗服务和康复培训，可以帮助精神残疾者获得所需的专业支持，促进他们的康复和社会适应。家庭在这一过程中起到关键的支持作用，为精神残疾者提供温暖和理解的环境，激发他们的康复积极性。具体操作方法如下：**扩大精神卫生服务覆盖面**。建立更多的精神卫生机构，为精神残疾者及其家庭提供方便可及的心理咨询和治疗服务。**提供康复和职业培训**。组织精神残疾者参与康复训练和职业技能培训，帮助他们提升生活技能和社会适应能力，减少社会排斥感。**强化家庭支持作用**。通过家庭治疗和辅导，提高家庭成员的心理素质和照护技能，帮助家庭更好地支持精神残疾者的康复过程。

案例

“心心点灯，让爱相伴”

汤泉街道9个社区，5个村，总人口约5.2万人（户籍人口4.5万人）。根据街道基础调研数据显示，汤泉街道共有残疾人 1 600 余人，其中视力残疾 248 人，听力残疾 130 人，言语残疾 9 人，肢体残疾 868 人，智力残疾 196 人，精神残疾 134 人。精神残疾中一级残疾 1 人，二级残疾 53 人，三级残疾 74 人，四级残疾 6 人，精神残疾不管是对残疾人的康复服务、对家属的心理疏导服务，还是对家庭的技能培训服务都有着服务需求多、服务范围广的问题。介入过程为：

一、服务启动及前期调研。开展“问需求　制方案　赋能力”调研，开通“泉来帮”服务热线，坚持以问题为导向，深入基层、深入一线，摸清楚精神残障人士的致残原因、家庭状况及其康复、照顾技巧等基本情况。目前已走访 10 个社区，共走访 78 户精神残疾家庭，有效走访 59 户精神残疾家庭，并向他们发放“泉来帮”服务卡，“泉来帮”热线目前已接通 3 部电话，用于指导精神残障人士按照要求准备材料，申请免费用药和临时社会救助，并与社区积极对接。依据走访的 78 户精神残疾家庭的 59 份有效问卷，从家庭基本情况、政府服务情况、存在问题、建议措施等方面完成调研报告。

二、“互励同行　爱满汤泉”家庭支持性小组的建立。一共举办 7 次小组活动。小组主题分别为“认识你我、建立关系”“家属护理技巧知识”“情绪缓解与减压支持”“日常康复训练指导”“应急处置措施”“有效的家庭沟通和总结交流会”。走访过程中引导服务对象表达需求，根据其物质保障之外更深层次的需求，设置“互励同行　爱满汤泉”互助支持小组服务。共开展 7 场小组活动，主要以家庭治疗模式为基础，围绕家庭支持、健康指导两方面内容为服务对象提供能力支持，同时也以社区为单位开展精神残障人士社区融入服务 3 场。通过专业小组服务的提供，使得服务对象的身体机能得到较大程度的激活，情绪也更加稳定；精神残障人士家属的精神压力和生活压力也得到一定的舒缓，家庭关系愈发幸福，服务对象的社会支持网络、社会交往能力都得到了增强。

三、探索形成“1+N”的服务模式。在服务实施过程中，探索总结出“1+N”服务模式，“1”是指以社会组织为支架，“N”即融合街道残联、街道民政、社区、康复中心、心理咨询室等多方资源为辖区内精神残疾人士及家属开展康复指导、家庭支持服务的联动模式，从“家庭支持”“康复指导”多方面指导，开展“互励同行 爱满汤泉”互助支持小组服务，让服务对象释放情绪、获得能量。服务实施以来，在一次次的走访中与服务对象建立关系，与街道、社区等多方建立合作后，服务对象对服务的接受程度有明显增加，服务对象的生活态度和生活质量得到一定的改善，服务对象也由此构建了更强大、全面的社会支持网络。

四、健全反馈机制。健全反馈机制是进一步提高服务质量的重要途径。为了更好地推进服务，建立街道为数据平台、社区为联络平台、社会组织为服务平台的反馈机制。首先是街道、社区(村)民政及残联提供数据，联系社区提供精神残障人士的基本情况，再在走访过程中，向服务对象宣传服务内容。在服务过程中，社会工作者遇到个案服务对象问题时，第一时间向社区上报，及时帮助服务对象解决问题。定期与街道、社区反映服务情况，通过汇报交流不断地发现问题、解决问题。

针对精神残障人士这一特殊群体，通过前期与社区沟通与了解精神残障人士的分布情况，并在社区的民政协理员的带领下走访入户 90 户家庭，制定残障人士基本信息档案。根据精神残障人士的等级对档案进行分类，坚持精神残障人士的动态管理，也为按需提供精细化服务奠定了基础。对于不可出门的精神残障人士进行政策咨询是困难的，开通“泉来帮”服务热线及时倾听残障人士心声，帮助残障人士解决“急难愁盼”，服务热线的开通得到服务群体的有效支持，与街道、社区形成互通互惠的沟通机制，遇到服务对象的反馈及时与街道、社区取得联系，共同解决问题。

（供稿者：裴艺羽，浦口区汤泉街道）

【专家点评】

帮助精神残疾家庭减轻负担，促进社会对精神健康问题的关注，为建设更富有关爱和理解的社会环境奠定基础。该案例通过全面调研、建立家庭支持性小组、探索“1+N”服务模式和健全反馈机制等方式，较好地解决了精神残障人士及其家庭的多方面需求。但需要讨论的是，该模式主体责任是否由社会组织承担？是否由政府购买项目来承担平台建设的费用？这关系到该项服务是否能够长期提供。

关爱成长：社会工作助力事实无人抚养青少年健康发展的四大路径

在社会工作实践中，事实无人抚养青少年是一个需要特别关注的服务对象群体。他们由于家庭变故，往往面临情感创伤、经济困境、社会孤立等多重挑战。这些问题不仅影响他们的心理健康和社会适应能力，还可能对其未来的生活发展造成深远影响。因此，社会工作者需要运用多样化的策略和理论工具，为他们提供系统性和综合性的支持服务。以下是社会工作者帮助事实无人抚养青少年的四个关键路径，通过这些路径，社会工作者能够有效地干预和改善青少年的生活状况，促进他们的身心健康和社会融入。

一、情感支持与心理辅导——促进情绪调适与心理康复。事实无人抚养青少年常常经历亲人失去、家庭破裂等重大生活变故，容易陷入情感创伤和心理困境中。社会工作者应首先提供情感支持和心理辅导，帮助他们处理负面情绪和心理创伤。实际操作方法如下：**建立信任关系。**通过耐心的倾听和共情，建立起青少年与社会工作者之间的信任，鼓励他们开放表达内心的痛苦和情感体验。**个别辅导和哀伤辅导。**针对青少年丧失亲人的哀伤反应，使用哀伤辅导技术，如“空椅子”技术，让青少年与已逝亲人“对话”，表达压抑的情感，逐步接受失去的现实。**团体辅导和支持小组。**通过组织团体活动，如哀伤分享会、情感表达工作坊等，帮助青少年在集体支持中找到情感共鸣，缓解孤独感。**表达性艺术治疗。**通过绘画、写作、音乐等非语言的表达形式，帮助青少年表达难以言说的情感，释放情绪压力。

二、家庭系统融入与社会支持——增强情感联结与社会适应能力。

适应新的家庭环境对事实无人抚养青少年的情感安全和心理稳定至关重要。社会工作者应采取措施帮助青少年融入新的家庭系统，并扩展其社会支持网络。实际操作方法如下：**家庭活动和教育**。组织家庭参与的活动(如亲子运动会、家庭手工日、家庭出游等)，增进青少年与照顾者之间的互动和理解，促进家庭凝聚力和情感联结。**家庭辅导与沟通训练**。为青少年和照顾者提供家庭辅导和沟通技巧训练，帮助他们有效表达需求和情感，减少误解和冲突，增强家庭系统的功能性。**社区资源整合**。协调学校、社区和非营利组织等多方资源，为青少年提供心理辅导、学业辅导、兴趣小组等服务，增强社会支持系统。**情感联结和支持网络建设**。通过建立社区支持小组和同伴支持网络，帮助其找到志同道合伙伴，形成互助互爱的支持网络，增加情感支持和社会融入。

三、经济支持与赋权服务——提升经济独立性与自我效能感。事实无人抚养青少年的家庭经济状况通常不稳定，这对他们的成长和发展构成了威胁。社会工作者应提供经济支持和赋权服务，帮助青少年提高经济自立能力和未来发展的可能性。实际操作方法如下：**社会救助和补助申请**。协助青少年及其监护人申请各类社会救助、教育补助、生活补贴等，以保障基本生活和教育需求。**职业规划与就业指导**。通过职业倾向测试、职业咨询等工具帮助青少年了解自身兴趣和能力，制定职业发展规划，并提供职业技能培训和实习机会，提升他们的就业能力。**兼职和创业支持**。鼓励青少年通过合法的兼职工作获取收入，并提供创业指导和资源链接，帮助他们提升经济独立性和自我效能感。**经济管理与财务教育**。通过财务管理课程和经济独立教育，帮助青少年学会合理规划和管理自己的经济资源，为未来的独立生活做好准备。

四、朋辈支持与社会交往——构建积极互动的社会交往与资本。社会交往和朋辈支持对青少年的心理健康和社会适应起着重要作用。社会工作者应帮助青少年建立积极的朋辈关系和社会支持网络，提升他们的社会交往能力。实际操作方法如下：**社交技能训练**。提供社交技能培训课程，帮助青少年提升沟通能力、自信心和解决冲突的能力，增强他们在社会情境中的适应性。**组织社交和团队活动**。策划和组织各种社交活动，如体育比赛、志愿服务、兴趣小组等，鼓励青少年参与团队合作和社交互动，拓展社交圈子。**朋辈辅导与支持小组**。建立同伴辅导小组或支持小组，通过定期的团体活动和分享会，帮助青少年在朋辈互动中获得支持、认同和情感连接。**建立多层次社会网络**。鼓励青少年积极参与学校和社区活动，建立多层次的社会关系网络，提升他们的社会资本和社会参与感。

案例

折翼天使也飞翔

——事实无人抚养儿童小琳的支持服务

一、背景介绍

和睦的亲子关系对青少年的成长与发展至关重要，失去亲人会对他们造成严重影响，可能导致学业困难、情感问题以及社会融入方面的障碍。服务对象小琳，女，2004 年生，即将成年，目前在南京市某中专学校读计算机专业。小琳性格内向腼腆，与外界交往少，对陌生人有很强的疏离感。她自出生起与外婆和母亲共同生活，父亲失联在 2021 年确认，母亲于 2007 年去世，外婆于 2020 年去世。现在小琳与姨父和姨母一起生活，尽管他们有一个已经工作的女儿，但小琳与姨父姨母的关系不算亲密。

二、问题评估

1. 缺乏情感支持和家庭系统融入：小琳从小失去了父爱，母亲和外婆的去世更是给她造成了深刻的心理创伤，导致情感缺失。尽管姨父和姨母承担了抚养责任，但由于与他们的关系不够亲密，小琳难以从新的家庭系统中获得足够的情感支持和归属感。这种缺乏亲密关系的情况，进一步加剧了她的孤独感和情感疏离。

2. 经济状况紧张及其影响：小琳的姨父和姨母年纪较大，家庭缺乏稳定的收入来源，经济状况相对紧张，这使得家庭抚养压力较大。经济困难不仅限制了小琳的物质条件和生活质量，也对她的教育和未来发展产生了不利影响。由于家庭收入不稳定，小琳可能面临教育资金短缺和进一步学习机会受限的问题。

3. 社交能力和朋辈支持不足：小琳与外界的交往很少，几乎没有朋友，缺乏同龄人的支持。她很难通过同龄人群体的关心与交流来缓解心理上的哀伤情绪。由于缺乏朋辈支持网络，小琳在学校和社区中感到孤立和无助，缺少归属感和自信心，这对她的社会适应和个人发展造成了不利影响。

4. 社会支持网络有限：尽管小琳一直在民政部门的救助范围内，每月能领取事实无人抚养儿童补贴，但即将成年的她，未来的保障状况受限于是否继续教育的选择和政策支持的变化。此外，学校和社区的救助措施主要集中在物质援助方面，缺乏针对性的心理辅导和个性化的关爱服务，难以全面支持小琳的成长需求。

三、社会工作介入策略

1. 情感支持和家庭系统融入：社会工作者在初期介入时，发现小琳对母亲和外婆的去世表现出明显的逃避和忧伤情绪，因此重点开展哀伤辅导工作，采用了“空椅子”技术、寻找关键人物、参与观影活动等方法，帮助她表达内心情感和处理丧失的痛苦。同时，社会工作者邀请小琳及其姨父姨母共同参与机构组织的家庭教育活动，例如亲子运动会、亲子手工日和家庭出访等，增加他们之间的互动，促进情感交流和家庭联系的增强，帮助小琳逐步融入新的家庭系统，建立更加亲密的家庭关系。

2. 经济支持与资源链接：为缓解小琳家庭的经济压力，社会工作者积极协助申请额外的社会救助和教育补助，帮助她获得更多的经济支持。此外，鼓励小琳在暑假期间外出兼职，不仅减轻家庭经济负担，也让她体验社会生活，增强自立能力和经济独立意识。通过这些措施，帮助小琳在经济上获得一定的缓解，同时提升她的社会适应能力。

3. 促进朋辈支持和社会交往：为改善小琳的社交能力和朋辈支持网络，社会工作者鼓励她积极参加学校组织的活动，如社团、兴趣小组等，拓宽社交圈子，建立同龄人支持网络。周末，她开始主动作为志愿者服务同学，通过这些活动逐步增加了与同龄人之间的互动和交流，提升了她的社交技能和自信心，逐渐缓解了她的孤独感和社交恐惧。

4. 持续性心理支持和追踪服务：在服务结束后，社会工作者不定期通过“夏送清凉”“微心愿”等活动，以及电话走访的形式对小琳进行跟踪观察，及时了解她的生活状况和心理状态。通过一年时间的介入和不间断的支持，社会工作者总结了一年半以来小琳的变化与成长，并对她的进步给予了肯定和鼓励。

通过一年的持续介入，小琳在家庭系统融入、社会交往和情感支持方面取得了显著进展。她逐渐适应了学校和家庭环境，积极参与学校活动和志愿服务，并通过兼职减轻家庭负担。在情感上，她接受了外婆去世的事实，不再回避这一事件，与姨父姨母的关系也变得更加亲密。总体来看，小琳已经较好地适应了新的生活环境，基本达成了服务目标。

（供稿者：薛梦怡、宋明露，雨花台区雨花经济开发区新华社区）

【专家点评】

本案例通过综合运用多种社会工作方法，包括心理辅导、家庭支持、经济援助和朋辈网络建设等，成功帮助服务对象小琳缓解了情感困境，提升了社交能力，改善了家庭关系，实现了预期的服务目标。未来建议在服务中进一步加强对家庭系统融入的支持，扩大社会支持网络的建设，尤其是在即将成年这一过渡阶段，提供更加多样化和个性化的支持服务，确保服务对象能够持续获得成长和发展的机会。

【矛盾调解服务】

在现代社区治理中，矛盾调解服务已成为化解基层矛盾、促进社区和谐的重要手段。社会工作者在实践中运用赋权理论、系统理论和冲突解决理论，积极探索调解服务的新路径，通过多方协作和强化基层自治，构建高效、可持续的矛盾解决机制。同时，“枫桥经验”等理论模式的积极推广，为社区矛盾调解提供了丰富的理论支持和实践基础，使城乡社区在复杂多样的矛盾中得以保持良好的社会秩序与居民关系。

在具体实践中，矛盾调解服务路径多样，反映出城市与乡村社区治理的不同特点和需求。在城市社区，社会工作者灵活运用调解策略，通过规范化管理、平衡利益关系和发挥社区能人作用，有效改善居民生活环境，增进邻里关系；在商品房社区，侧重构建完善的调解机制和培育社区力量，促进社区由陌生人社会向熟人社会转型。在乡村地区，调解方式创新与资源整合相结合，形成了精细化、系统化的服务体系，保障基层社会的稳定与健康发展。这些实践路径凸显了矛盾调解在不同社区环境中的适应性和有效性，为社区治理提供了丰富经验和启示。

让社会工作者们参与到矛盾调解服务中，这在社区治理中发挥了重要作用：首先，推动基层社会治理的精细化与专业化，提升社区服务质量与效能；其次，增强居民自治能力，使矛盾得到及时、有效的解决；最后，通过多元主体协作，构建多层次的支持网络，营造和谐稳定的社区环境。这些措施不仅缓解了社会矛盾，还改善了居民关系，增强了社区凝聚力，为构建共建共治共享的现代化社区治理格局提供了坚实支撑。

如何改造小区非机动车停放

在当代城市化进程中，小区非机动车停放问题逐渐凸显，成为城市社区管理的一大挑战。非机动车乱停放不仅破坏小区环境美观，还影响居民日常出行，甚至带来安全隐患。为了应对这一挑战，将社会工作和社区治理的理论应用于小区非机动车停放改造项目中，形成优化停放管理、提高居民满意度及生活质量的一系列路径。

一、需求评估与可行性研究：基于居民参与的初步分析。社区内非机动车停放问题的有效管理起始于对需求的准确评估和对可行性的深入研究。根据赋权理论，这一过程应通过增强社区居民的参与度来实现其目标。因此，在调解服务的初步阶段，建议成立一个由居民、社会工作者、城市规划师及其他相关利益方组成的工作组，共同进行需求评估。实地调研和焦点小组讨论将集中收集关于非机动车的数量、居民的停车习惯及现有设施的利用情况的数据。此外，通过问卷调查和社区会议等形式的居民参与，不仅提升了居民的赋权感，也使得解决方案更具针对性和实用性。

二、设计与实施：系统化规划与资源整合。需求明确后，社会工作者需要设计具体的调解措施和实施计划。系统理论在此阶段发挥重要作用，强调了各部分间的相互依赖性，从而促使社会工作者从整体上考虑停车设施的布局和设计。这包括非机动车停车设施与小区的其他功能，如安全、美观和便利性的整合。通过动员社区内的资源，如物业管理公司、本地企业以及居民志愿者，可以确保调解措施的设计和实施顺利进行。

三、党建与志愿服务结合：社区赋权与社会支持的增强。赋权理论在整合党建工作和志愿服务时显得尤为重要。社会工作者可以通过党组织的引导，动员社区党员和志愿者参与到非机动车停放的管理和服务中。这不仅提高了调解服务的社会支持度，也增强了资源的获取。志愿者的日常维护、信息传达和居民培训工作，将极大地提升社区成员的自我服务能力和持续参与的意愿。

四、矛盾与诉求的闭环管理：冲突解决与反馈机制的构建。在调解服务实施过程中出现的矛盾和问题的有效管理是至关重要的。冲突解决理论在此发挥了重要作用。通过建立一个投诉和反馈机制，例如设立投诉热线和在线平台，可以确保居民的问题和诉求被及时处理。此外，社会工作者应定期与居民沟通，更新改进措施的进度和效果，以增加服务的透明度和提升居民的信任感。

五、持续优化与改进：基于参与式发展的长期评估与调整。根据参与式发展理论，服务完成后的评估和优化同样重要。社会工作者应定期对停车设施的使用情况进行评估，并收集居民反馈，以便针对性地进行调整和改进。长期维护和持续优化不仅确保了设施的功能性，还增强了居民的满意度和生活质量。

案例

“共创绿色家园”——凤仪园停车环境改善计划

迈皋桥街道凤仪园小区是 2017 年入住的经济适用房小区，建有 5 幢高层住宅楼，共有居民 974 户，2 536 人。因前期规划问题，小区非机动车地下停车场出入不便，导致居民都把非机动车停在地面车棚，但因为车棚数量有限，再加上随着入住人口的增多，非机动车数量逐年增加。截至 2023 年，小区地面非机动车位严重不足，造成小区非机动车停放秩序混乱，居民充电难、出行不便等问题也接踵而来，小区居民怨声载道。

近两年来，街道社区连续整治，宣传发动居民将车停至地下停车场，或者安排物业工作人员每天早上人工挪车，但治理效果始终不佳，小区非机动车停放秩序已经成为小区居民最为关心的问题。2023 年 3 月开始，街道社区经过研究计划，决定通过地下车库坡道改造、增设地面车棚、地面非机动车停车位等手段，多措并举、多管齐下，彻底解决困扰居民群众的问题。社区工作者的改造思路主要围绕以下三个方面：

一、前期充分评估需求和可行性。通过组建专项工作组，社会工作者聚焦于深入调研，全面分析问题，提出切实可行的改造建议。项目在调研阶段已经充分分析了停车混乱的根本原因，并提出了多项改造建议，包括车库坡道改造、地面车棚增设等。这些改造方案基于深入的实地调研，对小区停车问题有着切实可行的解决方案，且平衡了居民停车难和小区整体环境的公共利益。

二、党建引领红色力量。坚持党建引领，由秋韵园社区党支部牵头，联合辖区红色物业，充分发挥“红韵”党员志愿服务队力量，物业主攻车库坡道、停车场地等硬件设施改造；“红韵”党员志愿服务队主要发挥党员力量，宣传引导小区居民在停车秩序改造期间主动遵守停车秩序，并及时处理项目实施期间的居民问题，做好舆论引导。发挥“红韵”党员志愿服务队的先锋带头作用，在工程实施过程中，以居民利益最大化为出发点，争取居民对项目实施过程中的暂时性出行、生活不便的理解和支持。

三、矛盾诉求闭环处理。制定矛盾处置应急预案，通过线下发放《致居民的一封信》、线上公布投诉电话和施工进度等方式，畅通投诉渠道，规范高效处置化解项目推进过程中存在的矛盾问题，做到居民投诉有受理、有回复，将矛盾问题形成闭环。项目完成以后，社区继续“回头看”，针对使用过程中不便的地方加以改进，做到以人为本，提升居民满意度。

凤仪园小区非机动车停放秩序改造项目的出发点是便民利民惠民，为居民打造舒适良好的生活氛围。社区充分利用栖霞区掌上云社区小程序和微信群两个线上平台，“听民声，聚民意，解民忧”，收集居民诉求，从居民的实际困难出发，真正落实“为民办实事”，不是“你想为居民做什么”，而是“居民需要你做什么”。

（供稿者：吴梦怡、冯仕婕、蔡艳琪，栖霞区迈皋桥街道尧化新村社区）

【专家点评】

现代城市社区的小区停车位问题是一个普遍现象，也是一个老大难问题。社区工作者需要指导业主委员会和物业公司一起研究和解决问题。增加停车位是很好的解决问题的方法，但是现实情况千差万别，很多小区就不具备增加停车位的条件。

本案例中小区具备增加停车位的基本条件，这就有了一个基础，接下来是如何增加以及增加停车位的资金如何解决。本案例中，社区工作者通过“评估需求”“发动志愿者”“建立矛盾诉求闭环处理机制”等方法解决问题。但事实上确立停车位的具体位置及实施方案、筹集资金、确保实施过程中的工程质量、停车位建立以后的利益分配和日常维护等问题都是非常重要的方面，这些工作内容也是社区工作者在开展工作时必须考虑的。

如何解决餐饮门面房油烟

餐饮门面房油烟排放已成为许多城市社区中常见的环境问题与邻里矛盾之一。为有效解决这一问题，社会工作者在社区治理中不仅需要通过调解来化解矛盾，还需确保解决方案的可持续性和多方利益的平衡。在此背景下，社会工作者有一条清晰的工作路径，可有效应对社区中的油烟扰民问题。

一、需求评估与信息收集。社区矛盾的解决往往始于对问题的全面评估和信息的准确收集。在处理餐饮门面房油烟问题时，首先需要清晰地掌握双方的需求和意见。根据赋权理论，社会工作者应通过让社区居民和商户积极参与，增强他们在整个问题解决过程中的自主性和权利意识。这不仅是收集信息的关键手段，也是推动居民和商户主动参与协商和决策的重要途径。通过走访调查、问卷调查等形式，社会工作者能够深入了解问题的根本原因和双方的诉求，为接下来的解决方案奠定坚实的基础。通过这一过程，社会工作者不仅可以让居民和商户感受到他们的声音被听到，还能建立起初步的信任关系，为接下来的协商提供顺利的基础。

二、建立沟通与民主协商机制。在信息收集的基础上，社会工作者应进一步推动各方进入协商与沟通的环节。参与式发展理论强调社区成员广泛参与，共同解决问题。为此，社会工作者可以通过组织民主协商会，搭建起居民、商户和相关管理方的沟通平台，创造出一个各方可以平等表达意见的环境。通过这一平台，居民可以表述自己受到油烟影响的具体情况，商户则可以说明他们在油烟排放中的实际困难，而物业、社区党委和环保部门则可以提供技术和政策支持。通过这种民主协商的形式，不仅各方能够充分表达意见，还能在协商中逐步拉近彼此的距离，增加对立方之间的理解和信任，从而为问题的解决找到多方都能接受的共同路径。

三、制定合理可行的解决方案。在各方充分表达意见之后，制定出科学、合理、可行的解决方案是矛盾化解的关键步骤。系统理论认为，社区中的各种要素是互相关联的，因此油烟问题的解决不仅仅是安装设备或加强管理的问题，更应在全局上考量其与社区环境、居民健康以及餐饮业发展之间的关系。在这一步中，社会工作者应结合居民的需求和商户的现实条件，制定出一套综合性的解决方案。这可能包括：技术上的改进，如安装更高效的油烟净化设备；管理层面的措施，如明确餐饮商户的清洁责任和检查机制；空间规划的调整，如合理规划餐饮业与居民区的分布，确保油烟对居民生活的影响降到最小。这样的系统性思维，既解决了油烟排放问题，也平衡了居民的生活质量与商户的经营需求。

四、建立长效管理机制。单靠一套解决方案并不能确保油烟问题的彻底解决。根据冲突解决理论，社会工作者在化解当前矛盾的同时，还需预见到可能的未来冲突。因此，在油烟问题解决后，建立一个长效的管理机制是非常必要的。社会工作者应与物业、环保部门以及商户合作，建立定期检查和维护机制，确保油烟净化设备能够持续正常运行。同时，还应建立一个便捷的投诉反馈渠道，让居民可以在问题重新出现时及时表达诉求。这种机制不仅有助于防止问题的再次出现，还可以确保当矛盾再次发生时，能够快速、有效地得到解决，从而避免冲突升级。

五、提升社区参与度与归属感。社区行动理论指出，社区成员的积极参与和共同合作是维持社区和谐的关键。因此，社会工作者在解决油烟问题时，不应只关注问题的当下解决，还应致力于提升社区整体的参与度和归属感。通过让居民和商户共同参与问题的讨论与解决，社区成员之间的合作关系得以加强，居民对社区事务的参与感也会随之增强。

这不仅有助于解决眼前的油烟问题，还能为社区的其他治理工作打下基础。随着油烟问题的有效解决，居民与商户之间的信任关系增强，社区整体的凝聚力和归属感也会因此得到提升。

案例

烟消云散：社区油烟扰民问题解决之道

尧化新村社区下辖五个小区，其中有四个厂居小区和一个商品房小区佳邻美居，由于厂居小区历史遗留问题非常繁杂，小区中各种矛盾较多。随着地铁 7 号线的开通运营，社区内社会资源的增多和人流量的增加为尧化新村的社区治理带来了新的机遇，同时也带来新的挑战。作为本社区唯一的商品房小区，佳邻美居拥有优越的地理条件和居住环境，小区前排门面房较多，在方便了居民生活的同时，油烟的问题逐渐凸显。小区居民通过“12345”热线反映，佳邻美居小区 2 幢楼下的餐饮店油烟味道特别大，影响楼上住户正常生活，希望有关部门安排人员到现场查看，协调解决油烟扰民的问题。面对小区餐饮门面房油烟问题，尧化新村社区发现厂居小区的社区治理经验并不能完全适配商品房小区，居民和商户间始终缺少面对面沟通的机会，误会和矛盾也一直存在，问题解决依靠如下三步：

一、对民情的快速响应有效提升工作效果。在接到投诉后，尧化新村社区工作人员第一时间查看了现场，发现 2 幢楼下商户虽然安装了油烟净化器，但其油烟管道是由厨房延伸到店铺大门口，油烟排口正对楼上住户，造成油烟扰民的问题。社区工作者初步计划开展餐饮门面房油烟问题民情恳谈会来解决此次民情。

二、提前调研评估各方需求，积极寻找问题突破口。在恳谈会开始前，社区环保代表多次走访商户和邻近居民，摸清各方需求，希望能找到问题解决的突破口。同时积极地为商户申请烟道改造和相关环保手续，在具备了开展恳谈会的条件时，社区环保代表和网格员通知相关方以居民议事会的形式解决这一痛点问题，为恳谈会的成功提前打下良好基础。

三、“五社联动”达成共识。随着商品房小区交付年限越来越久，逐渐出现很多涉及物业、业委会、居民、商户等各方越来越多的公共议题，与厂居小区不同的是，商品房小区居民之间的纽带较为松散，需要动员居民充分参与的工作往往很难推进。在“五社联动”理论的指导下，物业、业委会、居民、综治办等多方参与共同解决问题。社区工作者初步计划开展餐饮门面房油烟问题民情恳谈会，会议由尧化新村社区党委牵头，尧化新村社区议事会成员、佳邻美居小区居民代表、物业人员、餐饮商户和社会组织社工共同参与，通过协商共同制定了让双方都能接受的方案，例如不再增加靠近居民楼的餐饮商户比例、所有门面房的内侧面向小区的商户都尽量密封、商户提高清理油道频率等。

居民和门面房业主最终达成了一致的方案，社区在后续负责监督和跟踪方案的执行，如有不到位处会报送相关执法部门，此后未再接到12345 相关投诉。

（供稿者：刘桂萍，栖霞区尧化街道尧化新村区社区）

【专家点评】

门面房的餐饮店油烟扰民十分普遍。一般情况下餐饮店与居民可以协商解决，但特殊情况下难以协商解决，如居民的要求过高，餐饮店难以达到要求；居民的要求不切合实际，餐饮店难以达成诉求；餐饮店由于现实的特殊条件的制约没有办法进行改造；餐饮店缺少改造的资金和动力等。当油烟扰民问题不能够自行协调解决的时候，居民必然会对“12345”进行投诉，这个时候就需要社区工作者参与调解，并予以解决。

本案例中社区工作者采取的手段和方法都是非常可取的，实践证明也是有效的。主要的环节包括：事前的调查研究——充分了解情况；评估各方需求——寻找各方都可以接受的方案(突破口)；“五社联动”召开恳谈会——达成共识；治理油烟扰民的举措——实施方案；整体看，这个治理过程是可行的，方法是可取的。同时，实际操作中，社区工作者还应该考虑由此产生的费用如何处理等一系列问题。

如何利用能人解决邻里纠纷

在处理社区中的邻里纠纷时，社区能人的作用至关重要。社会工作者可以通过识别并运用这些能人，在调解过程中发挥其影响力和经验，促使纠纷得到高效解决。在运用社区能人解决邻里纠纷时，社会工作者可以结合赋权理论、参与式发展理论、冲突解决理论和系统理论，构建一个完整的工作路径。

一、识别与赋权社区能人：激发居民自主调解能力。赋权理论认为，通过赋予社区成员一定的权力和责任，可以促使他们积极参与社区事务并发挥建设性作用。社区能人往往在居民中具有影响力，社会工作者应首先识别出这些具备威望和解决问题能力的人物，并赋予他们在纠纷调解中的关键角色。通过赋予能人一定的调解权，能促使他们在处理邻里矛盾时发挥积极的作用。同时，能人作为居民熟知和信任的代表，能够更好地为纠纷双方搭建沟通桥梁，推动矛盾的缓解。

二、促进沟通与协商：搭建邻里对话平台。参与式发展理论强调通过协商和对话解决问题，在调解邻里纠纷时，能人可以作为中间人，促进纠纷双方进行有效的沟通与协商。社会工作者应帮助能人搭建沟通平台，让双方能够表达各自的诉求与顾虑。通过组织小范围的居民协商会或邻里调解会，能人在这个平台上可以调解居民之间的分歧，运用自身的威望和亲和力，促成对话达成共识。这一过程中，社会工作者的角色是引导整个协商过程的有序进行，确保各方平等参与。在许多纠纷中，双方因缺乏沟通导致问题恶化，而能人的调解则可以通过化解沟通障碍，促进居民之间的相互理解与妥协。

三、公平解决方案的制定：确保调解结果的公正性。冲突解决理论指出，调解矛盾的关键在于确保解决方案的公平和公正。能人作为调解者，必须在处理过程中站在公正的立场上，确保各方的利益得到平衡。社会工作者在这个环节中要提供必要的支持，确保能人在调解时能够依循公平公正的原则。解决方案应根据社区规则、法律依据及双方实际需求来制定，能人要通过平等对话帮助双方找到合理的解决路径。

同时，社会工作者也应提供相应的法律或政策支持，确保调解方案具有可行性和合法性。通过支持能人掌握适当的法律知识与调解技巧，社会工作者可以保证解决方案符合公平性，推动居民接受并执行调解结果。

四、长期跟进与监督：维持社区和谐与预防冲突。根据系统理论，社区是一个复杂的系统，任何纠纷的解决都需要持续的跟进与监督。纠纷调解成功后，能人需要继续发挥作用，通过日常的观察和走访，及时跟进调解效果，防止问题再次出现或新的矛盾产生。社会工作者可以通过建立定期的反馈机制，与能人一起持续关注社区内的动态，并及时采取措施，防止纠纷升级或演变成新的冲突。

此外，能人和社会工作者可以共同制定长期的社区发展计划，通过加强邻里间的互动与合作，预防类似问题的再次发生。这个过程不仅能解决眼前的纠纷，还能促进社区整体的和谐与稳定。

案例

红色楼长

——协同善治激活小区治理新“栋”能

雨花西路206号小区位于雨花台区龙福社区，发生了这样一件事：503业主周某某将房屋出租给陈某，10月陈某外出，因房屋厨房水管爆炸漏水，对103、303、403住户造成了损坏。103业主发现问题后联系楼上，但敲门无人回应。随即103业主联系了楼栋长丁师傅，希望他能够妥善处理此事。

丁师傅第一时间赶往现场，随即联系物业工作人员和民警。他和工作人员一起关闭水阀、清理积水，对损坏情况进行拍照记录。但在商讨赔偿事宜时出现了分歧，双方争论不休，最终决定由丁师傅进行调解。

丁师傅首先进行入户走访，观察房屋破坏情况。受损业主希望周某某给予他们相应的赔偿，但周某某说房子已经出租给陈某，应由陈某承担责任。丁师傅告诉周某某，按照《民法典》第七百一十一条和第二百八十八条规定，即使周某某已经将房屋出租，不是侵权人，但仍是房屋所有人，也应该赔偿房屋漏水对其他户主造成的损失，但是可以在承担赔偿责任后向租户要求补偿。在听完丁师傅的科普之后，周某某对赔偿损失欣然接受。但是损失该如何界定又成了问题。

丁师傅说，根据《民法典》第一千一百八十四条，侵害他人财产的，财产损失按照损失发生时的市场价格或者其他合理方式计算。如若当事人对赔偿金额存在异议的，可以请有评估资质的企业到现场进行评估。之后，专业评估公司对房屋进行损失界定。103 业主要求赔偿 5 000 元，203 业主要求赔偿 4 000 元，403 业主要求赔偿 7 000 多元。但是周某某家庭经济条件不算乐观，夫妻双方没有稳定工作，而且家中还有小孩要抚养，这些高昂的赔偿费用让周某某无力承受。通过社区和物业的协商，考虑到周某某家庭情况，他们决定为周某某垫付 2 000 元，只需要他赔偿 5 000 元。丁师傅表示，还会继续为几户业主做思想工作。

丁师傅告诉 203 业主，他们受损情况比较轻，比如整体橱柜没有必要完全更换。在多次走访和调解下，203 业主接受了这个赔偿结果，作出了让步。但 103 户业主表示，好不容易装修好的房子被水淹了，害得全家只能在外面租房子住，并没有虚报损失。丁师傅站在公平公正的角度上分析，103 户业主要求的赔偿金额在合理范围内，从和谐邻里的角度劝解周某某同意目前的赔偿。最终，周某某也作出了让步。总的来说，除了 303 业主与周某某争议不下，其他业主都和周某某达成了协商，避免了矛盾的激化。

最终，在丁师傅的努力调解下，双方达成了书面协议：103 业主获得 5 000 元赔偿，203 业主获得 2 500 元赔偿，403 业主获得 5 000 元赔偿。问题基本解决后，大家对丁师傅的无私奉献精神十分感动。

这个案例不难看出，丁师傅作为楼栋长，在调解小区居民纠纷方面发挥了举足轻重的作用。不仅对法律知识烂熟于心，还最大程度化解了邻里之间的矛盾。龙福社区中有 10 个小区，其中 6 个都是单位家属区，基本算是熟人小区。楼栋长在这些小区中可以发挥熟人优势，因此，群众基础好。社区还从这些楼栋长中选出了代表和骨干，多为党员。楼栋长的职责是作为代表收集小区里的意见和矛盾上报到上级，并且，在小区中每 3 个月召开一次议事会，名为“龙福议事会”，议事内容主要为如何处理居民问题，随后安排志愿者和网格员带领楼栋长和志愿者去解决问题。对于工作优秀的楼栋长还会进行评比，给予奖励。

在案例中，丁师傅对法律知识十分熟悉，这得益于龙福社区设立的红色楼长工作室。工作室有专业律师向楼栋长讲授法律常识，遇到困难的问题也会邀请律师分析。平时培训时，有一些优秀的调解案例也会拿出来向楼栋长们展示。目前，龙福社区中楼栋长调解成功率过半，在问题得到妥善解决后，社区还会把成功解决的问题编纂成册，供楼栋长和志愿者们参考。

（供稿者：杨姗姗、时方静、王梦宇，雨花台区赛虹桥街道龙福社区）

【专家点评】

在社区治理中楼栋长是一个非常重要的角色，牵涉千家万户，是小区中熟人社会的基本连接点，对于调解邻里矛盾纠纷具有重要意义。

楼栋长调解邻里矛盾纠纷，也需要基本的能力作为支撑，如语言表达能力、组织动员能力、公平公正处理问题的能力、基本的法律法规知识等。本案例中的楼栋长是一位年长的党员，与居民建立了友好的关系，赢得了居民的尊重，这是成功调解纠纷的基础。平时社区的法律顾问开展的法律知识的普及工作也是该案例成功的基础与条件。楼栋长具有一定的法律知识是成功调解这起矛盾纠纷的关键。

事实上，各类矛盾纠纷的调处，都需要以法律为准绳。依法治理，才是成功调解矛盾纠纷的关键。

如何调解商品房小区矛盾

在商品房小区，由于陌生人社会的特征，邻里之间的交流和互动较少，常常导致矛盾频发。面对因占用公共空间、噪声、遛狗不牵绳、垃圾乱丢等问题引发的纠纷，社会工作者可以通过培育调解队伍、健全调解机制、打造调解品牌和建立长效管理机制，有效地解决居民之间的矛盾与纠纷。同时，社会工作者能够有针对性地运用社区能人这一资源，推动社区从陌生人社会向熟人社会转变。

一、培育调解队伍：赋权居民增强社区参与感。赋权理论主张通过赋予社区成员一定的权力和责任，使他们能够主动参与社区事务，增强他们的归属感和参与感。在商品房小区中，社会工作者可以通过识别社区中的活跃分子，特别是那些热心居民、志愿者以及网格员，将他们培育为调解队伍的核心成员。通过赋权，让这些居民参与到调解队伍的组建和调解工作中，从而增强他们的调解能力。社会工作者应通过组织定期培训，提升这些能人的调解技巧和法律知识。通过培训，能人不仅能了解基本的调解流程，还能学会如何在调解过程中运用法律条文化解居民的矛盾。通过这种方式，社会工作者赋予能人调解的能力，使他们能够承担起社区调解的重任。

二、健全调解机制：推动居民合作，化解邻里矛盾。参与式发展理论强调通过社区成员的广泛参与和合作，共同解决问题。在商品房小区，人与人之间的陌生感较强，增进居民间的沟通是解决矛盾的关键。社会工作者可以帮助建立一个常态化的调解机制，例如定期组织居民议事会，邀请业主、物业、志愿者和社区能人共同参与调解工作。这种调解机制的建立不仅能够促使居民在冲突发生时主动寻求调解，还能通过持续的对话与协商，逐步消除邻里之间的陌生感。通过增加居民之间的互动，社会工作者可以逐步帮助商品房小区从陌生人社会转变为熟人社会，增进居民之间的信任和感情，使小区居民更愿意相互合作，化解矛盾。

三、打造调解品牌：建立信任平台，提升社区治理效能。冲突解决理论指出，调解的关键在于制定一个公平、合理且可持续的解决方案。在处理商品房小区的邻里纠纷时，社会工作者应发挥党建引领的作用，建立一个具有品牌效应的调解机制。例如，可以通过设置调解室或“邻里话室”，使其成为居民解决矛盾的固定平台。这个平台不仅能够帮助居民解决矛盾，还能作为传递社区治理理念、宣传法律知识和组织居民活动的重要窗口。通过树立品牌，社会工作者能够加强居民对调解机制的信任感，使其成为调解和化解矛盾的常态化渠道。调解品牌的塑造能够提升小区内的社会资本，使居民在面对纠纷时更愿意通过调解室寻求帮助，而不是直接选择冲突对抗。

四、建立长效管理机制：持续关注，维护社区和谐稳定。根据系统理论，社区是一个复杂的系统，调解纠纷不仅是解决单一事件的问题，还需要为长期的社区和谐打下基础。社会工作者在完成一次纠纷调解后，不能止步于此，而是应建立一个长效管理机制，持续关注社区内的动态。通过定期跟踪调解后的效果、走访社区了解居民反馈，社会工作者可以及时发现潜在的矛盾和问题，防止其演变成新的冲突。与此同时，调解队伍中的能人也需要继续在社区中发挥作用，通过日常的观察和沟通，保持社区的稳定和谐。这个长效管理机制不仅能够确保问题的彻底解决，还能为社区居民的日常生活提供保障，使居民感受到社区治理的有效性和持久性。

案例

“邻里话室”开通社区矛盾调解新渠道

南京市江宁区秣陵街道顺塘街社区是2022年11月份拆分的，12月份成立。顺塘街社区拥有 3 个纯商品房小区，是秣陵街道第一批纯居型社区，中型社区规模，居民约 7 000 人，2 500 户，外来人口多、物业矛盾大。邻里之间的关系不紧密，对门邻里不认识也是常态。除了业主与业主之间的邻里纠纷，业主和物业之间的矛盾也日益凸显，有关住宅小区管理的“12345”工单也有所增长。

顺塘街社区根据辖区内住宅小区的实际情况，以党建阵地为平台，通过培育调解队伍、健全调解机制等途径，2023 年 3 月成立“邻里话室”工作室，进一步打造“顺塘邻里话室”调解品牌，让“邻里话室”成为传递党的声音、强化物业管理、联系服务群众的重要平台。

一、培育“邻里话室”调解队伍。“邻里话室”以“1+3+X”模式建立调解队伍，“1”即顺塘街社区党总支，“3”即 3 名调解团队骨干人员（包括 1 名社区党员、1 名公益楼栋长、1 名热心居民，成员主要通过社区网格员挖掘、社会组织服务中招募产生）；“X”即综治办、信访办、网格办、司法所、业委会、物业公司、楼栋长、居民代表、热心志愿者、法律工作者等多政府部门和社会力量。

二、提高调解人员专业能力。顺塘街社区借助各方资源，对调解队伍进行全方位、多形式培训，全面提高调解人员业务能力水平。邀请党校讲师授课，提高调解队伍政治素质、责任意识；开展情景演练，通过实景模拟、切身感受，锻炼调解人员实际调解能力。通过对社区热心居民的赋能，分批次培育“公益楼长”，发挥本土志愿服务力量在地缘和业缘方面的优势；建立以共性需求为纽带的居民自组织，增强小区居民自我服务和自我管理的能力，努力变“服务旁观者”为“家园建设者”；弘扬邻里友爱、诚信、团结亲善、守望相互的传统美德，构建邻里互助网络，充分发挥社区、热心居民在和谐社区建设中的作用，改善邻里关系，营造团结、互助、文明、祥和的浓厚氛围。

三、建立公益楼栋长机制。顺塘街社区坚持以党建为引领，社区调整后进行服务优化，以居民需求为着力点，充分发挥本土志愿服务力量在地缘和业缘方面的优势，通过打造调解阵地、培育调解队伍、健全调解机制等途径，依托社区顺“栋”力——公益楼栋长机制，打造“顺塘邻里话室”调解品牌，着力解决居民急难愁盼问题，积极开展“为民帮困公益活动”。

“顺塘邻里话室”一方面充分发挥社区、热心居民等本土志愿服务力量的优势，助力基层社区治理；另一方面推动街道、社区、网格和物业等相关组织联合共建、联动共治、资源共享，把矛盾纠纷化解在小、化解在早、化解在萌芽状态，送服务上门，不断提升社区治理水平，切实提高群众参与感和满意度，居民尽享专属于楼栋者的社区服务。

（供稿者：魏艳，江宁区秣陵街道顺塘街社区）

【专家点评】

社区矛盾纠纷调解的关键点在于变陌生人社区为熟人社区。如何实现或形成熟人社区考验着每一个社区工作者的专业能力。建立熟人社区的常见路径是开展社区文化交流与服务，形成不同的兴趣小组，开展各类文体艺活动。在此基础上建立志愿者团队，形成常态化的组织形态，培育专业能力较强的社区能人(社区领袖)。这些社区领袖和志愿者就有条件开展各类矛盾纠纷调解类的工作了。

本案例中的“顺塘邻里话室”调解品牌，建立了“公益楼栋长(常态化)机制”，就是一个这样的形态。有了这个机制，就可以不断复制调解的成效，解决各类矛盾纠纷。

在利用“邻里话室”调解矛盾的同时，也不要忘了专业社会工作者的作用。专业社会工作者是“引导者”“组织者”“教育者”，他们善于利用各类社区领袖和社区志愿者开展工作，将这些领袖和志愿者当作解决社区矛盾纠纷的宝贵“资源”。

如何精准解决矛盾痛点

“目前，我国已经进入实现第二个百年奋斗目标的初期，这也是乡村振兴战略推进的关键时刻。在这一进程中，社区的和谐与健康发展起到了基础性的作用。但遗憾的是，由于近年来各种风险因素的积累，各地地区的矛盾和纠纷日趋复杂，呈现出专业化、多样化、多发性、群体性的趋势。传统社区矛盾纠纷调解方式已经无法满足基层人民在新环境下对矛盾纠纷调解的日益增长的需求。考虑到乡村社区是基层社会的基本构成单元，其对于推动乡村地区的健康、和谐和有序发展具有不可或缺的作用。因此，如何改进社区的矛盾纠纷调解机制，创新社会治理方式，以实现‘枫桥经验’的新时代应用，已成为基层党委和政府迫切需要解决的问题。”

深耕新时代“枫桥经验”，以党建引领基层治理为抓手，以强化矛盾纠纷制度为保障，运用法治思维和方式，不断创新治理模式、持续提升治理水平，把关注、关心、关怀融入矛盾纠纷化解工作全过程，依靠群众自治化解矛盾，摸索出一条老旧城镇社区矛盾纠纷化解可行之路。

一、党建引领，多方联动解决矛盾。社区矛盾的及时化解离不开多方力量的协同作用。在“枫桥经验”中，党建引领是协调各方资源的核心力量。通过社区党组织牵头，街道办事处联合社区物管办、物业公司、房产局、司法局等部门，形成了多方联动机制。在这个机制中，社区通过“街道大部队—层级小组织—楼栋小组”的三级组织架构，将各级服务力量覆盖到居民身边，确保矛盾能够在最小范围内得到解决。党组织在调解中的领导作用体现在协调资源、统筹矛盾解决的“总节奏”上，确保“矛盾就地化解、小事不出网格、大事不出社区”。这种机制不仅提高了调解的效率，也确保了问题能够在基层得到迅速处理，不积累、不上交。

二、以沟通为基础，促进矛盾化解。“枫桥经验”强调，矛盾的解决离不开有效的沟通和居民信任的建立。在现代社区治理中，党组织应通过定期召开座谈会等形式，收集居民的意见和建议，促进物业与业主之间的相互理解和信任。通过多渠道、多形式的沟通，党组织可以了解居民的真实需求，并有针对性地解决问题。

此外，社区调解应坚持“贴近民意、畅达民意、人性化解”的原则。通过“问题晒在太阳下、心结摊在桌面上”的公开调解方式，党组织可以推动居民表达真实诉求，调动社区内的资源和人脉优势，快速有效地化解矛盾，形成和谐社区的大环境。

三、依法治理，确保调解合法合规。在“枫桥经验”的指导下，依法治理是矛盾调解中的重要原则。通过推动法律知识宣传和法治思维的应用，社区党组织可以确保调解过程中的合法性和规范性。定期组织法律顾问、司法所人员为社区提供法律咨询，确保调解中每一步都符合法律要求。对于涉及复杂财产、合同或物业问题的纠纷，党组织可以协调法律顾问参与调解，确保调解方案的法律效力，避免因为程序或内容不合法而导致的进一步冲突。法治治理不仅提高了调解的公信力，还能促使居民更积极地接受调解结果，防止问题的再次升级。

四、建立长效机制，推动矛盾预防。长效机制的建立是防止矛盾反复和问题积累的关键。在社区党组织的领导下，社区可以通过定期巡查、问题反馈机制和网格化管理，确保每一个问题都能在早期被发现和处理。每层网格配备专门负责人，负责矛盾排查和上报，确保问题在“网格内解决，不出网格”。此外，党组织应通过设置调解室、举办调解培训、建立矛盾档案等方式，将矛盾调解制度化、规范化。定期的居民满意度调查、回访机制也能够帮助党组织及时了解社区的动态，进一步完善调解机制，确保矛盾在基层得到持续的化解。

案例

矛盾不上交，社区呈新颜

凤岭社区成立于1999年5月，占地面积约3平方公里，辖区内有小区25个。户籍数2 746户，户籍人数7 275人，常住户数10 589户，常住人数31 935人。近年来，社区始终坚持“以人为本、服务居民”的工作宗旨，积极协调处理各种矛盾纠纷，社区基层治理工作得到较大提升，但也存在一些问题和难点，例如“业主认为物业不作为，拒缴物业费；物业则认为业主不缴物业费，服务也应打折”的恶性循环，这类问题如果解决不好，矛盾会不断升级。

2023年8月21日，社区联合街道相关部门协调解决了一起辖区某小区物业和业主因公共下水管道堵塞造成房屋进水产生的纠纷，经过深入走访、多轮协商，最后使双方达成和解。事由源于2023年7月，该业主发现自家厨房橱柜有污水从柜门渗出，柜底浸泡起皮，厨房外墙呈现大面积水印且墙皮脱落。该业主在检查自家水管没问题后，多次向小区物业反映未果，为此只能自行修缮，并到社区投诉小区物业不作为。

在这个案例中，我们采取了“枫桥经验”作为指导，以深入了解情况、组织协商、发挥群众自治作用、加强监督检查、建立长效机制以及加强宣传教育等方式，成功地解决了一起物业和业主之间的纠纷。以下是具体的解决策略和过程：

第一步，深入调查，全面了解了情况。根据业主反映的情况，立即组织了社区工作人员到业主家进行实地查看，发现业主反映的问题属实。同时，社区也与小区的其他业主和物业公司代表进行了沟通，了解问题的全貌。

第二步，组织协商，促进沟通交流。在了解情况后，组织了业主和物业公司代表召开协商会议。在会议中，业主详细阐述了自己的诉求和多次向物业反映未果的情况。物业公司代表也解释了他们的处理方式及未能及时解决问题的原因。通过沟通协商的方式，业主和物业就问题解决方案达成初步共识。

第三步，发挥群众自治作用，共同解决问题。在初步达成共识后，积极发挥群众自治作用，组织业主委员会和物业公司共同参与解决问题。业主委员会协助物业公司进行维修工作，共同维护小区的公共设施设备。同时，鼓励业主之间的交流和沟通，增进相互理解和支持。

第四步，加强监督检查，确保问题得到妥善处理。在问题得到妥善处理后，加强监督检查力度确保问题不反复。定期对小区的公共设施设备进行检查和维护，确保公共下水管道畅通无阻；同时加强与业主的沟通联系，及时发现和处理新的问题。此外还通过开展满意度调查等方式收集业主对物业服务的意见和建议，从而进一步改进物业服务质量和水平。

第五步，建立长效机制，提升基层社会治理水平。在问题得到妥善处理后，社区应建立长效机制提升基层社会治理水平。建立健全业主委员会和物业公司的沟通交流机制，定期召开会议商讨小区公共事务；加强与业主的沟通联系，及时了解和处理业主的诉求和建议；加强对物业公司的培训和管理，提高其服务质量和水平；通过开展多样化的活动增进业主之间的交流和理解，加强邻里之间的团结友爱；通过建立长效机制，提升基层社会治理水平，实现小区的和谐稳定和持续发展。

第六步，加强宣传教育，提高业主和物业公司的法律意识和责任意识。通过宣传教育的方式提高业主和物业公司的法律意识和责任意识是“枫桥经验”的重要内容之一。社区可以组织专题宣传活动或者通过物业管理区域内公告栏、业主微信群等渠道向业主和物业公司宣传相关法律法规和政策文件，明确各自的权利和义务。同时还可以邀请专业人士为业主和物业公司提供法律咨询和指导服务，帮助双方依法合规地解决纠纷。

最后一步，总结经验教训，不断完善基层社会治理体系。在问题得到妥善处理后，社区应总结经验教训不断完善基层社会治理体系。深入分析问题的根源和解决过程中的不足之处，提出改进措施和建议；同时加强与街道等相关部门的沟通协调，共同推进基层社会治理体系的建设和完善。此外，还可以借鉴其他先进地区的经验和做法，不断提高基层社会治理水平，实现小区的和谐稳定和持续发展。

（供稿者：孙华凤，高淳区淳溪街道凤岭社区）

【专家点评】

2023 年是毛泽东主席为“枫桥经验”题词 60 周年，也是习近平总书记首次提出学习“枫桥经验”20 周年。党的二十大报告提出新时代“枫桥经验”后，全国各地都在深入学习新时代“枫桥经验”。

“枫桥经验”究竟是什么？应该主要是两句话：一句话是矛盾不上交，化解在基层；另一句话是要使用科学专业的方法和法律原则化解矛盾纠纷。本案例就是这样一个典型。本案例中的七个步骤是社区化解矛盾纠纷的主要步骤，也是成熟的可以复制的做法，值得社区工作者反复琢磨、反复实践。这是一个普遍适用的方法，也是中国式社会工作的本土方法。中国式社会工作就是需要这样的本土方法，通过提炼总结、不断完善，并上升到理论高度，从而形成中国式社会工作的话语体系。

社区协同治理的创新路径：“援法议事”平台的建设与实践

构建社区内的社会管理“缓冲带”是当前社会矛盾调解中的关键环节。“援法议事”实践为基层社区社会治理提供了一个创新的路径，通过整合资源、畅通民意表达渠道，实现多方参与和协同治理，达到了化解矛盾、促进社区和谐稳定的效果。该实践可以被理解为一种社会支持的干预方式，可以通过合作和多方参与提升社区自治与社区协商能力，构建多层次的社会支持网络。

一、搭建“援法议事”平台：社会支持网络的构建。根据社会支持理论，社区中的支持网络对于个体和群体应对生活中的压力、冲突和挑战至关重要。“援法议事”平台的搭建可以视为社区支持网络的一部分，旨在通过多方协作为社区居民提供法律、行政和社会支持。该平台依托社区党委、居委会、职能部门、居民代表等多方主体，形成了广泛的协商网络。这与社会工作中的多层次支持网络理论相符，通过不同的社会支持源头（如法律顾问、物业管理、社区组织）为居民提供情感、信息和工具性支持。同时，通过定期召开的“7+1”会议等机制，确保了居民表达意见和需求的渠道畅通，提升了社区居民的参与感与自治意识。

二、整合多方力量：协同治理中的社会工作角色。协商治理理论强调通过多方利益相关者的合作，解决复杂的社会问题。将社会工作理论应用于“援法议事”实践中，可以进一步分析该过程中社会工作者和其他社区成员所扮演的角色。在这个过程中，社区内的法律顾问、老党员、村干部等不同主体组成了工作队伍，共同致力于化解矛盾与解决问题。这与社会工作中的“赋权”理念相吻合，强调通过调动社区内部的积极力量来提升居民的自治能力，并协同解决问题。同时，这种参与式治理模式也通过增强居民的法律知识和调解能力，促进了社区内部的社会资本积累和资源共享，达到了协同治理的效果。

三、细化工作流程：提升治理效能与社会工作干预的规范化。社会工作中的“介入模型”要求干预过程的规范化与系统化，以确保干预措施的有效性与合法性。在“援法议事”过程中，细化工作流程正是这一理念的体现。通过制定工作规程，明确参与主体、协商程序和议事原则，可以确保“援法议事”过程中的公开透明与合法合规性。此外，社会工作理论中的“结果导向评估”也要求加强对议事结果的跟踪和评估，确保议事成果得以落实并长期维持。这一环节不仅保证了问题的有效解决，还为后续的社区治理提供了可借鉴的经验和模板。

案例

探索“援法议事”社区实践新路径
构建社会管理矛盾“缓冲带”

瑞金新村社区是1978年建设的老旧小区，辖区内有居民楼100幢，常住居民3799户，10500人，流动居民2100人。辖区楼栋设施老化，居民成分复杂，属低收入群体小区，以改制企业退休人员及拆迁安置居民为主，矫正对象、回归人员、涉毒人员以及邪教转化人员、重点上访人员较多，是社会矛盾沉淀和集聚的重点区域。多年来，社区党委不断分析社区管理形势，深入领会“援法议事”工作要义，在区、街两级的支持指导下，从社区管理千头万绪中，逐步摸索形成适合本社区特点的独特工作方法—“7+1”社会矛盾调解工作法，探索出一条“援法议事”在社区实践的新路径。

近年来，瑞金新村社区持续深化“援法议事”，根据社区实际，以依法化解社区各类矛盾纠纷为切入点和着力点，努力构建社会管理矛盾

"缓冲带"，在实践中逐步形成了"7+1"社会矛盾调解工作法，探索出一条"援法议事"社区实践的新路径。该工作法被南京市政府政策研究室作为具有科学意义的基层矛盾调解法建议在全市老旧小区推广。

"7+1"社会矛盾调解工作法，就是贯彻"援法议事"工作精神，整合和借助各方力量，化解和钝化社区各类矛盾纠纷，并以此为切入点，推动社区有序管理，促进社区和谐稳定。

"7+1"即由社区党委、居委会、民警、职能部门、业主委员会(或居民代表)、物业(或社会组织、辖区单位)、矛盾纠纷主体及社区法律顾问参与的社区矛盾大调解。按照矛盾初次调解、调解不成功进入"7+1"社会矛盾调解工作法程序(走访职能部门、走访居民家庭或单位、邀请社区法律顾问介入、召开"7+1"会议)的流程，使群众诉求表达渠道畅通，矛盾纠纷排查调解机制健全，排查、分析、化解矛盾到位。在运行机制上，实行"三会两中心"管理办法，：即矛盾调解会、司法评估会、信息分析会和群众诉求受理中心、群众矛盾调解中心，通过合理整合社区综治工作力量，由社区党委协同社区综治办、治保会、警务室、调委会、社区法律顾问团队一体化运行。通过"7+1"社会矛盾调解工作法，社区先后破解了困扰多年难以解决的机动车停放问题、瑞金新村小区居民生活用水出户问题、小区内枯死树木清除问题、沿街餐饮业主与居民矛盾纠纷问题、御道街 34 号院电梯安装问题、瑞金新村小区高层老年居民上下楼困难问题、楼道杂物堆放及非机动车安全充电等难题。

"7+1"社会矛盾调解工作法广泛吸纳社区内外的管理力量和管理资源，搭建多元化的社会支持网络与缓和社区不稳定因素经常性摩擦机制，极大提高了社区管理能力。一是借助规范化的矛盾调解程序，较好地行使了社区作为社会管理的"缓冲带"作用，使大量的民间纠纷和居民不满情绪在缓冲区得到快速、充分排解，有效预防矛盾的激化和群体化，实现了矛盾最小化和社区稳定最大化。二是通过聘请社区法律顾问参与矛盾调处的做法，发挥了依法规范引导调处行为的特殊作用和优势，形成了矛盾主体依法维权的疏导机制。调解中，社区成员通过律师点评分析案例，增长法律知识，懂得如何表达正当诉求，这些都为探索“援法议事”在社区实践的新模式提供了宝贵的经验。三是社区成员通过“7+1”矛盾调解更加关注自己身边的事情，关注社会动态，较好实现“我的社区我做主”，主动参与社区治理。

（供稿者：张璐，秦淮区瑞金路街道瑞金新村社区）

【专家点评】

瑞金新村社区探索“援法议事”社区实践新路径构建社会管理矛盾“缓冲带”，从搭建议事平台、整合多方力量、细化工作流程等方面入手，从社区管理千头万绪中，逐步摸索形成适合本社区特点的独特工作方法—“7+1”社会矛盾调解工作法，全面提升基层社会治理能力和水平。但是还需要注重宣传引导工作，营造良好的法治氛围。可以通过法治文化广场、法治长廊、法律图书角等普法宣传阵地建设，将“援法议事”活动与常态化的普法宣传工作相结合。同时，借助各类媒体平台广泛宣传“援法议事”活动的成果和经验，提高居民的知晓率和参与度，形成共建共治共享的社会治理新格局。

【志愿服务】

改革开放以来，中国的经济与社会结构发生了深刻变革，原有的“单位制”管理体制逐渐向“社会制”管理体制转变，推动形成了“小政府、大社会”的管理模式。志愿服务组织作为社会建设中的重要组成部分，发挥着越来越显著的作用。志愿服务不仅是社会治理创新的重要路径，同时也是社区居民自我组织、参与社区发展的重要机制。2017 年，《中共中央国务院关于加强和完善城乡社区治理的意见》也提出：“发展社区志愿服务，倡导移风易俗，形成与邻为善、以邻为伴、守望相助的良好社区氛围。”

自 1989 年 3 月 18 日天津市和平区成立我国第一家志愿者协会开始，社区志愿者服务这种做法虽然经民政部迅速推广到了全国范围内。但整体上而言，我国的社区志愿服务的开展在时间上和地域上呈现出不均衡性。主要的原因有两方面：其一，我国的社区的体量不断增多。根据国家统计局发布数据，2022 年，中国纳入统计的社区有 11.7 万个，相较于 2012 年的 9.1 万个，数量上增长了近 30%，并且还在保持相当的增长速率。其二，随着社区数量的增多，社区与社区之间存在着相当的异质性，不再是一个扁平化的概念，需要因应其特点开展相关工作。

所以，目前我国的社区志愿服务仍处于建设发展阶段，需要从志愿者的挖掘与培养、志愿服务组织的培育等基础性工作做起，逐步引导志愿服务的良性发展，优化志愿服务能力，助力实现“共建共治共享的社会治理格局”，推动我国治理体系的现代化转型与社会治理能力的提升。

本部分内容将围绕社区志愿服务“从无到有、从有到优”的建设路径展开，结合我国的具体国情，尤其是在《国民经济和社会发展第十四个五年规划和 2035 年远景目标纲要》中提出的“积极应对人口老龄化国家战略”，以及“基层社会治理新格局”，重点关注以下四个主题，分别是基础性的“社区志愿者队伍的组建、培育与发展”、提升性的“基层治理现代化下的社区志愿服务实践”及“老龄化下的社区志愿服务”。借由对 6 个案例的介绍、分析与评述，旨在为相关政策制定者、社区工作者以及社会组织提供具有实践价值的路径参考。

社区志愿者队伍的组建、培育与发展

社区志愿者服务从无到有的过程，主要是三个递进的工作层面的展开，即**“对志愿者的挖掘与培养”“志愿组织的培育”“引导相关志愿服务的发展并形成品牌”**。以下就这三个工作层面的要点作说明。

一、挖掘与培养社区志愿者

社区志愿服务的开展，首要任务是挖掘并培养社区志愿者。志愿者是志愿服务的主体，他们不仅是社区服务的推动者，也是社区文化和社会资本的传递者。在实践中，挖掘社区志愿者的方式可以从以下几方面入手：

首先，在社区综合服务平台挖掘志愿者。社区综合服务中心作为居民生活事务的集中办理平台，为志愿者的挖掘提供了重要契机。社区工作者可以通过办理日常事务与居民建立联系，主动了解居民的特长和资源，将有意愿或有能力服务社区的居民纳入社区志愿者人才库，为社区志愿服务提供储备力量。

其次，通过走访社区发现潜在志愿者。社区走访是社区工作的重要内容，在走访过程中，社区工作者应当观察并记录潜在的志愿者线索，尤其是那些具有组织能力或专业技能的社区居民。这种方式不仅能直接接触居民，还能加深社区工作者对居民需求的理解，促进志愿者与社区需求的精准匹配。

再者，从社区服务中识别志愿者。社区定期为居民提供服务时，工作者与居民的接触频率增多，这为发现潜在志愿者提供了机会。通过服务过程中与居民的互动，可以进一步了解他们的特长和志愿服务意愿，识别出有能力并愿意服务社区的能人，并将他们纳入社区志愿者队伍。

最后，根据需求导向定向寻找志愿者。在社区需求调研中，社区工作者可以根据居民的具体需求，有针对性地寻找具备相应能力的志愿者。通过说服动员或协调沟通等方式，促使这些居民参与志愿服务，满足社区的多样化需求。

二、培育志愿服务组织

社区志愿服务不仅需要志愿者的参与，还需要有效的组织培育。通过对志愿者团队的组织和管理，可以形成有规模、有凝聚力的志愿服务力量，进而推动社区发展，改善社区居民生活质量。志愿服务组织的培育可以从以下几个方面入手：

一是进行意识培育。要提高社区居民的志愿服务意识，首先要通过宣传和教育启发其社会责任感。社区可以通过宣传活动、座谈会、讲座等形式，向居民传达志愿服务的重要性，激发其参与的动机。这种方式有助于在社区内形成志愿服务的文化氛围，为后续志愿者的招募打下良好基础。

二是通过培训和指导强化专业能力。志愿服务的质量在很大程度上依赖于志愿者的能力和知识。因此，社区需要为志愿者提供系统的培训和指导。培训内容可以涵盖社区服务技巧、组织协调能力、沟通技巧等，帮助志愿者掌握必要的技能，提升其服务水平。

三是要完善组织架构与规范管理。建立规范化的志愿服务组织，制定明确的志愿服务计划，是推动志愿服务长效发展的关键。社区可以设立志愿服务管理机构，建立志愿者数据库，定期组织培训和考核，以确保志愿服务的有序进行。同时，合理的组织架构和明确的分工能够提高志愿者团队的凝聚力和工作效率。

四是建立激励机制。志愿者的积极性和持续参与性需要激励机制的支持。社区可以设立多种类型的志愿服务奖励制度，特别对表现突出的志愿者进行表彰和奖励。这不仅能激发志愿者的积极性，还能为其他居民树立榜样，促进更多居民参与志愿服务。在这一过程中要注意的是，志愿者激励一般而言以精神激励为主，同时注重激励方式的灵活性和层次性。志愿者参与志愿服务活动的动机是多种多样的，有的想获得参与社会实践的机会，有的想扩大社交面，有的更加注重志愿者组织提供的培训机会。因此，必须根据志愿者的需要制定灵活的激励策略，只有这样才能最大限度地挖掘志愿者的潜力，增强志愿者组织的发展动力。此外，要更加强调组织价值体系和使命感对志愿者的激励作用。

五是注重推动志愿服务的持续发展。志愿服务组织的持续发展需要定期的评估和改进。通过对志愿者工作效果和居民满意度的评估，及时调整工作策略，确保志愿服务的高效性和可持续性。同时，社区需要加强与居民的互动，听取居民的反馈，不断优化志愿服务的内容和形式。

三、引导志愿服务的发展

社区志愿服务的发展过程可以分为三个阶段：自发阶段、社区引导阶段和统筹发展阶段。不同阶段的志愿服务发展路径存在差异，社区工作者应根据具体情况采取相应的策略。

首先，志愿服务的自发阶段。在志愿服务发展的早期，志愿者的服务活动通常是自发的、零散的。社区中的志愿者通过自发组织开展各类服务项目，服务类型多样，但缺乏系统性和规范性。此时，社区工作者需要对自发志愿服务进行观察和分析，以便为后续的服务引导提供依据。

其次，是社区引导下的志愿服务发展阶段。当社区工作者意识到志愿服务在社区治理中的重要性时，需要主动对已有的志愿服务进行引导。通过资源整合、服务定位、宣传推广等手段，社区可以有效组织志愿者开展更多系统性的服务项目。同时，社区工作者还可以帮助志愿者团队拓展服务领域，扩大服务的覆盖面，提高影响力。

最后，是志愿服务的统筹发展阶段。当志愿服务逐渐成熟，社区需要对其进行统筹管理，以实现服务的长效发展。社区可以通过设立志愿服务中心、加强志愿者培训、推动志愿服务项目的品牌化建设等手段，进一步提升志愿服务的专业化水平和社会影响力。

社区志愿者队伍的组建、培育与发展是一个系统的过程，涉及志愿者的挖掘、组织管理、激励机制的建立以及志愿服务项目的引导与推广。通过有效的管理与培育，社区志愿服务可以逐步实现制度化、常态化发展，为社区治理提供强大的支持力量，辅助推动社会治理重心向基层下移。

案例一

“悦己”世茂

世茂滨江社区成立于 2012 年，位于鼓楼区滨江风光带，属于高档住宅小区；居住在其中的居民学历高、收入高、社会地位高，他们对精神文化的需求高，对社区服务的要求也高，迫切需要高质量的社区服务让其感受到“宜居优居”。同时，社区拥有党群服务中心 300 平方米、亲子园 150 平方米、外滩书琅 200 平方米、养老助餐点 50 平方米、会所 1 000 平方米、露天广场 1 000 平方米，有充足的社区服务场地。因此，该社区居民的服务内容丰富、服务频次较高、服务满意度好。社区一方面发挥自己的力量开展了多种居民服务，另一方面依托辖区单位和社会组织组建了五大行动志愿者服务队，为民提供丰富的社区服务。同时，由于社区拥有许多能人，因而社区也通过发掘社区居民的才能与优势，将其发展为社区志愿者，让居民发挥自己的主动性提供志愿服务，自我服务、自我成长。

该社区通过搭建“悦邻”“吾悦”“悦童”“悦种”学堂，挖掘志愿者自主参与为居民提供服务。志愿者的挖掘有四种途径：

首先，退休人员到社区办理关系转接时或居民来社区办事时，社区会有工作人员向其介绍宣传社区的各项服务和活动，引导居民根据自身特长积极参加社区活动，例如朗诵老师董老师是在退休登记时被社区发现后参加到社区活动中，还包括太极拳老师等都是在社区办事时被社区工作者发现并参与到学堂教学中。

其次，网格员上门走访是一项常态化的社区工作，网格员群中会发布志愿者招募信息，号召居民自主报名参与服务，另一方面网格员在上门走访过程中会挖掘一些潜在的志愿者，例如“悦童”课堂的早教班老师就是通过网格群招募自主报名参与志愿服务。

再次，在志愿服务活动中发现潜在的有特长、有能力的人，也通过其他居民推荐的方式，如古筝老师，将这类突出人群整合动员，通过金牌志愿者、明星志愿者、最美家庭评选等激励方式使更多志愿者参与服务。

最后，根据居民实际需求，定向寻找志愿者为社区提供服务，通过摸底排查和居民意见反馈了解到居民更希望参与一些合唱、瑜伽活动，社区外聘合唱老师、瑜伽老师，为居民提供满足需求的活动。

至此，世茂滨江社区挖掘志愿资源，针对居民需求开展各类服务，一方面为居民拓展了人际交往圈，另一方面也让居民有表现和展示自我的机会。居民通过志愿服务发挥余热，在参与服务过程中变客为主，由“配角”变成“主角”，最终为世茂滨江社区带来新面貌。

（供稿者：刘翠宏，鼓楼区下关街道世茂滨江社区）

【专家点评】

案例《“悦己”世茂》展示了一个高档住宅小区是如何挖掘志愿者的。社区工作者根据高档小区居民能人多、学历高、经济收入高、精神需求高等特点，搭建各类学堂，利用多种途径发掘志愿者，实现了居民自我服务、自主发展，居民由接受服务的享受者变为提供者，使邻里关系更加融洽和谐。该社区挖掘志愿者的一条重要经验是随时随地抓住各种机会挖掘志愿者。利用退休人员到社区办理关系转接、居民来社区办事时挖掘；网格员走访、网格群招募中挖掘；志愿服务中发掘或由其他居民推荐；根据居民需求，定向寻找志愿者。通过这些方式，建立了多支社区志愿服务队，为居民提供了发挥余热、服务社区、展示自我的舞台。这些挖掘方式简单易行，贯穿于社区日常工作中，对其他社区具有一定的借鉴意义。关键在于社区工作者要重视志愿者队伍建设，具有发现社区志愿者慧眼，在工作中随时注意留意潜在的志愿者“种子”。

案例二

志愿服务零距离

徐溪社区位于东屏街道西部，社区占地面积约 13.7 平方公里，共有居民 1 800 余户、人口 5 100 余人。徐溪社区文明实践站占地面积较广，设有社区居家养老服务中心和综合文化服务中心，还设有老年人助餐点、老年活动室、亲子活动室和妇女儿童之家等多个功能室。社区内各种服务要素较为齐全。

本着提升服务对象对社区的认同感、归属感及服务对象之间的凝聚力，增进服务对象邻里之情、推动邻里互帮互助友好关系的发展，促进服务对象积极参与社区事务的目的，社区工作者启动了徐溪社区综合服务项目，奋力实现“服务群众‘零距离’”目标，扎实有效开展多项特色志愿服务活动，持续推动志愿服务工作向纵深发展。在项目开展之初，徐溪社区在一位大姐的带领下，首先成立了两支志愿者队伍——“夕阳红”和“红马甲”。前者的职责主要是在社区举办一些太极拳、广场舞活动，聚焦于居民的兴趣爱好；而后者主要是为老百姓提供各式各类的服务。

社区在开展项目时，形成了**“个人——家庭——社区”**三个维度的综合服务体系，依托“时间银行”开展服务。

一、个人方面。项目发起“最美志愿者”行动，在儿童、青少年、党员等群体志愿者队伍中寻找“最美志愿者”。张静是老年志愿者队伍中第一批“最美志愿者”，即使自己年事已高，但仍然经常到高龄老人和残疾老人家中缝补衣服。还有许多“最美志愿者”也为小区做出了卓越贡献。开展志愿活动的过程如下：在服务对象有需求时，随即根据需求“制单”并向相关志愿服务队“派单”，志愿者再“接单”，开展服务后如果服务对象不满意，还能邀请他们“评单”。

二、家庭方面。家庭是社区的细胞，家庭和谐是社区和谐的基础。项目发起“最美家庭”活动，开展多种形式的文明礼仪讲座，宣传文明家风。还鼓励服务对象带领家人参与志愿服务，提升人们加入志愿者队伍的热情。

三、社区方面。社区工作者搭建“乐”“智”“爱”三大平台，组建了太极协会、老年协会等社会组织，还开展了许多广场舞比赛和太极教学等各类文体活动。如果社区居民想参与其中，需要先加入志愿者队伍，这就形成了一个良性循环：志愿者队伍更加壮大，社区居民的兴趣爱好也得到了满足。另外，社区工作者每逢传统节日，都会开展特色民俗活动。如包饺子、缝制香囊、月饼制作等，邀请居民带儿童参与。邻里间关系是否融洽也是社区关注的重点，社区工作者通过组织“小溪家”志愿服务队，开展了邻里探访、节日慰问，促进了邻里关系的和睦，维护了社区稳定。社区工作者还在社区设置了“溪”阳红便民服务点和免费理发点，为服务对象开展便民服务。还组织居民选举楼栋长，社区工作者与楼栋长一起进行安全巡查，为服务对象的安全保驾护航。

同时，在志愿者方面，社区工作者还会不定期举办各种志愿培训活动。如创办老年大学、开设太极、智能机、插花、防诈骗以及健康养生课程。这些课程对于年长的志愿者来说十分有效，推进了他们的能力培养。还有许多生活服务、美食和教育培训等方面的商家也参与到其中，通过“以服务换服务”，与服务对象建立友好关系。这一“居商”联盟，对于志愿服务的开展也起到了必不可少的作用。

自项目实施以来，已经收获了许多忠实的“粉丝”。配套设施更加完善，基础服务更加扎实，链接资源的能力也得到了加强。徐溪社区成功组建了“党员干部志愿服务队”“溪阳志愿服务队”“巾帼玫瑰志愿服务队”等 5 支志愿服务队，共有 234 名志愿者。“时间银行”志愿者 34 名，服务对象 132 人，订单 860 人次。项目开展之后，1 名志愿者获“优秀志愿者”称号，徐溪社区也获得了“江苏省省级健康社区”“南京市市级文明村”等荣誉称号。项目开展之后，服务对象与社区建立了更加密切的联系，邻里之间更加和睦。总体而言，“志愿服务零距离”项目成功增加了居民福祉。但是，社区治理并非一蹴而就，让服务对象变被动为主动，真正融入社区大家庭之中，才能实现共建共治共享的目标。

（供稿者：贺秋冬，溧水区东屏街道徐溪社区）

【专家点评】

案例在培育志愿服务队伍方面，从个人、家庭、社区三个维度培育志愿服务队伍。通过寻找“最美志愿者”“最美家庭”营造志愿氛围，激发志愿者的自豪感、荣誉感，建立起对志愿者的激励机制。通过将居民参与社区文体活动与加入志愿者队伍同步同行，扩大了志愿者队伍规模，形成志愿资源的良性循环，解决了志愿者人数不足、只是少数人参与等问题，建立起居民参与志愿服务队伍的动员机制。通过开展各类志愿培训活动，为志愿者提供有益帮助，使志愿者能力获得提升，形成志愿者能力提升机制。通过开展丰富多样的志愿服务活动，如民俗活动、邻里探访、便民服务、安全巡查等，营造了居民互帮互助、睦邻友好、团结友爱的社区氛围。建议今后在志愿服务团队的规范化建设方面做出更多努力，在志愿者培训课程中增加更多志愿服务方面的内容。

案例三

“邻里圈”群策群力 “邻别急”共建共享

天正和鸣社区在社区志愿服务的基础上打造了“邻里圈”服务品牌，推动志愿服务有效服务居民需求。该平台与品牌的形成经历三个阶段。

第一阶段，社区志愿服务团队的主动对接服务。2021 年疫情防控期间，天正和鸣社区发现在实际工作中居民对医务人员需求量高，正好一支蓝天救援队在社区服务，跟社区联动性强，他们了解到社区的需求之后通过非正式渠道链接了辖区内的中大医院急救科的资源，请急救科支持社区医务工作。由于中大医院急救资源也紧张，因而双方是以志愿者培训的方式开展共建服务的，即社区招募一批社区志愿者、急救科派出医生志愿者来社区对社区志愿者进行急救技能的培训；培训完毕之后社区志愿者以急救等医疗知识更好地开展服务。具有急救知识与技能的社区志愿者在开展各项志愿服务，特别是老年服务时具备了较强的优势，能够更好地解决老人突发事故。同时，由于天正和鸣社区是原南汽单位房，因此退休人员非常多，很多老人不舍得离开单位住房；该社区的学区资源也非常丰富，社区中住了许多带着孙辈来读书的老人。可见，天正和鸣社区的为老为小服务需求相当高。

第二阶段，社区有意识引导各类志愿服务的产生与发展。结合应急志愿服务对接的成功经验，社区希望能够打造出“邻别急”社区志愿品牌以满足不断增长的为老为小服务的需求。同时，社区也发现充分利用辖区单位能够提高志愿服务的数量与质量。于是，社区开始思考如何将辖区单位资源整合到社区中来。借助着鼓楼区党建工作的契机，社区以党建工作为抓手、经过大党委的党建联席会，不断向辖区单位和共建单位发出志愿服务的共建邀请。医院、银行、学校等相当数量的单位加入了社区“邻别急”志愿服务队伍中，志愿服务队伍不断壮大，能够提供的服务越来越丰富。后来，社区还将“青年回家报到”这个项目融到“邻别急”志愿服务平台中。

第三阶段，在志愿服务充分发展的基础上，社区对志愿服务进行提档升级。推动志愿服务专业化、系统化、常态化发展，并打造出志愿服务品牌。

随着“邻别急”服务内容越来越丰富，社区开始考虑如何对“邻别急”中的志愿服务进行分类管理、统筹协调，以便将服务进行提档升级。根据前期与辖区单位志愿服务的共建情况，社区将“邻别急”志愿服务品牌分为三个板块的内容：模块化认领、个性化结对帮扶、常态化志愿服务。模块化认领是指社区在党建群中发布一些居民的需求和需要的服务，共建单位根据自身的能力、资源来选择其感兴趣、愿意承担的为民服务活动，周期一般为一年且服务内容相对聚焦。个性化结对帮扶主要是针对贫困的、需要社会关心和帮助的群体或个人，当社区工作人员发现社区中有特殊需要的帮扶对象，会将帮扶对象及其需求发送至党建群中，由共建单位根据个性化的需求来寻找合适的人选并进行一对一的结对服务。常态化志愿服务是指社区本身有一些长期开展的、常态化的志愿服务，这些服务并不会交给特定的单位来承接，而是整合所有共建单位的力量开展服务，如定期走访、广场志愿服务、每月一次的常规便民服务（理发、修脚、暑托班、夏令营等）等。至此，天正和鸣社区在红色阵地基础上打造出了“邻别急”这一涵盖多类志愿服务的有影响力的服务品牌与平台。

（供稿者：周晨，鼓楼区中央门街道天正和鸣社区）

【专家点评】

案例展示了“邻里圈”社区志愿服务品牌的形成过程。从开始时因为疫情防控期间对医务人员的需求，社区主动对接应急医疗志愿者资源，到针对社区为老为小服务需求旺盛，整合辖区共建单位资源，打造“邻别急”志愿品牌，到第三阶段，对志愿服务提档升级，推动志愿服务专业化、系统化、常态化发展。通过模块化认领、个性化结对帮扶、常态化服务，实现了对志愿服务分类管理、统筹协调。

该案例有以下特点：一是将志愿服务与党建工作相结合。如通过党建联席会，向辖区单位和共建单位发出志愿服务的共建邀请，在党建群发布群众需求。二是动员驻区单位力量，实现共建共享。发挥驻区单位多、专业服务能力强的优势，将医院、银行、学校等志愿服务资源引进。三是分类管理、统筹志愿服务。有特定单位承接认领的模块化志愿服务、有针对特定帮扶对象的一对一志愿服务，有所有共建单位都参与的常态化志愿服务，使各类志愿服务在社区的统筹管理下有序开展。

基层治理现代化下的社区志愿服务实践

在新时代的背景下，社会治理逐渐向基层下移，强调以社区为单位推动社会治理现代化，倡导广泛动员群众参与治理过程。志愿服务通过引领社会价值、塑造公共道德、化解社会矛盾、提供民生服务，成为推动基层社会治理的有效手段。以志愿服务为抓手，社区可以有效提升居民的参与感和归属感，形成共建共治共享的社会治理新格局。所以，志愿服务不仅是社区治理的有力补充，也在推动社会共建共治共享中发挥着不可替代的作用。党的二十大报告明确提出“完善志愿服务制度和工作体系”，为社区志愿服务与基层治理的结合提供了重要政策支持。这一结合的核心在于充分发挥志愿者在社会治理中的作用，通过专业化、组织化和常态化的志愿服务体系，使基层社会治理更加高效和多元化。主要包括**“提升志愿服务的专业性与稳定性”**和**“志愿服务与基层治理的有机融合”**两个方面。

一、提升志愿服务的专业性与稳定性

志愿服务作为基层社区治理的有效补充，面临着服务持续性弱、专业性不高、人员流动性大等挑战。因此，提升志愿服务的专业性并保持其稳定性，成为社区发展的迫切需求。**首先社区需要深入了解居民情况，充分发掘志愿力量。**通过社区平台登记、入户走访和服务需求调研，社区可以建立起潜在志愿者的数据库。筛选热心社区事务、有能力的居民参与志愿服务，并选拔具备领导力的志愿者成为志愿服务的核心骨干，以确保志愿服务的持续推进。**其次根据社区需求进行针对性培训，推动志愿服务的专业化。**社区应根据不同居民群体的需求设计具体的服务项目，并为志愿者提供相应的培训，以提升他们的专业能力。通过定期开展培训、模拟实践及岗位轮换，志愿者可以掌握必要的技能，从而为社区居民提供更为高效的服务。

二、志愿服务与基层治理的有机融合

志愿服务作为积极参与社会的方式，促进社会和谐发展和公共服务提升，对社会稳定和可持续发展起到至关重要的作用。党的二十大报告提出“完善志愿服务制度和工作体系”，习近平总书记强调“志愿服务是社会文明进步的重要标志”，并明确提出“要为志愿服务搭建更多平台”。让志愿服务更加专业化、组织化、常态化开展，有效推动社区志愿服务融入基层社区治理，可从以下几方面入手：

一是培育多元化的社区志愿服务组织。在社区中培育志愿服务组织是志愿服务常态化的关键。一方面，社区可以依托居民兴趣爱好，组织小规模的志愿团队，逐步壮大志愿者队伍。另一方面，社区需要通过链接外部资源，如社会组织、公益机构等，推动志愿服务组织的成长。这不仅提升了社区治理的活力，还为居民提供了更多参与公共事务的机会。

二是设计特色项目，打造常态化的志愿服务品牌。社区可以围绕特定群体，如老年人、儿童、残疾人等，设立长期可持续的志愿服务项目。例如，社区可以定期开展针对独居老人的关爱行动，或为学龄儿童提供课后辅导等服务。这些特色项目不仅回应了居民的现实需求，也能够建立社区志愿服务品牌，吸引更多志愿者的参与。

三是构建志愿服务长效机制，推进多元共治模式。在党建引领下，社区可以建立起志愿服务的长效机制，形成多元共治架构。通过智慧社区平台，居民的需求、慈善资源与志愿服务实现有效对接，形成从需求收集到服务反馈的闭环系统。该系统有助于提高社区治理的效率，也为志愿者提供了更多参与的渠道。

四是完善志愿服务的激励机制。社区可以通过志愿时长记录、荣誉表彰、积分兑换等多种方式激励志愿者，帮助他们树立正确的价值观和责任感。同时，激励机制还能提升志愿者的归属感，使其更加主动地参与到社区服务中来，推动志愿服务的可持续发展。

基层治理现代化与志愿服务的结合，是实现社会治理创新与社区共建共治的重要途径。在国家政策的支持下，社区通过提升志愿服务的专业性、稳定性，并构建长效机制，能够有效推动志愿服务的常态化发展，进一步促进基层治理的现代化。

案例一

管理有 FUN 治理有效

位于老城区的乌衣巷社区与金陵路社区已经开展了较为丰富的志愿服务，但是这些服务的开展主要依靠社区协助，存在着服务的专业化水平较低、服务开展的系统性和周期性不强等问题。为了更好地解决上述问题，社区提出了“志愿者岗位开发与管理”这一项目。通过志愿者岗位开发与管理实现志愿者服务专业化、常态化。

“志愿者岗位开发与管理”项目从街道社区、社会组织与志愿者三个维度出发，摸清志愿服务需求和现状，开发合适的志愿服务岗位，并将岗位需求变为具体的岗位描述；而后根据岗位情况进行人员招募，并对招募人员进行岗前在岗培训，最终使用与管理。同时对社区服务专业化志愿服务岗位的设立、运用与管理进行深入研究，建立具有夫子庙街道特色的专业化志愿服务体系。为了实现上述目标，项目共分四个阶段开展：

第一阶段是精准调研，整合资源。通过问卷调研，形成了《社区志愿服务需求调研报告》，深度走访了解社区特点：乌衣巷社区常态化活动服务频次多，临时工作和社区日常工作冲突，需要志愿者辅助配合完成。而琵琶小区以“红色物业”为品牌，志愿服务需求较大。金陵路社区老龄化较为严重，对入户上门服务及社区活动志愿服务需求大，居民反馈小区管理、环境、卫生等问题较多，全福小区尤其突出。

第二阶段是因地制宜，开发岗位。在社区层面开展志愿者岗位开发与管理研讨会2次，疫情后邀请专家督导。对前期调研的情况进行沟通，就将要开发的岗位与社区、社会组织、志愿者进行沟通，征求各方意见。再自2个试点社区服务的需求、社会组织使用志愿者的需求与志愿者自身需求三方出发，从岗位分类、岗位名称、岗位职责、具体任务、时间投入、岗位要求、岗位福利7个方面进行岗位设计。岗位设计初稿出来后，1次个别研讨，1次邀请专家督导为岗位设计内容进行反复研讨，不断完善。乌衣巷社区青年党员志愿服务意识较强，设立志愿者管理岗，发挥党员带头作用；部分居民自发组织歌舞活动频次较高，设立文娱志愿岗，切合社区常态化活动，发挥余热提供展示平台；金陵路社区以老年人为主，他们热衷发现小区问题，就设立小区治理岗位，宣扬自主自治；老年服务护理以低龄老人服务高龄老人为主体，设立爱老敬老岗，提升自我认同感。

第三阶段是充实岗位，招募人员。社区开展各种类型的活动吸纳社区积极分子，并通过社会组织和社区联合开展各项活动，挖掘志愿者。而后社区整合原有自组织、草根团体，根据类别，融合自身兴趣组建志愿团体。根据居民的爱好，组建小组培育培训，为社区活动服务，例如文化类、歌舞类等。在自组织中，社区发现活跃居民，正向引导其成为志愿者。调研中了解社区投诉较多，针对物业反馈问题较多的居民，一部分如果是因为公共问题反馈较多，说明是比较在意、关注小区问题的，积极引导居民正确的反馈问题方式，灌输自己是社区主人的观念，将这一部分居民纳入合适的志愿岗，去发扬他们的特长，如网格监测，发现小区问题。例如金陵路社区议事亭，志愿主体原为社区“刺儿头”，月度投诉13起，社区开展座谈了解实际需求后，发现其出发点都是为了小区环境着想，只是处理方式比较极端，进行多次沟通及疏导，将他挖掘成为小区环境监督员，纳入志愿团队中，并针对发现的问题，依托社区、物业集中展开居民民主协商，不但为社区减轻工作负担，更发展了一批关爱小区的优质志愿者。

第四阶段是强化服务，巩固技能。考虑到2个试点社区的志愿者年龄不同、整体文化水平参差不齐，岗位管理、活动策划类的以青年团体为主，就增加一些专业课程培训的形式提高志愿者服务质量；日常及文娱志愿服务主要以中老年团体为主，就增加交流座谈分享经验，努力将草根团队培育成具有持续性、专业性的高质量团队。目前共计开展线上培训3次，线下交流座谈2次，组织团建2次，其中包括开展志愿服务礼仪、社区探访技巧、活动策划组织方法、活动宣传技能等培训；管理岗的志愿者资源整合与领导力方面的培训等；利用团建的形式，巩固人员关系，群体团结，促进交流。充分发挥志愿者自身优势，尊重他们的个性化与发展性的需求，确保更多志愿者能够长期、持久地投身于志愿服务工作中。

该项目实施后产生了两个重要的效用：

一方面是社区通过换位思考，转变志愿服务状态。结合社区服务、社区治理，发挥社区优势，结合自身特点，同时结合志愿者的能力、特长、兴趣、爱好、动机、价值观等，开发多样的志愿者岗位，让志愿者有更多的选择空间和余地。同时，也加强了社会工作者和志愿者之间的相互理解和支持，有效解决志愿服务动力不足问题。居民在参与志愿服务时，不仅是自己的单向付出，而是能够从服务中或者学习新技能，或者获得快乐，或者获得友谊，或者获得社会认可。志愿者在服务中获得的社会认同感、生活价值感、团体幸福感，有助于增加项目的吸引力，有助于扩大志愿者的招募数量。

另一方面社区形成了由点及面，转变志愿服务覆盖情况。金陵路社区招募17名志愿者，常态化服务6次，其中协商议事岗志愿者依托“议事亭”自主解决“楼栋下水道清理”“树木修缮”两类问题。从最初的零星几人到如今多支队伍协作，从无到有，由点到面，常态化、健康发展。志愿服务队伍利用各自组织特色，在文化娱乐、志愿服务、救助帮扶、便民利民、活动宣传、场所管理等方面做出自己的贡献。

（供稿者：杨慧、黄雯、常黛屏、米勒、伍贤达，秦淮区夫子庙街道乌衣巷社区、夫子庙街道金陵路社区）

【专家点评】

案例《管理有 FUN 治理有效》通过志愿者岗位开发与管理来实现志愿服务的专业化、常态化。其做法的主要特色有：一、依据社区不同特点，精准调研，发现居民志愿服务需求，不再是泛泛地提供一般化志愿服务。二、根据不同社区的志愿服务资源与需求特点，将专家督导和专业研讨贯穿于志愿服务岗位设计，增强了岗位设计的科学性和针对性。志愿者可以明确了解岗位的名称、职责、任务、时长、福利等，使志愿服务得到有效的规范和管理，避免了志愿服务的随意性。三、根据居民爱好、意愿、动机，正向引导其成为志愿者，居民在投入志愿服务的同时，也收获了自我成长，有利于调动居民参与志愿服务。四、依据不同志愿服务队伍的特点开展不同层次、不同内容的培训，满足了差异化的培训需求。另外，案例标题中“FUN”的含义未能体现在案例内容中，需要修改标题或正文内容。

案例二

“众善”汇集　助力社区治理高质量发展

中山社区位于江北新区北部，面积 3.86 平方公里。现有 8 个居民小组，4 个拆迁安置小区，3 个商品房小区，2 个无物管小区。目前社区总户数 6 446 户，总人口 17 987 人，划分 19 个网格，是一个典型的城郊结合型综合社区，辖区“九小”场所较多，且随着大规模的农村搬迁及大量剩余劳动力涌入，社区内部流动人口无序增长，在管理上难度逐渐变大。

为了探索出一条可持续、可复制的治理路径，中山社区基于实际情况，打造“众善”志愿服务品牌，在地区发展模式的模型下形成中山社区的社区治理服务路径。

一、整合资源，“满盘沙”变为“一盘棋”

“众善”是“中山”的谐音，也是一种志愿服务的愿景，所有人都能从善如流，社区向善而治，把“众善”做成社区志愿服务品牌。

中山社区通过成立“众善”志愿服务联盟，发挥党建引领的核心作用，梳理各项工作的内在联系，统筹民政、残联、教育、团委等资源，串联起各方力量参与基层社会治理。通过品牌项目营造，中山社区党支部27名来自机关的党员成立了一个“老书记”工作室，设置两个“老骨干”顾问团，组建了三支“老干部”志愿服务队，建言献策，持续服务基层群众。

通过党组织“一子落”，实现社会治理“满盘活”。把“众善”社区志愿服务品牌融入社区群众的生活，提高了社区群众的认可度和认知度，为社区为民服务工作开展打下坚实的基础。

二、团队建设，“游击队”变为“正规军”

中山社区为每个志愿队伍编制了“专属档案”，详细记录了各个队伍的人员情况、志愿服务概况等，让每个志愿队伍有存在感，让每位志愿者有归属感。同时，社区通过“线上+线下”相结合的宣传招募形式，组建了66人的中山社区志愿者服务群，在一对一面试沟通后，充分了解每位志愿者的个人能力、空闲时间以及参与志愿意向，完善队伍建设，提升治理能力。定期以队伍为单位，开展志愿工作总结会、志愿服务表彰会等，提高志愿队伍的整体积极性，推动社区志愿服务制度化、规范化、组织化、常态化，为提升志愿服务品牌化、专业化作出贡献。

三、自治融合，“点状治理”变为“全面梳理”

中山社区党委下设9个党支部，通过入户察访民情民意，找准查实基层和群众的急难愁盼问题，实施攻坚克难高效解决社区治理难题。中山社区在怡景佳园新时代文明实践站打造“鸿耆”党建学院，以深入学习贯彻党的二十大精神为主线，围绕“红史润心、青风润魂、橙心润行”三个主题，退休干部党支部将阵地搬到了实践站内，让理论学习更接地气、深入人心，让离退休干部作用发挥更加有“深”有“色”。在彩苑小区设置众善议事亭，召集小区网格党支部党员召开“家门口”议事会，将反映诉求的渠道直接搬到了群众身边，让大家有机会大胆说、说真话。后续社区还将建设文承苑党群微家，让更多党员与群众共同商讨环境整治、便民服务、生活设施建设等日常关心关注的问题，纳入社区第一书记的服务清单精准施策解决社区治理难题。

社区通过“众善+治理”，打造“众善汇”品牌，形成由点到面的全覆盖。在地区发展模式下注重挖掘和培养当地人才，通过自助及互助去解决社区内的问题，提升居民民主参与议事能力。中山社区成立“众善”志愿服务联盟，引导居民参与社区治理；开展团队建设推动志愿服务专业化，提高参事议事能力；活化了服务阵地，实现社区居民参与、组织赋能和社区融合。“众善”汇聚也推动互助力量的全面集结，打造温情中山，构建起“共建共治共享”社区治理新格局。

（供稿者：王燕、纪荣，江北新区葛塘街道中山社区）

【专家点评】

案例针对城乡结合型社区管理难度大的特点，打造“众善”志愿服务品牌。其做法的主要特色有：首先，注重发挥党建引领作用，无论是志愿队伍的组建，还是在社区治理中发挥作用，社区党委及下属党支部都注重充分发挥党员的先锋带头作用。整合不同条线各部门资源，成立“老书记”工作室等多支志愿服务队，为志愿服务助力社区治理打下基础。二是抓好志愿队伍规范化建设。了解记录志愿队伍、志愿者基本情况，建立“专属档案”，开展总结会、表彰会，调动志愿者的积极性。三是将志愿服务融入社区治理，在理论学习、居民议事、解决社区问题等方面发挥志愿者的作用。建议在社区治理中更多发挥志愿者的作用，同时要结合城乡结合型社区治理的特点开展志愿服务。

老龄化下的社区志愿服务

随着中国进入人口老龄化社会，老年人口数量持续增长，2023 年末，65 周岁及以上老年人口比重达到了 15.4%。退休老年人从过去的“单位人”逐渐转变为“社区人”，这一转变为社区志愿服务的发展提供了契机。老年人不仅拥有丰富的社会经验和稳定的社会网络，而且具备充裕的时间和自我实现的需求。因此，老年群体日益成为社区志愿服务的重要力量。

但是，不同社区所拥有的社区资源是不同的。在资源充足的社区，可以通过购买专业服务为老人提供服务；在资源缺乏的社区，可以通过整合资源推动为老志愿服务的开展以有效满足需求、解决困难。在社区发动志愿者开展为老服务可以通过以下方法：

一是整合社区资源组建为老志愿服务团队。组建为老志愿服务团队与组建其他类型的志愿服务团队在运行逻辑上是一致的，但是前者必须协调志愿者团队为老服务的内容、方法以及服务过程中存在的关注点等。

二是摸底社区老人的人口结构，更有针对性地开展服务。为了更好地了解社区老人的基本情况，需要了解社区老人的年龄、婚姻状况、子女状况、收入情况、身体状况等，然后才能有针对性地为每个老人提供个性服务方案，从而真正设计出能够满足每个居民需求的为老服务。在具体实践中，可以更多关注健康养老服务的开展。

三是调动年轻老年人的积极性，形成老人之间的互帮小组。社区老年居民的年龄状况是不一样的，年龄较小的老年人能够自我服务、自我养老，年龄较大的老年人自我服务、自我养老的能力较弱；在社区为老服务资源不充分的基础上，可以发动社区中的老人组建互助团队，协助年龄较低的老年人成为志愿者，提高其心理水平和参与积极性。研究表明，参与社区志愿服务的老年人能够更好地适应退休后的生活，减缓孤独感和失落感。同时，老年互助群体的产生可以有效解决养老问题，实现社区养老的“老有所依”。

四是配套政策支持。养老、为老类社区志愿服务，特别是社区健康养老志愿服务，可以被视为推动“积极老龄化”的一环，是国家的重要战略。对此，可以尽量争取政府相关部门对此提供政策支持，包括经费支持、志愿者保险和福利等，以促进志愿者队伍的稳定性和可持续发展。通过政府、社区和志愿者共同合作，形成合力，推动养老、为老类志愿服务的可持续发展。

案例一

“幸福来敲门”

尚书巷社区成立于2009年，面积约0.6平方公里，辖区户籍人口15 182人，现有60岁以上的老年人5 664人，空巢独居老人952人，80周岁以上老人719人，人口老龄程度高，是典型的“三多三少”社区，其中“三多”是指老年人口多、老年人的需求多、老年困难群体多；“三少”是指适老化配套设施少、为老人服务的志愿者少、老年人活动场所少。社区的老年服务需求高，但是能整合用于开展老年服务的资源较少，社区亟须解决老年服务需求高这一问题。

2021年5月疫情防控期间，社区的李奶奶老伴过世，子女均不在身边，李奶奶情感亟需慰藉。考虑李奶奶需求的普遍性，社区支部书记希望能够建立一支志愿服务队伍来帮助社区中的空巢独居老人。最初社区寻找到一位热心志愿服务的退休老书记，并请她依靠个体的力量组建了一支志愿者队伍，这支队伍在疫情防控期间的主要工作是上门走访了解老人的安全情况。随着志愿服务逐渐得到认可，加入志愿服务的人群也越来越多，辖区单位开始加入志愿服务中，比如社区医院、海关等。这些单位的加入，再加上社区居民也越来越多地加入志愿服务队伍中，社区看到整合资源后志愿服务有可能为空巢老人提供专业有效的服务。

基于此，社区在原有的康乐志愿工作站的基础上打造“幸福来敲门”老年社会工作项目小组，**该项目首先建立了全覆盖的志愿者服务组织网络，确保社区内没有盲点**。社区设有志愿者服务中心，专业化的志愿服务团队，通过三级志愿者服务网络化管理方式，帮助解决独居、空巢老人的困难，真正做到志愿服务无“死角”。而后又建立了健全的服务需求对接机制，“一户一档，三方联动”实现“管家式”服务。**其次是摸底需求，针对性开展老年志愿服务**。社区通过对每一户独居、空巢老人建立档案，掌握家庭结构，开通志愿服务热线和社区书记信箱，有针对性地开展志愿服务；同时通过入户走访、问卷调查等方式，志愿者团队了解社区老年人的实际状况和需求，并从中挑出急需帮助的一些老人，建立志愿者和老人的互帮小组，使老人能够相互帮助、相互关心，增进彼此间的感情。**第三步是实现志愿服务的专业化**。社区采用“4 个 1”的模式，构建老人社区照顾支持网络，提高老年人的生活质量和幸福感。这“4 个 1”分别为社区工作者每天 1 次上门对服务对象进行日常问候与探访，社区医生每周上门为老人测量一次血压，在各类节日及服务对象生日时上门为老人提供关爱慰问，为有需要的老人提供心灵陪伴服务及心理疏导。

“幸福来敲门”老年社会工作项目小组的社区工作者上门陪同服务对象聊天后，服务对象的很多情绪都得以排解，越来越相信志愿者，也愿意多和志愿者交流。服务对象慢慢地主动与小区的其他老人谈心聊天、相互帮助，越来越跟进社会步伐了，交往圈子扩大了，心情也舒畅了，参与集体活动的意愿更高。“幸福来敲门”老年社会工作项目小组采用活动理论对由于客观的原因依靠自身能力不能参与到社区活动中的服务对象进行服务，推动他们也参与到志愿服务中，协助他们重新认识自我，保持生命的活力。截至 2023 年 8 月，“幸福来敲门”老年社会工作项目小组累计服务了 597 位老人，成为尚书巷社区的一大亮点。不仅改善了辖区独居老人的生活品质和幸福感，还鼓励了更多的社区居民参与对老年人、困难群众的志愿服务、帮扶活动等，志愿服务触角将延伸到社区每一户家庭。

（供稿者：杨双、叶莹，秦淮区大光路街道尚书巷社区）

【专家点评】

案例针对社区独居空巢老人养老服务需求迫切的情况，逐步培育以居民为主以及辖区单位参与的志愿服务队伍，建立了全覆盖的三级志愿者组织网络，实现了志愿者管理的网络化。通过“一户一档”、入户走访、开通书记信箱等多种方式，深入了解老人现状和需求，确保为老志愿服务具有针对性，切合老人的实际需求。采用“4个1”模式，构建了由社区工作者、医生、爱心邻里构成的社区照顾支持网络，将正式照顾资源与非正式资源相结合，为独居空巢老人提供了常态化、专业化志愿服务，每日探访、每周量血压、节假日关爱慰问，不同频次的上门服务，既确保了独居老人居家安全、身体健康、心情舒畅，又不会过于打扰老人生活。同时还帮助独居空巢老人由被服务者转变为志愿者，使他们的生活更有意义感、价值感。案例运用多种社会工作方法，包括志愿者管理、需求调研、社区支持网络构建，实现了独居空巢老人老有所养。

案例二

为霞尚满天

——老年健康体育模式的创新之路

众所周知，体育运动对于老年人必不可少，它不仅能够帮助老年人强身健体、延缓衰老、预防老年疾病，还可以向老年人提供精神方面的支持，丰富他们的交际圈。溧水区永阳街道毓秀路社区重视老年人健康，开展了“为霞尚满天”老年人体育健康创新项目，以老年人身心健康为核心，提供养老志愿服务。

在项目实施之前，工作人员挨家挨户到小区内寻找志愿者。这个过程比较顺利，因为许多居民在家除了看电视就是做家务，空闲时间较多，所以他们愿意开展志愿者工作，充实自己的生活。而且小区内志愿者多为退休老人，同龄人之间沟通更加方便。工作人员也认为，和志愿者工作配合度十分默契，他们素质较高，不会和老年人起争端。通过志愿者，工作人员开始召集许多小区内的妇女打太极、跳广场舞，经常开展文化娱乐活动。同时也向居民提供上门服务。如居家养老和家务清洁。社区规定了每个月一天的“清洁日”，这天，志愿者会到老人家中打扫卫生，顺便和他们聊聊家长里短。渐渐地，毓秀路社区志愿者队伍逐渐壮大，后来起名为“秀溧志愿者团队”。疫情防控期间，志愿者们纷纷为小区老人将日用品和实务送到家门口。在闲暇之余，志愿者们也会举行内部团建，促进队伍的团结和默契。

在庞大的志愿者团队的基础上，毓秀路社区开展了“为霞尚满天”项目。社会工作者通过走访调查服务对象，了解到老人们的需求。社区内许多老人年老体弱，患有慢性疾病，对健康关注度较高，但自身健康养生知识缺乏。并且，很多老人不喜欢出门，不愿与人沟通，性格变得古怪，亲子和家庭关系也更加紧张。

结合老人们的需求，社会工作者和志愿者首先针对老年人的健康方面开展志愿服务，如请知名中医为老人进行问诊、中医药体质辨识、体格检查、辅助检查和健康指导等。之后，在2019年时，为庆祝共和国70周年华诞，社区联合溧水区老年人体育协会武术专委会、养老服务中心以及志愿者们举办了第一次百人太极，场面十分隆重。以此让老年人积极参与体育活动，“动起来”。据志愿者介绍，毓秀路社区还计划在近期举行百人广场舞和百人旗袍秀等六个“百人”活动。

在项目实施后，毓秀社区老年人健康养生意识加强，更懂得如何爱护身体。并且老年人参与体育活动的积极性有了很大提升，他们逐渐参与到各种对老年人友好的运动中来。在小区里随处可见老年人在健身器材上锻炼身体，晚上还有很多人在小区散步，打球。他们十分期盼能举办更多的百人活动来展现自己。老人在参加活动的过程中，不仅认识了与他们年龄相仿的志愿者，双方有许多共同话题可以交流，志愿者提供服务变得更加方便。而且还可以结识小区中更多老人，拓宽人际交往的渠道，扩大交际圈。同时，在社工的系统性介入和心理咨询师志愿者的心理情绪疏导下，许多老人孤独感明显减少，和儿女的交流更加顺畅，促进了家庭、亲子关系的修护。并且，许多居民感受到项目的积极影响，在社区的带动之下，也纷纷加入志愿者队伍之中，“秀溧志愿者团队”逐渐变得壮大。

老年人的身心健康仍然是我们该持续关注的问题。毓秀路社区仍会继续遵循“需求为本”的理念，持续为百姓提供“全天候、点单式”的服务。同时，也会继续开展百人活动，促进老年人积极参与。社区志愿者队伍也会更加精细化地满足居民需求。社区还会更加主动链接社会工作服务机构等服务资源。最后，社区十分希望能将“为霞霜满天”项目进一步推广，辐射到周围。

（供稿者：杭冰沁、赵霞，溧水区永阳街道毓秀路社区）

【专家点评】

案例中，社工通过走访调查，确定老人养老服务需求，针对老年人对自身健康关注度高但缺少养生健康知识的需求，开展体育健康志愿服务。一方面开展健康志愿服务，如问诊、体检、健康指导等，另一方面，开展大型广场文化体育活动，如百人太极，扩大宣传影响力，传播体育健康理念，调动居民参与体育健康活动的积极性，很多老年人期盼在百人活动中展示自己，社区居民强身健体蔚然成风。同时，体育健康志愿服务也扩展了老年人的社交圈，促进了老年人的心理健康，有利于实现社区老年人的健康老龄化。项目开展的志愿服务抓住了老年人追求身体健康的迫切需求，将医疗健康志愿服务与体育健康志愿服务相结合，通过居民参与的大型广场活动宣传推广体育健康理念。建议今后更加突出健康志愿者队伍的体系化建设。

第三部分
社区发展

【社区营造】

社区作为一个充满活力的社会生态系统，其发展应与居民需求同步。尽管“社区营造”与“社区”一样都是外来概念，但社区作为个人生活的核心，与社会治理息息相关，人们对美好生活的追求是普遍的，因此，社区营造在当下显得尤为重要。过去中国大陆的社区营造多以自上而下的方式展开，但在“共建共治共享”的社会治理现代化框架下，居民的参与、集体决策和多方联动已变得不可或缺。正如简·雅各布斯在《美国大城市的死与生》中所言，“只有当城市由每个人共同创造时，它才能为所有人提供一些东西”。

社区营造最早出现在英国，作为西方城市发展的重要运动，英国的七橡树小镇是社区文化营造的典型代表，强调通过多层次的文化营造，重塑自然环境与社区文化。日本的社区营造起源于 20 世纪 60—70 年代的“造町”运动，至今涵盖了广泛领域，千叶大学教授宫崎清将其分为“人”“文”“地”“产”“景”五大类。台湾地区自 20 世纪 90 年代起引入这一概念，强调公众参与，建立政府、非营利组织和社区的良性互动机制，取得了显著成效。香港城市重建局 2024 年出版的《社区营造者手册》提出了社区营造的三大支柱：人本创新、地缘协作、民生共创，旨在通过多元观点的整合和资源共享，打造幸福的社区生活。

基于以上背景及当前实际情况，本部分总结了社区营造实践中需重点关注的五个层面问题：如何发掘地方特色、如何在现有基础上进行改造、如何结合居民需求优化资源配置、如何强化参与，共治共建、如何借由特定服务的开展改善与提升社区氛围。通过案例分析，探索社区发展的新思路，并解决城市更新背景下的社区营造困境。

地方文化与社区融合：推动社区共建的双重路径

地方文化是社区发展的核心，也是社区融合的基石。通过深入挖掘地方历史、传统与文化资源，社区能够构建独具特色的文化底蕴，从而增强居民的归属感与认同感。然而，当前的社区发展常常面临文化宣传不足、文化资源碎片化的问题，这导致居民对社区的自豪感较弱，参与社区事务的积极性不高。为了解决这些问题，结合地方特色进行社区建设变得尤为重要。通过科学的路径设计，有效参与社区融合，可以增强社区居民的凝聚力和自治能力。具体而言，主要有以下四条路径：

路径一是深度挖掘地方文化资源，融入社区规划。首先，地方文化的充分发掘是社区建设的第一步。社区需要深入调查，挖掘隐藏在历史中的珍贵文化资源，包括传统建筑、手工艺、民俗活动等。通过保护这些文化遗产并将其有机融入社区的规划设计中，社区可以呈现出独特的地方特色，在丰富社区生活的同时，提升居民的文化认同感与自豪感。种文化资源的有机整合，不仅能够增强居民的社区意识，还可以推动社区的旅游发展，进一步促进社区的可持续发展。

路径二是健全议事机制，培养文化推动力量。社区建设要依赖居民的广泛参与，这就要求建立完善的议事机制。通过搭建公众参与平台，社区能够听取居民的多元意见，充分吸纳老、中、青及各类专业人士的建议。此外，培养一支具备地方文化知识的专业人才队伍也是社区融合的重要一步。社区需要引导专业社会工作者、志愿者以及文化传承者共同参与，培养社区中的“文化领袖”，通过引导他们带领居民开展文化活动、组织文化节日，进而推动社区文化的长效发展。

路径三是多层次文化宣传与传承，促进文化共融。为了实现地方文化的传承与共建，社区需要加强多层次的文化宣传。社区可以通过讲座、展览和互动体验活动等形式，向居民普及地方文化知识。特别是针对年轻一代和儿童参与，社区要注重采用更贴合他们接受程度的方式，以激发他们的兴趣与参与度。

路径四是社会工作者的参与与社区融合的推动。社会工作者在社区融合过程中发挥着重要作用。他们不仅是文化传播的桥梁，也是推动社区居民参与治理的重要力量。在这一过程中，社会工作者应深入社区，了解社区的需求，通过调研与座谈，掌握关于教育、医疗、就业与文化等方面的信息，并据此制定针对性的计划与项目。这些项目的实施，应结合地方文化氛围，使居民能够在参与过程中增强认同感。

社会工作者要促进社区内外资源的整合，协助社区建立跨部门、跨组织的合作网络。通过整合政府、企业、非营利组织等多方资源，推动社区内外的互动与协同，提升社区的整体效能与发展水平。为了使得更社区建设具有效性，需要注意以下**三点：一是要尊重多元文化，实现跨文化融合。**在现代社区中，文化的多样性是一个不可忽视的因素。因此，社会工作者需要在推动地方文化的同时，尊重并包容社区内其他文化背景的居民。通过开展跨文化沟通活动，促进不同文化之间的交流与理解，以建立一个更加包容和谐的社区氛围。**二是要用数据驱动的文化发展与评估。**为了确保社区文化发展路径的有效性，还需要进行系统的数据收集与评估。通过收集社区发展的关键指标，如居民参与率、文化活动的满意度等，可以根据评估结果不断调整文化发展的策略，以确保文化融合的目标得以实现。数据驱动的方法不仅能够为社区文化发展提供科学依据，还能够为政策制定者提供有效的参考。**三是加强社区自治与共建。**推动地方文化与社区融合的关键在于社区自治能力的提升。社会工作者应通过组织居民参与决策与管理，增强他们的责任感与归属感。通过文化活动和社区规划，逐步培养居民的自治能力，形成居民自我管理与自我服务的机制，使社区更具自主性和持续发展能力。

总的来说，地方文化与社区融合是一个动态的过程，要求社区在发展中充分利用地方文化资源，调动居民积极性，并通过社会工作者的专业指导，实现资源整合、跨文化沟通和社区自治。通过上述路径和注意事项，社区能够在文化认同感的基础上，加快推进共建共治共享的社区治理格局。

聚焦“人文景”，打造特色家园

程桥街道位于南京市六合区西部，是一个涉农街道，距离六合城约10公里。辖区包括5个社区居委会和3个村委会，分别为长青社区、黄木桥社区、金庄社区、桂花村、唐楼社区、河南村、古墩村、竹程社区。有一所全区涉农街道中唯一的高级中学、两所初级中学、两所小学和三所幼儿园。程桥街道拥有丰富的历史文化和教育资源，包括池杉湖风景区、坝上草原、“红色古墩”、鳖墩和拐墩等。其中，鳖墩和拐墩是境内发现的最早的原始部落生活遗址，极具文化价值。

社区以程桥独特的历史文化为起点，通过“人”“文”“景”三个方面展开，使社区营造与乡村文化建设实务探索发展顺利。

一、“人”：培育人才队伍，让社区居民“动”起来。围绕“人际关系的经营”，社区专门制定了《程桥街道社会工作人才成长营建设方案》，开展多场赋能培训，搭建社区、社会组织研讨交流机制，夯实社会服务力量。通过组建“党员+居民骨干+社会工作者”的志愿先锋队伍，以“掘能—培能—展能”的路径，实施“志愿我先行”系列服务，满足居民需求，引导居民自我服务和为社区服务，创造友好互助的社区氛围。通过志愿队伍培育、完善志愿服务机制、社会工作人才队伍建设、挖掘先进人物开展服务。打造“棠小爱”志愿服务品牌，建立多支不同属性的志愿者服务队，例如“文化传承使者”“银龄伙伴”“青年同伴”等，通过志愿者培训、表彰及分享、团队外拓学习，不断提升志愿者团队凝聚力，引导其自我服务和反哺社区服务。

二、“文”：擦亮文化品牌，让社区文化“显”出来。社区聚焦于“共同文化的延续”，通过动员志愿先锋队伍，以“文化脚印”为主题，以文献搜集、社区漫步、居民访谈等方式，征集老故事、寻找旧址、评述历史人物文化，并整理成图。同时，进行社会服务项目评估，以提升社会服务水平，提高居民幸福感。通过社区文化挖掘、志愿服务、社区服务，营造和谐的社区氛围。开展“我是家乡代言人”等系列主题活动，组建“传承传统文化，挖掘社会资源”社区资源探索小组，对程桥街道历史文化资源进行活化利用，加深“文化传承使者”和辖区居民对本社区资源、传统文化的认识，激发保护传统、传承社区文化的意识并绘制社区资源地图。连接多方资源，为辖区老年人、青少年开展结对帮扶，共同推进社区营造行动的开展。此外，社区积极调动儿童参与，围绕社区人文特色，召集“程宝小议员”，组建“程宝韶韶团”。在社会工作者指导下，小小“家乡”讲解员诉说家乡特色故事，传承家乡文化；联动街道多部门、辖区学校和社会组织社开展10余场特色专题活动，丰富社区居民的公共文化生活，加强邻里沟通、促进邻里和谐，渐进式地擦亮社区文化建设品牌，提升街道知名度。

三、“景”：助力社区营造，让社区文化“唤”起来。突出“社区公共空间营造”，通过“文化脚印”系列活动成果，持续为志愿者赋能，促进志愿者角色转换，引导其自治，助力社区建设。例如，以街道内编钟特色为主线，引导辖区党员、居民骨干、儿童参与社区服务，进行社区编钟文化角打造，让空间有文化、让文化有载体、使文化有传承。社区通过调研收集居民需求，挖掘居民领袖，带动居民参与，特别是号召社区儿童参与议事。以“幸福河道”地方微更新为例，将儿童的建议在社区更新规划早期就纳入参与范畴。通过“亲身走过旧河道，图绘理想新河道、打造幸福新河道”的过程，带领儿童亲身走河道，了解河道文化风貌，随后通过绘画与讲解绘画的方式，让儿童用自己掌握和理解的方式参与河道微更新的议事，并根据儿童的表决与选择最终推进更新的落实，增强儿童对社区的认同感和责任感，使得儿童在社区建设中真正成了“小小主人翁”，也使文化空间变得有色彩、有活力、有温度。街道还开展了“印记程桥”摄影大赛，精心挑选出13幅具有“程桥底蕴”的人文景观照片，制作成“印记程桥”2023年台历，展示整个街道的特色美景，真正体现了“一街一特色，一区一景观”，进一步增强社区居民的认同感、参与感。让街道在传承历史文化的同时，着力打造街道的新名片。此外，街道通过“五社联动机制”搭建了线上和线下宣传平台，使得社区更好地整合资源，增强居民对社区文化的认识，提升居民参与社区事务的意识。

程桥社区通过构建“党员+居民骨干+社会工作者”的服务队伍，培育居民参与公共事务的意识，树立“主人翁”意识，增强居民的自组织和自管理能力，展现了一种积极向上的社区发展模式。这种模式将社会工作的理念与实践有机结合，以历史文化传承和社区振兴为目标，通过多层次的参与和互助，提升社区居民的幸福感、认同感和自我效能感。

（供稿者：赵玟，六合区程桥街道）

【专家点评】

案例《聚焦“人文景”，打造特色家园》从“人”“文”“景”三个方面挖掘程桥社区丰富独特的历史文化资源。其做法的主要特色有：一是通过打造志愿服务品牌，建立“党员+居民骨干+社会工作者”的志愿服务队伍，创造友好互助的社区氛围，引导居民参与社区。二是通过开展多种主题活动，如“文化脚印”“我是家乡代言人”，征集寻找挖掘历史文化资源。丰富多元的主题活动，既寻找挖掘出更多的社区传统文化资源，又在寻找挖掘的过程中，向居民宣传了家乡的历史文化，调动了居民参与其中。三是注重调动儿童参与，将儿童议事与社区营造相结合，使地方传统文化在娃娃心中生根发芽、得到传承和发扬。不仅有小小“家乡”讲解员诉说家乡特色故事，而且在“幸福河道”微更新中，儿童议事员参与早期规划、议事表决，真正成为社区建设中的“小小主人翁”。四是用可视化方式将社区营造的成果保留呈现，并贯穿于居民日常生活中。历史文化资源需要被日常看见才可以得以继承发扬和光大。案例通过“社区公共空间营造”，进行编钟文化角改造，通过举办“印记程桥”摄影大赛并制作成台历，把成果推广至居民日常生活中，使历史文化资源焕发出新的生机和活力。

案例二

邻里间的“圩笑”

浦口区永宁街道张圩社区地处南京西北部，南枕老山，紧邻滁河，生态优越，环境优美，面积约4.2平方公里，耕地3 300亩，水面面积900亩。张圩社区由原张圩村整体拆迁，借助土地增减挂钩项目整村搬迁至张云小区，小区内划分为2个网格，12个楼栋片区，由2名网格长、12名楼栋长参与管理，管辖安置楼栋47栋，1 521套房屋，实际居住业主1 100户。在传统圩区向城市小区进程中，社区着力化解城市化进程中农民就业问题，结合水土资源主动融入“美丽乡村”建设。经打造，张圩社区一年两季的“圩笑”主题万亩油菜花海、葵花朵朵园吸引了众多游客，在经济建设上取得了一定成绩后，社区着力进行社区建设。

为实现居民之间的常态互动、引导居民自我服务、促进居民社区融合，张圩社区与南京红叶社会工作服务社共同创建张圩社区“圩宁益站”公益空间。社会工作者以整合视角为基础，以张圩社区“邻里·家”文化为主线，从网格员到楼栋长、从社区自组织到核心志愿者、从特色服务到常态活动，编织一份属于张圩特色的公益服务网络，探索总结出社会工作有效参与社区融合的“三步走”策略：

一、组建队伍。第一，社会工作者进驻社区的首要工作就是要确定在当下情境下，哪些资源能成为服务帮手。社会工作者依托张圩社区现有资源，组建了一支以社区书记为领导，社会工作者、网格员、群团工作人员、楼栋长为第一梯队的核心工作团队，保障了服务的方向和资源基础。社会工作者定期发起联动会议，汇报上一阶段工作内容，与小组成员结合社区实际共同讨论服务计划。第二，由社区协调场所，社会组织参与，共同搭建了“圩宁益站”公益服务空间（“一家三室两厅”）、“七彩宁欣家园”微信公众号，通过空间与平台搭建，让社会工作服务开展有依托、成效展示有平台。第三，做好贴切居民需求的菜单式服务。基于社区群体性调研结果，设置社会工作服务列表清单，通过内整外引成立服务智库，开展社会工作常态化与主题性活动。

二、增强参与。社会工作者通过参与式服务设计，引导居民与居民之间的常态互动、增加居民对社区事务的关注、倡导居民对社区建设的参与，实现居民与居民之间、居民与社区环境的双重融合。同时，项目抓住社区文化与地域特色，聚焦绿色发展，打造“美丽田园”，围绕“做特景区，做美村区”目标，依托生态资源优势和独特的农业大地景观，做足“花”文章。社工结合张圩社区的美丽田园，做到人文地产景的融合，开展了楼栋长故事集系列活动、“我和向日葵有个约会”等专题性活动，真正传承“人在圩上住、心系圩下景”的“圩笑”邻里互助精神。

三、增强认同。借社区文明城市创建契机，社会工作者协助社区开展“圩宁议”主题议事会，从美化社区环境到如何优化社区环境，开展了老年人专场、妇女专场和青少年专场的议事会，让更多的人群参与到、享受到社区的正向变化，引导居民参与社区治理，倡导通过民主协商的方式共同解决社区公共问题，实现居民的自治与互助。

社会工作者在张圩社区的服务过程中探索的社会工作参与社区融合“三步走”，第一步主要以居民服务为主，首先满足居民需求，能够在较短的时间内取得服务的现象成果，一方面拉近社会工作者与居民的关系，为进一步的服务做好群众基础，另一方面能让社区看到社会工作者在社区融合过程中发挥的积极作用。第二步主要以社区增能与特色挖掘为主，关注社区本身与服务主体在社区融合过程中的能力提升，发展社区的内生动力。第三步呈现出居民对社区的身份认同，居民与社区之间交互发展，最终呈现出居民与居民、居民与环境的相互融合。

社会工作者运用社区社会工作专业方法设计张圩社区参与式服务方案，通过服务开展，案例取得了相应的成效。以阵地促服务、以服务促融合的目标达成。促进社区居民和社区融合，社区事务需要居民的参与，社会工作者的作用就是承担起社区与居民的桥梁作用，能有效增加居民的参与意识，增加社区认同感，从而促进社区融合。“圩宁益站”的空间运营理念（为您服务、守护安宁）得到居民与外界的高度认可，“邻里·家”的文化塑造也取得相应成效，体现在闲置物品置换、社区邻里节等具体活动上和居民之间的信息支持、情感关怀上。经过空间的运营、服务的开展、文化的提炼，永宁街道张圩社区的社区治理成效也得到了省市区相关领导的肯定，社会工作者将秉承着“服务就是最好的治理”原则，继续为社区、为居民提供更专业的服务。

（供稿者：杨伟，浦口区永宁街道）

【专家点评】

社区工作的目标之一就是促进社区融合。社区融合发展了，才能提高居民对社区问题的兴趣和认识，从而提高社区居民的参与意识和参与能力。中共中央、国务院《关于加强和完善城乡社区治理的意见》中也明确提出，摆在第一位的社区治理能力就是“社区居民的参与能力”。由于城市社区大多是“陌生人社区”，居民来自不同的地域，居民之间交流不足，导致城市社区的居民参与一直是城市社区治理的难题。

本案例中，社工通过走访村民、组建志愿服务队伍、运营公益服务中心——“圩宁益站”、开展“邻里·家”的文化塑造活动确实提升了社区居民的认同与融合，其方式和方法是可行的，值得推荐。另一方面本案例也具有一些特殊之处，如张圩社区原是一个传统的农村社区，通过整体搬迁而形成，其中大多数居民还是来自原来滁河边上的传统农村。其传统熟人社区的特色还是有所保留的，为张圩社区居民的融合提供了一定的基础。另外社区领导的重视与支持也是该案例成功的关键。

社区改造：废弃与闲置空间的活化

随着城市化进程的加快，老旧社区问题日益显现。这些社区往往存在基础设施落后、公共空间不足、缺乏管理等问题，无法满足居民日益增长的需求。而政府为了提升居民生活质量，推动城市更新，出台了一系列政策支持社区改造。社区的废弃和闲置空间成为激活社区发展活力的突破口。对于废弃与闲置空间的改造，不仅能激活社区空间的活力，这一过程，还将原本的“失落空间”转化为承载社区共同记忆与文化再生产的新场域。以下将阐述废弃与闲置空间活化的关键要点及具体发展路径，确保这一改造过程不仅能有效执行，还能持久维持。

一、要针对社区需求进行调研与方案设计。在进行废弃与闲置空间活化之前，深入了解社区居民的实际需求至关重要。通过广泛调研和倾听居民的意见，社区能够明确居民对公共空间的期待与使用习惯。这些意见构成了改造设计的核心。例如，对于老旧小区，居民可能希望增加绿地、休闲娱乐设施，或提供更多社交空间。因此，改造的第一步就是根据社区需求设计方案，确保改造后的空间符合居民生活习惯，增强其可持续性。

二、要尽可能保留与提升社区文化特色。老旧社区作为城市发展中的重要组成部分，通常承载着丰富的历史和文化价值。活化废弃与闲置空间时，不应忽略社区的历史传承。通过保留历史建筑、修缮有文化价值的公共设施，以及举办文化活动等方式，社区改造能够保护和弘扬社区的独特性。

三、要融入环境保护与可持续发展理念。废弃空间的改造过程中，环境保护与可持续发展是不可或缺的设计原则。通过减少能源消耗、增加绿化覆盖率、优化废物处理系统等手段，社区改造项目能够有效降低对环境的负面影响。同时，社区可以引入可再生能源技术，例如，在公共设施中安装太阳能设备，或建设雨水回收系统。这种绿色设计不仅为居民提供了更加环保的生活环境，还为未来的社区发展提供了可持续的支持，进一步提高了空间活化的长期价值。

四、充分利用闲置空间，扩展公共服务。在老旧社区的改造中，废弃或闲置空间的再利用能够有效缓解公共空间不足的问题。社区应通过详细摸底调研，明确闲置空间的分布情况，并将其合理利用。例如，将废弃停车场改造成社区公园或运动场，或者将未使用的建筑改造成公共图书馆、社区活动中心等。这些公共设施不仅满足了居民日常活动的需求，还提升了社区的整体功能。

五、筹集多方资源，确保资金到位。成功的社区改造需要充足的资金支持，且资金来源应多元化。除了政府的政策支持外，社区还可以通过企业捐赠、居民众筹等多种方式筹集资金。在资金筹集过程中，社区应确保资金使用的透明度，成立资金监管小组，并邀请居民参与监督。通过居民的实时参与，不仅增强了资金使用的透明度，还提升了居民对改造项目的信任和参与感。

六、推动居民自治，保障空间的长期管理。在改造完毕后，社区应推动居民自治，确保活化后的空间能够得到有效管理和长期维护。居民自治的方式可以通过成立物业管理委员会或社区志愿者团队，负责公共空间的日常维护工作。这种自下而上的管理方式不仅降低了管理成本，还增强了居民的主人翁意识。例如，社区可以组织志愿者轮流负责清洁或绿化维护，进一步激发居民的参与感和归属感。

七、多元化服务叠加，提升空间使用价值。为了确保活化后的空间长期保持活力，社区可以在这些公共空间中叠加多元化的服务功能。例如，社区可以定期举办文化节、健康咨询、法律援助等活动，进一步提升空间的使用效率。通过为居民提供多样化的服务，增加居民的参与感，提高居民对公共空间的依赖性和满意度。同时，结合现代科技手段，例如，引入智慧社区平台，能够进一步提升社区服务的便捷性和效率，使得居民能够在改造后的空间中获得更加全面的服务体验。

废弃与闲置空间的活化不仅关乎社区物理环境的改善，更关乎居民生活质量的提升和社区凝聚力的增强。通过科学的调研、居民参与、文化保护、环境友好等多元化策略，社区能够在资源有限的条件下实现公共空间的高效活化。社区改造的核心在于以人为本，通过创新的路径让这些曾被忽视的空间重新焕发生机，最终实现空间效能与社区生活质量的双重提升。

案例一

党建引领协商议空间

七家湾 88 号小区建成于 1998 年，该小区三楼大平台占地 1 500 平方米，作为一处公共空间，部分居民在此种植花草，但摆放无序，垃圾随意堆放，异味浓重，有些甚至影响了居民的正常通行，引起居民的不满。社区曾多次尝试清理平台，但居民意见不一，甚至有部分人极力阻挠，导致该问题一直未得到妥善解决。2022 年 2 月份召开的“两问”活动中，有居民提出了七家湾 88 号三楼平台整治问题，并得到了大部分与会居民的赞成，随即议题提交小区党支部讨论把关，经过审议后提交居民议事会讨论表决，获得通过，并由社区党委发布这一民生实事项目。

在项目推进、实施和资金落实方面，小区在社区党委的指导下，做了以下几件事情：

一、挑选团队设计规划方案，而后多次以调研和居民议事会的方式讨论方案，并最终通过居民投票的方式确定了改造方案。社区先后遴选了 3 家专业设计公司、1 家社区营造组织组成社区规划师团队。党支部发挥人头熟的优势，带领团队进行前期摸底了解大家想法，历时 40 天对涉及的 147 户居民进行了 3 轮上门调研，不断收集居民意见、优化设计思路，形成了初步改造设想。整个过程居民享有充分的民主决策权，调动了居民参与的积极性。设计方案先行经过党支部审议后，从 2 月份至 7 月份 5 次提交议事会讨论，最终由居民投票选择“植物+休闲+活动”多功能为一体的共享空间，满足小区不同年龄层次居民的需求，从群众视角决定平台使用方向，充分展现了支部作用发挥和居民有效参与的过程。

二、公开透明开展招投标程序。设计方案落定后，在小区党支部、居民议事会成员监督下，进行招投标和居民表决程序，对招投标进行跟进和公示，确保程序公开透明、资金使用规范，实实在在为百姓做事。

三、在党委领导下充分发动群众和辖区单位资源落实改造工作。社区党委发布这一民生实事项目后，党员带头上门做工作（平台上 4 处违建有 3 处居民主动拆除），代表们出工出力帮助清理场地。为了保障改造的落实，社区一方面拿出社区资金保障改造工作；另一方面推动居民众筹改造资金，共筹得 13 900 元。通过众筹资金充分激发群众的主体意识，进而实现了“我的小区我做主、我的小区我尽责”的参与目标。同时，在街道举办的“党建引领，共建入新”共建节上，社区党委进行项目发布，省残联和市文旅局共同认领了七家湾 88 号三楼平台环境综合改造提升项目，由省残联提供 2 万元赞助，资金最终由“居民自筹+共建单位赞助+为民资金”落实解决。

四、做好管理监督，并通过多方联动保障为民工作成果的后续保障。为了保障平台改造后一直有效使用，并保持整洁的花园环境，社区于 2022 年 9 月 29 日在空中花园落成仪式上邀请了共建单位七家湾 88 号开发商建邺城开集团负责人认领并交由物业对后期平台花园进行保洁和维护。同时，社区还联系了市文旅局负责平台改造完成后的绿植养护专业指导。市文旅局下属单位玄武湖管理处园艺专家定期来为小花园的盆栽、花卉问诊把脉，为居民讲解植物生长的环境和条件，解答养护绿植中遇到的问题。

通过多次协商，七家湾 88 号空中花园建设工作完全落实，空中花园得到了居民的一致好评。空中花园的后续运行和小区管理也得到了妥善的解决，居民居住环境提升，居民对小区的满意感增加。同时，在空间改造的过程中，社区以党建为引领，精准找到治理的“切入点”，并在整个空中花园议事的过程中起到了核心作用，不断引导居民积极参与小区治理，以看得见、摸得着的治理成效，反馈居民的需求，形成小区治理的良性循环。此外，通过本次改造，社区充分动员了辖区的驻区单位，并积极吸纳了党员干部、医护人员、律师、园艺师等专业人员维护空间花园、参与社区服务。

（供稿者：赵欣，秦淮区朝天宫街道七家湾社区）

【专家点评】

案例《党建引领协商议空间》通过党建引领居民协商议事，将如何使用废弃公共空间这一棘手问题得到妥善解决。从其做法中可以得到以下启示：一、党建引领是推动居民议事有序有力开展的重要保证。公共空间改造是一个涉及多方主体、利益复杂的难题，需要一个强有力的组织者和推动者，从议题把关到摸底调查、挑选设计团队、监督招投标等自始至终都必须有基层党组织的坚强领导。基层党组织以实实在在为百姓做事的理念践行党的为人民服务的宗旨，充分尊重居民的民主权利，将党的领导与居民自治有效结合，确保了协商治理废弃公共空间的成功。二、民主协商议事是一个深入细致、长时段的工作过程，不可能轻而易举、一蹴而就，需要社区工作者、党员、居民、社会组织付出巨大的努力和耐心。虽然这一过程较之单一决策更为漫长，但是有助于社区问题的妥善解决，同时，在这一过程中，居民的参与意识和民主议事能力得到提升。三、废弃空间改造议事活动是一个从议题确定、前期调研到公开招投标、落实改造资金、后续管理运营的一整套流程，只有在这一过程中贯彻民主公开原则，切实让居民参与民主决策、民主监督，才能平衡各方利益，把好事办好。

案例二

螺蛳公园"变形记"

南炼新村社区位于栖霞区，原是金陵石化职工家属生活区，基础设施和生活配套比较完善，绿树成荫，生活便利，三四十年前曾是很多人羡慕的地方。近年来，随着企业升级发展和社会人口变迁，这片生活区的面貌也发生了很大变化，很多基础设施老化失修，公共环境亟须改善，公共活动区域不足。螺蛳公园是南炼新村社区内四个特色的小公园之一，始建于20世纪70年代末，占地1 000平方米，由螺蛳滑梯、长廊、休闲步道、喷泉和绿地组成，有数十棵高大树木，是老年人休憩乘凉、孩子们玩耍的聚集地。多年来公园疏于管理近乎荒废，长廊倾塌、墙面损毁、绿化无人维护、路面坑洼不平，只有螺蛳滑梯保持着完好的造型。

"三供一业"移交后，社区立即组织专业人员对螺狮公园进行了勘察评估，并启动了对该公园的全面整修工作。在整改过程中，社区主要开展了以下工作：

一、满足居民需求，共建社区议事。社区积极探索"党委领导、社会协同、协商民主、公众参与"的治理模式，以螺蛳公园改造为契机，深入了解南炼新村社区居民的需求和期望。通过开展问卷调查、入户调研、社区会议、投票表决、线上征集等方式，收集居民对于改造的建议和意见。居民的需求是改造设计的核心，他们的反馈和建议将为改造计划提供重要的参考。2021年8月，社区两委和启蒙社区发展中心组织开展掌上云社区线上协商会，征求居民群众对公园功能分区的建议，作为公园翻新修复设计的基础需求。2021年11月，再次邀请老、中、幼居民代表召开"睦邻协商会"，讨论最新的设计方案，优化方案细节，并对可能遇到的风险问题进行沟通、制定应对预案，如面对公园"螺蛳滑梯"采取修复还是出新的问题保留了两种方案，大家同意根据施工过程中的实际情况酌情处理。"小小螺蛳议事平台"的设立，充分尊重了居民作为小区生活"主人翁"的主体角色，有效征集了居民在公园改造中普遍关注的问题和需求，调动了居民参与社区公共事务的积极性和主动性，运用线上线下等多种方式拓宽了居民参与社区事务治理的渠道。

二、保留社区文化特色。南炼新村社区作为金陵石化职工家属生活区，具有独特的历史和文化价值。为了保留这份历史和文化特色，采取了以下策略：一是保护代表性建筑和设施：对于螺蛳公园等具有代表性的建筑和设施，进行保护和修复，如长廊、喷泉等。在修复过程中注重保护其历史和文化价值，让居民感受到社区的历史底蕴。二是在社区内引入各种文化活动和艺术装置，以提升社区的文化氛围。社区以打造公园"微景观"入手，以点及面、以文化人，营造"小小螺蛳文化圈"，通过挖掘公园历史故事回顾金陵石化企业发展史，以历史故事唤起几代南炼人的美好回忆；通过以水塘中螺蛳净化水质为特点，延伸廉政文化、发扬时代新风，让居民在日常生活中耳濡目染，助力孩子们扣好人生的"第一粒扣子"。通过邀请绘画能人、老党员、社区青少年参与公园长廊的墙面创作，以四季为引，国画、诗词为媒，打造二十四节气科普长廊。此外，各家社会组织围绕"小小螺蛳文化圈"开展线上读书漂流、社区文化艺术节。三是建立文化交流平台：建立社区网站、微信群等文化交流平台，让居民在平台上分享自己的文化故事和经历。

三、以环境为出发点，教育和发展为落脚点。在环境可持续方面，考虑到环境保护和资源利用的问题，充分发挥职工家属区浓厚的石化工业背景和螺蛳公园数十年形成的自然生态系统，以"印象·南炼之螺蛳公园自然课堂"为主题，立足螺蛳公园建立特色"科普角"——螺蛳公园中心的高大树木有着近四十年的历史，在尽量不改变原本生态环境的前提下，以林间鸟儿、昆虫、植物等为主体，建立"鸟类观察""蚂蚁之家""植物介绍"等装置，融入自然环境来开展生态教育。同时，结合金陵石化打造"绿色工厂"的理念，设立"水净化"科普装置。科普员在讲解"水净化"原理时，介绍工厂从新中国成立初期至今发挥的重要战略作用，工厂在不断提升产能和炼油水平的同时，将工业剩余废水、热能循环利用于居民区集中供暖、反哺职工家属，以此发扬科学环保精神。

通过对螺蛳公园的“变形”，不仅满足了居民的文体方面需求，同时又让社区保存了自身的历史和文化特色，也让社区居民获得了更多的文化认同感和归属感。在改造过程中，社区充分发挥自身生态环境优势，不仅提升了居民的生活质量，也体现了社区的绿色发展理念。通过建立生态装置等措施，为居民创造了一个宜居的生活环境。最终全面推动了南炼新村社区的和谐、可持续发展。

（供稿者：陈智燕、葛维康、吕福星、葛传梦，栖霞区栖霞街道南炼新村社区）

【专家点评】

案例《螺蛳公园“变形记”》针对一个有厂居社区背景的小区公园，通过居民议事、居民参与，结合厂居特色，因势利导，进行了公共空间改造。其做法的主要特点有：一、充分尊重居民意愿。通过线上线下多种方式征集居民意见，通过召开“睦邻协商会”、成立“小小螺蛳议事会”多次商讨设计方案，使居民意见得到充分表达。二、在改造中注重保留企业历史文化，使企业文化得以传承、使城市小区有了记忆。传承历史、记住乡愁并非农村社区的专利，城市社区也有其文化变迁的脉络、发展辉煌的过往。该案例将挖掘企业变迁过程中独特的历史和文化价值贯穿于社区公共空间改造，突出了社区文化特色。注重将居民作为公园改造的主体，邀请居民、党员、青少年亲身参与创作，增加了居民的社区归属感和认同感。三、充分利用公园原有生态自然环境，将公园打造成家门口的科普教育基地，成为社区教育的天然资源。说明公共空间改造必须利用原有文化、生态资源，才能形成地方特色。

社区闲置资源的优化配置：满足居民需求的创新实践

许多社区由于社区资源的规划和管理存在问题、维护和管理成本过高、社区工作人员管理能力不足、社区居民对于资源的参与和利益共享缺乏积极性等原因，导致社区大量服务资源闲置。但与此同时，社区居民的服务需求又很高，从而导致供需无法有效匹配。如何解决这个问题，关键在于有效发挥社会工作者的资源协调者的角色功能，建立居民、社区、社会组织等多元协调机制，有效链接资源与需求。

一、调查和了解居民需求。通过调查，了解居民的需求和希望得到解决的问题。通过问卷调查、座谈会、个别访谈等方式收集居民的意见和建议，从而明确社区的需求。

二、挖掘和整合闲置资源。调查和整理社区内的闲置资源，例如空置的土地、建筑物、设备器材等，以及人员的技能和经验。与相关部门、机构和组织合作，了解社区内可利用的资源，并进行登记和分类。

三、筛选和匹配资源与需求。对已收集的闲置资源和居民需求进行筛选和匹配。根据居民的需求和希望，结合社区内的资源，寻找匹配的资源，例如，利用空地开展社区农园或创办社区图书馆等。

四、组织资源共享与利用。组织和推动居民之间的资源共享与利用。通过组织社区活动、培训课程等方式，让居民了解和体验不同的资源利用方式，鼓励共享和合作。

合理地匹配社区闲置资源与居民需求，实现资源的最大化利用，促进社区的发展和增加居民的福利。在这个过程中，社区社工发挥着重要的作用，协调和支持资源的利用，并与相关部门和组织合作，实现资源共享和合作。

案例

绘聚社工心，别样乡村情

——“和邻相约”品牌服务项目

和平村位于溧水区东屏街道，下辖10个自然村，28个村民小组，全村2 365人。社会工作者通过走访和调查问卷等形式，发现该村主要存在两方面的问题，一是资源丰富，但利用率不高，存在严重的空置现象；二是和平村村民需求较多，工作人员数量不多且精力有限，供不应求，且村民需求复杂，工作人员很难把握每个村民的需求，开展服务较为困难。针对如上问题，社区开展了“和邻相约”品牌服务项目。

在项目开展前期，社会工作者在总结问题、制定应对方案后，从村民的需求出发，先为其提供了外部资源与反映诉求的平台。社工通过组建“和平村朋友圈”，积极联系共建单位，如中国农业银行溧水东屏支行、南京肛泰中医医院、消防队社工站以及派出所等，为村民提供便民服务，向村民宣讲防诈骗知识，免费为村民体检等；社工又链接了爱心志愿者、共建单位和商家，发挥“联动”作用；村民同在一个微信群，他们遇到问题时可以马上反映需求，以便社工能及时提供服务。

在项目中，社会工作者构建了“1+5+N”的居家养老服务新模式，其中“1”是指一个居家养老服务中心，“5”是指“和邻相约”品牌服务中五个“和”服务，“N”是指老年人、青少年儿童、妇女和志愿者群体等以及多种活动。

在项目实施过程中，社区提炼出不同人群的多种需求，分类型地提供相关服务，力求做到对村民需求的全面覆盖。在人文关怀方面，对低保老人、失独家庭、留守儿童等开展入户探访，提供上门健康检查，并且积极召集志愿者，引导更多村民关注弱势群体，让和平村变得更加温暖；在教育宣传方面，通过举办各种类型的沙龙、讲座，将爱国主义和家庭美德融入村民的日常生活之中，丰富其精神生活；在养老服务方面，创办长者食堂和养老服务中心，积极举办康乐活动，开展老年人兴趣小组，关怀老人生活，为老人送去温暖；在邻里关系方面，举办趣味运动会、纳凉晚会等活动，减少村民矛盾冲突，增强邻里之间的和睦；另外，在村民兴趣爱好方面，组建了“和平旋律”合唱队和“和平律动”舞蹈队，经常举办大型的文娱活动，将社区闲置的空地和资源充分利用起来，村民也非常乐意参与其中。有村民说：之前闲下来就在家里打打牌看看电视，现在有了这些活动，自己的精神生活丰富了许多。

而对于和平村里的困难群体，社区工作者也十分重视。面对村里空巢、独居、低保和残疾的困境老人，社工链接内外资源，组建了“和邻帮”志愿者队伍，小到帮助老人打扫卫生、购物，为这些老人提供日常探访等服务，大到老人生病时陪同去医院。对于留守儿童，社工不仅积极链接妇女儿童之家等场所，还鼓励儿童参与社区活动，感受和平村大家庭的氛围。在社区工作者与志愿者的共同努力下，村里形成了互帮互助、邻里相望的氛围，志愿者的队伍也越来越壮大。另外，在项目开展的同时，社区工作者通过“请进来+走出去”邀请了许多社区书记、警察和党员走访社区，为社区工作人员授课，对社区的发展出谋划策；还请志愿者去周边社区进行学习。

通过“和邻相约”项目的实施，社区工作者积极依托和平村场地、整合资源、立足实际，探索构建了“1+5+N”居家养老服务模式，完善了以居家和养老服务为主体的养老服务体系，满足了和平村老年人持续增长的多层次、多样化养老服务需求。同时，社区工作者积极整合资源，推动服务的多元主体参与，通过链接东屏街道卫生院、东屏小学、中国农业银行溧水东屏支行、南京肛泰中医医院、周边种养殖户等资源，推动志愿者们积极参与到社区活动中。除此以外，社区工作者坚持“以需为本扩大参与、精准定位发挥功能”为出发点，立足“多元协商邻里互助，氛围营造共谋发展”为导向，孵化和培育了舞蹈队、养老护理员团队，以及有完整流程和制度的志愿者队伍。在社区工作者协助下，这些社区自组织在党建引领下，逐渐成为社区治理的辅助力量。

总体来说，村民参与社区活动的积极性不断提高，越来越多的村民走出家门，融入和平村这个大家庭之中，这大大地解决了资源空置问题和村民需求得不到满足的问题。邻里关系不断改善，越来越多的人加入志愿者队伍之中，和平村互帮互助的和谐氛围正在进一步形成。

（供稿者：杨传晖，溧水区东屏街道和平村）

【专家点评】

社区自身资源的有限性与居民需求的无限性是社区服务中常见的矛盾现象，这就要求社工具备资源链接的意识和能力。案例《绘聚社工心，别样乡村情——“和邻相约”品牌服务项目》，针对村民需求复杂多样，而社区工作者人员不足、精力有限的问题，广泛链接资源，匹配居民需求。其做法的主要特点有：一、社工发挥资源链接作用，联系共建单位，为居民提供便民服务。二、全方位开展多种服务，满足不同人群需求。涵盖人文关怀、社区教育、养老服务、文娱活动等多方面。三、链接志愿者队伍资源，照顾村里困境老人和留守儿童。通过链接内外部资源匹配居民需求，形成了邻里守望、互帮互助的和谐氛围。

发展共建共治：探索社区公共问题的协同发展路径

在现代社区治理中，“共建共治”是提升公共服务效能的关键策略。“共建共治”作为一种有效的协同解决路径，正在成为解决社区公共问题的重要手段。通过充分调动社区各方力量和资源，提升社区治理效能，能够更好地应对包括环境保护在内的各种公共问题。探索社区公共问题的协同解决路径不仅需要理论上的探索，更要在实践中明确操作路径。以下是探索这一路径的关键要点及发展建设路径：

路径一是加强观念宣导。在社区治理中，观念宣导是推动共建共治的基础。首先，需通过系统性的宣传教育提升居民的社会责任感和主人翁意识。社区可以定期组织讲座、研讨会以及互动式活动，向居民普及公共事务管理的必要性及其对社区发展的影响。例如，长江沿岸社区可以通过环境保护专题讲座，普及长江保护的重要性，增强居民的环保意识。此外，还应利用多媒体平台进行广泛宣传，包括社交媒体、社区网站和电子公告板等，以覆盖更多的居民群体。观念宣导不仅要覆盖社区内所有年龄层次的居民，还要关注不同文化背景和教育水平的居民，以确保信息的有效传递和理解。这一过程中，社区组织应与地方政府及相关非政府组织合作，共同策划和实施观念宣导活动，形成合力推进的局面。

路径二是加强公共问题的宣传。针对社区中的公共问题，需建立完善的宣传机制以提升居民的知晓度和参与度。社区可以通过设置专门的信息发布渠道，如公告栏、社区新闻简报以及数字化信息平台等，定期更新公共事务的相关信息和进展。此外，社区可以开展形式多样的宣传活动，如社区开放日、公益展览和现场咨询等，使居民能够直观地了解公共问题及其解决方案。这些活动不仅有助于提高居民对公共问题的认知，还有助于加强社区内部的沟通与互动，促使居民对解决方案提出建议和反馈。通过这种方式，提升居民对公共问题的关注度和参与度。

路径三是提高居民对社区公共性问题的关注。提高居民对社区公共问题的关注是实现共建共治的关键一环。社区应通过多种途径调动居民参与公共事务的积极性，鼓励他们主动提出问题和参与解决。例如，通过建立社区议事会或咨询委员会，使居民能够直接参与到公共事务的讨论和决策中。社区还可以组织定期的座谈会和问卷调查，收集居民对公共问题的意见和建议，并据此优化治理策略。为了提升居民的参与感，社区还要提供实际的参与机会，如志愿服务、公共事务管理培训等。通过参与这些活动，居民不仅能更深入地理解公共问题，还能在解决过程中积累经验和能力，从而增强对社区治理的归属感和责任感。

路径四是保障社区公共服务的常态化和专业化。保障社区公共服务的常态化和专业化是实现高效共建共治的基础。首先，社区应建立稳定的公共服务体系，确保公共服务的连续性和高效性。这包括制定详细的服务标准和流程，设立专门的服务机构，并配备专业的服务人员。例如，长江沿岸社区可以设立专门的环境保护办公室，负责日常的环境监测和保护工作，并聘请专业的环保人员进行管理。其次，社区应加强公共服务的专业化，提升服务质量和效率。这可以通过定期培训和考核服务人员、引入先进的服务管理工具和技术等手段实现。最后，社区应鼓励居民参与公共服务的设计和评估，确保服务符合实际需求和期望。通过建立反馈机制，如居民满意度调查和服务改进建议箱等，社区可以实时了解居民对公共服务的需求和意见，并据此调整和优化服务内容。反馈机制不仅有助于提升服务质量，还有助于增强居民对社区治理的信任和支持。

综上所述，“共建共治”的成功实施依赖于观念宣导、公共问题宣传、居民关注度提升以及公共服务保障四个层面的协同推进。通过系统性的观念宣导和多层次的公共问题宣传，可以有效提高居民的参与意识和行动力。同时，通过提升居民的关注度和保障公共服务的常态化与专业化，能够实现社区公共问题的有效解决，推动社区治理的长效机制建设。

案例

新洲"馨"服务，新洲新"蝶变"

南京市江宁区江宁街道新洲村西邻"黄金水道"长江，辖区江岸线长达5.08公里。新洲村村域面积(含水域、沙洲)约6.8平方公里，内陆面积2.2平方公里，有11个自然村，户籍人口650余户、2 050余人。为响应国家长江大保护战略，经2013年和2017年两次拆迁，11个自然村村民搬迁安置，2020年，全部村民完成安置。和其他由"农"转"居"社区一样经历着转型的阵痛，社区公共服务供给难题和社区参与不足同时出现。

新洲村立足社区实际，结合居民需求，坚持"守土有责、守土尽责"，设立长江守望者工作站，成立长江守望互助基金，主动而有效地将"守望长江"融入基层社会治理，不断探索符合新洲民情、具有新洲特色的基层参与式治理新模式，助推基层社会治理与服务走实走深。围绕新洲村长江环境问题，依据地区发展模式，鼓励社区居民参与社区事务，发挥居民主人翁意识，利用社区资源，解决社区问题，实现社区自治。

一、多渠道宣传，提升村民长江环境保护意识

为响应国家长江大保护战略，也为了更好地守护自己的家园，新洲村村民离开了哺育他们成长的长江，搬入了崭新的楼房，村民的收入也每年不断增加。因江宁滨江公园开发打造新洲村从过去落后的小乡村实现了到"临江、近江、见江"景观绿地的"蝶变"，但村民们并没有较强的长江保护意识，对游客随地乱丢垃圾的行为并不发声劝导，长江边

玻璃瓶、塑料袋、食品袋等各种垃圾随处可见，且自身也有丢垃圾的习惯。为了改变这种情况，社区做出了针对性的改变：

首先，挖掘整合社区能人和志愿者领袖。积极挖掘和整合社区能人和村民骨干，同时借助服务契机积极招募村民志愿者，最终顺利挖掘出一批(80人)有热情和公益心、关注社区问题的村民代表，并组建长江守望者工作小组微信群，形成邻里议事会的村民代表，通过线上线下平台积极反馈社区公共性问题。

其次，线上线下结合，多种宣传举措提升环境保护意识。调动多个宣传渠道，通过村民线上议事平台“红色大篷车”群(村委会工作人员、社区工作者、村民)，以微信推文、小程序知识竞赛等方式，开展宣传教育长江生态环境保护活动；发动乡贤、网格员、“五老”人员等群体，讲好长江故事，传承长江文脉，开展“听老党员讲长江故事”“长江水生物物种科普展”等各类专业服务；通过长江守望者录制长江禁捕禁渔等宣传，呼吁大家禁止在长江边钓鱼捕鱼或随意丢弃垃圾；社区工作者带领村里儿童、青少年以一日长江守望者的体验形式，在江宁滨江公园向游客朋友们做垃圾不落地宣传；世界环境日期间，发动村民前往江宁滨江公园开展长江沿岸垃圾净滩活动，捡拾江岸垃圾超过40公斤。通过多种宣传举措，让村民和游客意识到长江环境保护的重要性和乱丢垃圾的危害，为长江环境“保卫战”做了坚实的铺垫。

二、组建长江守望者志愿队，搭建邻里议事协商治理体系

长江环境治理是整个社区共同的公共事务，在对村委会干部以及村民进行访谈及问卷调查中发现，很多村民较少关注村庄的公共事务，参与度很低，针对社区公共性问题，大多数村民选择私下吐槽抱怨，认为是村委会、村干部应该做的事情。因此，在社区治理的大背景下，应形成一个人人有责、人人尽责、人人享有的社会治理体系，调动村民积极参与新洲村社区治理。

首先，深挖长江守望内涵，建立“长江守望者”巡江志愿队。长江守望者队伍全部是自愿自发组织的。坚持红色领航，把保护长江生态环境摆在重要位置，全力培育“长江守望者新洲村巡江志愿队”“长江小浪花儿童志愿服务队”“长江儿女百姓宣讲团”三支专业化志愿服务队，积极开展护江、巡江、捡拾垃圾活动，推进长江十年禁渔工作走实走深。从2019年底建立至今，长江守望者共80余人、小浪花20余人，百姓宣讲团第一批10人、第二批5人，一年365天，长江守望者每天巡江近20公里，劝捕劝钓、捡拾垃圾、水质检测，无论酷暑严冬还是刮风下雨，长江边永远能看到这群“志愿红”。长江守望者新洲村巡江志愿队已经累计行走20 000公里，服务时长已经达到8 090小时，全年累计开展100余次志愿活动，有效调动多元主体共同参与到社区基层社区治理，不仅增强了村民参与社区治理的意识，也让长江沿岸环境的治理有效落实，极大程度上减少了江边垃圾。长江新洲段的生态环境持续好转，江水越来越清澈，江鱼种类和数量越来越多，候鸟增加，生物多样性持续增加，湿地蓄水调节、净化水质的功能不断增强。

其次，打造“家庭志愿服务计划”，大小老联手共建美丽长江。“保护+倡导”联治，点亮绿色生活。一小一老来助力，守望家庭齐参与，为了让更多村民积极主动参与到志愿护江中，社区工作者开展“绿色发展我来绘”“入江水质我来测”“垃圾分类大家谈”等全民行动，招募“长江小浪花”儿童志愿服务队，手绘江豚图景、诵读长江诗词、江边放飞风筝、奏响长江赞歌……将保护长江、垃圾分类、生态环境保护的重要性等方面内容，潜移默化地传递到儿童的意识中，让“一小一老”联动家庭保护长江，营造良好的社区氛围。

再次，通过活动兑换积分、积分兑换物资的形式，一年两次进行积分兑换，兑换夏季、冬季生活物资，兑换物资可以改善民生服务，也可以捐赠或慰问困难群体。

三、党建引领，长江文化赋能社区协商治理现代化

新洲社区传承江情文化和重教文化，重视文化赋能，参与民主议事协商和社区公共事务。长江守望者定期通过“长江儿女百姓宣讲团”以多元协商、共议共决的方式，形成社区志愿服务机制、常态议事机制、志愿服务登记机制等多项机制，为志愿者队伍发展提供制度保障；社区工作者定期开展志愿者主题培训、“志愿先锋”季度评比，促进志愿服务专业化、常态化、品牌化发展。积极发动长江守望者的强大作用，群策群力齐心创办社区报《新洲头条》。

总之，新洲村“馨”服务，既提高了村民的环境保护意识，也调动了村民参与社区服务的积极性和对社区实务的关注度，同时也保障了社区公共服务常态化、专业化供给，实现了新的“蝶变”。

（供稿者：薛秋艳，江宁区江宁街道新洲村）

【专家点评】

案例《新洲“馨”服务，新洲新“蝶变”》的主要特色是：一、充分发挥村民沿江保护的主体性，组织动员沿江村民通过组成志愿服务队伍、开展各类活动，投入长江环境保护，提高了村民的参与意识，使其从依赖社区到积极参与、主动作为。二、全民参与，营造长江大保护氛围。发动乡贤、网格员、“五老”人员、青少年、普通村民、家庭，形成了对长江生态保护人人有责、人人尽责、人人享有的治理共同体。三、常态化志愿服务是沿江保护的重要力量。培育巡江守望、百姓宣讲等多支志愿服务队伍，使志愿服务组织化、常态化。健全志愿服务机制，包括志愿服务登记机制、常态议事机制、积分机制、培训机制、评比机制、常态化活动机制，为长江保护志愿服务提供了制度保证。四、设计开展丰富多样、生动有趣的保护活动，如儿童手绘江豚图景、诵读长江诗词、江边放飞风筝、奏响长江赞歌等，调动了居民特别是儿童的参与热情。不搞形式主义、不做表面文章，常态化、实实在在的保护行动使沿江保护走实走深，使沿江环境得到有效治理。

以特定服务为基点的社区自治队伍建设

面对一些特定服务内容，比如环保服务类的实践，社区可以通过系统化的路径提升全民环保意识，并推动儿童参与志愿服务，借助亲子活动等方式带动家庭和整个社区的积极参与，旨在实现社区治理与居民参与的有机结合。这个路径的核心是将特定服务项目，如环保服务、垃圾分类等，作为切入点，调动社区各方力量，推动全体居民逐步从旁观者转变为积极参与者，从而进一步提升社区的公共意识和凝聚力。具体发展路径应包括以下几个方面：

一是理念和意识的疏导。包括两个方面：其一是针对部分公共事务，要对社区内全体社区成员的理念和意识进行疏导和提升。其二是通过宣传、教育和讨论活动，让居民认识到志愿服务对社区发展的重要性，并理解儿童作为志愿者的特殊价值。儿童不仅是服务的受益者，同时也是社区建设的积极参与者。这种理念转变至关重要，它决定了社区成员是否能够自发地支持并参与志愿服务。

二是打造协商议事新平台。为志愿服务提供一个公开、透明的沟通渠道，鼓励全民参与决策，以推动社区内多方力量的协作，加强服务项目的针对性和可操作性。通过定期召开会议，收集各方意见，使志愿服务计划更加贴近实际需求。这一机制为社区儿童志愿服务的长效发展提供了制度保障，也让居民能够更加主动地参与到志愿服务中来。

三是创新服务模式。社区可以整合多方资源，注重整合社区、居民等多方优势力量，充分发挥链接资源的作用，并结合社区的实际情况和儿童的兴趣爱好，创新志愿服务模式。例如，在垃圾分类这一公共事务上，可以通过社区教育、趣味活动、环保竞赛等方式，使垃圾分类变成一项“新时尚”。服务模式的创新还可以通过将儿童的角色从单纯的服务对象转变为“服务者”来实现。在这一过程中，儿童可以逐步从接受志愿服务转变为志愿服务的宣传者和倡导者。这种角色的转变不仅激发了儿童的社会责任感，还增强了他们对社区事务的关注与参与度。通过这种“从要我分到我要分”的方式，儿童在社区垃圾分类等公共事务中可以扮演监督者、倡导者的角色，带动家庭和社区成员共同参与。

四是培育儿童环保志愿队，由儿童带动家庭，家庭带动社区。社区儿童志愿服务的成功还依赖于儿童与家庭的双向互动。通过儿童志愿者的参与，家庭可以被动员起来，形成“儿童带动家庭，家庭带动社区”的良性循环。结合社区特点，儿童较多的社区可以通过组织多样化的志愿活动，如主题的家庭日、相关知识宣传竞赛等，使儿童和家庭在轻松的氛围中增强公共意识并逐渐形成集体责任感。这种以儿童为核心的志愿服务模式，不仅提升了儿童的社会参与能力，还为家庭和社区创造了更多的互动机会。

案例

“益青团”儿童环保志愿队培育

2020 年 11 月 1 日开始，《南京市生活垃圾管理条例》正式实施，南京正式进入“垃圾分类”时代，各地开始撤桶并点，生活垃圾定时定点集中投放。为了进一步提升居民垃圾分类和环保理念，打造环保服务品牌，2021 年淳化街道政府购买服务——“‘分’领时尚，绿动淳化”项目启动实施，项目中设立“环保志愿队打造”板块，让志愿者成为社区垃圾分类的宣传者、监督者、倡导者，促进建设志愿互助、生态文明社区。

南京市江宁区淳化街道滨淮村农村留守的基本上都是老人、妇女和儿童，老人没有垃圾分类的意识，所以尝试建立一支儿童志愿者队伍进行劝导，从孩子入手开展宣传和引导。滨淮村 2022 年 3 月份成立“益青团”环保志愿队，目前共有 12 个小学生成员，通过培育和赋能，引导孩子全程参与、全流程管理（观察、讨论、播种、决议、实践），打造环保志愿队。

南京市江宁区淳化街道滨淮村以“益青团”环保志愿队打造为核心，进一步促进社区治理、居民自治。通过开展助力“零废弃”、家校携手“乐环保”、绿色公益“新美好”等系列服务，挖掘服务对象成为志愿队成员，使他们掌握丰富的垃圾分类知识，了解垃圾分类的重要性，初步形成垃圾分类志愿精神。

“益青团”环保志愿队以“环保知识云课堂”、“环保小达人”评选、垃圾分类知识竞赛大比拼、奇妙“堆肥”初体验、水的净化“魔法”等多样活动为媒介，带领志愿队成员共参、共议，以增强凝聚力，提升小组成员归属感与参与度。

“益青团”环保志愿队通过进社区开展垃圾分类宣讲课堂，创新宣讲方式，以“垃圾分类总动员”“爸爸妈妈进社区”“趣味寻宝”“废物利用”等多种形式开展，设置“垃圾分类小课堂”，结合观察、访谈等多种形式，在过程中发掘 12 名环保志愿者，并向他们进行服务计划的介绍。

在此队伍培育过程中，重点以参与式服务活动激发儿童的创造力和热情，以儿童视角参与到环境保护议题的创建中去，为家园环境贡献自己的一份力量。志愿队共创确定了队名为“益青团”、团队规则 9 条、队伍 Logo、成员身份卡等内容，通过“五指介绍”游戏相互熟悉、增加关系亲密度。在日常服务过程中，以重要时间节点为契机，宣传保护环境传统美德，带领“益青团”小志愿者们，传递环保正能量，学习环保知识和垃圾分类理念方法，感受到爱护自然环境对人类生活的重要性，也让他们切身体验“劳动最光荣”，以实际行动践行志愿服务精神。

“益青团”儿童齐参与，守护“绿意小菜园”。首先是家园沙盘搭建。“益青团”成员们在社会工作者的带领下，一起熟悉家园地形、地貌、标志物等，用小手画下了自己观察到的小小家园。“水泥地大约占百分之三十”、“可以将这里分成五个区域，办公区、停车区、草坪区、菜园区和道路区”……在对社区构造、布局了解熟悉后，孩子们分工合作，共同搭建沙盘微模型，随着一栋栋房屋、一棵棵树木、一条条标识线的逐渐增加，一个由孩子们亲手搭建、栩栩如生的小家园便诞生了。其次是打造绿益小菜园。逐步构建出“绿益小菜园”的样貌。在社会工作者引导下，针对“如何打造绿益小菜园”进行了详细的小组讨论，包括小菜园的区域划分、种植物的选择、外观设计、后续维护管理、种植成果的用途，即菜园内蔬菜成熟后，用于慰问孤寡老人。再次是桶边培育与督导，“益青团”桶边督导培育课采用参与式学习方法，让服务对象在互动与情景模拟中学习，使其能够更好地理解和掌握生活垃圾分类的知识和技巧，并顺利完成社区垃圾分类督导志愿行。“益青团”桶边督导志愿行，“益青团”成员带着亲手制作的宣传牌走进小区，在属于自己的点位上开始“守护”，积极向周边居民宣传垃圾分类知识，引导居民正确投放分类垃圾。“益青团”成员在自身努力下，用自己的力量，带动着身边人、家庭、社区居民等加入进来，从而推动垃圾分类工作走深走实，真正让垃圾归位有道，让垃圾分类理念深入人心。

“益青团”儿童环保志愿队带领大家共同打造的小菜园，用所学的厨余垃圾堆肥等知识为菜园灌溉，并将每次的活动内容制作成手账，形成可视化成果。针对每次参与议事、志愿服务、交流活动的成员进行积分，小手拉大手，参与民主议事，项目结束时给予奖牌、证书颁发，初显社区治理新成果。思想理念上，整个服务过程中不仅为青少年儿童传播了绿色环保理念，同时以“益青团”志愿服务队为品牌，通过儿童议事会的形式提升儿童参与社区治理的主动性积极性，从儿童视角看问题、议实事、提意见、找方法，构建共建、共治、共享的社区治理格局。服务方式上，创新服务模式，过程中注重加强与社区、家长等多方优势力量的整合，充分发挥链接资源的作用，以小见大，推动垃圾分类成为广大群众喜闻乐见的“新时尚”。角色转变上，“益青团”成员从服务对象的身份逐步转变为“服务者”，从“要我分”到“我要分”的过程中，他们也成了社区垃圾分类宣传者、监督者、倡导者。组织模式上，以服务为纽带，以活动为载体，通过建队伍、强组织、立机制、办实事的方式撬动社区治理的“杠杆”，定位居民自治的“支点”，让“大家事大家办”。

“益青团”儿童环保志愿队培育受到媒体的广泛关注，微淳化网于2022年5月8日、中国江苏网2022年5月15日报道了《南京市江宁区淳化街道滨淮村：文明淳化靠大家，我是小小主人翁》，紫金山、交汇点等网站分别以《新时代文明实践淳化街道滨淮村开展“文明健康、绿色环保”垃圾分类宣传活动》《新时代文明实践童声发言人，环保小当家——滨淮村儿童环保议事会》为题进行了报道，新华网于2022年11月10日发表《时代文明实践　淳化街道滨淮村：垃圾分类“益”起分——科普水净》。

（供稿者：杨婷、许庆，江宁区淳化街道滨淮社区）

【专家点评】

案例《“益青团”儿童环保志愿队培育》，针对农村地区留守儿童和妇女多，老年人没有垃圾分类意识的现状，从儿童入手，培育儿童环保志愿队，助力社区垃圾分类。其做法的主要特色有：一、采取参与式学习方法，对儿童志愿者进行垃圾分类知识培训。抓住儿童活泼好动、好奇心强的心理特点，开展生动有趣的实践活动如搭建家园沙盘、打造小菜园、桶边督导，既动头脑又动手脚，而不是简单的上课说教，调动了儿童参与的积极性。二、将儿童议事与垃圾分类志愿服务相结合。各项活动都是在社工的引导下，由儿童小组讨论、分工合作，完成任务，包括队伍名称、规则、Logo的制定等，儿童自始至终以小小主人翁的身份参与各项活动，从儿童视角看问题、提建议，从小培养关心社区公共事务的现代公民意识。三、以丰富多样的活动为载体，开展垃圾知识学习小组，增强组员紧密度，增强志愿者团队归属感。创新垃圾分类宣讲方式，如“垃圾分类总动员”“爸爸妈妈进社区”“趣味寻宝”等多种新颖形式，使垃圾分类知识不再枯燥乏味。

【效能提升】

我国的社区发展历程经历了从社区服务到社区建设再到社区治理的三个阶段。尽管城市社区服务的多元供给格局已初步形成，但仍然存在制度规范缺失、居民参与程度不高、部门间互动不良等问题。随着社会需求的不断变化，基本公共服务的政策目标从“保生存”转向“优生活”，从“兜底”转向“高品质”，从“有没有供给”转向“能否满足需求”。因此，提升社区治理效能已成为当前治理创新的关键方向。

社区治理效能的提升直接关系到资源的精准分配与服务的高效传递。具体而言，社区治理效能提升体现在两个方面：其一是服务的覆盖范围，其二是服务的响应速度。通过建立健全的社区服务网络，治理者能够及时回应居民的多样化需求，将公共服务深入渗透到每个社区，特别是对于老年人、残障人士等弱势群体，能够更好地体现服务的公平性与普惠性，这对于社区的和谐与稳定至关重要。

与此同时，互联网技术为社区治理的效能提升提供了新的路径。通过互联网赋能，社区管理者可以依托智能终端和大数据分析，快速获取信息、优化决策流程，从而提高社区事务的管理效率。智慧社区的建设，通过信息技术的整合，使社区服务实现了在线化和便捷化，居民可以更加灵活地参与社区治理，社区资源配置的效率也得以提高。这种智慧化的管理方式不仅减少了行政负担，还提升了社区服务的透明度和响应能力。

总体而言，“效能提升”是现代化社区治理的重要方向。本部分将围绕实践中的三大路径展开论述：实现“服务最后一公里”的服务优化路径、互联网赋能社区治理的技术路径，以及建设智慧社区的创新路径，通过三个案例，探讨如何通过这些方式切实提升社区治理的效能。

实现服务“最后一公里”

“走出服务中心、走入居民生活”是社区服务最基本的要求，只有服务真正走入居民生活，居民才能真正享受到社区的服务、社会的温暖，国家的社会福利和服务才能真正落地。基于此，可从三个角度来推动服务的“最后一公里”。

在服务模式上，从“走进来”到“走出去”。“走进来”是指让更多的居民走入社区，享受社区提供的各项便民服务；“走出去”是指社区将能够提供的便民服务从社区服务中心放置到市场广场等居民生活半径中，让居民可以在家门口享受到社区服务，从而在服务模式上解决服务“最后一公里”的问题。

从服务内容上来看，“以需求为本”的社区服务才能为广大居民所接受。居民需求的服务内容可以从社区前期的需求摸底中产生，也可以从社区服务供给的结果来探索。大部分社区在提供居民服务时都以经验为基础开展服务，当其提供的服务符合居民需求时，参与居民的数量则多；当其提供的服务不符合居民需求时，参与居民的数量则少。在各类服务的提供过程中社区通过迭代的方式最终明确符合本社区居民需求的服务。

在服务资源的整合上，社区通过对辖区内已有单位的共建，协助其更好进入到社区开展志愿服务。通过提供服务菜单的方式，让共建单位选择其所适合的服务参与进来，让其发挥单位的优势和资源，更好地为居民开展服务工作。

案例

汇聚服务　走入居民

鼓楼区工人新村社区始建于20世纪50年代，经过70余年的历史积淀，集聚了多方面的高端人才，并拥有丰富的单位资源。该社区在充分整合社区资源的基础上，探索出一套解决社区服务“最后一公里”问题的工作思路。

首先，基于社区服务为居民的目标，社区不断发掘需求，并匹配与之相关的人力和财力，开发各种符合居民需求的服务项目。如在服务的过程中社区发现立法、心理咨询、法律咨询等服务是社区居民最欢迎的项目。其中，公证处为社区多位居民提供法律咨询服务深受居民喜爱，如为90岁高龄老人的精神障碍独子规划养老监护方案，多位子女家庭关系复杂的继承权公证事项等，公证处秉持“法治+自治”相结合，助力居委会参与居民养老、监护事务等。为了更好地服务居民，社区将这些受居民欢迎的服务定期提供给居民，并制作了日程表，便于居民来参与服务项目。

其次，社区为了解决服务最后一公里的问题，将服务从社区服务中心转移到市民广场等居民生活半径中。工人新村社区辖区内有一个广场，社区在该广场上举行了志愿服务活动，发现参与者数量可观，于是社区便定期在广场开展社区居民服务和特定的志愿服务。在多次活动中社区发现居民更愿意参与其生活半径圈内的服务。于是，疫情结束后社区向街道申请了核酸小屋，并将该小屋置于广场上；这使得服务不仅有了室外的场所还有了室内的场所。当天气不好或者参与居民更关注隐私的时候，社区仍然可以提供满足其需求的服务。

第三，社区有效整合辖区内的志愿服务资源，并以定制的方式选择服务，将服务送至居民身边。工人新村社区作为老社区，辖区内有中央门派出所、南京公证处、鼓楼区水务集团、香格里拉大酒店、东华汽车实业公司等，社区通过“同心圆红色联盟”共建的方式与之建立联系，并以共建项目清单的方式由共建单位认领服务，发挥共建单位的优势，整合共建单位资源，更好地为居民提供高质量的服务。在提供服务的过程中，社区解决了服务内容、服务路径和服务资源三个方面的问题，让社区服务参与度提高了、社区服务更有质量了，也实现了居民的社区生活幸福感的提升。比如在香格里拉大酒店的参与下，工人新村社区探索发起关爱社区老人“红色认领”行动，由酒店 30 多位员工志愿者认领(结对)社区 150 多位空巢或独居老人，为这些老人撑起一把遮风挡雨的大伞。他们成为老人们的生活小助手，每周关心其近期身体状况，有无需求等，在节假日来临之时，送上暖心问候等。此外，社区党委联合星星幼儿园开展“结对共建，双向奔赴”活动，更好地向辖区居民宣传园所，提供早教咨询服务，同时助力于社区教育，参与暑期夏令营、冬季校园等系列项目。社区与幼儿园达成共识，实现资源共享、优势互补、困难互帮，进一步优化幼儿园与社区共建的新模式，推动了家门口服务建设，为幼儿园与家庭、社区之间架起一座桥梁，形成园、家、社区三位一体的教育合力，助力幼儿的健康成长。

在解决服务最后一公里的过程中，社区党委提升了各方参与度，通过打造“同心圆”建立红色联盟，让红色联盟送服务到一线。这种情况下，通过“组团式”“菜单式”“志愿式”服务，面向社区广大居民的便民利民服务、面向驻区单位的社会化服务、面向困难群体的救助服务，在实践中不断优化，让服务更直接、更具体、更有针对性，提升服务群众的工作水平、实现了服务下沉。在被服务的过程中，社区环境美化了、服务丰富了、氛围和谐了，居民的幸福感得到了提升。

（供稿者：吴伟粉，鼓楼区中央门街道工人新村社区）

【专家点评】

实现服务的“最后一公里”有助于确保社会服务真正触及每

个需要帮助的个体，为社会创造更加公正和均衡的服务体系，促进社会的可持续发展。鼓楼区工人新村社区在解决服务“最后一公里”问题上，采取了“汇聚服务　走入居民”的工作思路，取得了较好的成效。从社会工作的角度来看，该案例具有以下几个方面的启示：一是注重需求导向，满足居民多元需求；社区服务要真正贴近居民，就必须注重需求导向，了解居民的实际需求，并在此基础上开发符合居民需求的服务项目。二是创新服务模式，打破服务边界；三是加强协同合作，形成工作合力。社区服务涉及多个部门和单位，要有效解决“最后一公里”问题，就必须加强协同合作，形成工作合力。

总体而言，工人新村社区在解决服务“最后一公里”问题上的探索是成功的，值得借鉴。该案例充分体现了社会工作的专业理念和方法，为社区服务的发展提供了新的思路。

利用数字化技术赋能社区治理

党的二十大报告指出："要深入群众、深入基层，采取更多惠民生、暖民心举措，着力解决好人民群众急难愁盼问题。"在新时代背景下，社区治理与网格化管理面临管理、服务和融合等多重挑战。唯有通过创新治理方式，聚焦群众最关心、最直接的问题，办实事、谋福利，才能让居民真正感受到党的关怀。在数字化浪潮的推动下，直播作为一种即时、互动、广泛传播的方式，打破了传统治理的时空局限，使居民能够更便捷地参与社区治理，提高了政策宣传、民意收集和问题反馈的效率。网络直播以其传播广、受众多、时间灵活、成本低等优势，不仅成为社区治理的新平台，也为居民参与社区事务、表达意见提供了新的途径。如何利用网络直播赋能社区治理，需要做到以下三点：

一、规范直播内容、倾听社情民意。社区网络直播间一方面作为民意收集和问题反馈的载体，能够让居民表达诉求，另一方面，是增加交流、营造多元参与、协商共治的社区治理平台。这要求直播内容要将政策宣传、工作动态、民情民意等作为主流服务内容，开设诸如"直播带岗""惠民政策""文化活动""志愿招募"等贴近民生的直播间，彰显基层治理的智慧与温度。

二、加强"线上+线下"互动，建立服务机制。作为居民群众喜闻乐见的服务创新载体，社区网络直播间应通过"线上"和"线下"的充分互动，打破数字鸿沟，回应居民需求，解决居民"急、难、愁、盼"的问题，打造便民惠民智慧服务圈。

三、强化参与，建立社区基层治理"朋友圈"。网络直播是社区治理的创新载体，其主要目的是突破社区服务时空界限，打造线上线下便民服务阵地，吸引更多居民了解社区和参与社区治理，建立社区治理“朋友圈”，让网络赋能社区治理、激发基层社区治理新活力。

案例

“互联网+”服务模式，赋能社区治理智慧化

“哇，快看直播！我们社区竟然有残奥会冠军！”沿江街道润江社区的居民一片欢呼，这一切的缘起还得从前期社区网格员在进行摸排走访说起。江北新区沿江街道润江社区管辖面积为0.664平方公里，户籍人口约11 218人，常住人口11 932人，总人口23 150人，设4个网格工作组，12个网格。社区网格员在走访时发现，社区居民以上班族、年轻人居多，传统的线下走访难以接触到早出晚归、忙于工作的年轻群体，这使得基层治理及网格化工作遇到难题。为拓展服务渠道，社区党员干部们集思广益，建议运用线上直播搭建社区和居民相互交流沟通的平台，开通网络直播间。

一、创新开辟网格直播模式，注重治理多元化

从幕后走到台前，聚焦民生议“小事”。首先作为服务居民的一线窗口单位，社区把与居民生产生活息息相关的大小事情都列为“议事说事”内容。针对群众反映较多、关注度较高的热点，解决群众急难愁盼，为居民提供便利化咨询服务，真正做到让居民“只进一扇门”“最多跑一次”。以解决居民需求为目标，使居民的“问题清单”转变为社区的“行动清单”，助力社区精细化治理与服务，不断增强居民群众的获得感、幸福感、安全感。

从线下走到线上，聚焦热点议“难事”。前期，北外滩水城十六街区不少居民反映小区停车困难，对此润江社区依托网格直播间，灵活搭建居民沟通议事平台，邀请诉求人、物业、相关部门人员等“当事人”共同走进直播间，由诉求人“提出诉求”，到部门人员“专业解答”，再到社区物业“加强沟通”，将居民诉求和专业职能精准对接，用协商

议事达成共识，最终推动居民诉求“协调解决”，直观地展示了线上协商议事直播的效果。众人的事情由众人商量，协商搬到直播间，实现了线上线下互动协商、场内场外联动协商，大力营造多元参与、协商共治的良好氛围，进一步提升了社区治理及服务水平。

二、延伸网络直播内容模块，打造服务多形态

作为以社区管辖治理内容为主要载体的网格直播间，为深入服务辖区居民多元化需求，网格直播内容不仅是网格管理，同时还深入挖掘了其他直播内容模块的资源；而且每次直播前，社区网格员会通过走访来收集居民群众对于直播类型的建议，并在居民微信群中发布投票以此来选定下一次直播的主题。如今直播间包含政策类 8 场：宣传讲解最新便民惠民政策，科普安全知识；加大政务服务便民举措、政策解读、事项办理流程的宣传力度，着力提升居民的体验感、满意度和服务效能；下网格类 6 场：走进居民身边，访谈达人、展示居民风采，挖掘有深度、有温度的居民生活故事，增进邻里关系，增强居民对社区的认同感、归属感；活动类 16 场：“漫生活　悠时光”栏目紧扣“云美食小餐厅”和“云美学生活馆”两大主题，向居民传授美食制作技能和女性美学知识分享，以丰富多样的活动满足辖区居民的精神文化需求，提高居民生活品质；主题专场类 4 场：其中江北新区七周年“长江潮　文旅生活节”1 场、沿江街道消费券 1 场、后备厢夏季消费节活动 1 场、2023 年线上春晚 1 场。直播间也将社区达人逐个挖掘出来，如残奥会冠军分享他在训练中所发生的故事以及教授大家跑步技巧等成为专业课。

三、夯实网格直播品牌成效，呈现管理多维度

2022—2023 年润江社区已利用网格直播间开展“美食制作”“幼儿早教”“女性插花”“健康讲座”“技能培训”等各项惠民活动，共计 34 场直播，社区视频号粉丝量已从 300 人增至 5 000 人，每场直播线上观看量从原 200 人左右上涨至 600 人左右，每场直播结束会涨粉 20 人左右，收获群众点赞超 3 万多条。在直播过程中，辖区居民参与度高，现场互动氛围良好，同时结合运用沿江街道共同富裕社小程序，部分居民已成为润江社区视频号的忠实粉丝，通过这种线上的互动交流，切实增强了邻里关系以及居民对社区家园的归属感和认同感，共同参与到社区治理，实现社民管理协同化。

润江社区结合新媒体热潮通过开通“网络直播间”，打破过往单向宣传推广方式，将传统意义上的社区宣传、服务由线下搬到线上与居民互动交流，做好政策法规宣传、社情民意收集、为民服务等工作，加深广大居民对街道、社区、网格工作组的认知。开通直播间也建立了走访调研、主题选定、居民议事、队伍培育、资源联动等社区服务机制，更好地做到听民意，重互动，解民忧、重服务。

新媒体方式注重多元化网格直播模式、打造多形态网络直播模块、夯实网格化管理直播品牌，提高解决民生问题的效率，进一步拉近与群众之间的距离，实现社区综合治理便捷高效化，社区和群众间良性循环，真正实现居民服务“零距离”，让群众真切感受到务实的态度和温暖的服务，不断提升辖区居民的参与感、归属感。

（供稿者：朱明彦，江北新区沿江街道润江社区）

【专家点评】

随着新兴网络技术的迅猛发展，数字技术和新媒体方式逐渐融入社区居民的日常生活。新媒体方式注重多元化网格直播模式、打造多形态网络直播模块、夯实网格化管理直播品牌，提高解决民生问题的效率，进一步拉近与群众之间的距离，实现社区综合治理便捷高效化、社区和群众间良性循环。该案例将社区网络直播间作为社区倾听民意的载体、居民表达诉求的方式，将政策宣传、工作动态、民情民意等作为主流服务内容，营造多元参与、协商共治的社区治理平台。同时，社区充分互动倾听居民心声，使线上和线下充分互动，回应居民需求、解决居民“急难愁盼”的问题，打造便民惠民智慧服务圈。网络直播间突破传统面对面交流受时间、空间、地域的限制，具有吸引大量观众关注、传播效应广、时间灵活、成本低等特点。但是，在利用直播间进行社区事务协商和工作时，需要注意居民隐私保护和信息数据安全，并加强网络监管和未成年人安全保护，避免网络垃圾信息泛滥和信息泄露等问题。

积极开展建设智慧社区

在信息科技不断演进的时代，推进智慧社区建设成为提升社区治理效能的重要途径。智慧社区的特点包括高效的资源管理、便捷的服务提供和居民的积极参与。通过运用先进技术，将社区居民、资源、信息紧密连接，实现更高效的社区管理、更便捷的居民服务。2023 年 7 月，江苏省民政厅、省政法委、省委网信办等 10 个部门联合印发《关于推进智慧社区建设的实施意见》，其中指出，到 2025 年江苏省基本构建起网络化管理、精细化服务、信息化支撑、开放共享的智慧社区服务平台，广泛建设智慧共享、和睦共治的新型数字社区，显著提高社区治理和服务智能化水平，培育发展一批智慧社区建设示范点，为推动基层治理体系和治理能力现代化奠定基础。

具体而言，智慧社区建设路径主要包括三个方面：智能化基础设施的构建、数据共享与信息交流平台、创新治理模式的探索。

一、智能化基础设施的构建、管理服务平台化。智慧社区的基础设施智能化是推动社区发展的核心，包括智能交通系统、智能供水、智能垃圾分类与管理等。以居民服务和多元力量参与为出发点，建设社区综合应用平台，把治理和服务送到居民家门口。平台以综治为中心，汇集各类数据，整合网格资源，应对异常情况和风险事件，提升安全指数，构建高品质智慧社区。

二、建立数据共享与信息交流平台、应用场景多元化。共享与信息交流平台的建立，能够实现数据的跨部门、跨系统的共享，提升决策的科学性。例如，通过社区居民的数据反馈，政府可以更准确地了解社区的需求，有针对性地优化服务。同时，信息交流平台也能加强居民与政府之间的互动，促进信息的传递与共享。在实践层面上，诸如通过线上小程序，实现社区服务“一网通办”、日常生活便民惠民、“线上线下”服务联动等功能。

三、社区治理智慧化。智慧社区建设还探索了创新的治理模式，强调社区自治与居民参与。传统治理模式常常存在信息不对称、参与度低等问题。而智慧社区通过“互联网+群众自治”模式，引导居民通过智慧平台、信息手段参与社区治理和群众自治，拓宽群众参与治理的渠道，如通过移动应用程序，居民可以参与社区议题的讨论和投票，推动决策的民主化，提升治理效能。

案例

柳洲社区“三化”打造家门口的智慧社区

泰山街道柳洲社区金城丽景小区为商品房小区，常住人口 3 476 户，建成入住 8 千余人，人口基数较大、类型复杂。随着桥北商业体发展壮大，部分本地拆迁居民落户桥北，苏北、皖北外地购房者涌入，导致人口多、陌生化、相互之间不信任等问题日益突显。近年来，柳洲社区以金城丽景片区为切入点，细分网格单元、前移服务阵地、超前谋划未来，以人本化打造睦邻友好的“熟人社区”，以生态化打造环境宜居的“花园社区”，以科技化打造功能集成的“数治社区”的“三化一体”基层治理模式，为居民创造一个睦邻友好、环境宜居、开放共享的智慧社区。

一、以人本化打造睦邻友好的“熟人社区”

柳洲社区对小区已建成的网格红色驿站进行提档升级，打造集政务服务、生活服务、物业服务、文化服务、公共服务、娱乐服务于一体的温馨共享空间，全天候无偿对小区居民开放使用；以党建引领的“星聚柳洲”志愿服务队为基础，创新“时间银行”志愿积分服务项目，居民可以通过社区自主开发的“星聚柳洲”志愿服务小程序线上查询志愿积分、活动预告以及报名参与志愿服务活动，引导居民按照趣缘、地缘、业缘自发形成小区志愿服务队；以网格微信群线上沟通为切入点，鼓励邻里之间自主开展“网友见面会”，让不同地域人群在这里找到大家庭的归属感。目前柳洲社区居民已自发成立了“青柠希望”“柳声柳色”“知心姐姐”等8支志愿服务队伍，在调解居民矛盾、开展特色活动、邻里互帮互助等方面发光发热。

二、以生态化打造环境宜居的“花园社区”

为进一步提升小区周边环境，社区坚持人与自然和谐共生的理念，打造四季有景、生态绿色的宜居柳洲。社区对1.2万平方米的小游园进行提档升级，增加特色植被、修复退化草坪、增设非机动车位，同步配备适合全年龄段的智能健身设施；联合物业、热心居民实施微更新，利用屋顶、阳台、广场打造“空中花园”，引入的智能远程管理系统可自动喷灌花草，将绿意搬进居民生活区，让社区居民“推窗见绿，出门赏景，起步闻香，景随身行”。小区外，双垅河沿线全域照明更新为智能路灯并配备水质监测设施；社区联合共建单位利用各类边角地，“沿河、沿路、沿铁”打造休憩游园，选用的智能休闲座椅不仅造形独特还兼备充电功能，成为开放共享绿地空间。

三、以科技化打造功能集成的“数治社区”

数字化是未来社区治理的重要工具与手段，柳洲社区注重数字技术发挥的作用，构建“政在您身边”智慧治理云平台，让科技与服务相得益彰。社区智慧云平台包括智慧政务、智慧人口、智慧志愿、智慧养老等多种功能，进驻11个小区网格红色驿站，通过资源重组，利用数字技术将党建、群团、市场等分散的社会力量和闲置社会资源再组织化。

“智慧小区”建设方面，在小区出入口、公共区域、电梯内安装智能监管设备；基于区块链技术应用的“链通万家”平台，业主只需通过刷脸验证身份，系统自动比对信息，便可在“云上”投票决策公共事务、监管小区资金流动，赋能小区治理提质增效。

智慧养老方面，将金城丽景小区内100余名老人细分为“六类”老人，根据不同类别分别制定关爱探访措施，并为独居老人配备健康监测手环。家住金城丽景南区的独居老人杨大爷发烧卧病在床、缺医少药，于是通过手环一键呼救功能求助网格员帮忙买药上门，网格员在通知其子女后又联系了家庭医生多次上门诊断，帮助杨大爷恢复了健康，智慧养老理念全力保障了独居老人的安全健康。

柳洲社区从人文地产景着手构建的“三化一体”基层治理模式，提升社会治理效能、扫清社区治理盲点、提升居民百姓“幸福宜居指数”，营造多元共治新风尚、构建智慧共享新途径。今后社区将在党建引领“微治理”方面运用智慧社区理念进一步优化社区管理和社区治理，提供更为智能化、便捷化的管理与服务，为社区居民提供更加安全、便捷、舒适、文明的宜居环境、推动共建共治共享社区治理新格局。

（供稿者：王漩，江北新区泰山街道柳洲社区）

【专家点评】

《柳洲社区“三化”打造家门口的智慧社区》案例中，柳洲社区将智慧社区建设贯穿于公共服务、志愿服务、环境建设、社区治理等多方面，通过智慧社区建设助力社区服务和治理。其智慧社区建设覆盖范围广泛，让数字技术、现代科技渗透到居民生活的方方面面。在智慧公共服务方面，打造“政在您身边”智慧治理云平台，方便了居民线上咨询办事、了解国家政策、参与志愿服务等。在“智慧小区”建设方面，在小区公共场所安装智能监管设备，保障了业主居住安全。特别是将区块链技术运用于业主自治，方便了业主参与小区公共事务的民主决策和监督，避免了以往挨家挨户扫楼的高成本、低效率以及真实性被质疑等弊端，有利于物业管理的透明化，减少物业与业主之间因信息不公开不对称而导致的信任危机。在智慧养老方面，为独居老人配备健康监测手环，通过一键呼救与网格员上门服务联动，确保了独居老人的居家安全。在智慧环境建设方面，安装智能健身设施、智能喷灌花草、智能路灯、智能休闲座椅等。通过全方位的智慧社区建设，为居民提供了一个安全、舒适、高效、便利的智慧化生活环境。

后 记

本书编撰工作历时一年有余，其间经历了多个重要阶段。从各区案例的汇整筛选，到典型案例的深入挖掘与梳理；从专程走访社区进行细致的调研与访谈，到融入专业理论进行系统的分析、路径提炼与经验萃取，每一个环节都经过细致地规划与执行，以确保本书内容的准确性、典型性和实践价值。

本书涵盖了南京市多个社区基层治理领域的生动案例。这些案例不仅涉及基础的民生保障，诸如老年人和儿童的相关服务，也囊括了社区治理一线的热点议题，例如社区问题的调解、议事制度的建立与完善、社区更新与改造、社区营造及智能化建设等。社区类型包括城市社区、涉农社区、回迁社区等多个种类，力求全面展示南京市在基层治理现代化进程中的多元探索与宝贵经验。对于今天的中国，社区治理不仅是对地方事务的管理，更是中国特色社会主义制度优势的具体实践。因此，希望本书能够起到抛砖引玉的作用，为学界和相关工作人员提供一定的参考与启发。

“现代化”固然有一个明确的标志，但中国的“现代性”却蕴含在广大的基层社会和社区中。每一个社区，每一个居民，每一项服务，都在实践着中国特色的现代化路径。这是一个学习过往与不断创新的过程，既有历史的沉淀，也有现实的需求。正如本书所呈现的那样，南京的社区治理经验体现了中华文化的智慧与社会主义制度的创新，不仅展示了现代化治理的成果，也让我们看到社区治理中的中国智慧。

通过调研和撰写，我们发现，每一个鲜活的案例背后，既是基层治理实践的真实记录，也是对居民美好生活需要的有力回应，社区的基层治理经验并非一成不变的复制，而是在实践中不断根据实际情况进行的调整和创新。尤其是在社区融入、社区议事、问题调节、社区营造等方面，南京的各个社区展现了灵活性和应变能力。许多看似普通的案例背后，蕴含着深厚的历史积淀和精心的政策设计，这种从实际出发、务实创新的精神是南京社区治理的一大特色。

社区治理是一项没有终点的事业。它扎根于基层，服务于百姓，承载着“最后一公里”的治理重任。在中国特色社会主义制度优势的指引下，每一个社区都在书写属于自己的治理篇章。衷心希望本书能为推动中国社区治理现代化的进程贡献一份力量，也希望它能够激发读者的思考，能够为学术研究提供实践案例的支持，为各地从事基层治理的实践者提供借鉴与启发。

胡冰清

2024 年国庆